U0019392

1970年9月2日《中國時報》記者勇登釣魚台插旗（圖片資料來源：《中國時報》）

1996年10月7日，時任台北縣議員的金介壽（左）與香港保釣人士成功登上釣魚台，留下國旗與五星旗同時揮舞的歷史畫面（圖片資料來源：《中國時報》）

1971 年 4 月 10 日
華府保釣大遊行

1971 年 4 月 10 日華府保釣大遊行

釣魚台快訊 (5)

外抗強權　內除國賊

華府遊行，波瀾壯濶
光輝四十，名垂不朽

西岸三大城
西雅圖，萬金山，羅杉磯合別在四九、四十、盛況的舉行了示威遊行，向美國，日本及中華民國政府抗議。

讓我們團結在一起，共同奮鬥

NEW YORK TIMES

我旅美教育科學界人士
上書 蔣總統
強調釣魚台尚屬我國領土

保衛釣魚台！

一　歷史和地理的鐵證

茅王
漢順
合
輯

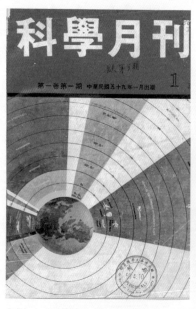

＜《科學月刊》

＞《大風》雜誌

Chinese Protest Japanese Oil Claim

By Philip A. McCombs
Washington Post Staff Writer

Nationalist Chinese student demonstrators yesterday asked the Japanese government to withdraw its claim to the eight oil-rich Senkaku Islands in the East China Sea, 125 miles northeast of Taiwan.

Placard-carrying students in Washington presented a letter of protest to S. Aso, press officer of the Japanese embassy, 2520 Massachusetts Ave. NW. In New York, 1,000 Chinese students demonstrated peacefully in front of the Japanese consulate near the United Nations.

A spokesman for the Washington group, Joseph Lee, said the students were acting on their own and not as representatives of their government. Richard Jen, press officer of the Nationalist Chinese embassy, said he had not known about the demonstrations in advance.

"Our position is simple," said Jen. "We say that this is Chinese sovereignty." The Nationalist claim has been based on an asserted jurisdiction over the Communist mainland. The islands lie about 275 miles east of the mainland and are part of its undersea continental shelf.

The students supported this official position.

Aso said yesterday that he would pass the student letter on to his government but that "we have made it quite clear on several occasions that the islands have belonged to my country as part of the Ryukyuan chain under U.S. administration."

The United States has supported the Japanese argument and treats the islands as iart of the 400-mile-long Ryukyus chain, including Okinawa, currently under American jurisdiction. The U.S. and Japan agreed on Nov. 21, 1969, that the islands would be returned to Japanese rule sometime during 1972.

The conflict between Tokyo and Taipei flared last summer after the Nationalist government unilaterally granted concessions in the Senkaku area and large adjacent stretches of the East China Sea to Gulf, Amoco and other western oil firms.

The Senkaku concessions alone are believed to contain undersea oil reserves of more than 15 million tons.

Communist China entered the dispute last month with a Radio Peking broadcast laying claim to the islands.

Yesterday's demonstration in Washington was directed entirely against Japan. The 30 students walked peacefully across the street near the embassy for about an hour. They carried red, yellow, blue and green signs saying, "Japan Aggression Again" and "Japanese Imperialist Get Out."

Lee said that he is a graduate student in physics at the University of Maryland.

《華盛頓郵報》1971 年 1 月 31 日對前一日華府中國學生保釣示威的報導

① 《紐約時報》「保衛釣魚台」廣告
② 紐約《釣魚台月刊》
③ 《留美中國同學會聯合會會刊》
④ 《群報》
⑤ 1971 年 4 月 10 日遊行致中華民國
　大使館函
⑥ 《野草》

① 國立清華大學圖書館典藏之釣運文
　獻一隅
② 保釣遊行胸章設計
③《安娜堡國是大會紀錄》
④《戰報》
⑤ 保釣小說《昨日之怒》封面
⑥ 保釣小說《惑》封面
⑦ 保釣小說《遠方有風雷》封面

1971 年 6 月 17 日台北保釣遊行

< 1971 年 6 月 17 日台北保釣遊行在美國大使館前抗議
∧ 1971 年 6 月 17 日台北保釣遊行在日本大使館前抗議
> 1971 年台大保釣海報

保釣風雲半世紀

保釣運動領軍人士
的轉折人生與歷史展望

李雅明、謝小芩、國立清華大學圖書館——編著

李雅雯——執行編輯

目 錄

余紀忠文教基金會序

　　1970年（民國59年）9月2日，《中國時報》董事長余紀忠先生指派記者團，租用水產試驗所「海憲號」遠洋船，前往應屬中華民國海疆的釣魚台列嶼登島採訪，並升起了青天白日滿地紅國旗。此一新聞於9月4日在《中國時報》第三版整版刊登後，不止震驚美日兩國，並掀起全球華人的保釣運動。包括台、港兩地的大專學生，以及在全美各地的留學生，紛紛起而響應，抗議美日兩國私相授受，將原屬中華民國台灣省宜蘭縣轄下的釣魚台列嶼之固有領土，移轉給日本管轄。

　　1971年4月10日，散處美國各地的台、港留美學生逾二千五百人，進而於當日齊聚美國首府華盛頓舉辦保釣大遊行。分別向美國國務院、日本駐美大使館遞交抗議書，以及前往中華民國駐美大使館遞交陳情書，成為舉世矚目的新聞事件。

　　時光荏苒，距離當年的華府保釣大遊行剛好屆滿五十週年。儘管此一被歷史定位為「海外版五四愛國運動」的保釣活動，並未能阻泥美日兩國之間對釣魚台行政管理權的擅自轉讓。同時大遊行後的保釣訴求，後續也分化為不同政治立場的傾軋。但是受到衝擊、震醒的一整個世代留美知識分子，卻持續關注積極推動包括台港兩岸的改革開放與民主轉型。

　　《中國時報》有幸在這個重要的歷史轉捩點上，先是扮演媒體報導的吹哨者角色，繼而在後續的轉型過程中，也始終扮演報導、倡議及參與者的積極角色。撫今追昔，雖然保釣運動的領土訴求未能獲得

美日雙方的讓步，但是當年一整個世代知識分子的投入與堅持，毋寧是更值得珍視的歷史典範。

　　余紀忠文教基金會基於此一歷史淵源，很榮幸資助當年保釣運動第一代領導者難能可貴的釣運口述史專書出版。衷心祝願保釣愛國精神不滅，中華文化歷久彌新。

國立清華大學賀陳弘校長序

　　國立清華大學立校於近代中西板蕩之際，於二次戰後遷校台灣，這些過程再再提醒清華人胸懷天下，以知識報國濟世的風骨。1970 年代初台灣留學生在美國發起的保衛釣魚台運動，影響深遠。許多當時活躍的留學生，即有不少清華人，或者回台後也加入本校。最著名的例子莫過於前校長沈君山教授，因為參與 1970 年代的保釣運動，毅然決定放棄美國普渡大學的終身教職，於 1972 年回台至本校任教，實踐其於運動期間提出「革新保台」之理想。而保釣運動的靈魂人物之一林孝信先生，在解除黑名單管制回台後，也長期在清華園教授學子，恢弘其教育理念。

　　本校圖書館在謝小芩教授擔任圖書館館長任內（2003-2009 年）獲得林先生捐贈大量珍藏釣運手稿檔案文獻，並在各界保釣運動參與者，包含前任副校長劉容生教授、前台聯大校長曾志朗院士、成大陳美霞教授等人士持續捐贈與協助之下，釣運資料整理卓然有成，成為兩岸三地保釣資料典藏中心，世界各國釣運研究者拜訪的重鎮。2009 年本校圖書館更舉辦「一九七〇年代保釣運動文獻之編印與解讀」國際論壇，後於 2010 年出版專書《啟蒙‧狂飆‧反思——保運動四十年》，深受各界重視。

　　本校電機系榮譽退休教授李雅明教授亦曾於留學時期參與保釣運動，多年來熱心協助保釣資料徵集與保存計畫，並與圖書館合作，約

訪多位當年參與運動人士，加上圖書館原本的口述訪談計畫，集結包含林孝信先生、李雅明教授、劉源俊校長、林盛中先生、項武忠院士、花俊雄先生、龔忠武先生、劉大任先生、邵玉銘教授、胡卜凱先生、王正方導演的十一篇深具代表性的訪談稿。透過本校林聖芬副校長，也是林孝信先生胞弟，奔走聯繫，獲得余紀忠基金會董事長余範英女士鼎力支持釣運口述史專書出版。

　　本書於辛丑年出版，時值釣運五十週年，亦為本校立校一百一十週年，回顧與前瞻，意義斐然。謹此為序。

導讀
保釣運動的回顧與展望

李雅明

前言

　　保釣運動從 1970 年開始，到現在已經有半個世紀了。當年參加保釣運動的少壯，如今都已白頭，有些甚至已經離去了。保釣運動自然不能說是成功，因為釣魚台還沒有收回來。但是也不能說完全失敗，因為保釣運動至少引起了國人對於釣魚台主權的重視，掀起了愛國的熱潮，並且讓美國承認釣魚台的主權有爭議，要留待未來由當事國自行解決。保釣運動還影響了許多知識分子的思考方向和民間政治運動的發展，對未來的世代提供了很多寶貴的教訓。

　　本書是國立清華大學圖書館自 2008 年以來，對於當年保釣運動的中堅人士所做的口述歷史紀錄。訪談的人士包括（依訪談時間為序）：林孝信、李雅明、劉源俊、林盛中、項武忠、花俊雄、龔忠武、劉大任、邵玉銘、胡卜凱、王正方等十一位。他們都是當年海外保釣運動的領軍人士。這些保釣人士當年的立場包括了政治上的左、中、右，地理上也涵蓋了美東、美中和美西。對於瞭解當年海外保釣運動的歷史是最好的介紹。他們不但討論了保釣運動的來龍去脈，過去五十年的發展，也討論了國家民族的前途，以及海峽兩岸關係的未來展望，可以作為關心國事者的參考。

保釣運動的經過

　　釣魚台本來是台灣東北海外一群無人居住的小島，是中國漁民包括台灣漁民的傳統漁場。中國人自從明朝以後，就對這些島嶼有一些記載，像是 1403 年前後成書的《順風相送》記載了釣魚台。1534 年（明嘉靖 13 年）陳侃的《使琉球錄》，1561 年（明嘉靖 40 年）郭汝霖的《使琉球錄》，1719 年（清康熙 58 年）徐葆光的《中山傳信錄》，都記載釣魚台列嶼在中國境內。1708 年琉球人程順則著《指南廣義》，和 1785 年日本人林子平所繪《琉球三省並三十六島之圖》，都明顯將釣魚台列嶼視為中國領地。

　　釣魚台列嶼在台灣的東北方，鄰近的就是琉球群島。琉球在歷史上一直有獨立的王國，但是到了 1879 年 3 月 30 日，琉球的中山王國被日本併吞。接著 1894-1895 年，中日之間發生甲午戰爭。1895 年 4 月 17 日，清廷與日本簽訂《馬關條約》，台灣割讓，而釣魚台也隨著被日本侵占。二次大戰結束後，按照《開羅宣言》和《波茲坦宣言》的規定，日本除了本土四島和鄰近的島嶼之外，所有日本侵占的土地都應該歸還原主，釣魚台列嶼自然也應該隨著台灣歸回祖國。但是日本投降以後，琉球群島由美國託管，釣魚台也成了美軍的靶場。日本辯稱，在甲午戰爭結束之前的 1895 年 1 月 14 日，日本就稱釣魚台是無人島，經過內閣會議，把釣魚台列為日本領土。這是一種狡辯，即使真有其事，也是日本內部的事情，沒有經過公告，自然不能算數。

　　1970 年 8 月，美國決定將琉球群島歸還日本，其中包括了釣魚台列嶼。這激發了中國人民的憤怒。當時台灣大學的研究生王曉波和王順聯名寫了〈保衛釣魚台〉一文，刊登在 1970 年 11 月號的《中華雜誌》上。留美的台灣學生也有多校討論這件事。11 月 21 日，在普林斯頓大學的中國留學生聚會上，大家提出成立保衛釣魚台行動委員會，發

發起示威。參加聚會的胡卜凱，與創辦《科學月刊》的林孝信聯絡，經過各地聯絡人的同意，《科學月刊》從 1971 年 1 月起，發出三期的保釣「討論號」。這個信息因而傳達到美國各大校園，各校的中國留學生，包括台灣、香港、東南亞各地來的華人，紛紛成立保釣行動委員會。1970 年成立的《科學月刊》及其聯絡網，因此是保釣運動得以在非常短的時間就風起雲湧的重要原因之一。

1971 年 1 月 29 日在舊金山，1 月 30 日在華府、紐約、芝加哥、西雅圖、洛杉磯等地，中國學生分別到日本駐美大使館和領事館示威並遞交抗議書，紐約的示威人數最多，約有一千五百人。華府因為是美國的政治中心，美國電視和《華盛頓郵報》對於華府中國學生的示威，都做了很顯著的報導。筆者忝為這次華府示威的領隊，對此印象尤為深刻。接著各地保釣會決定在 4 月 10 日，一起到華府進行全國性的示威，估計大約有二千五百人到四千人參加。當時台灣每年也不過只有兩、三千人到美國留學。如果平均在學時間為三年的話，這在當時美國的留學生中是一個非常高的比例。美國的保釣運動，同時激發了台灣學生的保釣活動，1971 年 4 月 15 日，政大、台大、師大的僑生約六百人，向美國駐華大使館抗議。接著 1971 年 6 月 17 日，以台大學生為主的示威遊行，向美國大使館、日本大使館抗議。這在當時還處於戒嚴狀態的台灣，是從來沒有發生過的事情。

1971 年 3 月 16 日，由加州大學的陳省身、田長霖教授等發起，有五百二十三位學人簽名，上書台灣國民政府蔣總統，要求政府堅持釣魚台列嶼主權，抵抗日本新侵略。

1971 年 5 月 23 日，有三千位留美華裔教授、專業人士與留學生，在《紐約時報》刊登〈致尼克森總統及國會議員公開信〉，要求美國尊重中國對釣魚台列嶼的主權。

1971 年 6 月 17 日，美日兩國簽署琉球移轉協定，美國方面聲明：

對釣魚台列嶼的主權問題不持立場。

　　對於保釣運動有重大影響力的組織，除了《科學月刊》之外，另外一個就是「大風社」。《科學月刊》是以發展科學為目的，而「大風社」則是以政治為主的社團。「大風社」是 1968 年到 1969 年間，由美國各地對政治、經濟、社會等議題比較關心的留學生所組成。一共有三、四十人。最初是在社員之內出通訊，互相討論，然後在 1970 年正式出版《大風》雜誌。「大風社」的社員，有徐篤、胡卜凱、李德怡、沈平、劉大任、郭松棻、唐文標、傅運籌、張系國、居蜜、陳磊、周堃、胡家縉、陳小驊、許滌、袁傳符、楊更強、郭譽先、王鶴書、李雅明等人。從這個名單就可以知道，「大風社」的社員在保釣運動中，有很多都是各地的領軍人物，對於保釣運動的開展，有著直接的關係。《大風》雜誌在 1970 年 6 月 15 日出第一期，1970 年 12 月 26 日出第二期，1971 年 3 月 20 日出第三期，1971 年 8 月 28 日出第四期。然後隨著保釣運動的分裂，《大風》雜誌也只有停刊了。

　　1971 年 7 月 15 日，尼克森總統宣布美國國家安全顧問季辛吉已經於 7 月 9 日至 11 日祕密訪問大陸[1]，中美雙方並且協議，尼克森總統將於 1972 年 5 月之前訪問中國大陸。這對於中美關係，甚至對國際關係來說，無疑都是一顆超大的震撼彈，也深深的影響了保釣運動的走向。

　　經歷過 1970 年代美國保釣運動的人都知道，當時其實有兩個運動在同時進行。一個是愛國保土運動，一個就是關於中國未來走向的政治運動。所以海外的保釣運動，仔細分析起來，可以用「兩個運動，四個方向」來說明。兩個運動就是愛國保土運動和政治走向的運動。而四個方向就是左派、右派、自由派和台獨派。這樣講會比較全面。前三派

1　Kissinger's secret trip in 1971 that paved the way for U.S.-China relations, James Carter, SupChina. July 9, 2000, https://supchina.com/2020/07/09/kissingers-secret-trip-in-1971-that-paved-the-way-for-u-s-china-relations/

都在保釣運動中有過重要的作用。台獨派則基本上沒有參加保釣運動。

保釣的示威活動也激發了留學生對於中國未來走向的思考，開始從更全面的角度來探討國家命運的問題。國共內戰從 1927 年國民黨清共開始，已經持續了近半個世紀，國家也分裂成大陸和台灣兩個政府。思考中國的未來，留學生們在各地舉行了多次國是會議。比較為人所知的有 1971 年 8 月 21、22 日在羅德島州布朗大學舉行的「美東國是會議」，和 9 月 3 日到 5 日，在密西根州安娜堡舉行的「全美國是會議」。由於左右派的意見不一，發生激烈衝突，保釣運動因而發生分裂，左右派從此各行其是。

1971 年也是聯合國中國代表權發生重大變化的一年。過去為了阻止中共進入聯合國，特別立案把中共入會列為重要議案，需要三分之二的多數才能改變現狀，但是由於支持中共的亞非拉會員國持續增加，重要議案通過的票數逐漸減少。美國此時為了拉攏中共對抗蘇聯，態度也開始改變。特別是美國宣布季辛吉於 7 月 9 日訪問大陸，尼克森並將於 1972 年訪問大陸之後，美國抵制中共進入聯合國的意志已經顯著降低，國際關係也面臨重大改變。最後聯合國在 1971 年 10 月 25 日，通過「2758 號決議」，由大陸取代台灣國民政府在聯合國的代表權。保釣左派因而受到極大鼓舞，而右派此時陷於低潮，亟需振興士氣。

「安娜堡國是會議」之後，1971 年 9 月間，五位保釣左派人士：李我焱、陳治利、陳恆次、王春生、王正方受邀訪問大陸兩個多月。他們在大陸前往廣州、上海、南京、杭州和北京等地，也參訪了山西大寨、學校、工廠、農村和解放軍部隊。11 月 18 日夜晚，由周恩來總理親自接見，暢談六個小時，到凌晨四點始散。這項活動雖然當時是在祕密進行，但其實很早就為國民政府所知，後來也由台灣政府公布[2]。

2　邵玉銘，《保釣風雲錄》（聯經出版，2013 年，82 頁）。

　　另一件比較引人注目的事情，就是保釣左派此時的內訌。紐約保釣會左派中的溫和派和激進派發生路線之爭。激進派的「保釣造反總部」向溫和派的徐守騰發起攻擊。徐守騰在 1971 年 11 月 2 日所寫的信，被稱為「徐守騰的自白書」。這表示保釣運動內部，不但有左中右之爭，即使在左派內部，也有溫和派和激進派的鬥爭。左派內部的鬥爭，甚至有些類似當時大陸的文革。

　　保釣運動的左右派在安娜堡會議之後，已經完全分裂，彼此各行其是，1971 年 12 月 24、25 日左派在紐約哥倫比亞大學舉行「中國統一討論會」。右派則於 12 月 25 日到 27 日，在華府召開「全美中國同學反共愛國會議」。兩派的分裂因而完全表面化。在這個右派的會議上為了要組成反共學生組織，也發生了嚴重的爭執。一派主張組織應該稱為「反共愛國聯盟」，認為要旗幟鮮明。另一派則認為自由與民主才是奮鬥的目標，「反共愛國」只是手段和過程，因此主張組織的名稱應該叫做「自由民主聯盟」。為此，受到會議邀請的貴賓沈君山教授，甚至表示會議成立的「反共愛國聯盟」與他的關係到此為止。

　　到了 1972 年 2 月 21 日至 28 日，美國總統尼克森訪問大陸，2 月 28 日發表「中美上海聯合公報」。中美因為共同聯手對抗蘇聯而接近，使得國際局勢大變。

　　1972 年 5 月 15 日，美國正式把琉球交還給日本，並將釣魚台列嶼的管轄權也交給日本。保釣運動此時已經左右分裂，不過 5 月 13 日左右派仍然分別舉行了抗議示威活動。右派在紐約舉行示威，左派則在華府舉行示威。但是由於釣運的分裂，參加的人數不及前一年。在美國的保釣運動至此正式劃下句點。

　　到了 1972 年 9 月 29 日，眼看美國恢復與中國大陸的交往，日本搶先與北京政府建交，而與台灣國民政府斷交。大陸總理周恩來提出為了恢復邦交，暫無必要討論釣魚台問題，日本首相田中角榮對此表

示同意「以後再談」。保釣人士寄望北京政府能夠保衛釣魚台的希望也因此破滅。

保釣左派在 1971 年 12 月 24 和 25 日的「中國統一討論會」之後，把運動的方向從保釣變成了致力於中國統一。在左派的論述中，往往稱此為釣運轉成統運。這樣的說法自然是不恰當的，因為只有當時的左派號稱把釣運轉為統運。海外大規模的保釣運動在 1972 年 5 月以後，已經基本結束了。中共進入聯合國之後，由於大陸代表發言及文件均用中文，聯合國本身並無足夠人員處理中文及其翻譯業務。加上中共時值文革，一時也派不出適當人手。因此中共邀請保釣左派八十餘人，進入聯合國祕書處工作。許多在保釣運動中的知名左派人士，因而都到了聯合國工作，這包括了李我焱、劉大任、郭松棻、龔忠武、花俊雄、水秉和、董敘霖、夏沛然等人。

到了 1976 年的四人幫事件之後，文革的真相逐漸為人所知，保釣左派發覺理想與現實不符，過去不是受了蒙蔽而被誤導，就是政治理想出了問題。從 1971 年到 1976 年，也有多位保釣左派人士訪問大陸，像是劉大任、郭松棻都在 1974 年去大陸訪問。他們在大陸親眼看到的實情，與理想完全不符，也深受刺激。四人幫事件之後，保釣左派因而分崩離析，幾近瓦解，以後也沒有什麼活動。一直要到改革開放多年之後，中國大陸經濟發展的成果逐漸顯現，才有另一波的中國和平統一運動出現。但是這個經濟發展的結果卻是由於大陸改行市場經濟的結果，與當初保釣左派心目中的社會主義或共產主義的理想背道而馳，這也造成了左派思想上的困境。

安娜堡會議之後，保釣左、中、右派的分裂已經公開化。絕大多數的政治運動，一般參與者的意見多是正常分布的，也就是兩邊少而中間多，釣運也不例外。釣運的中間派絕大多數都是自由派，他們把民主自由視為最高的價值，對於國共雙方都有批評，只是批評的程度

不一而已。在一般釣運論述中，自由派往往受到忽視。因為一方面自由派不像左右派那麼極端，也就沒有自己的組織和活動；另一方面自由派往往覺得自己反正是大多數，因此在活動中積極爭取發言權的人就為數不多。尤其是在幾百人的大會裡面，如果剩下的都是左派或右派，這時候敢於為自由派發聲的人就不多了。這讓自由派成了保釣運動中沉默的大多數。筆者身為保釣自由派，對這種現象感觸甚深。

在保釣運動中，筆者參加了 1971 年 4 月 10 日晚上在馬里蘭大學召開的「華府保釣示威檢討會」，8 月 21、22 日的「美東討論會」，9 月 3 日到 5 日的「安娜堡國是會議」，12 月 24、25 日的「紐約中國統一運動會」，12 月 25 日到 27 日的「華府反共愛國會」，再到 1972 年 12 月 4 日和 11 日的兩場台大「民族主義座談會」，這七次與保釣運動有關、數百人以上的大會筆者都有幸參加，實在是人生中難得的機遇。由於多次開會的關係，筆者也認識了許多美東各地保釣會的中堅人士，像是李我焱、袁旂、錢致榕、吳仙標、徐守騰、王正方等人。在這麼短的幾個月時間之內，就有機會認識了這麼多高才偉志的菁英之士，實在是保釣運動帶來非常難得的機遇。

保衛釣魚台本來應該是海峽兩岸政府的共同責任。但是，台灣政府由於實力不足，當時對於美國和日本又多有所求，因此保釣態度不夠堅強。大陸北京政府在文革中自顧不暇，實力當時與美國、日本也有一定的差距，因此態度也不夠積極。兩岸中國政府在七十年代對於保衛釣魚台領土主權的態度，均令保釣人士感到失望。

依照劉源俊教授的分析，可以把從 1970 年起的保釣運動分為六波[3]。1970 年到 1972 年的保釣運動稱為第一波。到了 2012 年，由於日本把釣魚台列嶼（日本稱為尖閣群島）國有化，在大陸引發激烈的保釣示威事件，大陸漁民和大陸政府所派的海警船開始不斷出現在釣

3　劉源俊，〈回顧六波保釣運動〉，《觀察雜誌》，37 期，72 頁。

魚台海域。釣魚台主權之爭，由台灣和大陸的民間活動變成了大陸和日本雙方政府之間的衝突，釣魚台主權之爭因而發生了質變。2012年之後因而稱為第六波。這中間的四十年，雖然基本情勢上沒有太大的改變，但是由於台灣、香港、大陸保釣人士的不斷努力，發動示威，奮勇登島，仍然有四波重要的保釣運動事件。

第二波保釣運動

　　1989年9月，台灣漁船在釣魚台海面作業，遭日本海上保安廳驅逐，台灣與香港同時發動了「新保釣運動」。1990年，高雄市長吳敦義計畫在光復節舉行的區運會將聖火送到釣魚台，以宣示對釣島的主權。8月下旬，行政院長郝柏村指示國防部祕密進行「漢疆計畫」，準備以空軍特種作戰部隊四十五人降落在釣魚台列嶼的三個主島，摧毀日方燈塔建築，並同時插上國旗。但整個計畫受到李登輝的阻撓，10月21日吳敦義派載有聖火的漁船駛往釣魚台，遭日本船艦與飛機驅趕，僅能駛入釣魚台6海浬海域，未能登島。漢疆計畫因受強力電波干擾而放棄。11月5日，李登輝命令國防部終止計畫。10月28日，一萬二千名香港市民參加保釣集會，並由港島維多利亞公園遊行至中環日本領事館。1990年10月11日，內政部重申釣魚台列嶼為領土，歸宜蘭縣管轄，郵遞區號為29041。10月25日，大陸政協委員徐四民及李子誦去信江澤民，要求除循外交途徑外，亦應考慮以軍事方法解決釣魚台問題。1992年，全國人大通過《領海法》，將釣魚台列入領海範圍。

　　這波保釣運動，在台灣由於受到李登輝的掣肘未能發展，活動主要在香港。值得注意的是，中國大陸方面開始有了動作。

第三波保釣運動

　　1996年7月，日本片面宣布其領海範圍，包括釣魚台地區一直擴

張到台灣外海，並開始驅逐進入列島地區的台灣漁船。14 日日本右翼青年社在列嶼之北小島建立一座太陽能燈塔。8 月到 9 月期間，日本扣押駛近釣魚台海域的台籍漁船、驅逐台港媒體及議員，激起全球華人的新一輪行動。這波行動主要以登島為主。

9 月 8 日，童增在北京發動簽名，呼籲中央軍委為香港保釣船護航，並與李定國等人在北京成立「民間保衛釣魚台聯合會」，串連各地響應。9 月 12 日，台灣《時報周刊》刊登媒體人溫紳（陳中雄）乘漁船登上釣魚台，並發現古早台灣人立的石碑。

9 月 15 日香港萬人保釣大遊行，加拿大多倫多也有五千華人遊行。22 日新黨在台北發起保釣大遊行。同日，香港「全球華人保釣大聯盟」租用遠洋貨輪「保釣號」邀約記者前往釣魚台海域；26 日受阻不能登島，總指揮陳毓祥跳海罹難；其遺體於翌日乘專機經台灣返抵香港。29 日五萬香港人參加悼念晚會，會中朗誦童增的輓聯：「壯志成仁，全球華人悼烈士；丹心保釣，秋風冷月弔忠魂。」

10 月 5 日，新成立不久的香港保釣行動委員會成員從香港出發，6 日會同台灣保釣人士，共近三百人，乘坐三十多艘漁船及海釣船前往釣魚台。7 日清晨遭到六十艘日本船艦包圍，其中「自立六號」漁船及香港漁船突圍，台灣金介壽議員與香港陳裕南成功躍上釣魚台，分別插上青天白日滿地紅旗及五星旗。同時，另四位台灣保釣人士登上北小島，插上青天白日滿地紅旗。

此後迄 1998 年 6 月，香港、台灣、大陸保釣人士不斷有登島的行動，惜皆功敗垂成。香港保釣行動委員會於 1997 年 5 月 17 日購得的「釣魚台號」於翌年 6 月 24 日遭日艦多次撞擊後，沉沒於釣魚台海域。

1997 年 5 月 24-25 日，東吳大學在劉源俊校長的支持下，主辦「第一屆釣魚台列嶼問題學術研討會」。

此一波運動的主要成效：一是以具體行動宣誓主權；二是促成台

灣與日本 1996 年開始就漁權問題磋商談判。

第四波保釣運動

2002 年 9 月 16 日，李登輝前總統於接受《沖繩時報》訪問時表示「釣魚台是日本的領土，所有權屬於日本沖繩縣。」林孝信在台灣發起連署聲明譴責，串連全球支持保釣人士兩千多位，組成「全球保衛釣魚台聯盟」。10 月 14 日林孝信召開記者會譴責李登輝，有十多位老保釣到場。

2003 年，李義強在廈門召開「全球華人保釣論壇」，「中國民間保釣聯合會」也在廈門正式掛牌。2004 年 3 月 24 日清晨，馮錦華、張立昆、尹東明、胡顯峰、王喜強、方衛強、殷敏洪等七名大陸保釣成員利用聲東擊西策略，分乘兩艘橡皮艇突襲，成功登上釣魚台，升起五星旗。美國國務院副發言人艾瑞里表示，《美日安保條例》適用於釣魚台。七名保釣人士遭拘捕兩天後為那霸當局遣返，沒提出告訴。

2003 年 9 月 27-28 日，東吳大學繼續舉辦「第二屆釣魚台列嶼問題學術研討會——歷史發展與法律地位」。翌年 6 月出版論文集《釣魚台列嶼之歷史發展與法律地位》。

2005 年 10 月 25 日台北市政府慶祝台灣光復六十週年，在中山堂前有「水祭釣魚台」活動。

第五波保釣運動

2008 年 6 月 10 日，台灣漁船「聯合號」在離釣魚台 6 海浬處遭日保安廳巡防艦撞擊沉沒，受傷船長及兩名船員被扣留。12 日，該船上的十三名釣客向媒體提供手機影片，要求「海巡署立即強化編裝，提升維護主權的功能。」輿情憤慨。不久，船員及船長被釋放。

6 月 19 日，台灣保釣人士黃錫麟、胡卜凱、殷必雄等九位乘「全

家福 6 號」漁船，在數十位媒體人陪伴及海巡署九艘大小艦艇護航下，衝破日方十多艘各式艦艇的阻攔，成功挺進距離釣魚台島 0.4 海浬處，並繞島一周宣示主權。

8 月 15 日，日本第 11 管區海上保安本部在那霸市召開記者會，為撞沉「聯合號」鞠躬道歉，並在後來賠償損失。

11 月 9 日，黃錫麟與胡卜凱等人籌備的「中華保釣協會」正式成立，推劉源俊為第一任理事長，黃錫麟為祕書長。

2008 年 5 月國立清華大學圖書館成立「1970 年代保釣暨海外留學生刊物文獻特藏計畫」，並於 2009 年 5 月 2-3 日舉辦國際論壇。2010 年 8 月 22 日台灣同學會在江西南昌舉辦「紀念保釣運動四十週年研討會」。同年 12 月 6 日，北京《三聯生活周刊》於第 49 期出釣魚台專輯，大幅探討釣魚台問題。2011 年從 4 月到 12 月台灣各大學及民間團體舉辦了多場紀念保釣四十週年的研討會。

這一波保釣運動的成效：一、2011 年 5 月行政院新聞局發布《釣魚台論述說帖》。二、2011 年教育部決定在歷史課綱裡列入有關釣魚台的材料，並委託世新大學，由林孝信主持從事相關教育活動。

第六波保釣的重大變化

2010 年起，釣魚台的情勢發生重大變化。2010 年 9 月 7 日，大陸漁船「閩晉漁 5179 號」與日本巡邏船相撞，日本扣留大陸漁船船長詹其雄，但在大陸強烈抗議下，最後不得不釋放船長。大陸保釣態度轉趨強硬。2012 年 9 月 11 日，在日本東京都知事極右翼的石原慎太郎等人的鼓動下，日本首相野田佳彥宣布「尖閣群島國有化」，中日釣魚台衝突激化。自此以後，大陸船隻與飛機不時進入釣魚台附近海域空域，與日方發生衝突事件。大陸政府保衛釣魚台（大陸稱為釣魚島）的態度轉趨積極。2012 年 9 月 23 日在台北也有一場大規模的保釣示威遊

行，有三千多人參加，並到日本交流協會遞交抗議書。2012 年後，保釣運動發生了質變，從以民間為主的保釣，變成了政府之間的衝突。

保釣運動的回顧

從 1970 年成立保衛釣魚台行動委員會、進行示威遊行算起，到現在已經整整五十年了，我們應該可以對保釣運動大致作一個回顧。保釣運動涵蓋了愛國保土運動，以及關懷整個中國未來走向的政治運動。前面一個愛國保土運動，無疑是值得肯定的。我們的愛國熱情是真誠的。雖然兩岸的政府因為有其他的考慮，2010 年以前在我們看來，對於保釣的態度都不夠積極，但是保釣運動的參與者至少都盡到了作為國民一分子的責任。保釣運動當中的另一個運動，也就是對於中國未來政治走向的運動，每個人由於立場不同，可能評價不一。因為背後牽涉到政治思想的走向，特別值得我們檢討與反思。

左中右派之間的分歧主要有兩點。一個是對於國共兩黨評價的出入，另一個就是對於資本主義、社會主義和共產主義這些政治主張之間看法的分歧。右派認為大陸的共黨政府殘暴獨裁、剝奪人民自由、破壞傳統文化。左派認為國民黨獨裁媚外，保衛國土不力，以資本主義剝削勞苦大眾。自由派則認為國民黨與共產黨基本上走的都是一黨專政的路線，獨裁的程度或許有些差異，但都沒有真正實行民主。

至於另一個爭執重點，就是資本主義、社會主義、共產主義，以及三民主義這些政治主張之間的區別，以及這些主張究竟那個更能為中國人民謀福利的問題。由於從清末民初開始，國家一直處於危難之中，救亡圖存的考慮壓倒了一切，人們並沒有能仔細的去檢討這些不同主張的差異，以及其可能的影響。許多左派看到社會主義理想中強調平等的一面，卻沒有看到實行計畫經濟，會使得人民失去自由、經

濟效率低落的一面。計畫經濟體制的不合理，到了二十世紀後期造成了東歐劇變和 1991 年蘇聯的解體。

在海外保釣運動中，1970 年代的保釣左派，對於國民政府的獨裁非常不滿，而對於中共政府相當明顯的不民主卻有著不同的評價。其間的理由，除了高漲的民族主義情緒以外，一個主要的原因就是因為當時美國的留學生，都來自台灣與香港等地。台灣留學生對於國民政府的專制獨裁有親身的體會，而對於大陸的專制獨裁卻沒有切身的經驗。有一句話說：「哪裡有壓迫，哪裡就有反抗」[4]。他們因而把抨擊的對象放在了國民政府的身上。等到文革的真相大白，而大陸實際的狀況也為人了解之後，左派就基本上解體了。來自台灣的留學生和民眾會要求台灣的民主，而從大陸歷次的民主運動，我們也可以看到，大陸人民也會要求大陸的民主，這種情形在海外大陸人士中也可以看得很清楚。自由與民主畢竟是人類社會最高的政治理想，這也正是海外保釣運動帶給我們的寶貴教訓。

保釣運動是過去半世紀中，在海外華人中影響最大的政治運動，也觸動了許多參與者的心靈，影響了他們的一生。在文學方面對這些心路歷程表現得最為顯著的就是小說。到目前為止，以保釣運動為背景的小說有三本。從出版的時間看，1978 年 3 月張系國寫成《昨日之怒》；1984 年，筆者寫的《惑》在《中國時報》海外版連載，後來於 1986 年 11 月出版；到了 2010 年 1 月，劉大任出版《遠方有風雷》。這三本小說都為當年保釣中人留下了一些感人的故事，以及他們最為直接的心靈感受。文學表現能夠延續的時間可能比一些具體行動更為長久，對於保釣文學的探討在未來仍有豐富的開展空間。

4　這句話最早是恩格斯說的，列寧和毛澤東等人都引用過。原文可以在《馬克思恩格斯全集》中找到。英文是 where there is oppression, there is resistance。

保釣運動的展望

五十年過去了，國內國外的情勢都有了很大的改變。

國際情勢

1971 年正是美國開始與中共聯手對付蘇聯的時候，開展了一段從 1972 年尼克森訪問大陸，然後 1979 年雙方正式建交，到 1991 年蘇聯解體，大約二十年中美非正式合作伙伴關係。隨著蘇聯解體，特別是 2010 年大陸成為世界第二大經濟體之後，中美成為對手，到了川普上台，終於急轉直下，關係惡化到要脫鉤，甚至可能要發展到動火的程度。

釣魚台列嶼的主權問題基本上是三國四方，也就是台灣、大陸、日本和美國之間的問題。展望未來，國際之間的衝突，最重要的還是要看各國的政治、軍事和經濟的實力。而政治和軍事的實力分析起來，也還是要靠經濟實力支撐，因此經濟是最重要的。2010 年之後，大陸之所以態度轉趨強硬，最主要的原因自然是因為大陸的國民生產總值（Gross Domestic Product, GDP）在 2010 年超過了日本，大陸的實力增強了。

到了現在保釣運動五十週年之際，當事各國的經濟實力又是如何呢？表一列出美國、大陸、日本、台灣的一些重要經濟數據作為比較。

表一：美國、大陸、日本、台灣的經濟數據

國家	GDP（億美元）	人均GDP（美元）	GDP/PPP（億美元）	人均PPP（美元）	出口（億美元）	進口（億美元）	進出口總額（億美元）
美國	208,072.6	63051	208,072.6	63051	16451.74	25683.96	42135.7
大陸	148,607.7	10839	241,624.3	17206	24985.69	20698.50	45684.1
日本	49,105.8	39048	52,361.3	41637	7058.42	7209.64	14268.0
台灣	6,355.4	26910	12,758.0	54020	3295.12	2859.06	6154.1

其中，GDP 為國際貨幣基金組織（IMF）2020 年 10 月的估計數字，其餘為 2019 年數字。

　　比較各國經濟實力最重要的指標自然是國內生產總值（GDP）。從表一我們可以看到，2020 年以匯率計算的名目 GDP 大陸約為美國的 71.4%，但是以購買力平價（purchasing power parity）計算的 GDP/PPP，大陸在 2014 年已經超過美國，2020 年是美國的 116%。因此美國與大陸的 GDP 按照兩種不同的算法各有高下，已經進入了一個黃金交叉的階段。日本從 1995 年起，GDP 的成長幾乎停滯了 25 年[5]。2020 年，大陸以匯率計算的 GDP 是日本的 3.02 倍，以購買力平價計算的 GDP 是日本的 4.61 倍，都已經遠遠超過日本。

　　GDP 雖然是比較各國經濟最常用的指數，但是 GDP 的應用也有其缺陷。因為 GDP 是由三部分組成的：農業、工業和服務業。三者所占的百分比各國相差很大。像是美國這三者之比是 0.9：19.1：80.0；而中國大陸則是 7.9：40.5：51.6[6]。發達國家服務業的占比都很高。但是服務業的產值與人力成本有直接的關係，發達國家人力成本高，產值因而增高，這中間難免有一些膨脹的成分。因此，如果要進一步的比較各國的經濟實力，需要再看一下各國的實體經濟，表二列出美國、大陸、日本、台灣的重要實體經濟數據。

表二：美國、大陸、日本、台灣的重要實體經濟數據（2019 年）

國家	人口（千人）	發電量（十億千瓦小時）	鋼產量（百萬噸）	汽車產量（萬輛）	汽車銷量（萬輛）	能源消耗量（百萬噸油當量）	世界五百強企業
美國	329,064	4385	87.9	1088.00	1748.00	2213	121
大陸	1,433,783	7482	996.3	2572.06	2576.86	3248	124
日本	126,860	1013	99.3	968.42	519.52	421	53
台灣	23,773	272	22.1	25.13	21.90	110	9
世界	7,713,468	23105	1869.9	9178.68	9135.84	13975	500
大陸占比	18.58%	32.3%	53.2%	28.02%	28.20%	23.49%	24.8%

5　Wikipedia: list of countries by past and projected GDP (nominal)

6　https://www.cia.gov/the-world-factbook/field/gdp-composition-by-sector-of-origin
　　The World Factbook, GDP-composition, by sector of origin

2019 年，大陸的發電量居世界第一位，已經是美國的 1.7 倍，日本的 7.38 倍。雖然人均仍然低於美國和日本，但是在總量方面，已經遠遠超過美日。2019 年大陸的鋼產量是美國的 11.3 倍，日本的 10 倍。大陸的鋼產量占全球的 53.2%，超過世界的一半。在汽車的產銷量，和能源的消耗量方面，大陸也都已經超過美國。2019 年，Fortune 雜誌統計的世界五百大企業中，大陸也首次以 124 家超過美國的 121 家，成為全球第一位。從以上的數據看，大陸在經過四十多年的改革開放之後，在經濟實力方面的確有了重大的進步。在許多方面已經可以和美國並肩，並遠遠超過了日本。

經濟實力背後的根據是科技。根據最新有關科學研究論文發表的資料[7]，在國際學術期刊上各國論文發表的數目，到了 2019 年，大陸在物理／天文、工程、數學、化學、材料科學、電腦、能源、生化／分子生物方面，均已超過美國，居世界第一位，美國是第二位。不過美國在醫學、社會科學方面，仍然是世界第一位，大幅領先中國大陸。

另外根據 2020 年 8 月份，日本《日經亞洲評論》（Nikkei Asian Review）的報導[8]：2016 年到 2018 年的三年間，在全世界經過專家評審發表的科學論文中，大陸有 305,927 篇，占 19.9%；美國有 281,487 篇，占 18.3%。居第三位的德國有 67,041 篇，占 4.4%；日本為第四位，占 4.2%。大陸已經超過美國。在為人引用最多的頂級 10%的論文中，美國占 24.7%，大陸占 22%，也已經相距不遠。至於科學家的數目，大陸有一百八十七萬人，美國有一百四十三萬人。這

7　SCImago: https://www.scimagojr.com/countryrank.php
　　Scimago Journal & Country Rank
8　https://interestingengineering.com/china-overtakes-us-as-worlds-top-scientific-paper-provider
　　China Overtakes US as World's Top Scientific Paper Provider, Interesting Engineering, Fabienne Lang, Aug. 12, 2020.

些數據都顯示經過改革開放四十多年的努力，中國大陸在科技方面也已經趕上世界水平，可以與美國並駕齊驅。

此外，日本人口從 2007 年以後，一直都是負成長，估計到了2050 年，日本的人口可能會從現在的一億兩千六百萬，下降到一億零七百萬[9]，有的估計甚至說到了 2060 年，日本人口會下降到八千六百萬[10]。而中國的人口仍將在十四億左右。日本人口的老化程度也很高，2017 年日本六十五歲以上的長者已經占了全國人口的 27％，而大陸是10.6％，美國是 15.4％[11]。因此，中日兩國實力的對比，在未來應該會繼續朝著中國增強的方向發展。

有些估計顯示，大陸以匯率計算的 GDP 有可能在 2030 年之前超過美國[12]。未來的十年因而是非常重要的階段。只要能堅持經濟發展優先，那麼中國大陸的經濟實力相對於美、日來說，未來將會比今天有利得多。

從以上這些討論看來，兩岸中國政府對於釣魚台的主張，未來應該會比今天更為有利。對於釣魚台主權的問題，除了應該要不時以行動打破日本「有效統治」的主張以外，在對日本的交涉中，應該盡量爭取「鬥而不破」，堅持經濟發展的主軸，繼續強化經濟實力，等到中國成為全球最大經濟體時，外交上自然會出現嶄新的局面，時間是站在中國人民這一邊的。

不過中國在歷史上不像西方國家那麼追逐於擴張自己的勢力。站

---

9 Wikipedia: list of countries by past and future population
10 Wikipedia: demographics of Japan
11 Wikipedia: list of countries by age structure
12 Long View: how will the global economic order change by 2050? Feb. 2017, PwC（PricewaterhouseCoopers），p. 68
    https://www.pwc.com/gx/en/world-2050/assets/pwc-world-in-2050-summary-report-feb-2017.pdf

在世界和平的立場，在爭取釣魚台主權之外，也應該著眼於東亞、乃至世界的和平，特別是中美兩強之間的和平。冤家宜解不宜結，我們希望中日之間，能夠恢復到古代中國做為東亞儒家文化的中心，各方都能和平共處的狀態。

國內情勢

國內情況的改變不亞於國際。國民黨早已不是當年在台灣把持一切的政黨，到現在甚至已經有多年在野了。1986 年才成立的民進黨，當年還不知道在哪裡，現在已經兩度執政，並且成為台灣最大的政黨。台灣獨立的問題，當時還只是在國外萌芽，現在則已成了台灣相當大民意的主張，也成了海峽兩岸關係的最大問題。

五十年前保釣運動初起之時，無論是左派、右派還是自由派，都毫無疑義的把自己視為是中國人，因此保衛國家領土是責無旁貸。但是五十年過去，中間經過認為釣魚台屬於日本的李登輝十二年執政，再加上主張台灣獨立的民進黨陳水扁八年和蔡英文從 2016 起的執政歲月，台灣年輕人所受的教育，讓他們的想法與 1970 年代的年輕人已經有了相當大的出入。雖然當時已經有台獨派存在，但是人數還比較少。保釣人士都有高度的中華民族情懷，因此絕大多數都不會贊成台獨。但是五十年過去，台灣年輕人所受的教育，讓他們的思想與 1970 年代的年輕人已經有了非常大的出入。

台灣現在深陷於藍綠對立之中，最主要的問題就是台灣與大陸的關係，也就是台灣是否應該脫離中國獨立的問題。任何國家的一部分如果要追求獨立，其結果只能有兩種情況。一是其他部分同意其獨立，則結果平和，成為兩個國家。就像 1993 年後的捷克與斯洛伐克。另一種情況就是其他部分不同意其獨立，那就會發生戰爭。近年來的例子有：俄羅斯與車臣，戰事從 1991 年打到 2000 年；以及斯里蘭卡與北

部的塔米爾人組織，戰事從 1983 年打到 2009 年，最後兩者均以失敗告終。獨立成功的例子則有南蘇丹，戰事從 1983 年打到 2011 年。獨立成功與否要看實力的大小，打的贏就會成功，打不贏就會失敗。在大陸與台灣的情形，則很明顯大陸現在的軍事實力要遠遠超過台灣，台灣宣布獨立一定會引發戰爭，戰爭的結果會讓人民生靈塗炭，遭受巨大損失，獨立也無法成功。

台灣如果宣布獨立，則其安全將繫於大陸與美國的軍事實力與其對於台灣問題的意志與決心。大陸的軍力近年來大有增加，雖然與美國仍有一定的差距，但是在東亞第一島鏈之內，中共已經有抗拒美軍的實力。大陸的東風導彈雖然還沒有真的擊沉過航空母艦，但是 2020 年 12 月 6 日的報導，美軍印太司令戴維森（Philip Davidson）首度證實：大陸已經成功針對移動靶船，試射有「航母殺手」之稱的反艦彈道飛彈[13]。對於美國海軍而言，這無疑構成了巨大的威脅。至於雙方的意志與決心，對於中共而言，台灣問題是國家的核心利益。而對於美國來說，台灣則只不過是世界上許多美國需要面對的問題之一，其重要性不至於高過歐洲和中東。美國開戰需要獲得國會的通過，對於美國人民來說，連當年的越戰、阿富汗和伊拉克戰爭都會引起美國人民的嚴重抗議，中美雙方都是核子大國，為了台灣獨立要付出重大傷亡代價的中美戰爭，對於美國人民來說是不可想像的。即使美國願意協

---

13 (1) https://www.chinatimes.com/newspapers/20201206000370-260118?chdtv
　　 美證實陸成功試射航母殺手飛彈，中國時報，2020/12/6

　　(2) https://udn.com/news/story/6809/5068109?from=udn-ch1_breaknews-1-0-news
　　 美印太司令證實共軍成功試射「航母殺手」導彈，中央社，2020/12/5

　　(3) https://www.washingtonpost.com/opinions/global-opinions/chinas-military-expansion-will-test-the-biden-administration/2020/12/03/9f05e92a-35a7-11eb-8d38-6aea1adb3839_story.html
　　 Opinion: China's military expansion will test the Biden administration, The Washington Post, Josh Rogin, 2020/12/4

防台灣，台海戰爭如果萬一出現，犧牲最大的也仍然是台灣人民。

從 1976 年的四五事件、1978-1979 年的北京西單民主牆運動、1986-1987 的學運、1989 年的六四天安門事件都可以看出來，大陸人民對於共產黨的統治，也有很多不滿的聲音，大陸人民也會要求民主。但是說到台灣是否是中國的一部分，大陸民意在這一點上則是具有高度共識的。大陸既然沒有可能同意台灣獨立，台灣的法理獨立一定會導致戰爭，並將造成不可估量的嚴重後果，法理台獨因而應該是一條絕對不能碰觸的紅線。台灣人民如果認為自己是中國人，爭取民主會獲得大陸人民的支持，會有很大比例的大陸人民認為應該「中國人不打中國人」。但是如果台灣人民不認為自己是中國人，那麼就會導致大陸人民產生「仇台」情緒，造成「地動山搖」的後果。

法理台獨既然不切實際，那麼在台灣人民珍惜民主自由的情況下，應該如何面對兩岸目前的局面呢？唯一比較可行的道路，就是一方面經由大陸本身的發展，逐漸轉型到民主政治。另一方面就是經由海峽兩岸人民的接觸去影響大陸，讓大陸政府逐漸改變其執政的性質。在大陸的演變過程中，全世界最有可能扮演重要角色的就是台灣人民。法理台獨既然沒有實現的可能，那麼現在民進黨推行的「去中國化」教育，讓我們年輕的一代成為「天然獨」，則其後果只能讓下一代不但疏離了本民族的傳統文化，也會讓他們的理想徒然在現實中倍感失望與痛苦。

由於 1978 年後大陸的改革開放，實行以市場經濟、公私營並進的所謂「中國特色社會主義」道路，使得當年的保釣各派在政治意識方面的對立有所降低。保釣左、中、右派的對立近年來因而有所緩和。2009 年 5 月 2-3 日在國立清華大學舉行的「一九七〇保釣運動文獻之編印與解讀」國際論壇，多年前劍拔弩張的對手，終於可以坐下來一起討論國家的未來。

結語

　　本書是國立清華大學圖書館從 2008 年起，經過採訪、作口述錄音，然後整理逐字檔、再經過多次校對過程收集起來的口述歷史。收錄在本書內的一共有十一位當年保釣中堅人士的紀錄。還有一些在美國保釣運動中起過重要作用的人士，像是提出「革新保台，志願統一」的沈君山校長、四月十日大遊行的總指揮李我焱博士、以及紐約保釣會的成員袁旂教授，很可惜他們都已經離開人世了。在訪談中，大家不但回顧了當年在保釣運動中參與的經過，也討論了過去這五十年來的歷史，以及對於未來發展的看法。訪談人士當年的政治立場包括了政治上的左、中、右；在地理分布上也包括了美東、美中和美西，具有高度的代表性和概括性。

　　保釣運動的經驗，讓我們知道：作為一個愛民族、愛國家的中國人，我們不能依從某一個領袖，無論是蔣介石，還是毛澤東；不能依從某一個政黨，無論是國民黨還是共產黨。做為中國人民的一分子，我們在政治上必須要有獨立的判斷，我們應該從整個中國人民的立場出發，以整個中國人民的利益為依歸。只有這樣，我們才能真正為中國人民做出貢獻、對歷史負責。這正是我們在保釣運動中得到慘痛而又寶貴的教訓。眼看中華民族復興在望，如果釣運經驗能夠有助於國家邁向民主，走向兩岸和平統一，我們這一代保釣人的心願就已經達成，此生無憾了。希望本書對於半世紀來保釣運動的檢討，以及對於未來發展的看法，還能為關心國家民族前途的同胞們，提供一些有價值的參考。

導讀

留住青春的溫度——
國立清華大學圖書館的釣運典藏

謝小芩[1]、李雅雯[2]

　　1970 年代初保衛釣魚台運動引發留美學生與台灣本地大學生的民族及民主運動風潮，並對台灣後續的政治與社會民主化帶來深刻的影響。因時值戒嚴時期，許多留學菁英被迫無法返台，台灣社會對之了解甚少，相關研究亦付之闕如。

　　國立清華大學圖書館（以下簡稱本館）因緣際會，有幸獲贈大批寶貴的保釣運動文獻，並有機會認識並採訪當年熱血投入運動的老保釣們，透過他們深度生命敘說，以多重視角再現當年愛國運動的國際場景，本書便呈現了十一位具有代表性的老保釣對於釣魚台運動的回顧與反思。在進入他們生命故事之前，本文謹先簡要說明本館的釣運文獻典藏。

國立清華大學圖書館保釣運動文獻典藏

　　2005 年葉芸芸女士將其及友人所收藏的 1970 年代留美學生保釣運動文獻捐贈給本館，開啟了本館釣運典藏工作。2006 年，林孝信先生慨然捐贈大量釣運及後續活動的刊物、手稿等文獻，為本館奠定了

1　國立清華大學通識中心教授，2003-2009 年間擔任國立清華大學圖書館館長。
2　現任職於國立清華大學圖書館特藏組，負責保釣運動文獻典藏與整理工作。

保釣運動特藏文獻的基礎。本館在整理資料，建置捐贈清單與保釣運動大事記的過程中，逐漸理解到 1970 年代留美學生發起的保衛釣魚台運動，除了有東亞地區國際政治經濟關係因素之外，台灣留學生群體的特質更具有關鍵性的影響。如以台灣理工科留學生所組成的《科學月刊》聯絡網，即成為七十年代保釣運動組織的主體。

1970 年代的保釣運動，可說是一群台灣留學菁英的政治與社會啟蒙運動。台灣留學生在保釣運動中，逐漸意識到當時國際局勢的變化對於釣魚台列嶼主權爭議的巨大影響。因此，台灣留學生群體彼此因政治理念與價值的差異，而使保釣運動之後發展的道路產生分歧。不同群體的留學生在保釣運動中逐漸地形成各自的國族認同，以及對於政治和社會改革的方案。因此，保釣運動不僅是對於釣魚台主權之爭的運動，同時也是一場政治、社會與文化的改革運動。

於是，我們擴大向各方徵求資料，建置釣運文獻網站，並於 2009 年 5 月舉辦「一九七〇年代保釣運動文獻的編印與解讀國際論壇暨文獻展覽」，邀請世界各地的老保釣們來到新竹，聚首清華，敘說當年、記錄史料、詮釋文獻，為四十年前的學生運動拼圖。更積極的目的是，希望從教育的、學術的、文化的多重角度，讓年輕學子來認識這場由四十年前許多熱血的前輩們走過的這段路，也希望社會大眾可以從不同的角度來了解保釣運動的愛國精神，對民族、社會的關懷，以及勇於探索、追求理想的精神，並且讓這樣的精神得以延續。

這次論壇得到熱烈的迴響，在老保釣的鼓勵之下，我們整理精彩的討論內容，並擴大邀稿，彙整了近四十位主持人、發表人、與談人的文稿及現場發言紀錄，由劉容生、王智明與謝小芩主編，於 2010 年出版專書《啟蒙・狂飆・反思——保釣運動四十年》。將保釣運動的來龍去脈及老保釣們後續四十年的理想實踐做了相當的梳理，是回顧保釣運動四十週年、關心台海兩岸議題、以及海外華人歷史文化，深

具參考價值的一本基本素材。特別感謝本書所有的作者把版稅捐贈給國立清華大學書書館，讓本館能夠持續進行保釣文獻的典藏工作。

　　國立清華大學圖書館對保釣文獻的特藏工作，立基於保存史料、詮釋文獻與呈現保釣運動多元聲音的角度，向公眾介紹保釣運動與台灣政治、社會發展的連結，俾使保釣運動的精神得以延續下去。以下將進一步說明本館釣運文獻資料的收藏、保存、數位化與運用情形。

文獻保存

　　到目前為止，國立清華大學圖書館應該是台灣擁有保釣刊物、文獻最豐富、集中的典藏機構。國內其他大學這方面的資料很少。在美國的哈佛燕京圖書館，或是舊金山州立大學圖書館等等皆有部分收藏。特別感謝龔忠武先生提供了哈佛燕京大學圖書館的典藏清單，讓我們得以比對兩館收藏。如本館如此集中、完整，是非常難得的。年輕館員對 1970 年代保釣運動都不甚瞭解。因此獲贈保釣運動文獻後，進行了許多背景資料的研究，對本館而言實為珍貴的學習機會。

　　由於保釣相關資料已有四、五十年歷史，早期紙張、印製與保存條件皆不盡理想，因此對於獲贈資料皆先冷凍維護再予典藏，基本處理流程如下。

　　1、資料到館後，立刻分類、列冊、製作清單。

　　2、進行除塵處理、冷凍除蟲。

　　3、所收藏刊物皆已編目上網供讀者查詢，讀者可申請入館調閱。

　　4、脆弱文件數位化。

　　5、運用無酸脂文件袋收納文獻，防酸保存典藏。

　　6、建立目次清單、建置數位化資料庫。

2013 年學習資源中心（圖書館）新館落成啟用，特別設置恆溫恆

濕之特藏室以典藏珍貴資料。本館所收藏的保釣運動資料主要分為兩個部分：一是「釣運檔案」，包含保釣遊行示威活動時的海報、開會紀錄、（聯絡）循環信、手稿、筆記、小說、劇本、照片、遊行錄影、座談會錄音、紀念郵票等；物品則有印章、旗幟，及當時為了募款及遊行所製作的徽章。另一部分是「釣運期刊」，主要為留學生在保釣運動時所製作的通訊、刊物、手冊等，還有在保釣運動後到 1990 年間，因保釣運動啟蒙、引發對國事、政治、社會關注，所發行的相關刊物。以下針對這兩部分說明本館整理的情況及進度。

「釣運檔案」編目與數位化

「釣運檔案」的部分以林孝信先生捐贈為大宗，除了保釣的資料外，尚有林孝信在 1979 年成立 OSDMT、勞工運動、社會運動等資料。另有鄭鴻生、居乃虔、田文、倪慧如等十多位捐贈者捐贈台灣保釣文獻、保釣小說連載、及愛盟的相關資料，另外也有人提供因被政府列入黑名單、而無法回國的相關證據。

本館的整理工作主要分為三個部分：建置資料架構、撰寫詮釋資料（Metadata，或後設資料）與數位化工作。為了讓更多讀者能夠查詢與利用資料，本館自 2014 年起建置「校史與特藏數位資料管理系統」，將上述資料上網提供查詢與下載，讓讀者可以不受空間及時間的限制使用相關資料。

第一階段公開的資料以林孝信先生提供的資料為主，部分資料因涉及智慧財產權及敏感因素，依據智慧財產權法規定及當事人意願而不予公開。至 2020 年底為止，公開的資料有 4,603 筆、14,321 頁；未公開但可供查詢的數位圖檔主要是剪報、論文資料，因涉及智財權，只可提供到館調閱；還有未公開查詢的 712 筆數位檔資料，大部分是

會議資料、涉及個資、以及當事人不願意公開的部分。其他尚待整理的資料則有林孝信先生的筆記、書信及 2015 年後捐贈的資料，大約有數百筆。

「釣運期刊」編目與數位化

「釣運期刊」的部分，以圖書館既有的「期刊」登錄方式處理。由於此部分種類眾多、數量龐大，在排除重覆刊物工作上，花費了不少功夫。截至 2020 年為止，典藏登錄的「釣運期刊」共計有 414 種，4,047 冊（此為中文部分，已排除重複，其他歐美語系未計）。若不排除重覆，典藏的刊物數量則超越 6,000 冊以上。

「釣運期刊」一直是研究者重要參考資料，自本館典藏釣運資料以來，歷年皆有不少讀者調閱使用相關資料。這些刊物在 1970 年代，多由留學生手寫或剪貼製作初稿，再以刻鋼板、油印、訂書機裝訂等方式製作。保存至今，許多刊物出現字跡模糊、裝禎脫落的情況，為保存期刊內容，本館歷年皆編列固定經費進行數位化工作。由於數量龐大，近年本館招募志工進行處理，以加速數位化的保存工作。目前已進行 2,713 期、91,504 頁。

數位化保存雖為現代珍貴資料較佳的保存方式之一，但由於科技日新月異，在資料儲存的格式、媒體也不斷地推陳出新，加上儲存的載體，可能會因天災、人為、或器材本身耗損等因素造成為內容毀損，本館也在多種檔案格式、異地備份等方面加強資料保存。

由於「釣運期刊」屬於發行物，依據台灣現行智慧財產權法規定，無法在發行的五十年內提供讀者上網瀏覽與下載。因此，圖書館主要是以「到館調閱」的方式，提供讀者利用相關資料。

「釣運文獻館」與數位典藏查詢系統

除了上述基礎的整理與數位化工作，為了讓讀者對保釣運動的發展有更完整、深入的了解、並掌握釣運文獻典藏計畫的內容及進度，2008年本館建置了「釣運文獻館」主題網站，內容包括：「典藏緣起」、「工作紀錄」、「釣運記事」、「珍藏導覽」、「典藏查詢」、「文獻專書」、「保釣通訊」、「釣運論壇」、「口述訪談」、「捐贈我們」、「相關連結」等部分。

圖1：「釣運文獻館」主題網站首頁，
http://archives.lib.nthu.edu.tw/diaoyun/

本館自2014年起，整合館內校史與多個特藏主題資料庫，建置「校史與特藏數位資料管理系統」系統，具有強大的整合功能，除了可就單一資料庫進行查詢，更可跨資料庫進行整合查詢、瀏覽查詢、主題查詢等功能，並可依據欄位中資料類型、年代、作者再進行後分類、圖檔及書目資料下載等功能。

　　在「校史與特藏數位資料管理系統」系統中，與保釣資料相關的資料庫共有三個，分別是「保釣運動文獻」、「釣運期刊」與「珍藏期刊目次」，讀者同時或分別在此系統上進行整合查詢或交互查詢，大大提升讀者資料使用的便利性。

　　舉例來說，在系統的「整合查詢」的頁面上，以「華盛頓 遊行」搜尋，便可出現二十七筆資料，包括華盛頓 DC（Washington DC）四十大遊行的照片、海報、遊行標語、遊行手冊、傳單、會議紀錄、及當時人對此遊行的看法及評論。讀者可依需要點選，以瀏覽資料圖檔及相關說明。右側列有相關資料的後分類，讀者可再依創作者、年份、實體類型進行瀏覽。在系統設置之後，系統的線上瀏覽與實際到館人數的大幅增加，並呈倍數成長，其發揮的功效不言可喻。

保釣文獻加值工作

　　上述的整理工作，主要是保釣資料中個別物件的介紹，針對保釣運動本身及後續的發展，為能有整體性認識與了解，本館在 2009 年國際論壇的基礎上，於 2010 年出版了會議論文集，並進行了數次的保釣及 OSDMT 訪談計畫。

　　此外，在「數位典藏」方面，本館也希望朝向「數位人文」[3]的方向發展，以借助數位科技的方式進行人文研究，以大數據分析的概念進行資料分析，讓更多潛藏在資料中、尚未被發現的事件關係、人物脈絡、區域的互動模式呈現於世人眼中。而這也正是本館在特藏資料推廣，以及為資料「加值」的核心價值所在。本館為保釣資料所進行的「加值」工作，便是以概念此出發，建置「特藏（釣運）期刊目次」

3　項潔，〈何謂「數位人文」〉，《從保存到創造：開啟數位人文研究》（台北：台灣大學出版中心，2011，9-28 頁）。

資料庫以及「釣運期刊簡介」，希望在內容之上發掘更有意義的資料。

釣運期刊目次之建置

　　本館雖然收藏了豐富的釣運期刊，但因傳統的期刊編目方式，只能顯示刊名及出刊時間等基本資料，未能顯示期刊內容。為了便利讀者進一步瞭解釣運期刊內容，本館在 2014-2016 年間，建置「特藏期刊目次」（釣運期刊）系統。陸續完成 378 種、3,198 期，總計 57,938 筆的期刊目次，納入於上述本館「校史與特藏數位資料處理平台」系統中，目前尚有 717 期的內容尚待整理。系統中除可使用關鍵字搜尋外，數位典藏系統並具有「後分類」功能，針對搜尋結果「再」進行刊名、卷期、年份、創作者、關鍵詞（含出版地）分類，讓讀者能更快、更清楚資料分布情況，並找到目標資料。讀者也可依需要將搜尋結果，以文字檔案或表單的形式下載，方便進行統計與分析。

釣運期刊簡介

　　本館首批揀選約 370 種刊物作刊物介紹。內容包括：館藏的期數、刊物出版的年份、周期、出版或發行地點、關鍵字、三百至五百字的簡介。刊物屬性包含通訊類刊物、新聞報導類、政論類、文藝類、少部分正式學術性刊物等。從內容分類來看，則有保釣通訊、保釣行動後續報導、認識新中國、中國科技發展、台灣民主運動、人權運動、黨外運動、中國同學會、台灣同鄉會、左翼理論研究、二二八事件等。刊物簡介的撰寫工作已完成初稿，目前尚未出版，若能募得經費，本館將盡快公開出版，以饗讀者。

資料使用情況分析

　　在資料的推廣上，基於大學圖書館推廣教育及協助研究的宗旨，

以公開、透明並歡迎利用的服務原則，提供讀者線上瀏覽、資料下載與到館調閱三種資料利用服務。而數位化的網站建置，更有利於讀者不限空間、時間及地點進行搜尋、瀏覽。

如同前述，本館為釣運資料建置三個資料庫，分別為收藏釣運檔案的「釣運檔案」資料庫、「釣運期刊」數位化資料庫，以及「特藏（釣運）期刊目次」資料庫。由於「釣運期刊」屬於單機系統，僅供讀者到館調閱查詢數位檔案，並未對外連線，故瀏覽人次較少。在「特藏（釣運）期刊目次」資料庫於 2016-2017 年批次上傳資料後，系統的瀏覽人數開始呈倍數成長。2015-2020 年底，三個資料庫加總的瀏覽人次達 1,404,925 次之多，瀏覽人數也呈現逐年成長的情況。顯示本系統對於讀者研究相關議題是不可或缺的搜尋利器。

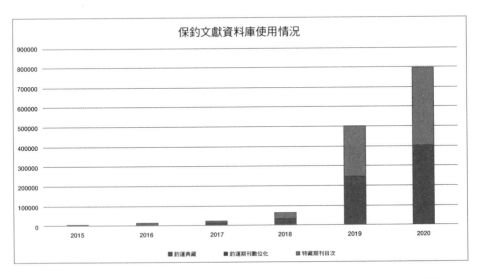

在「釣運檔案」部分，瀏覽下載的內容主要以循環信、保釣開會紀錄、遊行示威海報、五百學人上書、各地保釣會訊息、以及台灣民主支援會相關資料為主。在「釣運期刊」的部分，保釣運動的相關刊物仍數大宗，其次為香港相關研究居次，其他則各依研究興趣及喜好

查詢調閱。

在 2015 年資料庫上線之前，調閱保釣資料僅能從館藏目錄查詢期刊名稱及卷期，然後再申請到館調閱。2015 年後釣運檔案、期刊目次已經上線，由於方便讀者查詢，調閱紙本或數位化內容的需求也逐年增加。調閱服務則以釣運期刊為主，海外讀者為大宗，尤其以來自美國、日本、香港的人居多數。2020 年由於受到新冠疫情的影響，海外讀者無法入境台灣，調閱人次因此下滑，調閱者的身分也改以國內的研究者為主。

	調閱申請件數	調閱資料件數	複製資料頁（件）數
2013 年度	16	279	124
2014 年度	9	73	624
2015 年度	21	95	365
2016 年度	19	449	355
2017 年度	32	1,984	243
2018 年度	92	1,736	5,723
2019 年度	72	1,302	2,238
2020 年度	20	123	815
總計	245	5,663	9,355

根據本館統計，調閱者主要以研究生、研究人員為大宗，占整體調閱人數 9 成以上，其他則有保釣人士、策展單位、出版媒體、個人興趣等。調閱目的方面：碩士、博士多為其學位論文撰寫尋找資料；大專院校及研究人員多為研究計畫、教學、查對資料、出版等查詢相關材料。

調閱者所關注的主題則有：保釣運動的國際關係、香港僑生在保釣中的角色、保釣刊物的流通與傳播、歐洲地區的保釣研究、勞工研究、七十年代的學生運動、保釣運動的發展、中美關係研究等。

刊物在哪些地方出版？遍地開花

根據本館典藏統計，在美國發行、流通的刊物就有223種，遍布29州、71個城市，超過美國一半的州都有留學生或僑民發行的刊物。大部分集中在幾個大城市或重要大學，如紐約、芝加哥、麥迪遜、普林斯頓、波士頓、西雅圖等地；加拿大則有21種、歐洲4種、日本4種；此外，由於捐贈者多來自台灣與香港留學生，因此台灣與香港本地的刊物也較多，統計香港19種，台灣95種。其中，1970年之前的刊物有20種、七十年代265種、八十年代68種、九十年代後則有零散數種。

來源地	城市	刊物種類	比例
美國	紐約、芝加哥、舊金山、波士頓等71個城市[4]	223	60%
加拿大	多倫多、溫哥華、蒙特婁等地	21	6%
歐洲	法國、德國、比利時、奧地利	4	1%
日本	東京	4	1%
香港		19	5%
台灣	台北、高雄、彰化、宜蘭等地	95	26%
不明		3	1%
總計		369	100%

---

4 包括伊利諾州 Chicago、Dekalb、Evanston、Urbana；印第安那州 W. Lafayette、Bloomington 及某城市；佛羅里達州 Gainesville、Tallahassee；亞利桑那州 Tucson；明尼蘇達州 Minneapolis、Mpls；俄亥俄州 Columbus；威斯康辛州 Madison；科羅拉多州科羅拉多大學、Denver；夏威夷州 Honolulu、Hawaii；紐約州 New York、Albany、Buffalo、East Setauket、Heights、Ithaca、Stony Brook、Woodside；紐澤西州 Edison、Gillette、Kearny、Princeton；馬里蘭州 Baltimore、Silver Spring；馬薩諸塞州 Boston；密西根州 Ann Arbor、E. Lansing；密蘇里州 Columbia、St.Louis；康乃狄克州 New Haven、Storrs；麻薩諸塞州 Boston；喬治亞州 Atlanta；堪薩斯州 Kansas、Lawrence；華盛頓州 Seattle；奧克拉荷馬州 Norman；愛荷華州 Ames、Iowa City；路易西安那州 New Orleans、Baton Rouge；維吉尼亞州 Gloucester Point；賓夕法尼亞州 Philadelphia、Pittsburgh、Wynnewood；德克薩斯州 Austin、Galveston、Houston、Texas；羅德島州 Providence 等地。

保釣運動口述歷史

口述歷史是保存歷史記憶的重要工作。前面提到，因著 1970 年代國際冷戰格局，1971 年中華人民共和國取代了中華民國的聯合國席次，不僅僅造成釣運路線分裂，更開啟留學生們個人生涯發展價值認同的探索歷程。成千在美國、歐洲參與保釣的留學生走上不同的人生道路，用自己的方式持續去實踐他們自己的理想。有些人回台灣，也有人上了黑名單回不了台灣，有些人進入聯合國，也有人到大陸服務；有些人持續活躍於社會運動，有些人回歸原先的專業領域而仍保持對公眾事務的熱誠，有些人到中國大陸偏遠地區作扶貧與教育工作，也有人加入國際和平組織。唯有透過口述訪談，才可能呈現釣運的豐富面貌、精彩故事以及對老保釣們的深刻影響。

2006-2009 年間，國立清華大學圖書館邀請七位具代表性的老保釣進行口述訪談；2017-2019 年李雅明教授與本館合作訪談四位老保釣，十一位保釣人士的訪談紀錄共同合輯成本書。

本館釣運資料的最主要捐贈者林孝信，當年為創辦《科學月刊》串聯起留學生網絡，使保釣運動得以在短時間內迅速擴散有著關鍵性的影響。他持續編輯發行芝加哥《釣魚台通訊》，被吊銷護照不得返台，仍然在海外關懷台灣民主運動，並且有意識地保存釣運資料文獻。在台灣政治解嚴後，林孝信於 1997 年返台，開始馬不停蹄參與推動通識教育、社區大學、釣魚台教育運動，以解放知識改進社會，鞠躬盡瘁死而後已。

劉源俊與李雅明是早期返台報國的老保釣代表人物。劉源俊是林孝信台大物理系同班同學，一起創辦《科學月刊》，釣運期間就讀美國哥倫比亞大學，取得博士學位後便回台服務，任教於東吳大學，參與《科學月刊》之編輯，科教報國，未曾稍歇。

　　本書編者之一的李雅明，美國馬里蘭大學固態物理學博士，釣運期間是馬里蘭大學中國同學會會長，擔任華府保釣會對外聯絡代表，組織遊行活動與討論會。1971 年 1 月 30 日華府示威擔任領隊，赴日本駐美大使館遞交抗議書，並接受美國媒體採訪。1972 年畢業後即回台任教於國立清華大學，後來又返美任教多年後再回台教學，關心國際局勢，寫作不輟，並創作釣運小說《惑》。

　　胡卜凱於釣運時期就讀於美國天普大學（Temple U.）。1970 年其尊翁胡秋原辦的《中華雜誌》刊登了王曉波（筆名茅漢）、王順〈保衛釣魚台〉一文。該文經胡卜凱在《科學月刊》的聯絡網推薦介紹給留學生們，掀起北美保釣風雲；他本人則因著釣運路線分裂而離開運動圈，後轉入科技公司任職。

　　1971 年中華人民共和國進入聯合國之初，迫切需要懂得英語、了解西方社會的人才協助其聯合國業務。這時，一大批因參加釣運而思想左轉、嚮往社會主義的台灣留美菁英上了國民黨黑名單，不得返台，卻因緣際會地因著中華人民共和國加入國際社會的需要而進入聯合國工作。劉大任、龔忠武與花俊雄就是其中代表人物。著名作家劉大任，釣運之初在加州大學「柏克萊保衛釣魚台行動委員會」出版慷慨激昂的《戰報》，一舉打響釣運名號，卻也因投入運動放棄學位，2010 年發表釣運小說《遠方有風雷》。龔忠武因與指導教授政治立場相左，獲得哈佛大學歷史博士後成為業餘歷史研究者，並長期主編《群報》。花俊雄在釣運期間就讀美國匹茲堡大學研究所，曾任美國紐約華人華僑聯合會會長，紐約中國和平統一促進會會長。

　　王正方在賓州大學電機學院博士候選人期間，釣運興起，他成立費城保釣委員會，1971 年赴北京參訪，被國民黨列入黑名單。獲得博士學位後，曾任工程師、大學教師，又轉入電影界擔任編劇、導演，也是知名作家。

　　林盛中是美國布朗大學地質博士，因參加保釣運動接觸共產主義與毛澤東思想，1972 年赴中國大陸定居，是少數曾經歷文化大革命的老保釣，曾任大陸政協全國委員會常務委員，台灣民主自治同盟中央委員會主席團執行主席，台灣同學會會長。

　　中央研究院院士項武忠在釣運時期已經任教於耶魯大學。1971 暑假全美各大學的保釣組織於安娜堡密西根大學的「國是大會」中，對於「宣布中華人民共和國為中國唯一的政府」進行激烈討論時，項武忠發揮關鍵影響力而得以通過。

　　邵玉銘於釣運期間就讀於芝加哥大學歷史所。獲得博士學位後在美國大學任教。1982 年返台任教，1987 年任新聞局長，於任內開放報禁等。

　　這十一位受訪者在投入保釣運動期間，都努力修習國際政治社會理論與當代歷史，逐漸發展出不同政治理念與認同，影響了他們後續的人生道路。當時劉大任在美國西岸，林孝信、邵玉銘在美國中西部，劉源俊、項武忠、花俊雄、龔忠武、林盛中、胡卜凱、王正方、李雅明在美國東岸，其地理分布展現了在全美遍地開花的情況。由於林孝信捐贈本館大量的釣運資料，課餘經常會來館解說相關資料，順便談及他參與保釣運動的過程及接觸到人事物，因此本書收錄林的口述資料。

　　劉源俊和李雅明在台灣任教，本館於 2008-2009 年間對其進行採訪。林盛中、項武忠、花俊雄與龔忠武於 2009 年返台參加保釣論壇，在台期間接受了本館的口述訪談，所有訪談內容皆經受訪者確認。惟林盛中在接受訪談後，於 2011 年過世，其訪談稿透過吳國楨、韓嘉玲以及李華夏協助確認內容細節，其後再透過李雅明、王正方等人的協助，取得林盛中的夫人李紅女士授權。

　　李雅明教授於 2017-19 年間訪問劉大任、邵玉銘、胡卜凱、王正

方等人,他們都參與保釣運動,是多年熟識的朋友,有許多共同參與的活動經歷,也都樂於分享經驗,讓更多讀者了解保衛釣魚台運動。

結語

國立清華大學圖書館多年來致力於釣運文獻的典藏,其意義有三:一是收藏、保存 1970 年代這段留學生運動史。二是整理、並開放典藏資料,提供下載及調閱服務,有助於研究者進行更深入的研究探索,加強世人對釣魚台運動的認識、以及法理上的理論研究。三是記錄老保釣們精彩曲折的生命故事,並透過他們在釣運五十年後的沉澱反思,進一步展現保釣運動的時代意義。大陸台灣同學會創辦人林盛中先生 2011 年辭世,本館保釣資料最主要的捐贈者林孝信先生 2015 年病逝,再再顯示口述歷史工作是場與時間的競賽、刻不容緩。對老保釣們的熱忱協助,謹此深致謝忱。

參考文獻

1. 謝小芩、劉容生、王智明主編,《啟蒙‧狂飆‧反思——保釣運動四十年》,國立清華大學圖書館出版社,2010.11。

2. 項潔,〈何謂「數位人文」〉,《從保存到創造:開啟數位人文研究》,台北市:台灣大學出版中心,2011。

3. 謝小芩、李雅雯,〈從釣運文獻看 1970 年代台灣知識菁英的愛國運動:兼論釣運文獻的典藏、加值與運用〉,發表於 2019 年 9 月 21-25 日,華東師範大學紀念保釣統一運動五十年研討會。

第一章

林孝信教授訪談

林孝信教授（1944-2015）

林孝信，1966 年台大物理系畢業，1967 年前往美國芝加哥大學繼續攻讀物理。1970 年創辦《科學月刊》，並在美國持續推動《科學月刊》編輯工作。1970 年保釣運動爆發之初，《科學月刊》的聯絡網成為北美各地留學生最有效的聯絡通路。林孝信在芝加哥成立「芝加哥保釣行動委員會」投入保釣運動，出版《釣魚台快訊》等刊物。因參與保釣運動，遭到中華民國政府列入黑名單被吊銷護照，長期留居美國。1979 年，林孝信成立「台灣民主運動支援會」，延續保釣精神，關注台灣民主人權問題。1987 年始獲准回台探親，1997 年回台定居，從事通識教育與社區大學活動。曾任世新大學客座教授、弘光科技大學教授。

受訪者：林孝信教授
訪問者：鍾瀚慧、蔡虹音
訪談日期：2008-2009 年
訪談地點：國立清華大學圖書館
記錄編輯：鍾瀚慧、蔡虹音、李雅雯

＊　　　　　＊　　　　　＊

編按

　　2008 年林孝信先生決定將手中珍藏多年參與保釣運動及其後續活動的資料捐贈給國立清華大學，前後約有數十箱的資料。為協助圖書館人員整理相關資料，林孝信先生在國立清華大學授課之餘，於 2008-2009 年間多次來館為資料進行解說。由於林先生為人親和，沒有架子，親友師生皆以「老林」稱呼他。

　　老林捐贈給本館的資料，主要集中於他在美國期間參與保釣及後續活動的資料，也就是 1968-1988 年這二十年所主辦或收集的刊物及資料。1997 年返台定居之後，參與社區大學及通識教育改革的部分，則不在捐贈資料之列。

　　資料的主題約略可分為幾個部分：一、《科學月刊》；二、保釣運動手稿及留學生刊物；三、保釣運動延續的刊物（含左派、右派）；四、台灣民主運動支援會（OSDMT）相關資料；四、黨外雜誌；五、同鄉會及台獨組織刊物；六、台灣左派資料及刊物；七、申請回台的資料。

　　在解說資料的過程，為了讓整理資料的助理（當時仍為學生身分）對事件發生有清楚的歷史脈絡，及對細節的掌握，老林大多用口語口述的方式，並看著資料逐件解說。而這篇訪談，就是根據這些口述資

料整理而來。因為解說的過程並非根據時間先後來進行，內容難免重複或陷於枝節。其口述內容多達六萬二千字，長期作為內部資料整理參考之用。

老林生前接受過數次有關保釣的訪談，這些訪談包括中央研究院王智明等於 2003 及 2010、2011、2012 年、交通大學亞太／文化研究室林麗雲等於 2009 年、國史館歐素瑛與林正慧於 2013 年、及交大亞太／文化研究室陳光興與林麗雲於 2015 年的訪談，這些訪談都放入《從科學月刊、保釣到左翼運動：林孝信的實踐之路》（聯經出版，2019）中。另外，2009 年北京清華大學在保釣計畫下也訪談老林，並保留相關訪談影片。這些訪談主要是從老林自身從事保釣運動的脈絡過程談起，與本館收集的口述資料略有差異。本館的口述紀錄，雖然少了整體架構的脈絡，但保留了較多老林七十至八十年代在美國與《科學月刊》、保釣各地組織（左派、右派）、台獨、台左組織的聯繫細節與經過，而這些細節與線索，多不為外人所詳知。

2020 年時值保釣五十週年紀念，國立清華大學圖書館在取得林孝信夫人陳美霞教授同意下，重新依據主題整理排版，並公開這份珍貴的口述紀錄，同時也向這位孜孜矻矻的保釣先行者致敬。

本訪談文稿經本館整理之後，陳美霞教授邀請老林的老朋友、《科學月刊》前主編程樹德教授以保持訪談原樣，但刪除重複的原則稍作編輯，最後由陳美霞教授定稿。

保釣運動概述

保釣前的旅美學生

留學生大量去美國的原因之一是 1955 年胡適有一個儲才國外的政策，鼓勵大學生去美國留學，另一個就是成立一個「國家長期科學發

展委員會」，叫做長科會，就是後來國科會的前身。不過當時能出國的大部分是兩種人，一是國民黨權貴的子弟、一種是台灣傳統仕紳階級的子弟，他們大都是地主。只有這兩個階級有機會受到比較好的教育，當時因為大學錄取率才百分之十幾，當然是有錢人、家境比較好的才能上大學又去留學，像陳水扁那樣的人不是沒有，但究竟是少數。

這些地主階級經過土地改革，是討厭國民黨的，經過二二八、又經過土改，加上日本人對他們還比國民黨對他們來得尊重。不過當時整個宣傳都是反共的，他們也很反共，自然就比較傾向台獨，他們的子弟自然也容易接受台獨。

在保釣之前，島內只有台獨跟國民黨兩個勢力在對抗，多數人並不支持台獨，且幾乎都是右的，支持台獨還是極少數。故在保釣前，台灣出去的留學生大多就是這些人，大部分是右派，少數是台獨，不過也是右派。

更大多數像我這樣的留學生，是對政治沒什麼瞭解，就單純會唸書的，那時候我們對政治不敏感，也沒有信心。所以保釣對我們來說，是一個政治教育，在這之前，我們是很不瞭解政治的。

保釣時期的三股力量

保釣的時候大概有三股力量，一個是國民黨的右派力量、一個是台獨的力量，一個就是保釣的左派力量。

台獨在 1960 年代初期就有了組織，當然不敢明目張膽的辦。他們組了一些同鄉會，我去美國是 1967 年，已經有基礎了。保釣以後的政治勢力大概就分成左派、右派跟少數的台獨，台獨不參加保釣的。

保釣是一個很大的思想衝擊，國民黨很早就注意到，他們一直就很想介入，並不是到左右分離才介入的，一開始的時候他們就用各種明的暗的方法想進來，他們想要操作釣運，最大的目的是，最好不要

有，如果必要有，就最好是他們來操作這個活動。

一般留學生對參與保釣運動的看法

當年保釣運動開始的時候，我還不能瞭解國民黨對運動的看法。我是比較典型的參加者，沒有什麼特殊的政治想法，對政治也不瞭解不關心，純粹覺得日本要來侵略我們很生氣，最簡單講就是愛國而已。

所以當國民黨跟我們講說要信任政府、不要被共匪利用，我們當然想那時候美國跟中共還沒交往，哪來的共匪？他不信任我們都念到大學畢業了，還把我們當作中小學生。我們都知道是哪些人在弄活動，哪裡有什麼共匪？大家當然想說這根本是要打壓我們。我們只是愛國，你應該鼓勵我們才對。

運動到後來大家一定對很多事情好奇，會追根究底一番。比方說我們在運動的過程中，發現說日本侵略我們，且打了敗仗，我們也沒要日本賠償，大方的以德報怨，或是教育我們說因為蔣介石對日本以德報怨，所以日本感激涕零，對中國就很友好，可是我們後來就發現，根本不是那麼回事。

國民黨不願意我們去瞭解這些，包括國民黨怎麼在大陸失敗。教科書講的都是共產黨在大陸鼓動人心、陰謀詭計。我們以前對政治沒有興趣，後來就發現這怎麼都不對啊。

我們以前都是念科學的，就算覺得不對勁也沒有深究，可是到保釣以後就不是那樣想了。想說怎麼以前是那樣、現在都不是啦，到底我們以前學的東西是不是錯誤的呢？至少我們瞭解到從第二次大戰後，日本戰敗到現在，日本變了很多，發生什麼事我們也不知道。不僅是日本，美國也是。美國憑什麼把釣魚台給日本，或說至少美國是偏袒日本的，這跟我們以前學的不一樣，我們過去認為，美國是正義的、是保護我們的。過去國民黨教育把美國高度的美化。我們以前都不瞭

解，以前都覺得美國是最好的，不僅是物質的，而且覺得美國是正義的。我們就發現不是這樣。

國民黨覺得我們不專心唸書，開始想一些事情，就會開始批評政府、發現他們講的一些是錯的。他們當然不願意看到學生搞運動。他們擔心保釣會變成共產黨的群眾運動。

但是剛開始，都不是真的那樣，我們只是很單純的想要保護釣魚台，後來是為了保釣，追究原因，才開始把國民黨要掩蓋的歷史挖出來。

成長背景與出國之前的情況

科學家

我從小對科學就有興趣，大概小學五、六年級就想要當科學家。小學就對數學很有興趣，數學幾乎都不需要讀，考試都會，數學算是很不錯。科學也很有興趣，科學家的傳記也覺得津津有味。小時候其實還不太懂，特別是像發明家愛迪生的故事，到底算不算是發明，後來當然是比較清楚了。有一段時間比較喜歡工程事務方面的，像是愛迪生這樣。又有一段時間覺得中國近代史上科技不發達、經濟積弱，所以想當個實業家、工程師之類的。後來對科學越來越有興趣。因為讀了這些東西，覺得很有趣味。並不是受到父親或是誰的影響，大概我就比較有那樣的傾向。對人文也喜歡一些，但是對科學的興趣最大，對探求真理很有興趣。

被要求加入國民黨

（在建中的時候）我們那一屆比較幸運，來了一個訓導主任。訓導主任通常是國民黨在各校的主要負責人，但我們的訓導主任比較開明。大概是在我們高二的時候進來的，他進來之前，在東南亞待了很

長的一段時間，可能對他有一點點影響，讓他比較不會像其他人一樣硬幹、蠻橫，知道局勢不是只要硬幹就可以解決的。

在我們之前，聽說很多學生，特別是建中、或是成績比較好的一些人，都會被拉進國民黨裡面。我成績算是不錯的，但是沒有特別被拉進去。另外一個關卡是在當兵的時候上成功嶺，一般也是比較優秀的，例如台大的學生大概也會被拉進去。他們有來問我要不要加入，我就表示對政治沒有興趣，那時候的確沒興趣，倒也不是騙他們的，當時一心想要當科學家。

《科學月刊》

《科學月刊》與保釣運動

《科學月刊》我是主要發起人。在保釣運動開始之前的一年《科學月刊》就已經出來了，還有一個聯絡網。

保釣許多地方的發起人，有很多人參加《科學月刊》。因為大家都在《科學月刊》裡，就自然也用《科學月刊》的聯絡網聯絡。《科學月刊》1970 年創刊，已經有一定的組織系統了，透過這組織大家有一種信任感，知道彼此都是沒有陰謀的、只是一心為台灣做點事，如果是為了自私的目的，是不會來參加《科學月刊》的。

《科學月刊》沒有任何政治色彩，為台灣辦一個《科學月刊》，連國民黨都沒話說，為台灣服務而已。有一批人透過《科學月刊》彼此已經建立了信任感，這批人大部分後來都參加保釣運動。否則的話，任何運動都有這個問題，誰也不服誰，不服就會互相攻擊，運動還沒出來就亂成一團。一個運動要能發揮力量，一定要能突破這一關，本來這在美國就是很難的，因為大家都散居各地，路途遙遠，很難把事情講清楚。

很多人都提到《科學月刊》是一個很重要的組織。運動很大的困難就是互信，會擔心別人是不是要來擴張地盤、是不是要來收割什麼的，保釣運動可以突破這一個困境，很大一部分是因為《科學月刊》。

後來我上了黑名單，台灣本來已經有一批辦《科學月刊》的人，我就不跟他們聯絡了，就交給他們做，他們本來就有意願要負責。即使如此，台灣方面對《科學月刊》還是很提防。後來有人跟我講，他們那時候要訂閱《科學月刊》，教官跟他們講說這不要看、這有陰謀。不過雖然受到一些壓力，《科學月刊》後來還是活下來了。

循環信、旅美心譚、我們的信

《中學生科學週刊》（《科學月刊》的前身）和《新希望》（自覺運動）的兩批人合在一起。我在 1967 年 9 月出國，我們出國前在李宜春家聚會，決定出國之後要保持聯繫，由我來負責聯繫。

在不同的時期會有一些變化。最先叫做「循環信」，有點像書卡一張一張的（上有「旅美心譚」字樣），後來有不同版本，都叫「我們的信」。

剛開始的時候，「循環信」在美國進行，都是大家用手寫的。如果是打字的版本，大概都是在台灣印的，在美國的時候應該都是手抄的。後來「我們的信」也有在台灣的人參加，像曾昭旭、鄧維楨，就是在台灣的。在美國沒有印刷這個的條件，所以打字印出來的版本，大概都是在台灣弄的。

「循環信」就是為了要保持聯絡，但是有的人先出國，有的人晚出去，人還在台灣。所以「循環信」是在美國進行；「我們的信」就還有台灣的人參加。當時很多人都很有興趣參加。

「我們的信」全盛時期大概有五、六十個人參與，像「循環信」分成六組，一組大概七、八個人，小組先循環，再設法循環給別組。

最早是一大循環，但是輪到自己要很久，這樣不太好，所以很快就開始分組。當時分組有兩個辦法，一組循環完再重新大家大風吹，這組的人分到下一組，可以和別組的人循環；第二個辦法就是請台灣的人把這些重點整理之後印出來，可能就變成「我們的信」，我的印象是「我們的信」是這樣出來的。

「我們的信」是在《科學月刊》之前，基本上跟循環信是同一個脈絡，誰先誰後我現在記不得了，可能是重疊的。後來把循環信改一改加入國內的人，但是海外還是有循環信。出國之前我們在台灣，這些人有參加過《中學生科學週刊》或是自覺運動。

保釣之前的部分資料

跟循環信有關，這是我們之前在討論一些事情，然後把分別的信件稍微編排起來。顏晃徹已經去世了，他是清大物理系的教授。曹裕璜當時念機械系，這些都是循環信的人。江清源、陳達、王興國（現在在台灣，當過立法委員）都是循環信的人。婁良輔也是我們物理系的同學，現在在加州。許世雄也是清大的，後來回到清大數學系。這裡也有胡卜凱、劉容生和我自己寫的東西。唯一不記得的是潘明正。

《科學月刊》的「工作通報」、「聯絡通報」

若是在美國出版的，大概都是手寫，有打字的部分都是在台灣印刷。《科學月刊》正式發行後，每星期還有出一份《科學月刊》「工作通報」。《科學月刊》在籌備時就先出「工作通報」，一直到創刊之後還繼續出。「工作通報」是為了辦《科學月刊》出的一份通訊。大約每個月「工作報告」會出一份「討論號」。此外那時候會鼓勵大家提出《科學月刊》的相關企畫，例如「如此，如此」欄的初步計畫；此外還有各式各樣的聯絡通報，保釣的消息也有寫。

　　「工作通報」有一段時間是每個禮拜出一期，大部分時候是兩個禮拜出一期，當時還有「討論號」是一個月出一期。保釣運動發生以後，「討論號」至少有兩次討論的內容就是跟保釣運動有關，但是「討論號」不只談保釣運動，它本來就有談一些《科學月刊》相關的事。

　　保釣運動最忙的時候，《科學月刊》還繼續出了一段時間，大概到 1971 年的年底，才跟台灣斷了線，所以那段時間我一邊在弄保釣運動，一邊還在編《科學月刊》。《科學月刊》當時聲勢很浩大，稿源比較不是那麼大的問題，還是一直有人在寫，有些人對保釣也不是那麼熱中。其實我一開始也沒有那麼熱中，是後來越陷越深。

對於辦刊物的看法

　　要經營作者，建立穩定稿源，社論要有獨立的社論委員會討論。像「通訊類」、「聯絡通報」，我大部分用書寫信件的形式，讓收到的人會覺得比較親切一點。

如何兼顧學業與《科學月刊》？

　　當時我已經在念研究所了，可能是因為我從小就是讀得比較好，基礎打得好。我辦《科學月刊》時，已經考過資格考，到了只剩一篇論文的階段，比較有空閒。我那時候是直攻博士，從台大物理系畢業後，就可以去讀研究所。這樣的基礎科學，很少有人去進修碩士，都是去直攻博士，他們不僅接受，而且是常態。

　　那時候行政工作也不是很多。跑印刷廠、校對這些事情都是在台灣方面做的。我們在海外主要就是收集稿子。因為要找稿子，就要知道哪些東西值得寫，哪個人可以寫。那時候很重要的一點就是，要對很多知識稍微有一點瞭解，因此花了很多時間，讀了很多各式各樣科學理論，所以我那時候對科學的瞭解，也更加廣博了一點。

因參與保釣而與《科學月刊》切割

我 1971 年一邊保釣、還一邊辦《科學月刊》，但吊銷護照之後，我就沒有參加《科學月刊》，這大概從 1972 年開始，因為怕危害到《科學月刊》。

出國前對國民黨的觀感

一般瞭解不多，因為以前在台灣，都被教育不要去管這些事情，不要關心這些事。只有普遍地感覺到，除了國民黨的忠貞黨員外，一般人談起國民黨，對它有好感的不多，可是也不知道那是為什麼，我們也沒有親身的接觸，所以談不太上。

海外「中山學社」

這是比較親國民黨的團體，但是國民黨也分很多派系，「中山學社」說起來並不算是國民黨的正統。當時海外保釣運動之後，雖然有的人比較親中共，但是整個來講對國民黨是有批判的。批判中都會提到當時的國民黨多麼腐敗、糟糕，也有些人的確很不滿意蔣介石和當時的國民黨，但他們也還是反共的，基本上還是國民黨的，所以主張「中山」。

六十年代末美國學潮

我們去美國的時候，美國有反戰運動，氣勢越來越高漲。那時候美國有幾個反戰運動最興旺的地方，東岸主要是哥大，西岸是柏克萊，中西部在密西根及威斯康辛。他們好像衝去某個國防研究的實驗室，把它炸掉，因為其研究好像牽涉到越戰的武器之類的。

芝加哥的學校沒有那些地方激烈，但是也在那些氣氛中，只是沒

有前面這三個地方的反戰規模那麼大。芝加哥校園雖然說沒有那麼激烈，但是整個芝加哥市反戰的運動，在那時候可能是全美國最激烈的地方。

美國在六十年代下半期，有一些社會運動或反戰運動凝結出一些左派的政治組織，最主要有兩個，一個叫「十月聯盟（October League）」，另一個叫「革命同盟（Revolution Union）」。這兩個最大的組織在美國的反戰運動、民權運動、或婦女運動中集結起來，後來都組成左派的政黨，他們的總部都在芝加哥。另外在俄亥俄州（Ohio）的 Kent State University，因為抗議越戰的活動，有四名參與抗議越戰的肯特州大學生，被俄亥俄州國民兵鎮壓而誤殺（編註：1970 年 5 月 4 日）。

所以各個學校都有一些反戰的事情，只是芝加哥大學不是最凶悍的。有一個原因，是芝加哥大學的大學生比較少，它是研究型大學。芝加哥大學學生的課業非常重，一般的學生根本就沒有什麼機會做別的事情。例如在台灣的大學生可能一學期修二十學分左右，大約七、八門課，美國的大學生一學期大約修三門課，他們這樣每天大概只能睡五、六個小時，甚至睡三、四個小時，只修三門課就可以忙成這樣。不過芝加哥大學這樣的情況，也不是美國普遍的情況，芝加哥大學是特別極端的，要求特別高。

保釣前的各地狀況

保釣之前有些地方已經有組織。我辦《科學月刊》時認識很多人。當時紐約一帶已經有了一個「華人雜誌聯合會」，是一些早期去美國的學者學生一起辦的，像是社團聯誼會的組織，這些團體比較偏國民黨。

還有一些留學生是比較擺脫國民黨思想、並有接觸其他思想的。

這些人主要是在 U. C. Berkeley（加州柏克萊大學），主要有郭松棻、劉大任、唐文標、還有張系國這些人。後來張系國跟他們分道揚鑣。他們在保釣前，就已經接觸過社會主義思想。當時他們在加州搞了一個讀書會，當時我還都不曉得。

劉大任是念政治學的；郭松棻在台大讀哲學、到美國念比較文學，跟殷海光有關係的；張系國則是念電機；唐文標是念數學的，他是香港人，大學是在台灣唸，個性比較安靜、沒那麼風發，可是很誠懇。他是香港同學，所以國民黨比較沒注意他，可是他很早就參加保釣了，他比較早認識到國民黨的態度，所以很早就淡出，後來還回台大教書，那時候很少留學生回去，回去的都變成名人。

聽說那時候讀書會還讀毛選，思想是比較前進的，主要是由劉大任帶頭。他本來跟陳映真他們很好，陳映真（在台灣的）讀書會，劉大任也有參加。但就在陳被逮捕前，劉大任出國了，所以躲過一劫。他們本來是文藝界的好朋友，可能在台灣的時候，就對左派的東西有一點想法，到了美國比較自由，一票讀書會的人被抓，當然更激起劉大任他們的使命感。

劉大任在台灣另一個好朋友是郭松棻。郭松棻本來是研究哲學的，也有寫小說，在台灣的時候已經有一定的反抗了。郭松棻在台灣已經介紹過沙特，沙特是個左派作家，而且是個毛派作家，他們都很早受影響。

這些人數不多，但（對社會主義的思想）已經有認識了。當時我們都不瞭解這些，到很久以後我們才知道為什麼他們要在 1 月 29 日辦活動，不然大家都是猜想次日是假日，比較好辦活動。不過郭松棻、劉大任他們很早就有這樣的想法[1]。

1　呼應 1935 年一二、九中國共產黨北平學生抗議活動。

West Virginia（西維吉尼亞州）Morgantown 這個地方有一批人，像是陳磊、胡家縉，他們就很憂國憂民，搞了一個團體叫做「大風社」，類似興中會這樣的革命團體，想要搞一番事業。開始時是很祕密的。我跟「大風社」接觸，有兩個線索，一個是我大學認識的朋友，一次他跟我提到；另一個是「大風社」裡有一個芝加哥大學的學生叫做吳力弓，吳力弓也參加保釣。吳力弓是 ABC，我在籌辦《科學月刊》時也有找吳力弓。吳力弓說有一批人也很關心，就是「大風社」的。他們是很祕密的，我聽他們兩個描述，成員之間還有祕密的訊息聯繫，只知道有一個「大風社」，其他都很祕密的。

這兩個團體之間有一個共同的朋友，主要是透過郭譽先，他在台大的時候是個很風雲、口才很好的人。他跟張系國很熟，郭譽先也跟胡家縉很熟，所以郭譽先就把兩邊拉在一起了。

我在保釣以前，唸過的左派東西很少，Berkeley 那邊很興奮地想讓兩邊合作。路上經過芝加哥，加上劉大任跟夏沛然是老同學，就來拜訪我們。他們來的三個人是劉大任、郭松棻跟唐文標，他們接著就跟「大風社」談合辦，就用「大風」當刊物名稱，所以《大風》雜誌是兩邊合辦的，出版了一段時間，保釣運動就爆發了。

劉大任跟郭松棻很熱烈參與，還出了《戰報》。《戰報》是很鬥爭的，這來自他們以前的思想脈絡。這些人有些沒有參加《科學月刊》，只是認識而已，當初是《科學月刊》認識的，不過後來不是從《科學月刊》動員的。

保釣運動

保釣運動的啟動

當時保釣大概有四個地方啟動，一個是紐約一帶，包括

Washington DC（華府）、Philadelphia（費城）那一帶，包括李德怡、沈平、胡卜凱，他們有參加「華人雜誌聯合會」。這些人也很敏感。胡卜凱因為他父親是胡秋原，當初漁民到釣魚台被日本驅趕，因此就找胡秋原，所以胡秋原的《中華雜誌》也很關心這件事。

東岸另一個地方就是波士頓。這邊已經有讀書會，大部分是香港同學，主要帶頭的是廖約克，台灣去的人也有。其中最早的是李超逸，他跟我同屆，成大物理系畢業，我們是當兵認識的，後來他就變成《科學月刊》在波士頓的聯絡人。

第三個地方是 Berkeley，就是郭松棻、劉大任這些人。

第四個是中西部，就是 Wisconsin 州 Madison 那邊。在美國反戰運動的時候 Berkeley、Madison 還有紐約的 Columbia 大學是反戰運動很活躍的地方，他們有校園運動傳統。中西部的北歐移民比較多，這些國家都比較有社會主義傳統，所以他們學校跟整個環境都有一點左。

紐約主要是台灣去的、中西部是香港跟台灣去的混在一起、在 Berkeley 也是台灣為主的，只有在 Madison 這邊主要是香港的。都是各地獨立，沒有說誰指揮誰。保釣是各地自己談談談，談到後來對外串連，紐約大概是比較政治化的，波士頓我比較不清楚，中西部比較左。

不過李超逸一天到晚寫信來，紐約那裡本來就有幾個是《科學月刊》的，只有 Madison 比較不跟我聯絡，開始的時候比較沒那麼積極對外，當然後來還是有參加，其他地方是很積極想要做一個大的串連，大家知道《科學月刊》是一個很大的聯絡網，都有人來跟我聯絡。劉大任、郭松棻他們跟陳磊他們想要合作，但是未必想法一致。後來保釣出來，劉大任他們就一窩蜂投入，不管「大風社」那邊了。陳磊現在還在美國，好像是漢翔公司（台灣做國防飛機）的前一任的負責人。後來他到洛杉磯去，聽說他後來在搞民航機，他本來是念航太的。

保釣受五四運動的影響

　　當年許多參與保釣的人，多數受五四運動的影響很大，覺得這是一直延續下來的精神，有些人也認為保釣像是新的五四運動。所以保釣之後，有時候會以紀念保釣運動為名，召開五四討論會。

抗議文宣、保釣特刊

　　當時保釣運動以後，很多人後來開始對台灣政府有批評，而且有覺醒，所以比較會注意周遭的問題。紐約當時有些釣運以後的團體，大概叫做「文社」，有一批參加釣運的人，後來關心的面就比較多。

給中華民國總統的公開信

　　這可能是當時五百學人上書的文稿。當時印刷技術不發達，就抄了一個版本。但也可能不是，只是有點像。五百學人他們提出八個要求，那時候公開信有很多版本，有很多人寫。

徵集釣魚台資料

　　當時有關釣魚台的所有資料，我們到處都在徵集，日文的也要徵集，要知己知彼。在圖書館裡找這些資料，圖書館裡當然有中文也有日文的資料，像芝加哥大學遠東圖書館，中文大概有二十幾萬冊的藏書，日文有六、七萬冊，報紙也都有訂，中文訂的是中央日報海外版、聯合報（編註：媒體人王惕吾於 1951 年 9 月 16 日創立）。大概在保釣那一段時間，複印的設備發展得很快，到 1972 年，copy machine（影印機）應該是比較流行了。

剪報的分類

　　剪報大概都是各地方的朋友看到相關的就影印一份過來，因為我

那時候多少算是大家信任的，或者大家聯絡上的一個中心，大家有東西就往我這邊丟，所以我才會徵集到各式各樣的資料。有時候大家寄過來，我們會再做一點小小的整理、編輯。因為有時候收到以後，我們不只存檔，還要整理寄給大家。

如何編刊物

當時有一份雜誌叫《水牛》，比較早期的《水牛》就用打字的，打字不是電腦打字，那真的是拿一個鍵盤這樣打。以前它有好幾個鍵盤，因為中文方塊字特多，一般鍵盤的常用字可能是一千字或幾百字，這樣一個一個字打。算是有點貴，但也不是貴到很離譜。有一次我去一個辦《水牛》的同學家裡，他就把打字機拿出來秀給我看，平常都是把打字機放在一個可以推動的平台上，就把它推進去儲藏室裡頭，不要給人家看到啊，朋友來也是一樣，不要讓人家知道他在辦這個刊物，那時候辦這些刊物，都算是黑名單的。

那時候我們芝加哥辦《釣魚台快訊》常常自己裝訂，因為可以省一點錢。當然可以請別人裝訂，但這樣又要多花錢。我們沒有複印機，只好拿去印。早期在辦《科學月刊》的時候，複印機還不太方便，那時候還是「濕的」的方式，不是「乾的」，印出來很容易褪色。

那時候我們是用油印的。油印就是刻鋼板，用蠟紙在鋼板上刻寫，然後自塗油墨去印。蠟紙有蠟，你刻鋼板的時候就把蠟塗掉了，所以你油墨印過去的時候，塗過的部分，油墨就可以透過去。所以「刻鋼板」其實刻的是上面有油墨的紙，有一張有油墨的紙，就是有一張上面整整都是油墨的紙，下面一層紙，上面一層蠟，那油墨就可以透過蠟，但是下面那張紙，油墨不能透過，Ditto 就是當時早期的複印，這是在柏克萊的「新苗社」用 ditto 複印刊物。

釣運之後，柏克萊幾經起伏，早期釣運的時候，柏克萊辦了《戰

報》，不過只出了兩期，也引來一陣子的封殺，後來辦《戰報》的那些人，主要就是劉大任、郭松棻、傅運籌、董敘霖，他們這票人基本上都到東部去了，像劉大任、郭松棻都到聯合國去工作了，其他人都煙消雲散。

柏克萊隔了一陣子，又出現新苗社，出了一份《新苗》雜誌，陳讚煌是參加他們這個。陳讚煌開始關心釣運的時候，算是稍微晚一點，釣運爆發的時候他還在台灣。陳讚煌是高中跟我建中同屆，但不同班，他是四班，我是十班。陳讚煌（編注：從 Berkeley）畢業後，到休士頓去工作，不過我有點忘記，是先在柏克萊自己有刊物《新苗》，還是陳讚煌到休士頓之後才弄的？不過我的印象中，陳讚煌和《新苗》有很密切關係。

關於印製的份數，我們會先收集名單，然後預估份數，沒有賣的，印出來之後到處去寄。但沒有辦法寄回台灣。

張智北文稿

1971 年 1 月就有保釣運動，當時國內就登了文章，希望留學生冷靜一點，當時張智北也參加保釣，他在西雅圖，他也是《科學月刊》的朋友，是西雅圖保釣運動主要的領導人，大概是寫篇文章要投過去，先寄一份來給我看。可能是投到《海外學人》結果沒登出來，就想說當作一篇文章登出來，也許是《釣魚台快訊》或其他地方，也許是因為這樣，所以就把這些句子劃掉了。時間很清楚是 1971 年 3 月 2 日。

有關釣魚台的史、地、外交年表

那時候全美國，很多地方都整理這樣的東西，1971 年 6 月之後的東西。

西雅圖遊行宣言

1 月 29、30 日有六個地方遊行，各地都有自己的宣言。我想這是西雅圖那邊的遊行宣言。

外國同學聲援釣運

他們知道的有限，一小部分人知道而已。有少部分外國人在聲援，包括我們第一次在芝加哥的遊行，有日本人來聲援。日本人中也有人反對日本軍國主義。美國人也有一些人來聲援，但是不多。

英語保釣刊物

這可能是對外國人發行的刊物。紐約參加保釣的人很多，他們辦了很多刊物，但大部分出了一兩期就無以為繼。最久、影響力最大的還是《群報》。只出兩期，但是影響力很大的大概就是柏克萊《戰報》了。

芝區保釣

在芝加哥，當時有不少香港同學參加保釣，我跟他們比較少聯絡，但是有不少人跟他們有密切聯絡。保釣跟台灣有最直接的關係，台灣的漁民在釣魚台受到驅趕為導火線所引起的，但是因為台灣當時的政治情況，沒辦法發生太大的作用。

黑名單

參與活動比較積極的人都進了黑名單了。分了兩類，一類是較一般的，跟家人的通信會被監視、家人被騷擾警告、不容易回台灣；比較嚴重的一類，像是護照被吊銷。但黑名單到底有誰，除非問國民黨不然誰也不知道。我們聽到誰的家人被騷擾等等，被列入黑名單的相

當多，至少有七、八百人。這些被列入黑名單的人，很多都是相當誠懇、見識學識相當優秀的人。如果沒被列入黑名單，有相當一部分人就可以回到台灣，參與這幾十年的變化，這是十分可惜的部分。

香港同學參與保釣

釣運一部分，有香港的留學生參加，他們因為比較沒有台灣台獨的複雜因素，所以他們後來就比較沒有這麼多派系。（編按：釣運中因為有香港學生的參加，當然會覺得比較親近，也會收集香港歷史或社會資料。）參與釣運的香港留學生畢業之後，多半留在美國或回香港。一般來說，留在美國的人本來就是很多啦，但也有人回香港。回香港的情況，一般是不會像台灣有黑名單的情況。

中國同學會

「中國同學會聯合會」在保釣之前就有了，由一些華人團體跟學生團體成立的，出了一個刊物叫做《聯合》季刊。大概說來，就是一些本來對政治比較關心的人士。一開始的時候，無所謂左右，都是只有右的。他們是在保釣前一兩年成立。我記得剛去的時候，就曾收到他們的刊物。保釣起來之後，聯合會受到很大衝擊，很多團體不知道自己的定位在哪裡。

本來海外留學生組織，只有同學會跟同學會的聯合會。保釣一出來，各地就出現了自己的委員會，同學會跟聯合會當然就覺得有疑惑。保釣之後，很多人脫離國民黨，同學會變成左右很多勢力之角力場，所以很多同學會分裂，變成兩個同學會。

芝加哥沒有分裂，長期以來國民黨勢力沒辦法把持芝加哥同學會。但跟保釣還是有點切割、保持著同學會比較聯誼的性質。很多地方的同學會是由親國民黨勢力把持了，並且排斥保釣，隔離新來的同學，

以免跟保釣的人接觸。新來的同學通常是比較快加入同學會，他們說保釣都是毛共，把新來的同學隔離起來。保釣團體後來就比較注意吸收新血的工作，因為吸收新成員是很困難的。後來保沙運動的時候，全美只有芝加哥有辦法出去遊行，其他地方都已經不行了。

我們本來對國民黨沒有什麼深仇大恨，保釣運動出來之後，發現國民黨把我們當敵人在對付，實在是把學生逼上梁山。可是新來的人就沒有這個經驗。事後國民黨覺得他們自己在海外可能不夠強，但客觀來說未必很弱。我們認為大家出國是去唸書，不太需要那麼強力控制。

雖然很多人加入過國民黨，但黨性不見得那麼強。「中國同學會聯合會」當時比較有政治企圖心的，有一些是親國民黨的，但有一些未必。有一些想培養政治勢力的意思。

那時候很多這樣子的人，在比較政治敏感的家庭環境成長，比一般人更積極在政治活動上。保釣一開始他們也有參與。保釣後突然冒出一批新人衝得很凶，不是他們本來這批人，他們本來想要壟斷華人代表團體這樣的角色，結果保釣一出來，突然出現一批新人，可能有點失落吧！

國是研究社

其實第一次遊行的時候大家還沒有想要關心國事，只是想說國民黨怎麼都不肯保衛釣魚台。到 4 月 10 日那次遊行，大家就想到比較深層的問題，國是研究社大概都是 4 月 10 日以後成立的，很多地方的保衛釣魚台委員會，就直接改名國是研究社，有些地方是沒有改名。因為 4 月 10 日之後緊接著就是 5 月 4 日，很多人覺得這是一個要延續五四運動的活動，開始覺得要關心國是，好像覺得中國百年來的災難，還沒有結束這樣的格局。有些是直接改名、有些是另起爐灶，各個大

學不一樣。像我們在芝加哥是沒有改名。

台灣同鄉會

「台灣同鄉會」一直保持著聯誼的性質。但是對台獨來說，同鄉會算是他們的外圍，他們透過同鄉會來吸收新血。同鄉會裡頭大部分都是本省籍，外省籍很少，幾乎是不存在。

（關於出國的人數）外省籍他們比重高，但是總人數還是台灣人多些；因為外省人在台灣只占 15% 人口，本省人占 80%。即使外省人入學率比較高，可是因為基數不一樣，所以唸大學的人裡面，台灣籍的人數應該還有一半以上。

保釣運動分裂之後（1972-1976 年）

釣運與統運

有時候是很難截然劃分的，因為有很多地方的釣運組織，大概從 1971 年 4 月 10 日那次遊行之後，一方面開始對台灣政府在保釣態度上的失望，進一步覺得懷疑，或是漸漸瞭解到台灣政府一些本質上的問題；另一方面是中美開始接觸，所以大家突然發現，說好像有一個比較強大的中國，在海峽的對岸連美國好像都要討好中國。

因為我們那時還有一個很特殊很複雜的心理背景，這個背景其實延續下來，到今天還一直存在，那時候覺得台灣是被孤立的，因為覺得台灣政府很多的統治都是建築在對美國的依賴上；但另一方面又覺得說，我記得從小學開始，一天到晚宣傳美國對中華民國多友善，但另一方面我們一直想要邀請美國比較高階的，像總統、副總統來台灣訪問，除了艾森豪 1960 年來台訪問外，後來都沒有成功過，所以一直

有這種在外交上被人家瞧不起的那種很複雜的心理。

在這種狀況下，在保釣時就發覺，台灣的政府不僅不敢得罪美國，而且拚命卑屈地想討好，對日本也不敢據理力爭，所以大家就覺得說，你作為一個國家完全沒有起碼的尊嚴可言，這也是大家對當時台灣政府一種不滿的來源。正在這時又發現說，尼克森好像以能夠得到中共的邀請，覺得是一件很光榮的事情，就突然發覺，中共那邊好像變成很有尊嚴的、連美國都必須很重視的，就覺得那邊也許有可能可以保衛釣魚台。

這是一種很複雜的心態的變遷，所以在這種狀態下，當時很多釣運的人自然而然就轉到中國去。那時候中共因為要開始跟美國建立關係，中共當時提出來的幾個原則是，美國一定要從台灣撤退，台灣一定要跟中國統一。

那時候美國在台灣還有駐軍，有一個軍事顧問團，美援是結束了，但軍事援助可能還是有一點，經濟援助是到 1965 年就結束了。中共要求美國這三件事一定要做，就是撤軍、廢約（中美共同防禦條約）跟斷交，建交的三個條件。

反正那時候很多保釣團體由於對台灣失望，還有一些其他的因素，就造成他們開始去注意中國大陸的一些情形，發展出兩種，一種是不少人「左轉」，另一種是從對台灣的認同，轉移到對中共的認同上。在這種情形下，這些保釣的人就發展出所謂的「統運」。

狹義的保釣運動結束（1970.11-1971.4）

狹義保釣運動的時間可以這麼說。那時候大家對於釣運的理解就比較廣義了，或者很多人認為為什麼保衛釣魚台不容易成功，問題不只在於日本，甚至還不只是在美國，而是在台灣政府。就開始變成對台灣政府的揚棄，那時候處在一種困惑、徬徨中，剛好碰到美國跟中

國開始接觸友好，就發現有一種新的可能性。

1971 年季辛吉訪中

尼克森宣布要去中國訪問前，祕密派遣季辛吉到北京去（1971 年 7 月），那時候不是引起全球性的震撼嗎？受到最大震撼之一的國家就是日本。因為日本過去一直是跟著美國，跟中共對立，但是日本突然發現被美國出賣了，日本本來要跟著美國一起反中國的，但現在發現主要反中國的人自己跑去跟中國握手。

釣運後期知識分子到中國訪問

從 1971 年 7 月，季辛吉到中國訪問。打開關係之後，隔年 2 月尼克森就到北京去訪問。在這之前已經開始有人到大陸去訪問，當時最有名、最轟動的第一個、或最前面之一的，就是楊振寧（1971 年 7 月）。楊振寧一帶頭衝開，後來很多人都到大陸去訪問，其中就包括林達光。

去訪問的人裡面，影響力比較大的除了楊振寧以外，另一個是數理邏輯學家王浩。他去訪問回來以後，做了一些報告，比較有一點深刻思考的、反思的部分。第二個就是芝加哥大學的何炳棣，他們兩個當時去大陸訪問回來，都寫了一些東西，引起了相當的衝擊。在那個狀況下，大家在保釣運動中，對國民黨就非常不滿。

美中人民友好協會

設在 East Lansing 的一個分會，那是密西根州立大學（Michigan State University）的所在地，主張應該要與中國維持良好的民間互動關係。而美中人民友好協會創立時，邀請楊振寧擔任首任會長，應該是在楊振寧訪問中國之後的事情。該地在保釣的時候也是很活躍的地方。美國的州立大學有兩個系統，拿密西根來講，有密西根大學的系統，

主要的校區在 Ann Arbor（安娜堡），另外一個叫做 Michigan State University。熊建旃（熊三）也在 East Lansing，討論鄧小平改革開放後的中國大陸。

釣運後期團體

釣運後的團體主要分裂成兩種，一種以關心台灣為主，一種以關心中國為主，但是兩個也不是完全都分開的，他們有時候也會（一起）辦一些活動。

中西部應該維持得最久，一直延續到後來就成立了「台灣民主運動支援會」。紐約就散成很多小團體，有的維持得久一點，像《群報》。

中西部保釣路線

當時有一些微妙的權力鬥爭，後來並沒有真的把中西部聯絡中心移到麥迪遜，有一些香港同學，也不全是香港同學，覺得芝加哥這邊的班底也都是《科學月刊》出來的，在他們認為是比較革新保台的，他們覺得路線不同。

保釣運動之後，隔了一段時間，麥迪遜參加保釣的一些人，當時看了一個歌舞劇「東方紅」，根據這個歌舞劇，麥迪遜有一群人也編了一個這樣所謂「胸懷祖國、放眼世界」的東西，時間大約是 1976 年。

海外留學生加入聯合國工作

那時候是紐約本來就有很多學校、華人也比較多，本來保釣就很熱烈，參與的人很多。保釣一團五個人去大陸還受到周恩來接見，那五個人裡面，王春生、陳恆次、陳治利是中西部的，王正方、李我焱是美東的。

尼克森訪中以後，中美互設聯絡辦事處在華府。中共入聯以後，

紐約就有聯合國的中共代表團。本來聯合國官方語言是英文、法文、俄文、中文、西班牙文，是考量到使用人口多寡跟國家強權。美國以為中共會很快垮台，在外交、經濟上都圍堵中共，所以實際上中文的使用人口只有台灣。但是台灣這邊根本自己也不用中文的，中華民國代表團發言都是用英文，本來聯合國文件和會議都要譯成這五種語言，可是中華民國這邊自己都不用、又是仰賴美國生存的，聯合國也就忽略中文，幾乎只有最重要的文件有中文，中文翻譯的人數非常少。

中共要加入聯合國，他們比較重視這個，聯合國也比較高規格對待他們，所以祕書處一下子要招募很多中文翻譯人才，當時很多保釣放棄學業或是變成中華民國的黑名單，這些人就去了中共聯合國代表團所在的紐約，紐約一下子變成保釣大本營，本來聘這些翻譯人才時，用該語言的會員國擁有優先推薦權，中共一下子找不到那麼多人、那時候又很重視保釣，當然會詢問當時保釣團體的人，問他們風評如何，於是剛好就跟保釣一拍即合，很多保釣人就進了聯合國工作，像花俊雄就是，小董（董敘霖）也進了聯合國工作。

董敘霖與楊貴平

小董本來是在紐澳良唸到 Ph.D，他太太是楊貴平，楊貴平本來嫁給一個不曉得是不是工程師，收入很高，生活過得很好。碰到小董之後，被他感動，就離婚跟小董在一起。小董可能覺得唸書沒什麼意思了，想專心運動報國，他們倆夫婦都很活躍投入保釣，賣包子維持生活，過的蠻辛苦的。後來他們有一對雙胞胎，賣包子不夠支持生活，剛好聯合國有機會，小董就到聯合國去，楊貴平好像在紐約當中學老師。

後來中國大陸政治發生很大的變化，鄧小平上台之後，開始走改革開放路線，那時候很多人去中國大陸看，小董跟楊貴平也去了。可

是那時候的中國農村非常的貧困，主要是因為中國農村本來有自己的互助組織，從共產黨剛上台就有農會、然後變成生產隊、人民公社，到人民公社的時候，公社已經取代鄉政府，成為政治、經濟一體的組織了，還負擔教育、醫療的功能。

但是鄧小平上台之後，解散了人民公社，等於連農會也被摧毀掉，農村完全失去互助組織，受影響最大的是教育和醫療資源非常匱乏，在經濟上又因為發展工業，物價上漲，農村財富是一樣的但是購買力相對降低，鄉政府也非常窮，農村生活可以說非常貧困而且沒有保障，最受到衝擊的往往是女孩子的教育和農村醫療。小董和楊貴平他們去中國大陸看到，受了很大衝擊，後來楊貴平就創辦了滋根（編注：公益團體），專門為農村教育、醫療等等這些問題努力，這次川震救援他們也出了很多力。小董是一直很堅持社會主義理想，也比較在思考問題，楊貴平比較行動派。

董慶圓與《群報》

老董是弟弟，叫做董慶圓，本來是清大數學系的，後來去紐約唸書，是《群報》一個很重要的角色，《群報》本來創辦人是尹夢龍，現在定居在湖南長沙，但是真正的主編是老董。《群報》辦出來一下子就變得很左，而且有一點隱隱約約要跟李我焱那派好像叫做《釣魚台月刊》分庭抗禮的意思。

在紐約，《釣魚台月刊》是保釣當時發行比較久的刊物，算是當時具代表性的刊物，以尹夢龍為首。像《釣魚台快訊》就是寫一寫拿去影印，但是《群報》是以報紙形式出版。他們比較是統一的立場，主要是報導中國。保釣之後，雖然有的人比較關注中國，有的關心台灣，但基本上並不是井水不犯河水，還是有很多交集的地方。《群報》的意思是說要走「群眾路線」，但他們後來實際上是比較脫離群眾。

《群報》與《釣魚台快訊》的論戰

　　《群報》這邊人本來就不是紐約保釣主流派的人，後來《釣魚台月刊》出幾期就沒出了，倒是《群報》他們很用心辦下去，反而變成紐約重要刊物，滿有影響力的。《群報》是一週出一次的，跟我們的《釣魚台快訊》一樣，後來甚至跟《釣魚台快訊》發生一次很大的論戰。

　　《群報》曾經主動批評過《釣魚台快訊》，他們寫了一篇長文，分成幾次登，標題叫做「哭調唱得心酸酸」。台灣會出現哭調仔有一些背景，是來自甲午戰爭被割讓以後，有一些歌手用這方式來寄託悲情意識，後來在台灣民歌裡，悲情的哭調仔算是比較流行，台灣光復以後發生二二八，所以這類哭調仔的民歌又出來，有一點哀怨的味道在裡面，很多是封建時代的女性被丈夫拋棄的比喻，來寄託這種悲情意識。

保釣運動與省籍分裂

　　保釣運動那時候有一個狀況是，其實在左右分裂之前，很早就有一些省籍的分化出來，這個分裂也影響到左右，這跟台灣現在的政治趨勢是一樣的，那時候保釣有相當多領導人物都是外省人，他們占據發言地位、領導路線跟論述。台灣本來在長期戒嚴之下，在各種有權力的場合，台灣人幾乎都是被外省人領導的，這種狀況後來變成反國民黨的一個根源。

　　很多人覺得台灣人怎麼都是被領導、出不了頭就有一些不滿，尤其是比較有政治企圖心的，很多是地主子弟，保釣也是這樣，可以說是複製了台灣這樣的省籍狀況。保釣一開始其實不分省籍的，但是上台講話的、做決策的幾乎都是外省人，台灣人很多口才不是很好，他們說話很多都被說有台灣腔什麼的，一直以來就沒什麼上台的機會。國民黨那時候帶了一批黨政軍來台灣，這些人的子弟很多在學校就參

加演講比賽、台風穩健，比較出風頭，因為他們口才比較好，所以幾乎都是外省人在占據發言位置，這是一個客觀事實，但是很多人不滿。所以省籍分裂的情形在保釣運動就出現了。

保釣運動左傾的原因

因為保釣一開始是抗議日本，到 4 月 10 日遊行的時候大部分人幾乎都已經知道國民黨政府不會對抗日本了，所以對國民黨非常失望。這時候剛好季辛吉訪問中國大陸的消息出來了，保釣突然發現還有一個那麼大的中國在那裡，雖然大家對中國大陸很不瞭解，但是很想要保釣，那時候還有什麼大家湊一湊錢去買軍艦，這樣唐吉訶德式的想法都跑出來過，突然發現有一個中國在那裡，所以很多人就很積極去瞭解，這也是很多人左轉的原因。

美中建交

美國跟中國大陸開始有交流，中國大陸跟美國建交的條件，就是要美國跟台灣斷絕關係，中國大陸他們一直認為 1950 年代沒有能夠統一台灣，唯一阻礙就是美國，所以他們提出撤軍、廢約（中美共同防禦條約）、斷交的條件。那時候中共認為只要這三項達成了，統一就水到渠成了。當然從現在看是中共也很不瞭解台灣。因為中共一直認為統一的阻礙是美國，所以一直不太談統一。現在美國跟中國來往了，有很多外國記者去北京採訪，就開始比較會談統一。

事實上很早從 1955 年「華沙會議」美國跟中共就開始有對話，提出讓中共進入聯合國、甚至成為常任理事，讓台灣這邊的中華民國還是留在聯合國，作一個普通會員國，就是兩個中國政策，那時候的中共是相對還比較弱勢的，但是他們就很堅持不接受，所以「華沙會議」一直談不攏。

可是美國投入天文數字的資源在打越戰，引起國內非常大的反戰運動，越南能打這麼久，背後是中共，所以停戰一定是要跟中共談的，那時候美國總統候選人都必須要面對越戰問題，尼克森競選的口號就是光榮撤出越南。加上 1959 年開始中國跟蘇聯分裂，美國主要敵人還是蘇聯，所以美國一方面為了越戰要跟中共談、一方面要在戰略上拉攏中共對抗蘇聯。在這樣的背景下，美國跟中共談的時候，中共姿態就比較高，從以前「華沙會議」中共就不接受兩個中國了，現在當然更不可能接受，所以中共要求美國跟中華民國斷絕關係。

中共對保釣運動的態度

保釣時，很多人覺得中國好像對美日是比較強硬，好像比較會保釣。但是中共要保釣的前提是，釣魚台屬於宜蘭、台灣屬於中國，所以中國才能保護釣魚台，所以很多人覺得要保釣就要先統一，因此就跟統一的反面，也就是台獨對立起來。中共也很重視保釣，甚至覺得這是第二次五四運動。那時候海外台獨力量還很微弱，但是保釣在還沒認識到中共之前，就複製了台灣的省籍矛盾，外省人有意或無意的忽視台灣人的感受，所以很多人退出保釣。

那時候我看到這個現象，我也是台灣人，覺得這對保釣不是好現象，所以就在《釣魚台快訊》寫了文章，但是很多保釣的外省人領導，就覺得這是台獨的言論，所以《群報》就寫了一篇文章罵，就是這篇「哭調唱的心酸酸」。《釣魚台快訊》這邊有其他人，就覺得這不是我們的本意，就寫了文章反擊，事實上作者不是我、也是一個外省人。

那時候《釣魚台快訊》跟《群報》是保釣兩大刊物，就演變成兩大刊物之間的論戰，引起很多保釣朋友的關心，紐約保釣會裡三個主要負責人李我焱、徐守騰、袁旃，而袁旃有參加《科學月刊》，算是老朋友，他就打電話來邀請我們過去談談，我就說第一是《群報》先

批評我們，不是我們先批評他、第二是要談的話應該是兩邊的人談，不是個人去談，我們就開了兩台車浩浩蕩蕩去了紐約。

本來以為會是《群報》跟《釣魚台快訊》的一番大論戰，到了紐約是去程明怡的四新商店，進去一看，幾乎東岸的活躍人物都來了，有四、五十個人，我們想糟了，本來要打論戰，這下好像變成要公審了。

這時候匹茲堡的、後來去聯合國工作的花俊雄第一個發言，他說保釣運動現在剩下芝加哥比較接近群眾，難道我們還要把芝加哥逼得脫離群眾嗎？我們完全沒料到第一個就是這麼感性的發言而且是支持我們的，接下來很多人也都發言肯定我們，那時候保釣因為調子唱得太高、有點脫離群眾，新來的台灣留學生就不敢參加，只有芝加哥比較沒唱高調，會寫一些台灣人的心聲。從辯論變成這麼多支持，我們也很意外，老董他們也都在，結果本來以為要辯論一番，都沒有發生。

隔天《群報》編輯部的人請我們過去談，就說其實這篇文章也不是所有人都同意，是有人混進《群報》要打擊保釣，他們已經把這個編輯開除了，就有點要跟我們道歉的意思，他們也承認這樣做不對，所以到第二天預期中的辯論還是沒發生，反而是談了很多運動的方向，還有怎麼把刊物辦好，我們也談得很好。所以論戰後來沒有發生、問題表面解決了，但是省籍的問題事實上一直存在著。

許登源與《台灣人民》

這個《群報》的編輯就是許登源。他就是《台灣人民》第三期開始的編輯，那時候應該已經開始在編《台灣人民》了，他在保釣之前就接觸社會主義，變得很左，保釣開始的時候他跟台獨一樣，認為保釣是國民黨搞出來的，而且成不了氣候，可是後來看保釣變成這麼大的學生運動，而且有點左傾，可能就想要從這邊吸收一些力量，他那

時候可能覺得批評台獨，可以得到保釣支持，因為保釣已經轉向統一，所以寫了這篇文章。

《群報》的人後來發現《台灣人民》這個刊物理論水平很高、莫名其妙冒出來，有點覺得這是在爭奪領導權，《台灣人民》跟保釣關係滿緊張的，所以他們已經懷疑許登源，就有點覺得這是《台灣人民》要爭取什麼政治利益，許登源是混進去《群報》搞破壞的，事實上也不無道理。那時候許登源應該已經開始辦《台灣人民》了。

《華府春秋》

《華府春秋》那時候是鬧雙胞、分裂了，一邊是比較認同文革四人幫路線的，另一個是比較認同鄧小平路線的。那時候中國大陸在文革後期，先發生林彪事件，然後發生批林、批孔事件，然後發生第一次天安門事件，然後鄧小平復出又被鬥下來，開始有批評鄧小平，那時候鬥的很激烈，海外也受到影響。撇開個人恩怨不談，當時華盛頓DC的這個《華府春秋》，是在這樣一個背景底下，順著這個路線產生了分裂。《華府春秋》本來的班底都是保釣左派，當然變左程度有高有低。這兩派的分裂互相指責，說鄧小平路線是走資本主義，認同鄧小平的就說社會主義不是貧窮主義、要讓一些人先富起來，所以這個分裂是有一些要爭社會主義正統的意思在裡面。

匿名傳閱的中共報導

當時中國還在文革末期，鄧小平剛被找出來、他提出三項提綱，後來又被貶下去了。老毛末期中共那邊鬥的厲害，是比較亂的。大家都很關心。當時這些傳閱的文章很多，未必查得出作者來源，有一些家人還在台灣的，行事小心，還是需要匿名寫這些的。

中國書報社（一封攻擊書報社的黑函）

Madison 當時辦了一個座談會，叫做「台灣風雲」。Madison 在保釣後成立一個「中國書報社」，林念生也在裡面，大概是訂了一些中文的書報，大家會過去聚一聚，是比較左的團體，跟保釣有關，可能以香港同學為主。因為書報社辦這個活動，找我去，所以大概就有親國民黨的人要攻擊書報社。

《毛澤東思想萬歲》

在文革中，紅衛兵到處批判一些人，包括政府的機構，所以他們把一些檔案都翻出來了，或是他們有系統地收集，我也不是很清楚。他們收集到毛澤東的一些沒有發表過的講話，他們就把這些東西整理編輯出一本書，這本書就叫做《毛澤東思想萬歲》，所以這是在大陸文革時出的書。聽說有好幾個版本，每個版本還不太一樣，因為有些人可能再增加一些材料，不同版本的內容不是完全一樣，但大致上的主體是一樣的。

後來這本書就流到海外來，有一年我們也得到這個拷貝，有可能是透過芝加哥大學的教授鄒讜，他是研究中國問題的專家，但我不是非常確定是否從他那裡得到的。我們拿到拷貝之後，就編輯整理了一些精彩的東西，自己也出了一個新的版本。

保釣運動到後期，相當程度變成想去瞭解中國大陸、社會主義、馬克思主義理論的情形。所以當然保釣運動有一個主軸是往這邊發展的，所以有一些人變成對毛澤東非常崇拜，這裡頭有些人到今天還是非常崇拜毛澤東。甚至像我們這些人，對毛澤東沒有崇拜到哪裡去，但對他各方面也都是很好奇。因為我們以前在台灣，聽到毛澤東都是很負面的東西，就都是很不瞭解，所以對他至少是很好奇。當然也有人對馬克思有興趣，但是對毛澤東感興趣，還是因為跟中國的關係，

馬克思畢竟是十九世紀的人物，是德國人，所以對保釣的人來說，當然會對毛澤東這個中國近代史上很重要的人感興趣，想多瞭解一下。後來我們也瞭解到那些在台灣時，對毛澤東的刻板印象，其實是國民黨灌輸的，所以我們會有多一點興趣想瞭解「真相」到底是怎樣。

　　加上中國在文革的過程中，整個在國際上的聲望是很高的，所以大家是覺得中國已經擺脫了百年來被欺負的局面，很多人也把這個歸於毛澤東的領導。

參與保釣的香港同學

　　參與保釣的香港同學可以分做兩類，一類在芝加哥，可能因為我跟他們接觸比較多，所以他們比較站在純粹關心台灣的立場。另外一批人則是比較關心中國、認同中國，在統一運動的基礎上，所以他們因此也關心台灣。

「中山獎學金」

　　我知道有些人大概是（拿「中山獎學金」打小報告），但是也沒有非常直接的證據。因為他們的立場，大家都感覺到都很偏國民黨，所以有點像過街老鼠。

美國對台灣白色恐怖的瞭解

　　美國始終不是很瞭解，台灣發生過的這些白色恐怖事件，美國人大部分都不知道。

反共愛國聯盟的成立

　　1971 年美國的一些留美學生成立了「全美反共愛國聯盟」。愛盟裡面有一些曾參加保釣運動的人。開始的時候，他們應該算是比較有

熱忱的國民黨黨員，經過保釣衝擊，他們還是很反共。他們跟官方有相當程度的關係，但是也不是完全相關，至少他們的成員不會同意他們屬於國民黨或官方外圍。

大約1972年「反共愛國聯盟」邀請胡秋原到美國各地方演講，請胡秋原當名譽什麼的，演講的東西，他們把它印出來。

中國反共愛國聯盟（南部）

親國民黨的保釣團體，對保釣發出聲明（約1972年），一般來說，美國南部比較保守。所以保釣主要以東西兩岸為主，芝加哥也有一些，南部也有，但是比較少，刊物也不多。

《時事新聞快報》與《釣魚台快訊》

《釣魚台快訊》最主要不是提供這些時事新聞，它是更廣泛、更公開的。《時事新聞快報》主要是提供一些資訊給一些參加保釣且延續下來的朋友，有點像「對內」的味道；《釣魚台快訊》是對外公開的。《釣魚台快訊》每期大概發行一至二千份左右，《時事新聞快報》大概只發行一兩百份，頂多兩三百份，只發給一些運動的參與者。編號的原則，例如8013，前二碼為年代1980，後二碼為期數（1980年的第13期），一至兩週出一期，這不太一定，如果比較忙的時候就會拖住沒出，或者有時候沒有什麼特別的新聞。

讀書會及學習活動

保釣運動一直有延續，（也有組織讀書會）但很多地方已經不是那麼高潮或公開了。（「學習」的活動）也不見得到處都維持著，可是有一部分的地方維持著。某種意義下，有些人受啟發影響比較深刻一點，他就會比較堅持一段時間。

學習資料

　　一個禮拜編一份學習資料，跟「雙週討論會」不太一樣，這是寄出去給大家看，就是寄給保釣的那些人看，保釣時建立的網絡，後來還一直保持聯絡，大概是保沙之後，編輯這個學習資料大約維持了五六年。

　　在主題的部分，只要是覺得有相關的就編進去，題材很廣，例如關於當時的阿爾巴尼亞挑戰中國關於「三個世界理論」的批判，那時鄧小平到聯合國去參加大會，提出「三個世界理論」，之後在美國左派或世界左派裡頭都引起很大的討論，那時候中國在國際外交上的聲望很高。

美國《台聲》

　　保釣後來發展的結果，一個是漸漸跟留學生脫節，也是有點被孤立起來，如果用左派的語言講，就是「沒有走群眾路線」；另一是當時統獨的矛盾也漸漸升高，因為很多人認為保釣運動後來發展成統一運動，尤其東岸紐約的一些人就開始統一運動，好像保釣運動的新一階段就是統一運動。那這種狀況下，他們跟「台獨」就是對立的，但是後來台獨聲勢越來越高漲，反而統一的力量越來越小，所以他們就覺得還是要寄希望於台灣人民，要繼續關心台灣。因此他們在 1975 年左右，就辦了在紐約的《台聲》，其中的代表人物是花俊雄。花俊雄也有參加保釣運動，當時在 Pittsburgh。但是他們關心台灣的方式跟我們中西部不太一樣，我們是很積極地去支持台灣的運動，他們還是以對外宣傳為主。

北京《台聲》

　　到了 1983 年左右，大陸當時的對台政策就有些改變，要走和平、

和談的方法，當時的口號是「寄希望於台灣人民」，就在北京成立一個團體叫做「台灣同胞聯誼會」，簡稱「台聯會」，《台聲》是他們出的刊物。當時他們就是說要聽台灣人民的意見，裡面有些人也是保釣之後過去中國的，就建議說來到美國可以來找我。後來他們知道我們有夏令營，他們也有來參加。

台獨與保釣運動

台獨團體

「台獨」基本上可說是到了戰後，當時美國看到共產黨力量強大起來，害怕整個中國被毛澤東拿去，在那種狀況下，他們希望維持台灣不受共產黨控制。還有另外一個原因，是戰爭快要結束的時候，一些日本的極右分子也不甘心台灣又被中國拿回去，他們希望至少把台灣弄成獨立的局面，所以是在這種背景下才出現台獨。

台獨剛開始的時候力量也是很小，後來到了六十年代末期，或七十年代初期才開始盛行，那時發生幾個大事件，一是彭明敏逃到海外去（1970年1月），另一是黃文雄及鄭自才暗殺蔣經國（1970年4月24日）。還有台獨本來在日本出了一些刊物，但是因為日本的台灣留學生比較少，所以後來刊物就發行到美國去，美國的留學生中，很多人的背景是所謂的地主，在土改時期對國民黨很不滿的，這些人的子弟後來就很容易傾向台獨。台獨大概就是由這幾股力量集結起來的。

台獨與保釣運動

釣運初期，台獨的力量還不是很大，台獨裡面當然有不同的人，但是那時候大部分的台灣人，有很大的比例都有參加保釣運動。我相信在釣運開始的時候，其實到海外的留學生中，台獨和同鄉會的力量

都還不是很大。他們已經存在一段時間，但力量沒有很大，多數人還不是一定要台獨，還沒有到這個程度。到海外的台灣人，開始的時候，台獨傾向也不一定有，但是他們對台灣會關心，有鄉土感情。當時如果是立場比較明顯、很清楚的台獨人士，他們沒有參加釣運。但當時這種人數不是很多，總之那時候台獨力量還不是很大。

　　開始的時候，像我們參加保釣都是從台灣來的，一開始也都沒有受到國民黨的號召或什麼，所以他們開始的時候，甚至以為（釣運）是國民黨策動的，要反對日本。但台獨從開始到今天為止，基本上有很大的比例都是親日的。包括前幾年，我們會再搞第二次保釣，就是李登輝認為「釣魚台是日本的」。李登輝就是一個非常典型的台獨，所以到今天，李登輝（對釣魚台）都還是同樣的態度。台獨有些人就是這樣，因為他們依靠日本，他們就認為釣魚台是屬於日本，他們根本不敢得罪日本，他們比國民黨更不敢得罪日本。

台獨之「台灣民報」對釣魚台主權的看法

　　指稱台灣對尖閣群島不斷侵犯，係蔣政權和美國政府利益相關的結果。此聲明可看出彼時台獨團體對釣魚台的看法之一。

政府與日本協議遣返台獨聯盟幹部與默認釣魚台主權

　　沒有聽說過。也許那時候釣魚台運動還沒有發生，所以我們沒有注意。

台獨＆統運

　　海外運動中有一些人，像葉芸芸對於保釣走向統運，基本上也不是那麼地認同。因為保釣到後期，基本上都是以外省人為主，開始的時候沒有這個現象，但是到後來，他們比較從保釣轉到統運的時候，

很多台灣人就退出了。

那時候台獨的聲望就一直強化，但是也不是每個人都接受台獨的論述，還是有部分的人不認同台獨，但是他們也不認同統運，其中就包括葉芸芸他們。葉芸芸他們可以說其實根本不是台獨，他們整體的傾向大概還是比較接受跟中國終究要統一，如果說就統獨的立場來講。

林孝信滯留美國

黑名單及吊銷護照

我去換護照的時候，他就找我去談，談條件，我沒有同意，就卡住了不換給我。那時候像我這樣被吊銷護照的不多，但是黑名單很多，黑名單只是不讓你回台灣，或你的家人會受到騷擾，你在美國還可以合法地讀書做事。

解嚴前後那段時間，「黑名單問題」已經變成很熱門的問題。我記得許榮淑在當立委的時候，好多次都在質詢黑名單的問題。有一次警總被逼公布一批名單，但裡面人數少得可憐，那時候我有朋友跟我說，「你可以回台灣了！」，我問為什麼？他說許榮淑追問警總，警總公布的黑名單裡面根本就沒有我。

祕密的聯繫

我當時跟台灣有一些祕密的聯繫，我那時候化名寫了一封信給某人，我先寫了一封信，請別人謄，這樣我不用留下自己的筆跡，謄的那一份才送到台灣。這裡頭談的東西，嚴格說來也不是非常祕密的東西，但至少我不要讓台灣國民黨知道我在跟那個人聯絡。

非法居留、申請回台

因為 1987 年才解嚴，我 1988 年開始申請回台。許榮淑他們拿到的黑名單裡面也都沒有我，所以我有很多朋友，像劉源俊，就說我應該可以回來了。所以我從 1988 年年初就開始申請。但是申請都沒有通過，後來 1988 年 11 月才回來。

第一次回來之後，我隔年又再申請。我都沒有拿美國的護照，我在美國一直是非法居留。大概是 1979 年 2 月成立「台灣民主運動支援會」，十天以後，我就被美國移民局找到。在美國非法居留的人，聽說有一兩百萬，人數多得不得了，他們也因此不會對非法居留大驚小怪，或者說他們也不會主動去抓那些非法居留。會去抓通常都是因為有人告密。那時候很清楚就是支援會剛成立，因為有公開聲明什麼的，所以一定有人去告密。

如何取得台灣黨外刊物、台灣保釣運動

因為很多人知道我以前弄《科學月刊》，還有參加保釣變成黑名單，他們知道我積極參加這些運動，所以有心的人就利用出國，把這些資料帶出來，但要找對象送，他就會送到我這邊來。譬如說那時有個有心人，因為當時海外跟台灣的消息流通很快就被切割開來，我們都不知道台灣也有保釣運動，覺得一定被國民黨壓制，但其實像台大、師大、政大、成大都有，甚至還跑到校外遊行。所以這個有心人收集了台灣本地的保釣運動，用一個化名跟我們聯絡，他就寄過來，我們也不知道他是誰，也始終沒有跟他聯絡上，他就是寄東西來給我們。然後有些人會跟我們見面，通常都跟我個人聯絡。

士林書店

大約 1986 年開始經營，是在 1980 年代中期之後，台灣的民主運

動在高雄事件之後，有一段時間就被鎮壓下去，另一個原因是支援會成立不久，我就被移民局找到非法居留，大概到 1984 年左右，終於得到合法居留。那時候可以工作了，我覺得永遠讓人家捐助也不是辦法，而且那時候運動的發展又更低潮，因為中國已經有很大的改變，跟文革那時已有很大不同，台灣的黨外運動也被鎮壓，所以當時感覺整個中國問題、台灣問題還要更漫長，那種情況下，大家也不容易集結，所以我們就想開個書店。

回台定居

　　一開始能回來台灣之後，我就一直考慮要回來。但是一開始覺得不太可能，因為我沒有學位，覺得唯一的可能就是到《科學月刊》去。但是後來產生一些變化，我就沒有去。

　　我太太也開始考慮申請學校，她申請到成大，1996 年回來，我大概比她晚半年回來。剛回來的時候，我根本沒有找到（正式的）工作。不過還沒回來的時候，台南藝術學院剛成立一個音像紀錄研究所，想找一個教政治經濟學的，他們的所長井迎瑞跟我在美國就認識，他聽說我要回來，就設法跟我聯絡，希望我去教，所以我就先去那邊兼課。

　　出發點是從保釣運動，當然我想我的個性，算是有一點服務社會的熱忱，有一點比較追求正義的個性。我想這些個性跟我對科學的興趣是一致的，就是要追求真理和正義，覺得不平的東西是不對的，應該要揚棄掉。

　　一方面多少也受到像以前范仲淹的「先天下之憂而憂，後天下之樂而樂」的影響，這跟我喜歡科學有關係，或者可以結合。因為喜歡科學就是要追求真理，追求真理和追求正義是很接近的東西。

　　眼界放開是到美國之後的事情，但是像對社會的關懷，我想我應該在台灣就有了，倒不一定是在出國後才產生的。

　　關於歐美知識分子的價值觀，開始時的影響不是那麼大，知識分子價值觀的影響恐怕還是來自於在台灣從小就建立起來的。一方面是跟自己比較追求真理的個性接近，另一方面是受到中國傳統的影響。

　　也可能受到一點宗教的影響，我小時候有一段時間是信佛教，佛教中有一定程度的要「入世」的思想，雖然佛教也有很多比較「出世」的思想。就是所謂的「要自覺，同時也要覺他」，才能找到「覺醒圓滿」，自覺修得羅漢果，覺他才能修成菩薩果，才能到達成佛的階段。

　　關於世代知識分子價值觀的差異，這個差別是絕對存在的，而且是相當顯著的。我們當時的教育是有點「民族主義」的教育，雖然有時候，這樣的教育不能呼應像日本占領釣魚台時的反應，不能真正地站在民族主義的立場，但是國民黨有一些人還是蠻提倡民族主義的。

重新評估台灣的民族主義

　　台灣現在的民族主義，有相當的部分，或相當的變種，變成所謂的「台灣民族主義」。這個當然是比較複雜，也有一定爭議的問題，涉及到台灣是不是已經成為一個民族。台獨的人說台灣已經成為一個「新興民族」，但是民族是不是那麼快就會形成？我想學界也並不是大家都會同意這樣的說法。

　　所謂的 nationalism（民族主義），其實其他國家也都有，但是最強烈的、產生最大影響力的，當然是在西歐。西歐資本主義興起之後，就產生所謂的 nation state，我們現在一般講的「民族國家」，跟資本主義的發展有很密切的關係。在這過程中，他們的 nationalism 有相當程度的發展，甚至發展到後來、到今天，整個 nationalism 在歐洲非常高峰的時候，會產生納粹主義、種族主義。整個歐洲的民族主義是十八、十九世紀，特別是到十九世紀的時候，是空前發達的時候，一直延伸到二十世紀。其他國家雖然有民族主義，但是沒有興盛到它那種

地步。在這種狀況下，因為民族主義造成的影響，兩次世界大戰都跟民族主義有一定的關係，所以民族主義造成相當負面的影響。

事實上馬克思早期也是反對民族主義，第一次世界大戰之前，當時的第二國際就希望說各國在戰爭的時候，號召那些勞工階級不應該拿起刀槍來自相殘殺。雖然如此，但是真正戰爭起來的時候，每個人還是站在自己國家的立場。甚至第二國際的一些人，也認為說應該先民族主義。所以這樣對於一些看到這個問題和弊病的歐洲人，包括一些馬克思主義者，就很反對民族主義。

不過釣運那時候，很單純的從愛國出發就是民族主義的表現嗎？是啊，愛國就是一種民族主義，廣義地講。

美國保釣運動影像紀錄

開始的時候是當時在 Michigan 的林念生拍的，大概是幾年前，我們在批評「李登輝說釣魚台是日本人的」（2002 年 9 月），在台灣又發起了保釣運動。那時保釣的人又有一些聯絡。在這個過程中，又聯絡到林念生。

林念生早期在美國保釣的時候，好像 Michigan 待過、Madsion 也待過。反正他就跟我聯絡，就把這個片子交給我，我就請張釗維來幫忙弄，因為張釗維是搞紀錄片的。張釗維不知怎麼弄弄，最後把它弄出來。

因為我們那次的保釣運動，後來也凝聚了一些人，包括陳讚煌在內，後來陳讚煌負責對外聯繫工作，所以變成陳讚煌在聯絡這個片子的事情。陳讚煌兩年前退休到美國去，就把這個片子交給胡卜凱。

第二章

李雅明教授訪談

李雅明教授（1943-）

李雅明，1965 年台大物理系畢業，1972 年美國馬里蘭大學固態物理學博士。保釣前為政論性社團「大風社」會員，保釣運動期間擔任馬里蘭大學與華府保釣會對外聯絡代表，組織遊行活動與討論會。1971 年 1 月 30 日華府保釣示威擔任領隊，赴日本駐美大使館遞交抗議書，並接受美國媒體採訪。參加 4 月 10 日華府保釣示威、「布朗大學的美東討論會」、「安娜堡國是會議」、「紐約中國統一運動大會」、「華府反共愛國會議」、及「台大民族主義座談會」。曾參與保釣刊物《野草》工作，並出版以保釣運動為背景的長篇小說《惑》。1972-1975 年任國立清華大學物理系、材料科學系副教授。1975 年赴美在休斯研究所從事半導體研發工作，繼在凱斯西方儲備大學（Case Western Reserve University）電機與應用物理系任正教授。1989 年二度返台任教於國立清華大學電機系，現為國立清華大學榮譽教授。在保釣運動中屬於自由派。

受訪者：李雅明教授
訪問者：謝小芩館長、蔡虹音、李雅雯
訪談日期：2008 年 7 月 4 日 早上 10 點
訪談地點：國立清華大學圖書館（綜二館）8 樓會議室
記錄編輯：李雅雯

＊　　　　　＊　　　　　＊

教育背景

在保釣運動中認識沈君山

　　謝小芩（以下簡稱「謝」）：就請您從個人的參與部分先開始。

　　李雅明（以下簡稱「李」）：保釣運動是最近這三、四十年來，至少在國外，中國人最大的一次政治活動，這是絕無僅有的。這也是一個非常有意義的活動。

　　當時 1965 年我從台大物理系畢業，1966 年服完一年兵役後出國，去馬里蘭大學唸書，去念物理。

　　謝：所以你跟沈君山……

　　李：我跟沈君山是同一個學校，但他比我高十一屆，在學校時不認得。他跟我兩度都在同一個學校畢業，台大物理系和馬里蘭大學。但是他比我高很多屆，當時不認得，後來在保釣裡才認得。

求學過程與同僑

　　謝：你們那時候當兵只當一年啊？

　　李：我們那時候是服一年的預官役。後來就去美國馬里蘭大學唸

書。華盛頓 DC 附近有一個環狀的高速公路（Beltway），學校在環狀的高速公路裡面，那是華盛頓 DC 附近最大、人數最多的一個學校。華盛頓附近有好幾個大學，有美利堅大學、馬里蘭大學 College Park 校區、喬治城大學、喬治華盛頓大學、天主教大學（Catholic University）、霍華德（Howard）大學等。比較遠一點還有約翰霍普金斯大學（Johns Hopkins University）、馬里蘭大學巴爾的摩（Baltimore）分校等。但是在附近這幾個學校裡面，馬里蘭大學 College Park 校區的學生人數最多，馬里蘭大學的中國留學生的人數也最多，當時我們上下幾屆大概有一、兩百人左右，包括從台灣來的、香港來的，以及其他地方來的。當時還沒有大陸來的學生，因為大陸還沒有開放，大部分留學生都是從台灣來的，還有一部分從香港、東南亞、新加坡來的華裔學生。當然他們沒有中國的國籍。

我父母是從大陸來的，我是五歲從大陸到台灣，1948 年 10 月時到台灣，也就是 1948 年 10 月份來台。我小的時候住在花蓮，小學和初中都是在花蓮讀的，花師附小跟花蓮中學。然後在高中的時候，我自己一個人跑到新竹中學來讀書，住在父執輩家裡，因為當時新竹中學頗有名氣。新竹中學畢業時，我是以全校第一名的成績保送台大醫科，但是讀了一年以後，一方面興趣不是那麼濃厚，一方面覺得要讀七年，時間太長了，所以我就轉到物理系，我是在台大物理系 1965 年畢業的。

我在高中、大學讀書時，興趣是很廣泛的，不見得只對理工科有興趣，對於人文的興趣甚至比理工科還要更濃厚一些。但是，當時大家覺得要讀理工醫，如果學人文的話，特別是男生，好像沒有出路的樣子。所以我只好選了理工科。但是實際上，我對人文是很有興趣的，所以在大四的時候，我就擔任了台大學生報紙《大學新聞》的總主筆，還有好多位主筆，包括張系國、曾祥鐸、胡基峻、王曉波、胡錦標、

胡卜凱、周塗、王紹璠、魏宏利、陳哲男、羅隆治、陳國團、谷百泉
等人（編按：這是兩學期主筆的總名單，每學期的人數稍少一些）。

謝：你跟胡卜凱是同屆嗎？

李：他比我低一屆。《大學新聞》裡面分好幾組，有主筆組、編輯
部、經理部。主筆就是負責寫社論、寫專門的文章，或是針對特別議
題來寫。後來我在《大學新聞》、《台大青年》、《大學論壇》都寫了
一些文章，對於歷史、政治、經濟、文學方面的議題都非常有興趣。但
是在當時的時空之下，並沒有讓你有發揮的機會。我畢業那年（1965），
是大陸文革快要開始的時候，後來我到美國時（1966），文革就正式
開始了。所以到美國時，時機很好，可以看到很多資料。當時有很多紅
衛兵小報，透露很多內幕消息。當時的報紙也報導了很多關於大陸文
革的消息，圖書館裡面也收藏了許多我們在台灣看不到的書。所以我
們到了美國以後，能夠看得到的各式各樣的資訊就更豐富了。

還有當時的時空背景，當時台灣的蔣介石政府，從民國16年（1927
年）開始算起，到民國55年（1966年），已經執政了將近四十年，
基本上是一個獨裁的政府。我們這些注重自由民主的學生，當然對這
種獨裁政治不滿意，對台灣政府的人事、不民主的方式都不滿意。

留學美國

越戰、文革與社會主義思潮的衝擊

謝：你在台灣的時候就不滿意了？

李：對，在台灣的時候就不滿意了。當時外邊對大陸情況不是很
清楚。我自己是很注意大陸的發展，1964年10月16日中國大陸試爆
第一顆原子彈，這對於民族主義意識比較強的中國學生來說，是一個
很大的衝擊。雖然國民政府一直在宣傳大陸政府如何殘暴，但是至少

中共在國際上能夠提高中國人民的地位。對中國國際地位的提高,有很大的貢獻。我到了美國以後,又能看到各種資料,所以民族主義的意識就更強了。

還有一個重要因素是越戰,1960 年代開始,美國逐漸加強他們在越戰裡的角色,後來正式派兵作戰,最多時派到五十幾萬人。我們天天在報章雜誌和電視上,都可以看到美國在越南打仗的情況。美國打越戰,包含了兩個重要的矛盾因素,一個是資本主義與共產主義的對抗,一個是帝國主義與民族主義的衝突。美國政府派了五十幾萬的軍隊到越南去,殺當地的越南人,不讓越南南北政府統一,這違反了民族主義的精神,完全是帝國主義的行為。美國學生也不願意去打仗,進行了很多反戰運動,常常有示威,包括在我們學校、華盛頓 DC 等都有。這對中國留學生也有強烈的影響,因為我們同樣身為東方人,長得也是黃面孔,而且越南跟我們有同樣的文化背景,因此天天在電視上看到越南人被殺,美國阻止越南統一,我們心裡面覺得美國政府實在不對。

謝:那時候就可以看到很多越戰、反美的影片了?

李:對,學校裡面有很多抗議的活動,包括我們系裡面都有。我們學校就在華盛頓 DC 附近,有遊行抗議時,我們在旁邊就可以看到,所以對我們的影響是非常大的。

等到 1966 年文革正式開始了,我們現在很清楚文化大革命是怎麼一回事,但是在當時並不是那麼清楚。當時我們知道他內部有奪權,毛澤東與劉少奇之間有權力的衝突,毛澤東後來提拔林彪,江青等人在裡面攪和,文革派與其他派的互相衝突非常激烈,到處都有文鬥、武鬥。武鬥時開始死人。雖然當時我們在外面並不是很清楚,但是至少有一點我們知道,從香港的一些報刊雜誌,可以看到大陸偷渡到香港來的人轉述的一些內部消息。有一些報刊雜誌甚至報導,在武鬥開

始時，珠江裡面流出來一些浮屍。

　　所以大家可以知道，在我們當時的環境之下，充斥著各式各樣的思想，從左邊來的也好，從右邊來的也好，對台灣來的學生有非常大的衝擊。文革開始的時候，我們對它真正扮演的角色與實際上的作用還不太清楚。毛澤東說：國家即使是到了社會主義的階段，裡面還是有不同程度的矛盾，官僚還是會壓迫人民，所以過了不久之後，人民就要起來把他們清洗一次，進行一場文化大革命，清洗官僚主義的毛病。毛澤東是用這種理由來解釋他為什麼要鬥劉少奇。有一部分西方的左派，受到文革的影響，認為他這種想法也許是正確的，也就是說，即使進入到社會主義的階段，社會上還是有人民內部矛盾。進行文化大革命說不定是一種進入共產主義社會的好方法，甚至是一種必須的方法。所以一般左傾的人，有些在當時會支持毛澤東的文革。

　　大陸實際上的情況，那時候外界不是那麼清楚。在這個情況之下，文革對於台灣、香港去的學生自然也有影響。到底資本主義、社會主義或是共產主義，這些主義當中到底哪個比較好？對於中國來說、或是對整個世界來講，到底我們應該採取什麼樣的政治和經濟制度？這些論題一直都是有爭議的。從民國初年，「五四運動」、「新文化運動」後的經過，就可以曉得，資本主義跟社會主義，或是國民黨跟共產黨之間的鬥爭就一直持續不斷。這裡面有一個重要的問題就是：社會主義或是共產主義，對中國到底是不是一個好的方式？最後中共在大陸勝利了，共產黨占領了整個大陸。中共從非常少數的幾個人，開始組織共產黨，如陳獨秀、李大釗這些人，然後非常快的從十幾個人，膨脹到幾萬人，幾十萬人，在中國也經過了革命，到了八一（編按：中共 1927 年 8 月 1 日的南昌起義）以後，中共也組成了軍隊，割據了一些地方，成立了蘇維埃政府，跟蔣介石的中央政府對抗。鬥爭一直都沒有消除，中共在抗戰時期和國民政府聯合抗日，但是實際上，它在延安、在陝北和

其他地區還是獨立的。雙方之間的鬥爭因為抗戰而稍微降低，但是實際上，兩者的衝突一直都沒有停過。社會主義或共產主義，與蔣介石所代表的三民主義之間的鬥爭，到底是什麼樣的情況，對人在國外的留學生而言，接觸的資料多了以後，腦中開始產生了疑問。

關注保釣希望兩岸合作對抗國外勢力

謝：有一種說法說三民主義也是一種社會主義。

李：事實上，孫中山先生在三民主義的演講中，曾經講過，民生主義就是共產主義，也是社會主義。孫中山後來提倡「聯俄容共」，他晚期的政治思想，實際上是跟蘇聯比較接近的。

我們到了美國、接觸的範圍比較廣了以後，對於社會主義、資本主義，不斷的思考究竟是哪種政策對於中國未來是比較正確的。這在當時的中國留學生裡面，是一個非常重大的問題。留學生對台灣的情況有些反省、對大陸的情況也多了一些了解，有一些人就開始有了左傾的思想。等到 1970 年底，釣魚台的問題出現，我們就很關注這件事。釣魚台是一個敏感的問題，因為它牽涉到台灣、日本、美國、和中國大陸。站在民族主義的立場，我們堅持釣魚台是台灣省的一部分，當然也是屬於中國的一部分。當時我們非常希望中國的兩個政府，可以藉由此事、化解衝突、一起合作、對抗國外的勢力。

謝：當時你們就有這樣的希望？

李：當然。這是一個非常強烈的想法。所以我們對於釣魚台這個事情非常注重。1970 年底，首先在普林斯頓和威斯康辛這兩個地方開始有聚會。附帶一提的是，在後來保釣運動中扮演了重要角色的兩個組織，一個是《科學月刊》，由林孝信主辦。經過他的聯絡，在美國各個地方都有了一個留學生的聯絡網路，美國地方太大、聯絡不易，經過林孝信的聯絡，大家都有了可以互相溝通消息的管道。

參與「大風社」

謝：你也參加了《科學月刊》？

李：對，我也參加了。不過很慚愧，貢獻很少。林孝信、劉源俊和胡卜凱，都是低我一屆台大物理系的學弟。在台大時，大家就很熟。當時台大物理系出了蠻多活動力很強的人，像是胡卜凱、林孝信、劉容生、顏晃徹、劉源俊、倪維斗這些人。他們都是比我低一屆。大家現在還是很熟。另外還有一個組織，就是「大風社」，「大風社」是1968、69年成立的，是美國各個地方，對於政治、經濟比較注重的留學生所組成的。昨天我在你們資料中心看到《大風通訊》第五期，裡面有記載說，「大風社」的社員分為四組來研究各種問題。我都已經忘記了，看到才想起來這回事。經濟組有許澤、楊更強、陳磊、盧光庭、王正熙、馬勝雄、居蜜；政治組有李雅明、張信重、陳小驊、徐篤、胡卜凱、劉大任、劉育平、翁榮治；哲學組有佟秉宇、張系國、胡家縉、儲重慶、於幼華；社會組有程宇平、袁傳符、張其真、郭譽先、陸志舜、王鶴書。還有郭松棻、唐文標、傅運籌、周堃、沈平、李德怡、勞延炳等人應該也是會員。在這些人當中，許多在各地保釣運動中都扮演了重要的角色。

謝：可以說一下「大風社」的情況嗎？過去我們聽說的比較多，但仔細談得比較少。胡卜凱和林孝信都會提一下，都認為是重要的網絡。好像是徐篤開始發起的。

李：在普林斯頓或是賓州那邊是徐篤跟李德怡、沈平這些人。是誰發起的，我記得不是很清楚，不過很早的時候，這些人就在裡面。這些人比較注重政治。《科學月刊》比較偏重於科普、介紹科學知識等等。但是「大風社」是以政治為主。參加的人對政治都比較有興趣、也是有一點認識的人。

謝：但是學政治的人比較少？

李：學政治的人也有，但是這跟學什麼沒有關係。因為不管原來興趣為何，當時的男生還是會想去念理工醫。

謝：我想追問一下，你們出去都是有獎學金的？

李：當然不是每個人都有，但是念理工的會比較多。

謝：像劉大任、郭松棻他們也有嗎？

李：他們有沒有我不知道，但是剛去時不一定有。當時學理工的，特別是讀物理的，在美國比較容易找到獎學金。因為我們可以在學校裡做助教、幫老師做實驗等等。像我都是拿 TA（teaching assistantship）或是 RA（research assistantship），沒有去打過工。

謝：那你出國的第一筆錢也是美國大學的獎學金提供的？

李：對，當時台幣對美金是 40 比 1，台灣經濟也還沒有發展起來，所以很辛苦。我當時從台灣到美國單程的飛機票，好像是我父親三個月的薪水。所以當時要到美國留學實在是非常的不容易。如果沒有拿到美國的獎學金、家境又不是很好的話，出國在當時是非常困難的一件事情。

謝：當時你已經是坐飛機了、而不是坐船了？

李：對。可以想像當時是非常的困難。可是當時我可以拿到 assistantship，所以在美國求學還算是蠻順利的。剛剛我們提到「大風社」，「大風社」是以政治為主的社團，而且開始時我們就想到要出雜誌，先是辦過幾期通訊，這是還沒有出雜誌之前的社內通訊，後來張系國聯絡香港的胡菊人，我們就開始出雜誌。大家就寫稿、投稿，來出這本雜誌。

《科學月刊》與《大風》雜誌

謝：張系國跟胡菊人是什麼關係？是胡菊人出資嗎？

李：不是，辦雜誌是我們大家出錢。印刷的部分是在香港印。張

系國跟我是高中同班同學。到大學時，他在電機系，我在物理系。他也是新竹中學保送的，所以大家都非常熟。他後來在柏克萊，所以他跟劉大任、郭松棻、傅運籌這些人都認得。後來大家就一起辦《大風》雜誌。所以在保釣運動開始時，至少就有這兩個已經聯絡了很久的組織，並且起了蠻大的作用。

謝：對不起打岔一下，像《科學月刊》和《大風》雜誌都是你們自己出錢？

李：應該都是我們自己出錢。

謝：社員要繳費？

李：對，這裡面都沒有其他人給我們提供經費。

謝：印刷是寄到台灣去印？再寄回來嗎？然後再發嗎？

李：我想《科學月刊》的情況林孝信比較清楚。我貢獻的很少，不知道詳情。但《大風》雜誌我比較清楚，是由張系國他們拿到香港去印，然後再寄回來。

謝：哇。

李：怎麼能在台灣印呢？不可能在台灣印啊。

謝：但是在香港印也是很大份的包裹啊。你們一共要印多少啊。

李：應該是幾百、一千份之類的。

謝：這光是郵費、運費也不得了了。

李：倒並不是很多錢，我昨天看《大風通訊》講，雜誌一年出四期，只要1,600到1,700塊美金。當時美金還比較值錢，當時我們有二、三十個人，每個人出一點錢也就夠了。我們當時都已經是研究生或者在社會上工作，因此光出這點錢，應該還不是太大的問題。

保釣之前就已經有這兩個組織在運作，因此保釣的事情開始以後，全美馬上就可以組織起來。我個人是在1970年年底，大概是11月19號，我們在普林斯頓開會。我記得李德怡、胡卜凱都在。大家討論要

怎麼樣進行保釣的工作；如何在各個地方組織示威，努力鼓動每個同學參加；希望得到當地僑民的支持；聯絡當地電視台和當地報紙，希望他們來報導；準備各式各樣的口號，希望我們的口號、標語能夠統一。因為當時的情況非常微妙，中國有兩個政府，一個是台灣的中華民國政府，一個是北京的中華人民共和國政府。又牽涉到兩個國外勢力；一個美國、一個日本。我們希望我們自己的立場不要太分歧，也希望藉由寫信函呼籲大家立場能夠保持一致。因為釣魚台是屬於台灣附近的島嶼，我們最初是希望由台灣的中華民國政府來出面處理，支持中華民國政府出面與日本、美國政府做有力的協調。第一次遊行時，大家的口號基本上是統一的。我後來在《明報月刊》寫了篇文章，列出了一些口號、標語，這些都是事先經過大家討論的。

　　積極活動參與保釣的這些人，於是在各地組織「保衛釣魚台行動委員會」，各個地方、學校、大城都有分會，我們盡量希望大家能夠協調一致。當然有些地方的領導是比較左傾一點，有些地方比較中間一點，有些比較右傾一點。但是剛開始時，大家還是希望能互相合作，然後把口號統一。當時的中國留學生裡面，在美國的這種時空之下，大體上可以分為四派：有比較左傾的同學；有比較親國民黨政府的同學；有比較自由派的，認為國民黨是真的不民主，是個獨裁政府，但是共產黨也好不到哪裡去，共產黨也是一黨專政的獨裁政府；還有一個就是台獨派的。基本上是這四派。

釣運中的台獨

　　謝：我之前有聽過一種說法，台獨派在 1980 年之前，並不是要獨立於中華人民共和國的那種台獨，而是台灣人民被國民黨統治、壓迫，所以這種台獨是要獨立於國民黨的。所以與現在的台獨，與中共為敵的台獨，在意義上是不同的。不曉得你的觀察是……

李：當然。當時台灣一直都是在國民黨政府的統治之下，假如台灣要獨立，主要的矛盾對象自然便是國民黨政府。如果真的獨立了的話，才會碰到中華人民共和國政府。近期的抗爭對象就是國民黨政府。

謝：當時你們可以看得出來有左獨、右獨嗎？

李：有左獨、右獨。但是這裡面有比較深一層的因素。在當時，這並不是很明顯的。當時左獨的人比較少。可以這樣講，1980 年代以前，在保釣運動中的台獨派並不是很活躍的。當然我不是台獨派，我不能夠替他們講他們的立場，但是我猜想保釣運動是針對美國和日本，特別是日本政府，針對美國把釣魚台列為琉球群島的一部分。而且有很多人反對美國在越戰裡的態度，認為美國政府有帝國主義的傾向。美國政府在台灣也有駐軍，我們對美國的政策也不滿意。台獨派如果真的要台獨，而且要對抗中國大陸的話，勢必要爭取美國和日本政府的支持，所以他們對保釣不是很積極，因為這與台獨未來的發展可能有一點衝突。所以在早期的時候，台獨參與的人比較少。

保釣運動

示威訴求：不只釣魚台列嶼，連琉球群島都不屬於日本

李：回到剛剛講的部分，第一次示威時，舊金山這邊選擇 1 月 29 日去示威，其他地方都是 1 月 30 日。我們當時就知道，他們希望能夠和中共「一二九運動」諧音（實際上「一二九運動」是中共在 1935 年 12 月 9 日發起，要求國民政府抗日的學生運動，並不是 1 月 29 日）。但從這裡就可以看出來，舊金山和柏克萊這方面的領導人，包括劉大任、郭松棻這些人是比較左傾的。其他地方也有示威活動，美國本土至少有六個城市有中國留學生的示威。比如像美國的首都華盛頓 DC，是我們組織去示威；然後還有紐約，紐約有很多華人、也有中國城，

所以中國人比較多，估計當地有一千兩百人去示威。還有芝加哥、西雅圖、洛杉磯。可能還有檀香山，不過這個我不是很確定。

我們在華盛頓DC也做了一些準備，我們有不同的同學去負責不同的事情，我們在馬里蘭大學的中國同學最多，所以由我們來負責聯絡，聯絡在巴爾的摩（Baltimore）約翰霍普金斯大學（Johns Hopkins University）的同學，以及其他各個地方的同學一起來。

當時華盛頓DC附近也有蠻多中國人，當然那些人年紀比我們大一點，聯絡比較不容易，而且當時我們都是學生，說實話，也難和他們有密切的聯絡。所以大部分都是同學去，學生比較熱血一點，當然也有少數的社會大眾。我們不同的同學負責不同的工作，像我就被推為負責對外聯絡，還有人負責對內聯絡（胡芷民）、有人負責聯絡報紙、有人聯絡電視台等等。

我們向當地的警察局申請了示威許可，他們要我們在日本大使館五百公尺以外活動，不能靠近日本大使館。然後附近也有警察駐崗，示威當天的10、11點時我們去示威，雖然我們在華盛頓示威的人數比較少，只有六十幾位，可是因為是美國首都的關係，所以受到美國報界、電視界的重視，至少有兩家電視台來採訪我們，當時我就跟他們說明，為什麼我們要保衛釣魚台、為什麼釣魚台是屬於中國台灣省。當時也有《華盛頓郵報》的記者來採訪。1月30日當天，電視台就播出我們的新聞，所以華盛頓DC附近的華人也都知道了我們抗議、示威的活動。第二天，《華盛頓郵報》登出我們抗議、示威的新聞，用了蠻大的篇幅（後記：現在已經有影本）。當時《華盛頓郵報》記者採訪我，所寫的文章裡面用的名字是Joseph Lee，我是以學生代表的身分受訪（編按：在《明報月刊》1971年3月號，63期，第34頁至37頁；和《大風》雜誌第三期「釣魚台專集」第73頁至75頁有報導華府示威的全文）。

謝：我們應該可以找的到。

李：如果要找的話，應該是 1971 年 1 月 31 日的《華盛頓郵報》。各地示威是非常成功的，也引起了留美華人的注意。示威遊行完之後各地的領導人，不斷的互相溝通、聚集在一起，看看下一步的行動。看是否要對台灣的國民政府繼續抱持希望、期待；如果不行的話，就要對政府施壓，要讓台灣的國民政府繼續強力的保衛釣魚台。也希望中國大陸政府與台灣合作一起保衛釣魚台，對美國和日本抗議。甚至擴大到主張琉球最初是個獨立的王國，是被日本併吞的。琉球以前對中國都有進貢，因此在二次大戰後，琉球應該獨立，而不應該歸還給日本，我們當初還提出這個主張，因此不單是釣魚台，整個的琉球群島都不應該屬於日本。

政府派員安撫留學生

謝：你們當時怎麼討論？電話又很貴，又沒有 E-mail？

李：對，所以當時就要開車去開會。那時我跑紐約不知道跑了多少趟，當時有很多會議，我都去參加了，都是開車去的。從華盛頓 DC 開到紐約要四個多小時，窮學生就開個破車到紐約，然後再開回來。

國民政府看到留學生遊行，也派了人來，台灣國民政府也知道這裡面有比較左傾的同學，他們批評台灣政府非常激烈，不單是針對釣魚台這件事情，他們也批評蔣介石是個獨裁者等等。在二月份時，台灣派了國際文教處的處長姚舜出來到各地疏通。在 2 月 20 日時，姚舜到馬里蘭跟我們一起座談。座談不是太成功。不過姚舜這個人還不錯，也能夠傳達一些意見給政府。當然有些人還是會給他難堪，不過我們在華盛頓 DC 還算比較平和，我們只是跟政府做建議。

一月底的遊行之後，因為階段性的成果已經達成，因此便計畫下一步的遊行，更大規模的遊行、示威，加強督促政府保護釣魚台。等到台灣的國民政府對日本的態度不是那麼強硬時，我們就要再遊行。

後來，台灣國民政府在 2 月 5 日發表了一篇關於論日本軍備的社論，也激怒了大家。

謝：《中央日報》嗎？

李：對。姚舜出來疏通時，有些人並不是很滿意，有些是左派的，本來就對台灣政府非常不滿意，所以無論怎麼講，他還是不滿意的。這裡面各種勢力互相衝突是很激烈的。

謝：那時候你們到中華民國大使館時，是誰出來接的？

李：第一次遊行示威時，我們並沒有針對中華民國政府。因為我們是代表中華民國的人民出來抗議，對象是日本大使館，所以我們並沒有去中華民國的大使館抗議，也沒有跟他們接觸。

謝：他們有派人來嗎？

李：我不知道是不是他們派的，但是有一兩位中央社的記者來，是不是官方的我就不知道了。實際上我們跟官方基本上都沒有聯絡。完全是主動的。

謝：那時候你們完全沒想到要跟官方聯絡？因為你們在首都啊！其他地方也就罷了。

李：我們當時認為，我們是完全自動自發的，我們並不是受國民政府指揮去做示威的。

飽受壓力中展開四十華盛頓大遊行活動

謝：也有刻意不去聯絡？

李：對。1 月底的示威以後，衝突比較激烈一點。大家通過接觸、開會等等，也知道各地的保釣會哪些人比較左傾，哪些人比較自由派一點、哪些人比較右派一點，哪些人比較台獨派一點。自己人裡面大家也知道。

4 月 10 日在華盛頓 DC 的遊行，我們就變成地主了，由我們負責

接待大家。但是當時因為我們都是窮學生，當時我是念研究所的最後一年，其他同學比我還年輕，所以大家都很窮、都是學生身分，也沒有 PR（永久居留權）。當時保釣就有很大的壓力，第一，有些人認為這種示威是不是表示對國民政府不滿，對政府表示不滿的行為，國民政府會不會對我們施加壓力、政府會不會對我們在台灣的家人施加壓力等等；另外我們對美國政府抗議，美國政府會不會吊銷我們的學生簽證，會不會把我們驅逐出境等等。這些通通都是當時的考慮。但是我們還是堅持下來了。

到了 4 月 10 日遊行，本來是決定要在 4 月 3 日遊行，後來我們看到 4 月 3 日是美國那年的櫻花節，華盛頓 DC 有二次大戰以前日本送給美國的櫻花，到了四月份就開花，因此 DC 有櫻花節，當地有遊行。所以 4 月 3 日就不適於我們來遊行，後來我們就建議改為 4 月 10 日。這次的遊行口號就是一個很重要的問題，提什麼樣的口號、要不要拿國旗，是拿台灣的中華民國國旗、還是拿中華人民共和國的國旗、以什樣的立場出發，都是很重要的問題，所以各地保釣會都必須要事先溝通。我記得我到紐約開過很多次會議……

謝：為什麼到紐約開？

李：第一個，紐約人多，紐約第一次遊行就有一千兩百人。而且紐約主持保釣的一些人，如李我焱、袁旂、徐守騰這些人，特別是李我焱和袁旂，李我焱當時已經拿到博士學位，可能在哥倫比亞大學作博士後，袁旂在紐約市立大學（CCNY）做助理教授。所以他們都是剛剛畢業，比我們稍微年長幾歲。我們都還是學生，他們已經拿到博士學位在做事了。特別是李我焱，年紀比較大，不知道是就學比較晚，還是退役軍人？

謝：他好像在國共時期時做過什麼，他是吳健雄把他保送到美國去之前，有一個什麼特殊身分，是做過牢的。他也是清大的學生。

李：喔，他是清大的。他年紀比我們大幾歲，口才也蠻不錯的，所以他是負責紐約保釣行動的主持人之一。紐約是比較大的城市，也是美東地區的中心。DC 實際上是在美國東部中心區域的南邊，美國東部有一個比較集中的區域，從波士頓、紐約、到華盛頓 DC。如果是在紐約開會的話，位置比較中間一點，大家開車只要三、四個小時。紐約也是比較大的城市，所以大家都跑到紐約去開會。

我就去紐約開過很多次會，有一次的日期是在 1971 年 2 月 14 日，有九個地區，有紐約、普林斯頓、波士頓、費城、華盛頓 DC、Ithaca（伊薩卡）的 Cornell 大學、Syracuse、耶魯大學等，一共九個地方的二十七個代表，在哥倫比亞大學開會，時間從下午兩點半到晚上 10 點半，一共八個小時。最後決定在華盛頓 DC 繼續示威，當時暫定為 4 月 3 日。華盛頓 DC 的代表應該就是我了，我跟我內人一起開車去的。我記得當時為了一個字吵了很久，就是 conspiracy（陰謀）這個字，美國支持日本，認為釣魚台屬於琉球群島的一部分，所以歸還給琉球，把釣魚台的行政權給了日本。當時有人提出用 conspiracy 這個字；但是，也有人認為這不是一種 conspiracy，這是從歷史上繼承下來的一個狀況。當時戰後美國就把釣魚台列為琉球的一部分。這不是一個 conspiracy，而是行政上的一個疏失、或是行政上的問題。為了標語裡面要不要用這個字，我們吵了很久。

謝：後來有用嗎？

李：後來大概還是用了。

謝：是 US conspiracy ？

李：就是說這些是日本和美國的陰謀之類的字句。後來可能就用了 conspiracy 這個字。我們在 4 月 10 日的遊行裡，基本上還是保持和 1 月底同樣的態度，繼續推動政府要強力保護釣魚台，同時在遊行中不帶國旗，不帶台灣中華民國的國旗，也不帶中共五星旗。所有的標語

都是從整個中國人民的立場出發，不代表國內的任何一個政權。

不帶國旗的四十遊行

謝：所以沒有任何的旗子，我看到很多布條……

李：有很多各地保釣會的布條，但是沒有國旗，如果有國旗的話，也是個人帶的，我們有負責糾察的人，糾察隊要負責執行我們的決議，希望盡量不要拿國旗，因為拿中華民國國旗代表你支持中華民國政府，如果拿五星旗就代表支持大陸政府，我們是站在整個中國人民的立場，所以我們不拿任何一方政府的國旗，當時的立場是這樣的。

4月10日的遊行應該是蠻成功的，但是在這個運動裡面，往往立場越激烈的人，他們參加活動的強度越大、活動力越高。往往也越能出頭、變成領導人。所以在4月10日的遊行，我們分配了一些人在各個不同場合出來演講，在日本大使館、美國國務院、中華民國大使館前面演講、以及在中間休息的地方演講等等，演講的人選和他們的內容，不是每個人都同意，可能在這個時候，有些人的立場就會比較激烈一點，對抗台灣政府的味道就比較強烈一點。對於比較親中華民國政府的同學來講，就會不滿意有些同學演講的內容。遊行完了之後，各地的負責人當天晚上在馬里蘭大學的學生活動中心大廳開會，決定以後的步驟，看以後怎麼樣進行。剛開始是由我主持，後來大家投票選舉，選出一個主席，就是王正方。當時李我焱迷路了遲到，一直到10點多才到，我們大概8點多就開始了，所以當時會場是蠻混亂的。

美國聯邦調查局人員登門拜訪

李：我剛剛忘了講一件事情，1月30日遊行之後，我的名字見報，在電視、《華盛頓郵報》上都有。因此美國聯邦調查局（FBI）就來找我了。FBI就到我家來，問我遊行是做什麼。

謝：你們不是在警察局登記了嗎？

李：這是美國聯邦調查局，屬於比較高層一點。警察局只是負責當地治安，聯邦調查局是主持國家安全。我剛剛提到我們同學對美國是否要干涉我們的活動，還是有一定程度的關心。當時也有傳言，說國民政府是不是會干涉我們、美國是不是會怎麼樣。

遊行完之後，大概 2、3 月份，美國聯邦調查局就派員到我家來找我，問活動到底是怎麼回事。我當然也據實回答，我們就是代表台灣來的學生，代表中國學生，我們認為釣魚台是中國的一部分，當然他也會問一些其他問題，像是你們這個活動是不是跟共產黨有關。這是他最關切的，因為美國政府當時在打越戰，而且美國和蘇聯、中共是對抗的。所以美國是非常反共的。他對學生運動是不是有共產黨影響是非常注意的，所以他一定問你是否有共產黨介入。我跟他講，我們這個活動完全是自動自發的中國學生運動，與兩邊政府都沒有關係。

我在這個會議裡面也跟大家報告，有 FBI 來找我。當時大家議論紛紛，沒有什麼結論。4 月 10 日結束以後，因為階段性使命已經達成，所以左派、右派、中間派、台獨派的分歧就開始明朗化，因為保釣的事情已經告一段落，左派的人就認為要開始進行中國統一運動，以中華人民共和國為主，希望把台灣統一。比較傾向國民政府的，當然認為這種親共的言論是不可以的。台獨派的人認為要爭取台灣獨立，要抗拒這兩個政府，裡面的意見就開始有分歧。保釣是一個很好的議題，可以批評台灣的政府保衛釣魚台不力，希望可以利用這個機會，盡量作宣傳，希望在中華人民共和國政府之下，把台灣統一。在 4 月 10 日之後，各地保釣會意見不一致的情況就比較明顯了。

四十遊行後的政治動盪

李：4 月 10 日以後，還有許多活動。1971 年這一年，也是風雨

飄搖，有非常多的事情發生。我隨便舉幾件事情：1971 年的 4 月 6 日大陸邀請美國的乒乓球隊訪問大陸，雙方之間要開始正式交往。尼克森也表示希望和中國大陸解凍。1971 年的 7 月 9 日，美國的季辛吉祕密地從巴基斯坦訪問大陸；7 月 15 日，美國總統尼克森在電視上，與北京同時宣布，在 1972 年 5 月以前會訪問大陸，這是一個非常重大的事情，美中蘇這三個國家，美國開始要拉攏中共對抗蘇聯。在 1970 年，台灣在聯合國的席位已經快要不保了，當時用重要議題的策略來防止中共進入聯合國，在那年投票時已經快要行不通了。在 1971 年中時，已經確定中共很可能會在那年進入聯合國，所以那時候是一個非常危急的狀態。中共很可能會把台灣趕出聯合國去，美國政府也開始要和中共修好，局勢變化的非常之快。美國好像要轉向，台灣的中華民國政府好像已經快要不行了。你可以想像這對於台灣出國的留學生，以及香港或是其他地方來的留學生，刺激有多大（編按：最後 1971 年 10 月 25 日，聯合國通過 2758 號決議，承認中共政府為中國的代表）。當時在美國大約有兩萬多中國學生，大多是從台灣來的，大陸還沒有什麼學生來。這些留學生等於是台灣到美國來的菁英，我們要表達我們的意見，我們要對國事發表一些主張，要對中國的未來表達一些意見。所以連續開了好多次的會，特別是由於保釣運動後，大家興起了愛國的熱潮，為了讓大家能夠有效的聯絡，各地保釣會又組織起來。

1971 年 8 月 21-22 日在布朗大學召開的「美東討論會」

　　李：1971 年有兩次規模很大的會議。8 月 21、22 日在布朗大學開會，就是「美東討論會」。去的人很多，我當時開了七、八小時的車去開會，當時左、右、中間派、台獨派意見已經不同，在布朗大學本身就有兩個保釣會，第一分會和第二分會，就是因為他們內部的意見不一致。到會的大概有三、四百人。因為意見不同調，大家在會議

中的爭執已經很激烈了。左派的人希望能夠在會議裡通過幾個議案。當時提出來五項決議，這個你們的資料裡面都有……

　　謝：布朗大學的會議比較少聽到，比較常被提到的是安娜堡的。

　　李：這些完全是我自己親身經過的，到現在都還是印象深刻，一輩子很難忘記的。

　　謝：那對你的課業有什麼影響嗎？

　　李：當然是有啊，我大概晚了一年畢業。

　　謝：那還不錯啊，還畢業了。

　　李：對，還不錯。

　　謝：剛聽你講當時你已經結婚了。

　　李：對，我 1970 年結婚的。剛結婚就搞保釣。

　　謝：當時你太太會很緊張嗎？她也是留學生嗎？

　　李：對，我們是同學。

　　謝：她有參與嗎？當時做這些壓力也蠻大的。

　　李：對，壓力也蠻大的。我太太當時倒是沒講什麼話，可能也是因為比起其他左派來，我並不是非常左。在「布朗會議」的時候，左派提出五項決議，第一，反對兩個中國、一中一台、或是一個中國兩個政府這樣的政策。第二，所有外國勢力都必須從中國領土撤退。第三，台灣的問題屬於內政問題，任何外國勢力都不得干涉。第四，反對出賣中國主權的集團。前三個都還沒有什麼問題。第四個就有一點批評台灣的味道了。第五個就更厲害了，擁護中華人民共和國為代表中國人民的唯一政府。這個就非常嚴重了。前面四個大家投票時都還可以同意，第五個大家就爭的很厲害了。左、右派吵的非常厲害。

　　我剛剛提到過，當時所有中國留學生在美國的大概兩萬多，保衛釣魚台已經是大家最熱烈參與的活動。但是真正參與的人大概只有三分之一左右，非常積極參加的人又是另一個百分比，這些人數雖少，

但卻居於領導地位的人都是非常活躍的，對政治也都是非常熱衷的人，左派占了蠻大的一個百分比。他們在每個地方很可能都不見得是多數。比如說我們在某一個校園中有一百個留學生，大概會有一、二十個是左派的，有五、六十個是中間派的，有三、四十個是右派的，可是左派活動的比較激烈，他們就會爭取保釣的領導權，就會到各個地方去開會。有意願開車十幾個鐘點跑去參加會議的人，往往左派的人比較多。所以開會一討論，左派聚集在一起，他們在會場上反而變成多數。實際上他們在各個地方可能只是某一個百分比，不一定是多數。所以最後的第五項決議是通過的。最後決議分兩個層次，原則上同意這個決議和實際上支持這個決議，當然也有人投反對票。我在當時的會議裡面，提出中共也是一個獨裁政權。當初我為什麼會有這個想法呢？當初像劉大任、郭松棻、王正方、徐守騰、李我焱，這些人都已經非常左了。我當時在六大城市遊行的負責人裡面算是中間自由派的。我為什麼會有比較自由派的想法呢？

堅持自由派主張

李：我稍微回述一下我個人思想的演變過程。我在出國之前，在台灣的時候，對國民政府、對蔣介石的獨裁非常不滿意，所以我就不參加國民黨。我在高中的時候是新竹中學保送第一名進入台大的，我們的校長辛志平先生是一位非常偉大的教育家，辛校長在我畢業的那年，特別找了兩個同學到他辦公室，一個就是我，另一個是魏綸言，他說我今年就找了你們兩個人，希望你們能入黨。辛校長是我敬佩的教育家，又親自來勸我們入黨，但是我仍然跟他說，我不行，我不能入黨。我拿我現在年紀太小、學業未成等理由來推拖，其實真正的原因就是我不願意加入國民黨。我早期的思想，覺得社會主義可能是解決中國前途的方法。當時我也知道，在抗戰時期，就有很多熱血青年

奔向延安。國民政府在抗戰時期就已經有些腐化，而且抗戰不力。蔣介石在抗戰之前，就已經對日本態度軟弱，在「九一八事變」時，實行不抵抗政策，放棄東三省，我覺得非常不滿意。抗戰勝利以後，又因為要討好蘇聯，讓蘇聯不要支援中共，放棄了外蒙古，讓外蒙獨立，我對於蔣介石這些行為非常不滿意。

我覺得中共政府至少在外交上，能夠替中國人爭氣，對於提高中國的國際地位是有貢獻的，這包括製造原子彈、氫彈、人造衛星等等。在 1964 年 10 月 16 日試爆第一顆原子彈，在 1967 年 6 月 17 日試爆第一顆氫彈，在 1970 年 4 月 24 日，發射第一顆人造衛星，所以對提高中國人民的國際地位是很有貢獻的。

但是我到了美國以後，也看到很多有關文革的報導，文革紅衛兵小報顯示出來中共的內鬥是非常激烈的。開始有武鬥時，甚至有浮屍從珠江口漂出來。我可以知道中共政府實際上也是很獨裁的，共產黨說不定比國民黨更獨裁。我也受到了一些西方思想家的影響，特別是波普（Karl Popper）所寫的《開放社會及其敵人》（The Open Society and Its Enemies），我看了他們的書，也做了筆記，受到他們蠻大的影響。所以我可能比這些左派早一步了解到，國民黨固然很獨裁，共產黨也好不到哪裡去。而且我注意到一件事情，在國民黨統治之下，人民至少可以自己去找職業，可以自己謀生，可以不受政府的控制；但是在中共的統治之下，如果所有的生產工具通通都是由政府來控制的話，人民就沒有地方去找事，所有的職業都是由政府來安排，如果你不聽政府的話，就沒有生路了。我覺得這是有問題的。

我當時也認得了馬瑞雪，就是音樂家馬思聰的女兒。當時他們從大陸逃出來，馬瑞雪剛好住在 DC 附近，好像跟我同歲，我們就認得了。所以我們當時就親耳聽到她講當時北京的狀況是怎麼回事，因此文革初期是怎樣的狀況，老實說我是蠻了解的。在美東布朗大學這個

會議裡，有人批評馬思聰，說他叛逃，自絕於中國人民等等。我就提出來說，你們說中共如何如何的好，但是你也要稍微想想，在中共這種統治下，也有許多獨裁專制的事情發生，比如說馬思聰的情況，你不要老是批評他不愛國，逃到美國來。他在大陸的確是受到迫害的，要不然他也不會逃到美國來。

　　因為我有這樣的表達，所以左派的人就知道，李雅明你不是我們的同路人，即使不是親國民黨的，也是自由派，反正你不是我們這一幫的。所以大家就曉得，華盛頓 DC 的保釣會，我們這邊的人不是那麼親共的，我們批評國民黨批評的很激烈，但我們也不是親共的。

1971 年 9 月 3-5 日「安娜堡國是會議」

　　李：8 月 21、22 日有美東的討論會，9 月 3 日至 5 日在安娜堡開全美國的國是大會。我也開車跑去參加了。反正只要有活動就跑去參加，我還特別跟學校請假去參加。這時候左右派的分裂已經很明顯了。國民黨也組織起來，在各個地方也有比較傾向國民黨的同學，所以國民黨在 1 月多以後，就串連他們的同學，在四十遊行之後就更明顯了，各個地方的黨小組也都組織起來，各個地方也都有負責人。在馬里蘭大學也有，就是我的老朋友王顯達，他是國民黨在當地我們學校的負責人，他父親是國民黨的立委，所以當然是比較親國民黨的，也替國民黨講話。但他也是個明理的人，我們的立場其實相差不遠，只是他比較親國民黨，我比較自由派一點而已。國民黨的壞事他也知道，共產黨的壞事我們也都很清楚，所以雖然他是國民黨的負責人，但是沒有關係，我們在某些事情上，譬如像是辦四十遊行，還是可以合作的。

　　到了「安娜堡國是會議」的時候，國民黨就有組織的派人去參加，派了大概三、四十人，這個也很明顯。第一天，左、右派、自由派爭執得很激烈，大家爭相發言，右派的人也開始爭麥克風，當時國民黨

派去的人有三、四十位，和整個參加會議的三、四百人（編按：正式統計有四百三十七位）相比，算是比較少的。左派雖然在每個地方不一定是多數，但是他們比較活動，集中一起到安娜堡時，他們人數就比較多，所以我估計當時在這四百多人裡面，可能有二百多個是比較左派的，可能一百多個中間的，加上三、四十個是親國民黨之類。到第二天，右派在沒有能夠成功爭取到麥克風發言的時候，這三、四十個人就一起退場，退席抗議。剩下的討論就變得更為一面倒，因為右派的人走了，只剩下一些中間派，中間派主要就剩下沈君山和我這樣少數一些人，沈君山剛從台灣清華大學教書回去，他就參加了這個會議。

謝：他先回到清華了，再過去？

李：他先回來清華客座半年還是一年，1970 年在清華教書，然後1971 年暑假他又回美國去，所以剛好就去參加「安娜堡國是會議」。我是當時少數留下來、不贊成國民黨和共產黨獨裁、也還敢講話的自由派之一。有時候，群眾心理是很重要的，因為在一個會場裡面，剩下的通通都是左派時，你雖然是自由派，你反對共產黨，你敢不敢講話，到那時候就不是那麼多人敢講話了。那時候有勇氣，敢站出來講我也不贊成共產黨獨裁的人，就不太多了。就只剩下沈君山和我這些人。

沈君山是我台大物理系、馬里蘭大學兩度的學長，但是他比我高十一屆，所以在學校裡面並不認得，沈君山是名人，圍棋、橋牌都很厲害，風度翩翩，而且也很會講話。所以在當時只剩下少數幾個自由派，沈君山就被圍攻了，大家就跟他遊說。

至於我呢，我也是站在自由派的立場，我也發言批評國民黨、批評共產黨，但是因為我是保釣運動的地方負責人之一，也是為保釣出過力的人，別的左派不理我就算了，他們不好意思當面來罵我。所以

我並沒有被罵，但是當時保釣這些左派也知道我不是他們這一幫的。可是我也不是國民黨的。我並沒有參加國民黨的任何活動，也不是國民黨派來的人，所以我當時的立場與沈君山比較接近一點。不過沈君山因為他家庭背景的關係，還是比較親國民黨一點。我沒有那麼親國民黨，我連國民黨員都不是。所以會議後兩天的言論更是一面倒，因為國民黨派來的人第二天就退席抗議了。

由於保釣而結識的友人

李：最主要的保釣活動到了「安娜堡國是會議」結束以後，差不多就告一段落了。會後的活動兩邊就分開、各行其是了。左派有左派的組織，進行中國統一運動，變成統運，並發行雜誌。比如說保釣中有柏克萊的《戰報》，紐約的《群報》等，特別是柏克萊的《戰報》是非常左派的。國民黨在 4 月 10 日遊行以後開始串連他的黨員小組，也在各個地方出通訊，出雜誌，比如《波士頓通訊》，馬英九就在裡面負責過兩年，還有《美南通訊》，在華府有《華府論壇》，這就是王顯達他們後來辦的。王顯達為了進行跟左派學生的對抗活動，他的學業也耽誤了一、兩年，他們後來出了一本書，叫做《波多馬克河畔的沉思：華府論壇選集》（徐言、王顯達、曹壽民合編）。這些都是從國民黨在華府辦的《華府論壇》中選出來的文章和通訊等。所以在「安娜堡國是會議」之後，左派、右派、中間派就分的很清楚。

在這些後來的保釣期刊中，我個人有一點參與的就是，張系國辦的《野草》，這是屬於中間派的。張系國在發刊詞說，我們是立於五大門派之外的，寫稿的人包括張系國、李家同（編按：當時他在 DC 的國家健康研究院〔NIH〕做事，所以我們認識）、董克康、還有我等人。但我後來在 1972 年秋天畢業後，就回台灣了，以後就沒有參與了。

　　在保釣過程當中，因為代表中國學生上電視，在 DC 附近負責保釣活動，所以認識了 DC 附近一些年紀比我們大一點的華人社會人士，其中好幾個大家可能很熟，其中一個就是宋楚瑜。宋楚瑜在喬治城大學唸書，陳萬水我們都認得，常常在一起聊天、聚會、郊遊、談政治等等。宋楚瑜還在圖書館做事，他可以看到外邊看不到的紅衛兵小報，因為美國政府或是特定的圖書館，當時收集了許多紅衛兵小報，紅衛兵在串連、文革的時候，出了很多像釣魚台通訊這種小報，也顯示出中共一些內幕的情況。有些就傳出來，被美國政府和特定的圖書館收藏。宋楚瑜在圖書館看到這些紅衛兵小報，出來就跟我們講這些消息。宋楚瑜講話口齒非常清楚、條理也很分明，所以我們那時候也變成很好的朋友。還有就是像傅建中，他是《中國時報》駐華府的記者。

　　謝：那麼久啊。

　　李：對，當時就是。他也是非常有才華的，毛澤東的詩詞可以一首一首的背。他是反共的，不過他很欣賞毛澤東的詩詞。還有劉宜良（江南），我可以講一點江南的小故事，他這個人喜歡開玩笑，我當時不是被 FBI 來拜訪嗎？FBI 找過我兩次，第一次就是在 1 月 30 日遊行以後，就來找我座談。後來又找過我一次。第一次遊行以後，我就被他們盯上了。有一次我要跟他們這些朋友出去郊遊，結果那天早上我接到一通電話，又是 FBI 要來找我聊。後來劉宜良也打電話來說：「我們要出去玩，你怎麼還不來？」我說：「不行啊，今天 FBI 要來找我談話。」他（劉宜良）跟我講了一陣以後才說：「你來啦，那個 FBI 是我裝的啦。那通電話是我打的。」我說：「真的是你打的？」我心裡面想，剛剛那個人英文講的蠻好的，不像是中國人講的英文啊。搞的我半信半疑。他說：「是我啦，你出來啦。剛才是我唬你的。」最後我還是跟他們出去郊遊了。不過，你可以知道劉宜良這個人喜歡開點小玩笑。還有另一個人就是施克敏，他是《聯合報》駐華府的記者，

後來施克敏變成《中央社》的社長。這些人都是我們在華府，對政治比較關心，大家經常在一起聊天的一些中國朋友。

李：我剛剛提到，我們開會、辦遊行、寫海報、寫文章等等。1月30日遊行完了之後，我就寫了一篇文章，寄給《明報月刊》。《明報月刊》是香港出版的，當時是海外華人最有名的期刊，早期是比較政治性的，後來就沒有那麼政治性。當初是討論政治最好的一本雜誌。我就寄了一篇文章給它，也幸好寄了這篇文章，有些資料到現在都還可以看得到。當時我記錄的蠻詳細的，比如有哪些電視台來採訪我們。有兩個電視台：第五頻道（WTTG）和第七頻道（WMAL）。當時還有《華盛頓郵報》的記者來採訪我們等等。文章裡面還附有一封信，是我們到日本大使館的抗議書。

到日本大使館遞交抗議書的回憶

李：1月30日那天去日本大使館抗議時，我們有三個同學進入大使館內遞抗議書，我一個，還有一個香港來的女生叫雷佩珍，以及另一個台灣來的留學生張懷恆，我們三個人進入日本大使館去遞抗議書，日本的一個一等祕書接見我們。我們抗議了半天，大概坐了十分鐘出來。

初次任教清華

李：我個人在1972年畢業。當時美國非常不景氣，特別是物理非常不景氣，美國從1960年代中期打越戰以後，政府就開始窮了。1970年到1975年這五年之間，出來找事的都非常不順利。當初在保釣運動的領軍人士中，除了劉大任、郭松棻等少數幾個人以外，大部分都是學理工出身的，尤其是學物理的特別多，因為當初物理幾乎是我們的第一志願。跟醫科、電機系都是最熱門的科系，所以學生是非

常優秀的。

　　但是到了 1970 年以後，美國就業市場非常不景氣。我是 1972 年畢業的，我大概發了一、兩百封信去找事。到最後在密西根州立大學找到了一個博士後研究員的職位。我也寫信給台灣的清華大學，找到了清華物理系副教授的工作，我考慮了一陣以後，因為經過保釣的洗禮，我就決定不要在美國做事，因此就回國了。在清華待了三年，我回清華是物理系和材料系合聘的，先在物理系待了一年，然後又到材料系去。在 1975 年又到美國去做事。清華工學院是 1972 年創立的，所以我是清華工學院創院的元老之一。材料系也是當年成立的，只有我們幾個老師，我因而是清華材料系最早回來的幾個老師之一。

　　謝：那個時候陳力俊已經回來了？

　　李：還沒有。我們早期只有幾個人回來。

　　謝：還有誰？

　　李：最早回來的有傅衣信、陳可崗，劉國雄、萬其明和我等幾個人。後來除了劉國雄和萬其明留下來以外，又都走了。我們當初在成立材料系的時候，就只有六、七個人。

　　謝：那 1975 年時，為什麼又去美國呢？

　　李：好幾個原因，這個以後再談。1975 年我又去美國做事。在休斯研究所做半導體研究。後來 1989 年大陸發生「六四天安門」事件，我當時在美國凱斯西方儲備大學（Case Western Reserve University）電機與應用物理系教書。我就又回來了，又回到了清華。我回國好像都是跟國內的政治運動有些關係。我當時考慮了很久，1989 年又從美國回來了。

　　就我個人來講，1972 年回到台灣，剛好碰到台大有兩次民族主義座談會，是在 12 月 4 日和 12 月 11 日，我正好跑到台北去辦事，兩次都參加了，第一次民族主義座談會最後我還上台發言。後來因此發

生了台大哲學系事件，很多人被解聘，可是我在清華，詳細情形我就不知道了，再出國以後我才曉得的。

我1975年又出國以後，1976年是大陸非常動盪的一年，那年1月8日周恩來過世，4月5日發生天安門事件，鄧小平三度下野。7月6日朱德過世，7月28日唐山大地震，我是唐山人，我的籍貫是河北唐山。我後來知道我有兩個叔叔當時被壓在磚頭下面，後來被救出來。9月9日毛澤東去世。10月6日四人幫就被捕。所以我到美國後，整個1976年事情非常多。四人幫事件以後，很多左派開始反思，反省他們當初完全支持中共可能是一件不對的事情。四人幫事件以後，左派在美國的勢力消散的很快。

我個人在1975年又去美國以後，先是在美國工業界做事，1977、1978年間，雖然當時已經沒有什麼政治運動，可是我個人還是希望能夠做一點事情，由於在保釣期間，最主要的問題就是對共產主義的真實性質搞不清楚，於是我就翻譯了一本書，是R. N. Carew Hunt所寫的《共產主義的理論與實際》（The Theory and Practice of Communism），但是翻譯完了沒有能夠出版。不過，我翻譯了以後還是有一些心得和感想，就把它寫成一篇長文，叫做〈中國共產主義運動的檢討〉，這篇文章後來承胡秋原先生認可，1981年2月起在《中華雜誌》分四期連載刊出，大概有三萬字左右，這篇文章就是我翻譯這本書以後的感想。

撰寫保釣小說《惑》

李：我後來也寫了一本小說《惑》。這本小說是描寫在保釣運動中持各種政治立場的留學生，他們的心路歷程的。《惑》是什麼意思呢？就是在這場政治運動中的各種困惑。我對於在保釣運動中，留學生的心路歷程覺得非常的感慨，包括左、右、自由派，保釣運動往往

影響了人的一生，我因而對這些人的心路歷程覺得蠻感慨的。我就把自己的感想寫成了一本小說，把各派人物的心路歷程寫出來。

寫完之後，1984 年我到台灣和大陸一行，見到王杏慶，就是南方朔，他那時在《中國時報》當海外版的主編，我們在台大時不認識，因為他比我低三屆，他也許知道我，因為我在《大學新聞》當總主筆，也寫了一些文章。我把書稿拿給他看，他很幫忙，就在《中國時報》的海外版連載，從 1984 年的 8 月起連載，大概連載了一百多天，結果還差兩天沒有登完，1984 年的 11 月 11 日，《中國時報》的海外版因為受到國民黨的壓力停刊。小說差兩天沒有登完。不過，報社都已經把它排版印好了。我就請王杏慶把印好了的、還沒有登出來的部分要來。

後來我想在台灣出版我的小說《惑》。當時我在國外，也不知道有什麼人可以幫我出版，而且說實話，小說裡面記載了許多左派活動的經過，因為保釣當時在台灣還被視為是一個親共的學生運動，所以「保釣」這個名詞，還是有一點顧忌，當時一般人不太願意提的。

謝：你說《中國時報》海外版 1984 年停刊，受什麼壓力啊？

李：受國民黨的壓力啊。我聽說的原因有兩個，一個原因是 1984 年洛杉磯有奧運，中共參加了，得了十五塊金牌。海外版就把這件事情登的很大，國民黨認為它有些替匪宣傳。另外，它有些社論批評雷根政府，美國政府也來告狀，蔣經國就認為這個海外版思想有點不大對，就對它有些刁難，余紀忠不願意接受蔣經國所提出來的條件，乾脆就停刊了。這是非常突然的一件事情，是因為受到國民黨的壓力。所以我的小說沒有登完。

後來有一次我寫了一篇文章〈論我國半導體工業的發展策略〉，投稿到《中央日報》去，《中央日報》登了兩天連載。那時候彭歌（編按：本名姚朋）是《中央日報》的社長，看到了我的文章，大概覺得還不錯。

所以我後來寫了一封信給彭歌，我說我有這本小說的書稿，已經在《中國時報》海外版刊登過，裡面講的是保釣運動的經過和一些人的心路歷程，可不可以在台灣出版？他還蠻幫忙的，也沒有見過面，我是聽過他演講，但私下沒有見過面。他就幫我出版了。

出這本書的時候，需要有一篇序，於是出版社就把我在《中國時報》海外版登出來的時候，應編輯的要求，所寫的一篇介紹文字，切掉一點尾巴，當作了自序。這本小說是完全講保釣運動的。據我所知，到至目前為止，寫保釣的小說有兩本，一本是張系國寫的《昨日之怒》，張系國寫小說已經很有名，所以比較為人所知，他寫的是保釣運動初期的故事（後記：2010 年，劉大任出版了《遠方有風雷》）。

我這本小說寫到保釣運動結束，所以有點像是這個活動的總結，是保釣運動之後大家的心路歷程，特別是左派的心路歷程，從非常傾向共產黨，到最後也開始反省自己過去認識不是那麼清楚，對共產黨獨裁這一面看的不是那麼清楚，這種保釣左派後來的心路歷程，我也把它寫下來。

小說裡面有一些自由派、一些右派、一些左派，我都把它寫在裡面，但是以左派的心路歷程為主。因為他們在這場運動中，有過很多反覆。我自己在還沒有到美國之前，也是傾向於社會主義的，我覺得我可以了解他們的心情，所以我寫了這本小說。

後來我也寫了一些別的東西，像是〈回顧與展望中共的經濟〉、〈從世界潮流看中國統一〉等，在《明報月刊》和其他中文雜誌登出來，不過通常都是用筆名發表的。除了在《中華雜誌》登出來的〈中國共產主義運動的檢討〉和小說《惑》以外，其他都是用的筆名。到後來工作越來越忙，事情越來越多，政論寫的就比較少了。這大概就是我參與保釣運動的一些回憶。

在保釣運動中，我應該算是比較自由派的，國民黨我批評的很激

烈，共產黨我也批評，最後我覺得我們中國人要能夠有所貢獻的話，還是要回到中國人自己的土地上。所以我最後選擇回國了。這基本上也是受到保釣的影響。兩度回國做事，回到清華。把我自己人生當中很長的一段時間，貢獻在我們中國人自己的土地上，教育我們中國人自己的子弟，這是我今天對自己比較滿意的事情。

我想今天大概就聊到這裡，你們有沒有什麼問題？我想我現在對保釣記得還算蠻清楚的，特別是這兩天我找了一下資料。我在《大風》雜誌寫了三篇文章，分別是〈從新疆問題看中蘇關係〉、〈日本的工業〉和一篇報導保釣第一次在 DC 遊行的〈美京示威記〉。

1969 年時，不是有珍寶島事件嗎？中共跟蘇聯在東北的珍寶島發生武力衝突，新疆也有一部分人逃到蘇聯去。在新疆邊界上也發生了問題。所以當時我從圖書館找了很多有關新疆的資料，在《大風》雜誌上寫了這篇文章〈從新疆問題看中蘇關係〉。

我再稍微補充一下，我對中國的命運一直都是很關心的，所以我在八十年代也寫了一些政論，登在香港的一些報章雜誌上。後來我覺得要做比較長期的貢獻，可能要寫一些比較永久性的東西，除了我自己一些科技方面的研究以外，我可能需要寫一些可以長久保留下來的東西。所以我第二次回到新竹清華大學之後，就開始寫書。先寫了兩本科技方面的書，包括《固態電子學》、《半導體的故事》，討論科學的發展。我作出版社社長時，就訪問管惟炎教授，為管惟炎教授做口述歷史，後來出版了《管惟炎口述歷史回憶錄》。這基本上也是我參加保釣運動的一種繼續，關心中國事物的發展（編按：管惟炎教授，1928-2003，曾任北京中國科學院物理所所長、中國科技大學校長。1986 年底，中國大陸發生學生運動，中國科技大學是當時學生運動的先鋒，管教授支持學生，因而觸怒當局，與科大副校長方勵之同時被中共免職。後來管教授在歐美作訪問研究，1989 年六四事件之後，於

1991 年來到新竹清華大學任教）。

　　謝：你家裡還有一些雜誌嗎？

　　李：有，我在美國家中應該還有《大風》雜誌、以及當年收集的一些通訊之類。但是要翻箱倒櫃才能找得出來。不過《大風》雜誌大概找的到。《明報月刊》的文章應該也可以找的到，圖書館裡會有。

　　謝：這是哪一期？

　　李：這是《明報月刊》1971 年的 3 月號。我相信是 3 月號，因為我們是 1 月 30 日遊行，文章寫了寄去，也不可能 2 月號登出，所以應該是 3 月號。

　　謝：我們去找一下。

　　李：這個給你了（編按：是《明報月刊》登出來的，我們到日本大使館所遞的抗議書）。這份我也給你了（編按：為與《惑》同名的一個短篇小說）。

　　謝：謝謝你。

　　李：那就先這樣，如果有什麼事情我可以幫忙的。因為這些來龍去脈，我知道的還算蠻清楚的，各路人馬我也都認得。

　　謝：徐中時先生您認識嗎？世界先進的徐中時。

　　李：認得。

　　謝：他當年也搞保釣，他很關心這件事情。他是透過林孝信先生，知道我們在作。上次有來訪，我們也跟他談了一下。他有一些資料，他覺得也可以捐贈我們一些經費，來支持我們這個工作。但他是希望說我們能更周延地來作這個口述歷史。當然我們書面的資料也作，但口述歷史我們陸續也都在作。

　　他說當年很多香港的同學，也有很積極的參與。香港的這方面，我有一些接觸。香港本島大學生在搞保釣，當時也還蠻熱鬧的，但是很快也就沒有再弄了。我曾經在去年的時候，聯絡一些當年港大搞保

釣的學生，他們有一個刊物叫《Undergrad》，中文叫《學苑》，他們學生會的刊物，一些編輯就很積極的找。我想找那些資料，跟他們的一些人座談，也是一個人就幫忙約一約，就聊一聊。但是我可以感覺到，當年學生運動的那些人，也就沉寂了，也沒有人再作什麼。

他們的學生運動也是受留美的學生，傳了一些訊息回來，對他們很有幫助。當然香港的大學生會作這些事情，跟當年香港的社會發展也很有關係的，包括當時有「中文運動」，因為殖民地都是用英文，在保釣之前就有中文運動。也有一些大陸人逃到香港，然後有天星碼頭事件，也有工潮。這是當時的時代背景，大學生要關心社會，以港大與中大為主。

總之，可以感覺到，在香港還是有很激情的保釣的分子，可是當年搞運動的這些大學生，現在年紀也很大，他們認為現在搞保釣的人，跟他們當年是無關的。在 1996 年發生陳毓祥為登陸釣魚台而跳海去世，對他們來講，這是個轉點。現在的這些人，對他們（從當年搞保釣）的學生來講是無關的。現在的人是徹底很政治的，跟他們當年單純的愛國心是不同的。但即使是這個樣子，他們也覺得，當年的保釣活動從來都沒被談過，所以他們對於有人要探討當時的保釣運動很高興，但可提供的資料不多。

台灣的保釣書籍

李：你們做這個工作很有意義。對了，還有件事情我要稍微再提一下。我剛才提到過，在台灣寫保釣這些東西的，有邵玉銘主編的《風雲的年代》，徐言、王顯達、曹壽民合編的《波多馬克河畔的沉思：華府論壇選集》，還有就是洪三雄寫台灣保釣的《烽火杜鵑城》。其中以邵玉銘編的《風雲的年代》主要是講美國的保釣運動。

統運和愛盟會議

李：有件事情必須要補充一下，1971年底還有兩個很重要的會，一個是12月24日到25日，在紐約的哥倫比亞大學，左派召開「中國統一運動大會」，門口就貼了兩道標語，毛澤東詩詞中的兩句：「為有犧牲多壯志，敢叫日月換新天」。隔天，也就是1971年的12月25日到27日，在華盛頓DC右派召開「全美中國同學反共愛國大會」，會中成立了「反共愛國聯盟」。這是左派、右派分立的兩個大會。連接在一起開。這兩個會我都去參加了。

在「反共愛國大會」裡面，除了留學生參加之外，有三個特別來賓：胡秋原、沈君山和袁懋如。袁懋如是女性，從大陸逃出來的。口齒非常清楚、非常會講話，她介紹了在中共統治下大陸的真實情況。當時右派的士氣是很低落的，因為美國開始轉向，開始和中共接近，中共剛剛進入聯合國，國民黨政府被趕出來。所以右派士氣是很低落的，可是袁懋如把大陸真實的情況講給大家聽。她是反共的，但她不一定親國民黨，當時她對大會有蠻大的影響，也很鼓舞了右派的士氣。「反共愛國聯盟」在保釣運動裡面自然是屬於右派，是接近國民黨的，實際上就是國民黨的成員組成的。《風雲的年代》這本書就是邵玉銘、郁慕明等比較右派的一個紀錄。

釣運中的各派代表刊物

李：公正的講，《風雲的年代》是右派同學以及「反共愛國聯盟」的一個回憶錄。而《安娜堡國是會議紀錄》、《戰報》、《群報》代表的是左派的紀錄；至於自由派的紀錄，也許可以拿林孝信編的《釣魚台快訊》當作代表。回顧保釣，不同派的意見都要有代表，如果光是看《風雲的年代》實際上並不能夠代表全面，光看左派的《戰報》也不能夠代表全面。如果要全面的話，每派的意見都要有代表，像《風

雲的年代》可以代表右派的意見，像《戰報》、《群報》、《安娜堡國是會議紀錄》可以代表左派的意見。《釣魚台快訊》、《野草》雜誌、還有張系國和我所寫的小說，也許可以代表自由派的意見。台獨派的意見當然也很多啦。我想如果你們要收集各方面的資料，那就應該把各派的意見收集起來。事實上，我覺得在保釣運動中，其實以自由派的人數為最多，雖然不是最活躍的。

謝：我想請教一下，在 DC 的時候，是有要請張系國去遞抗議信，可是他沒來是不是？

李：我不記得這回事。因為我們遊行比較大的有兩次，第二次四十遊行，怎麼決定由誰去遞抗議書，這個我不清楚。因為我們華盛頓 DC 的保釣會並沒有刻意去主導這次遊行，我們去參加了，但是沒有去主導。我們有意不去主導這件事情，因為當時左右派的鬥爭已經很激烈，我個人不願意去參加左右派的鬥爭。基本上，我只想盡我一個中國人保土的責任，不願意參加內部的鬥爭，所以並沒有去爭取四十遊行的主導權。

文獻典藏及口述歷史訪談

清華圖書館開始建立保釣特藏

謝：現在我們有接觸林孝信這邊……

李：對，自由派還應該包括林孝信。林孝信是個苦行僧，到處走……

謝：每個人都這麼說。

李：他非常盡責任，然而他的立場是非常的尷尬。你們是不是已經訪問過林孝信了？

謝：現在我們大部分的資料是他捐的，我們去了他家至少四次，

每次都拿了好多箱資料，最近一次比較少一點，已經找得差不多了。從今年開始，他也在學校兼課。每次下了課，他就來這邊幫我們整理資料，因為有很多是他所累積的東西。像這個是雜誌，還容易判讀，像這種文件，有具名的還算清楚。因為他後來有參與海外民主運動，因此很多東西只有他自己知道那是什麼。他先前大概每個禮拜都來，少則一、兩個小時，多則多一點。他也非常積極來聯繫大家（將資料）捐給清大等等。最早的時候是葉芸芸，有一批她父親的資料捐給國立清華大學，是我們的第一批珍藏資料，裡面有手稿等等。

李：他父親是……

謝：他父親是葉榮鐘，是林獻堂的機要祕書。後來她看我們圖書館還蠻認真做的，所以就把關於保釣的一些東西，以及他好朋友李黎的資料捐給我們。

李：李黎我認得。

林孝信將多年珍藏文獻捐贈國立清華大學圖書館

謝：因為我認識林孝信很久了，就開始遊說林孝信。一開始他不太理我，有一天我不知道講了什麼，打動了他。我試著跟他說，我們要建立一個特藏，我們是有一些脈絡要來作這件事情。因為像葉榮鐘是留日的，他也是文化運動、民族運動家。

國立清華大學是留美預備學校，也是一個中西交流、和鬥爭之下的產物。所以我一直在想要抓一個軸線，就是要有特色。我們先前去台大（參觀），台大坐擁家產，家大業大，他們有很多特藏，因為從帝大就開始了。清華沒什麼特藏，我們希望有我們的特色，我也覺得這個很重要。因為保釣的事情我也知道一些，當年的熱血青年，漸漸也都退休了，資料散佚，這些可能很重要，但是到底有多重要，有待大家評估，有待大家好好的想，這是什麼樣的影響。於是我就跟林孝

信講，包括海外學人，這樣的一個學生運動，包括啟蒙等等，後面可能影響很深，但是要有資料，不然在台灣，保釣運動一直都是政治不正確的。

李：我覺得你們這個工作非常有意義。而且由清華來作特別好。清華是新起的。保釣的資料，台大也沒有收藏，你說他家大業大，主要也是日據時候留下的東西較多。現在的話，大家都一起開始，而且林孝信在清大這裡，我也在這裡。這也是機遇啦，蠻好的。

謝：所以他後來就把東西捐來，他也希望大家都可以集中。所以有次他到中國大陸去，跟吳國禎他們提。在 2006 年時，回歸祖國的一批人，在大陸有一個台灣同學會。在十幾年前，我剛好也有機會認識這些人，他們在新疆開同學會（年會）。因為林孝信提到這個東西，因此對包括林盛中、吳國禎這些人來說印象更深刻。所以他們也想來作這個東西。在這之前，他們找過廈門大學台灣研究所，或是其他的一些地方，結果沒有人理他們，覺得不重要。我去參加了這個會，也跟他們提這件事情。他們也很願意讓大家來捐資料。

在這個會上還有周本初，周本初本來在休士頓，退休後到了吉林大學。在會場上，周本初說他其實不信任台灣政府，這是第一點。第二點，他覺得資料分散在各個地方會比較保險。其實他擺明了他的東西要捐給中國大陸。後來透過吳國禎，還有一些人的幫忙，他就將資料捐給北京清大。他也很積極拉攏大家捐給那邊（北京清華）。

譬如說龔忠武（哈佛大學的），他本來已經要捐給我們，他有很多疑慮，因為他也是個大左派，資料放在這邊，裡面又有很多批評國民黨的資料，怕會有問題。我是想在大學裡面作一個珍藏，仔細收藏，在台灣應該是還好。所以他（龔忠武）本來是要捐給我們，但是周本初捐給北京清大以後，他就說「我看我還是捐給北京清大。」他就寫信跟我講。我就說我們還是很希望他再考慮一下，後來他說「好吧，

我還有一些東西可以捐給你們。」這次我不曉得會不會碰到他。他說他們收藏的東西可能跟林孝信是有一些重疊的（刊物）。我想也是，可是我們真的不知道釣運的資料到底有多少，版圖有多大，其實我們並不了解。

李：昨天我到你們那邊看，發覺還有一些期刊之類的是不是？

謝：虹音，清單有給李教授看嗎？

蔡虹音：其實我們有一個電子檔，我們還在更新中。

李：我們那時候的雜誌還有許多，還有非常多的資料。

謝：今年初周本初來，他說他的資料跟林孝信的資料還是蠻不一樣的。他還是刊物多。林孝信刊物也相當多，但是他有許多後續的東西，因為他也關心台灣的民主發展，所以有許多非常珍貴的東西。但是周本初還蠻認真的在收集很多刊物，所以他可能刊物比較多。暑假時，我要去北京清大的圖書館，跟他們談合作、互補有無，特別就刊物的部分，希望兩邊都盡量齊全，我們有的他們沒有的，就可以複印。

協助文獻收藏

李：我覺得收還是可以收啦，我也可以幫你去打電話，比如說給張系國、王正方，請他們把東西捐出來。你們這個工作很有意義，我們這些人現在都六十幾了，我都已經快退休了，當時還是研究生呢。現在都要退休了，所以要趕快，不然就來不及了。我剛剛為什麼說林孝信的立場很尷尬？林孝信是保釣運動中居於領導地位的少數本省人之一，台獨的人批他，說他為什麼要講釣魚台是中國的領土，而不說這是台灣國的領土？我不知道他統到什麼程度，我只知道他不是台獨派，所以台獨也批他；然後他也不完全是左派，左派有時也批他，右派當然也批他，你為什麼搞保釣要批評台灣政府？他是處處不討好，所以立場非常尷尬。然後他為了搞保釣，Ph.D 也沒有完成。真的是苦

行僧。我對他是很佩服的，可是林孝信真的是……立場非常尷尬。

謝：現在大家也都跟他很好啊。

李：現在都化解了。我覺得大家對他的精神都是蠻佩服的，雖然立場不同。但是有些人，為了左右派的鬥爭，當初結下了心結，還是會有一些過節的，現在也都淡化了。

謝：到目前為止，我們接觸比較多的其實是偏左的多，右派的很少。

李：真的？你們為什麼不去找像郁慕明、陳義揚，都可以啊。

謝：劉源俊他當時說陳義揚可能會有一些資料，我們聯絡陳義揚他說他沒什麼資料。他們愛盟有一本書，就是任孝琦《有愛無悔》，但是聽說另外還有一本書。「愛盟」的部分至今還沒有展開……

李：右派是最容易的，這些人現在都在台灣當大官。包括現在馬英九，不過馬英九當時年紀輕，他到美國很晚，替國民黨編雜誌。我這邊其實有一個名單，這是「全美反共愛國聯盟」在華府召開時的名單。沈君山現在很可惜不能講話了。

謝：他有寫一些啦。

李：名單上有沈君山、胡秋原、劉志同、邵玉銘、王士弘、邢福鉅、李本京、顧衍時、徐政、胡志強、郁慕明這些人。不過我想你至少可以去跟劉源俊、郁慕明聊聊。我想他們都會很願意跟你聊。

謝：劉源俊我想可以跟他邀請口述訪談，談當時他做什麼。《科學月刊》早先的那一塊他有講一些，他也蠻幫忙的，他還幫我們找胡采禾（胡卜凱的姊姊），後來梁淑堅也有找過他。我還要跟他聯絡一下，他可能也有蠻多資料的。

李：我回去也幫忙打打電話，看看能不能找到一些資料捐給清華。

謝：辛苦了。之後的事情再請你幫忙。

李：這個義不容辭。

第三章

劉源俊教授訪談

劉源俊教授（1946-）

劉源俊，1966 年台大物理系畢業，1972 年美國哥倫比亞大學物理學博士。在美留學期間隨林孝信等人共同發起《科學月刊》，擔任紐約區聯絡人及物理組負責人，並參與保釣運動。在 1971 年保釣運動之前，曾任哥倫比亞大學中國同學會副會長，之後曾任反共刊物《自由人》主編，在保釣運動中被歸於「革新保台派」。學成返台後任教於東吳大學物理系，曾擔任東吳大學校長、台北市立教育大學校長，現為東吳大學名譽教授。長期參與《科學月刊》，關注科學教育，現任台北市科學出版事業基金會董事長。長期參與保釣運動，兩度於東吳大學舉辦「釣魚台列嶼學術研討會」，曾任中華保釣協會理事長，現任社團法人台灣釣魚台光復會理事長。

受訪者：劉源俊教授
訪問者：謝小芩館長、李雅雯、蔡虹音
訪談日期：2008 年 10 月 24 日
訪談地點：東吳大學物理系劉源俊研究室
記錄編輯：李雅雯

＊　　　　＊　　　　＊

教育背景

學物理風潮

謝小芩（以下簡稱「謝」）：這次訪談內容主要是關於您參與保釣的經驗，是不是一開始就請您談談您的教育背景？以及在台大的一些事情。

劉源俊（以下簡稱「劉」）：我進台大讀書的時候是民國 51 年（1962）。我這一屆遇到的情況很特殊。我們在初二的那一年，剛開始學理化（9 月），到了 10 月 1 日，蘇聯發射第一顆人造衛星，到了 10 月 31 日，李政道、楊振寧獲得諾貝爾獎物理獎。當時我們正在學力學——上拋、下落這些問題。物理老師告訴我們，學物理好。我想不只我們有這個經驗，全世界的華人跟我同樣年齡的人都受到鼓勵。我這屆影響應是最大的，前後很多人就決定要學物理。所以我們進台大物理系那一年，除僑生之外，一共收三十三個學生。這裡面有十一個是保送，二十二個是考進去的。保送比例非常高，為什麼呢？因為當時候有很多人填物理系為第一志願。

保送台大物理系

謝：要什麼資格才能保送？

劉：台大當時的規定，一個高中三年之內，如有二十四個校友進入台大，就可以有一個保送台大。所以建中很多。

謝：是按校友比例的啊。

劉：本人是在基隆中學讀了六年，那年基中只有我一個保送，我就進了台大物理系。初中時就立定志向學物理，很多人都這樣。我們那一年，第一次有建中第一名的學生顏晃徹，不進醫科，要進入物理系，就跟我們同班。進入物理系當時有這個背景。

我們那時候到高三才分組，受到比較均衡的教育，所以讀物理不表示只對物理有興趣，有很多人對文科也有相當的興趣。那我進入台大物理系，馬上就發現，班上很多同學都非常優秀，如顏晃徹、倪維斗、數學系的曹亮吉——數學系跟我們一起上微積分課。還有一些同學進台大時不是物理系，但是他準備轉進物理系——包括劉容生、林孝信、胡卜凱。劉容生當時在電機系，林孝信在化學系，胡卜凱在地質系。他們常常就跟物理系的同學在一塊。他們的知識很廣博、活動能力都很強。我當時進台大的時候是個土包子，知道東西很少，文史的東西沒有讀多少，連數理本身都差一截。我在基隆中學的時候數學成績很好，但是進台大物理系後發現，有同學初三就讀了微積分，顏晃徹也是老早就讀了微積分，至於「集合論」這些東西，我聽都沒有聽過。

青年自覺運動

劉：進台大的第一年就碰到青年自覺運動，這個對照後來我們去美國進修時（1967年），第一年就碰到美國的大學潮——都給我們碰上了。這對我們這一屆人影響是蠻深的。

學生輪流上台上課

劉：還有我們進台大物理系那時，剛好遇到物理系師資最爛的一年——前後都比我們好。這要講到台灣物理系的歷史，在日據時代是沒有物理系的，一般的說法是：物理系是訓練思想的，日本人不會設這種系。後來共產黨赤化大陸，來到台灣的物理學者非常少，有些又出走國外。民國 51 到 55 年（1962-1966 年）間——台灣物理系已經十幾年了，師資非常差。吳大猷當時還在美國，還沒有到台灣來。大二時，原本教力學的蘇林官教授到香港去了，就找了一位剛從美國回來的碩士充數，我們馬上就發現她根本不懂力學，後來我們就跟她商量，讓學生輪流講，她就在座下聽講。她同意了，因此力學課是我們自己同學上。既然力學有這個經驗，到了二下，熱學我們也跟老師說我們自己上。電磁學的老師也不懂電磁學，班上同學集議要罷課。後來有同學說，罷課也還是請不到老師！才作罷。所以我們是學生自己上課的。

謝：每個人都要上？還是特定的幾個？

劉：我現在不敢肯定，因為節數沒那麼多。我們對物理極有興趣，但老師很爛，而當時滿街都是數學、物理的翻版書，所以大一、大二，基本上都是自己讀書。很遺憾沒人指導。

組織系學會、辦《時空》雜誌

劉：到了大三就開始反省為什麼師資那麼差？那是因為學長出國之後都不回來。不只我這樣認為，有強烈推動力的林孝信也這樣認為。林孝信說：「系友都不回來，是因為缺乏聯絡，所以我們要聯絡系友。因此要組台大物理系學會。」

謝：這麼早就在搞組織？

劉：對，那時是大二下，先取名為「時空社」——時空是物理的基礎。我當時不太清楚他要怎麼組織，等到大三上學期開會，林孝信

他們幾個人找我來負責，但當時我還沒有社團經驗。

謝：他為什麼要找你？

劉：我不太清楚，這個要問他。先前「時空社」去登記時，訓導處覺得這個名字怪怪的，因此就改名為「台大物理學會」。我就成了第一屆的台大物理學會的總幹事（當時沒有「會長」這個名稱）。我被賦予出版《時空》雜誌的任務，每個學期出一期，我也就做了。我從來沒有編輯經驗，就跟劉容生、胡卜凱他們學，然後邀稿、跑腿，所以我大三的成績是比較差的。

謝：你們還有保留《時空》嗎？

劉：有，現在台大物理系還有整理好的《時空》，網路上可以查的到 [1]。文章並沒有都轉成 PDF 檔。裡面我有一些文章，但是並不是都掛上我的名字，例如「編輯室的話」。第一期看不出來是誰編的，就只有編輯室的話。我編了兩期，目的在於聯絡，把每一期弄完以後，就收集系友的資料，然後利用放寒暑假寄到海外去。目的是希望他們看到學弟們的呼籲，有所感動，將來學成回國服務，就是這麼單純的動機。

林孝信與《中學生科學周刊》

劉：大三下的時候，林孝信發動要跟《新生報》合作，辦《中學生科學週刊》[2]。這個部分，我在開大會時有參與，後來參與不多，寫稿也是拖了很久才完成；因為要編《時空》，每兩個禮拜還要回基隆的家。林孝信跟《新生報》合作的事一直沒有斷，每個禮拜出一期，一直到我們畢業後服役，他把棒子交下去，到服役過了一陣子才結束。差不多辦了兩年，這是很了不起的事情。

1　可參考 http://web.phys.ntu.edu.tw/physhistory/spacetime/，台大物理系系刊《時空》。
2　後來才知，與《新生報》合作是與胡卜凱有關，因為胡秋原知道《新生報》的董事長王民正要辦一系列週刊。

立志回國服務

劉：當時我有一個重要的決定。讀物理讀了兩、三年，我忽然在想：將來這條路怎麼走，於是我在大三時就決定，將來我要從事科學教育——狹義的就是物理教育。與其從事物理研究，不如從事物理教育——國家更需要人從事教育！我自己想通了，並不是物理研究的人才。因此出國留學一開始我就決定，學成一定回國服務。

謝：當時大部分的人都沒有回來，你做這樣的決定（念完書回國），你家裡的人有沒有反對？

劉：我一開始就決定要學成後回來，這是非常清楚的一件事情。家裡對這方面沒有特別交代，也沒有強烈的希望。我母親到機場送行的時候，當然哭得很厲害，因為當年孩子一出國，就不知道什麼時候可以再見。

謝：你是公費出國嗎？

劉：不是。這要講到我們留學的背景。1957年蘇俄發射了人造衛星後，美國要追趕，所以他要發展基礎科學。一直要到我們要去美國留學的時候，美國還在大力發展基礎科學的階段，所以需要很多的研究生作助教，因此美國的獎學金名額很多。我們理科學生出國留學，幾乎每個人都有獎學金；有獎學金，那就出國，所以這個不成問題。對於出國後要不要回來？我知道很多家裡是有吩咐，出去就不要回來。就先拿PR（永久居留權）、再拿美國公民，慢慢再把家人接出去。但是也有跟我一樣想法的人，學成要回國。

到美國求學

反戰學潮

劉：我們這屆剛好又碰到美國反戰的大學潮。1967年9月我進哥

倫比亞大學讀書，到了 1968 年的春天，發生哥倫比亞大學學潮。別的大學當然也有學潮，但哥大在紐約市，媒體報導特別多，學生活動起來也特別積極、特別熱鬧。SDS（Students for a Democratic Society）的學生們占領校長室幾個禮拜，他們把裡面桌椅拆了，把門釘起來，讓人家進不去。直到有一天晚上，高頭大馬的警察從學生不知道的地道，進入校長室，把學生通通打出去——頭破血流。到學期末，每個教室外面都有學生手拉手擋在外面，不讓上課。有些課就上不了了。

謝：厲害喔，他們把校長室當成總統府，還有設地道。

劉：這我都看到的。當然別的大學也有學潮，我們這屆的留學生都感受到了。

對未來出路的焦慮

劉：初到美國，台灣的學長就跟我們講，讀物理沒有前途。為什麼呢？我們留學的時候獎學金很多，可是那時候已經人太多了，培養的人才過剩。我們畢業那年（1972 年），正是美國物理學會統計物理 Ph.D 失業率最高的一年。這都被我們碰上了，所以在我們留學的過程中，學長就一直跟我們灌輸說學物理沒有希望。

大陸文革對美國學運的影響

劉：其次，又碰到中國大陸的文化大革命（1966-1975 年）。文革開始那年，我正在服役。1967 年，我到美國留學。美國正興起反戰風潮，反戰這些人受到紅衛兵的鼓舞，處於興奮的狀態。1967、68 年間，在美國紐約地下道、牆壁上到處都可以看到毛的圖像，許多學生高舉毛澤東「造反有理」的旗幟。碰到這種情況，香港的留學生，包括我們的學長（台灣），已經被感染了，經常跟我們講國民黨怎麼怎麼的不好。我剛去的時候，不相信國民黨這麼不好，於是就跟他們辯

論。為了跟他們辯論，就跑到東亞圖書館去看書，看一些共產黨的書
──我想很多人有這個經驗。

對台灣未來的思考

劉：剛去的時候就碰到種種的問題，包括美國政治、社會的種種
問題，文化大革命評價的問題，台灣何去何從的問題。所以有各種各
樣的討論，中國同學的立場很分歧，有些人什麼都不管。香港學生去
讀大學比較多，台灣去讀研究所比較多。哥大華裔的學生社團至少有
五個：中國同學會、龍社、教育學院同學會（主要是其中台灣去的學
生組成）、台灣同學聯誼會、查經班。

參加中國同學會

劉：我參加哥大中國同學會，到了三年級，被推為副會長。依規
定會長須是大學部的學生，通常是香港人，副會長是代表台灣的。辦
了些活動、研討會，談學術、談台灣前途、也談華人在美國的處境。

《聯合》季刊

與華人刊物促進會的關係

謝：我們受贈的資料當中，有一個聲明談到《聯合》季刊，談到
華人刊物促進會。

劉：關於這點，我在〈我所知道留美學生的保釣運動〉那篇文章
裡頭，有完整的交代。華人要在美國留下來，就會關心認同的問題。
這也牽涉到在美華人聯繫的問題，所以就有華人刊物協進會。這是由
五個刊物共同組成，以紐約市為中心，袁旃是為主要負責人之一。

華人之中特別是有台灣背景的，在美國辦了一共五個刊物，就是

《大風》雜誌、《科學月刊》、《聯合》季刊、《歐洲雜誌》跟《匯流》。這五個雜誌的代表在紐約開會，我自然就代表《科學月刊》去跟他們開會。胡卜凱就代表《大風》雜誌來開會。

《聯合》季刊是「在美中國同學聯合會」辦的季刊，聯合會本來是國民黨的背景，《聯合》季刊是在這個會的下面，自然有國民黨色彩。主編是東海畢業的，學新聞的，家庭背景也是國民黨大官的子弟。但《聯合》季刊所討論的一些問題，包括左派、右派都有。

《歐洲雜誌》

謝：白紹康他們在美國辦的《歐洲雜誌》，其實是我舅舅他們在歐洲辦的，美國是他們的一個據點，他們後來也在台灣發行，我母親就有幫他們發行。

劉：我那時候在華人刊物協進會，才曉得這些人。這是很特別一個經驗。

謝：後來他們也把整批《歐洲雜誌》捐給我們。後來我看這些留下來的雜誌，他們也是用公費的獎學金拿來印，然後寄送所有大學的圖書館，捐贈的名單都有，結果清華是受贈者，半本都沒有，台大還有一些。所以清華早期的收藏真的是太糟糕了。

劉：早期缺乏人文社會素養。《聯合》季刊也是這樣。

蔡虹音：國圖有《聯合》季刊四到五本，但是大概有半年是空的。

劉：當然這個東西也不是很久。

《聯合》季刊的官司

謝：接下來是《聯合》季刊（打官司）那件事情。

劉：聯合會本來是國民黨立場的東西，沒有「運動」來的話，大概就算了，大家就是辦個刊物。運動來以後，就牽涉到聯合會和刊物

的立場和背景問題。汪榮安是國民黨的人，等於就是派去當選會長。在這個氣氛底下，這些人聯合反對。

李雅雯：後來他們有打官司嗎？裡面好像有一封類似存證信函的東西。

謝：還是說他們是有金錢上的問題，只是這樣而已。

劉：搞到後期，聯合會就垮掉了。

李雅雯：後來這刊物有再繼續嗎？

劉：後來有，等於是脫離聯合會，獨立出來，就叫《聯合》季刊──《聯合》季刊應該是保釣之後獨立，脫離聯合會。聯合會另搞了一個《學聯通訊》，那是國民黨的東西，因為《聯合》季刊獨立了。當時在《聯合》季刊主要有幾個人，除總編鄭心元外，一個是張顯鐘，一個是張光華──不久前我在台灣還見過他。後來他們各營自己生活，也沒有參加什麼活動。

《科學月刊》的創立

創立《科學月刊》的目的

劉：我們在美國過了一年，考過博士資格考，變化就來了。林孝信說要辦《科學月刊》，那時約是 1969 年的 3 月。他講了一個主要的觀點：辦《科學月刊》最主要的目的，至少有兩個，一個幫忙培植我們的社會辦個科學刊物──這點自是延續當年的《中學生科學週刊》，第二則是藉實際做一件事情來溝通觀念，消除留學生之間的分歧。這第二點是最重要的，這是他的用心，至少他是這樣說服我的。當時的留學界有左派、右派、台獨派，大家吵的不可開交，台灣何去何從是個大問題。所以他想藉著《科學月刊》，要大家不要再吵，好好做事。雖然政治理念不同，還是可以一起作有意義的事，所以要辦《科學月刊》。

　　林孝信堅持要用「月刊」的形式，並且要在美國編輯、台灣出版。我從研究室回到住的地方，常常在 11 點半、12 點就接到他的電話，電話一打就是一個、一個半鐘頭，談月刊要怎麼辦。想要跟他辯論也很難，例如 1970 年 2 月（《科學月刊》剛創刊），我被「召」到芝加哥去。晚上躺在地鋪上，我數說遇到的種種困難，沒想到，講完之後發現他早已在床上睡著了──沒法子，只好跟著做。

　　謝：這費用很貴耶。

留學生獎學金與辦雜誌

　　劉：對啊，當然那時候有獎學金，那個電話錢還可以。為什麼晚上 11 點以後打電話？因為折價很大！我們那時候的獎學金──依我在哥大，紐約生活可能還貴一點──第一年是 250 塊美金一個月，後來是 275 元一個月。但是我每月用 150 塊就夠了。所以有 100 元可留下來。他應該可以剩得更多──不過他特別喜歡買書。

　　謝：難怪還有錢可以辦月刊。

　　劉：對，這個很重要。沒有這個背景也不可能有釣魚台運動。

劉負責的工作

　　劉：林孝信就叫我作紐約的聯絡員──美國各地、每個城市都有聯絡員，還有，就是物理組的負責人。《科學月刊》剛發起，美國物理學會在華盛頓 DC 開年會，有一些華人物理學家在那裡，我就跑去那裡宣傳。後來在紐約的《聯合》季刊，我也寫文章鼓吹，把創辦的意義寫下來，就是〈路是人走出來的〉這篇（文長八千字），收錄在《科學月刊十周年紀念文集》，作者是原天美，是我的筆名。這篇介紹了《科學月刊》是怎麼回事。基本上我當時自覺是林孝信的代言人，其中描述林孝信怎麼東遊，把《科學月刊》做成。這是重要的原始資料，

之前我不曾寫過這麼長的文章。別人不太能夠了解林孝信要做什麼，我想我可以了解，因為他跟我談了很多——半夜這樣打電話，還把我抓到芝加哥去！

　　我寫過的幾篇文章中，有些是特別有史料意義的。像〈路是人走出來的〉這篇，另一篇就是保釣這篇〈我所知道留美學生的保釣運動〉——後來有好幾個地方轉載，所謂的右派、左派都有。

《科學月刊》的工作流程

　　劉：1970 年元月，《科學月刊》正式出版。我們每個月收集稿件，物理組是由我收集——化學文章有化學組收集。收集完之後我們把稿件寄到芝加哥聯絡中心，林孝信再請王渝當修辭編輯修改。改過之後，就一包寄到台灣來印，當時就是這樣做的。我當時不只是收集稿件，也要跟其他人聯絡，因為他辦《科學月刊》不只是辦刊物而已，而是要增加大家聯絡。所以每個星期一次由他自己寫「《科學月刊通訊》」。然後發到各地聯絡中心——郵寄。那個時候影印很貴喔！當時都是油印的——不是刻鋼板，而是寫在紙上，放進電子機器製蠟紙；還有一種是手工印。然後就是每個月各地聯絡中心，要輪流辦一個「討論號」，這些資料大部分在「科學月刊社」有保存。「討論號」就是討論如何辦好《科學月刊》、應該要怎麼寫好文章。

　　謝：這真是很大的工夫啊。

　　劉：當時先是第零期出刊（1969 年 9 月），之後就正式出版。

保釣運動的展開

《科學月刊》討論號成為聯絡網

　　劉：到了 1970 年年底發生了變化，11 月釣運就起來了。胡卜凱

在普林斯頓大學的七人會中，提議要發起保釣運動。後來他打電話給林孝信，問他可不可以用《科學月刊》的聯絡網來討論保釣，林孝信打了十幾通電話問大家意見，答應了。因此就決定連著三期的「討論號」改為「釣魚台運動專號」；不討論《科學月刊》了，大家的心都轉到保釣那裡去了。

謝：現在那些討論號在哪裡還有？

劉：「科學月刊社」。我有保留，但是記得缺了一份。釣運起來以後，《科學月刊》並沒有中斷。因為在台灣當時有李怡嚴。他之前剛好從國立清華大學休假去芝加哥大學進修，就和林孝信討論到此事。他與林孝信講定：林在美國主持聯絡中心，李怡嚴負責台灣印製的部分。李怡嚴後來找楊國樞幫忙，楊國樞介紹了兩個學生，一個是瞿海源、一個是劉凱申。

好在當美國留學生興趣都在保釣的時候，在台灣有李怡嚴支撐著，在台灣還有張昭鼎、楊覺民、黃仲嘉、劉廣定、王亢沛、石育民等人幫忙。剛剛已經交代了保釣是怎麼起來的——是從《科學月刊》；當時的相關時代背景，還有就是有足夠的獎學金——如果沒有這些，根本就不可能。

參與者以理工科的居多

劉：後來我分析，為什麼參加保釣的人以理工科居多？裡面也提到，第一，比較有理想性。當初許多念理工的人，對文法也很有興趣，但是因為家庭、社會因素，而選擇讀了理工。另外，有獎學金、也比較有空，這是很重要的因素，所以釣魚台運動裡，許多帶頭的是讀理工的。

謝：那個時候讀人文的人也比較少。

劉：而且還要打工。

謝：也沒有獎學金。

劉：對，所以他不可能花太多時間。有些課後之餘，他們會來、也會寫些文章。實際的活動、主持人這些，貼郵票、印刷，都是我們這種人在做的，多是學物理的。

保釣刊物百家爭鳴

謝：當時大家都寫刊物，你們有估計過有多少刊物嗎？

劉：有人估計大概有兩、三百種。大大小小、各式各樣的。

謝：這種很費心、費力，要印刷、還要錢。

劉：真的就是愛國嘛！

謝：這是唯一最好的方式來表現。

劉：這牽涉到在美留學生的心理，也就是認同的問題。到美國留學這些人，打不進白人的社會；當時華人在美國的地位並不高，高級華人在美國的很少，大部分美國人對華人的印象，還停留在中國城那些洗衣店老闆出身的店員。因此華人刊物協進會就想要做點事，糾正觀念。另外有一些人準備留下來，於是就參加華人的活動、到中國城去服務，去提升他們的水準。這個時候如果有運動來，的確可以激起大家的認同——我們還是華人、我們還是有共同關心的事情。保釣是個很好的議題。特別熱心的，則是一群恨日本人的人。

至於為什麼要辦刊物？也是基於同一個情況。台灣去美國人會看到的資料，像《中央日報》的海外版，還有香港的雜誌《明報月刊》等等，也不少。但特別要聯繫到在美華人共同關心的事情還是不夠，當時《世界日報》也還沒有。而很多人是能寫的，如果有地方能夠發表，何樂而不為？所以就這麼起來了。當時是很熱鬧，各抒己見，左派、右派都有，打筆戰越打越熱鬧。

謝：這真的是一個很特別的現象，後來也沒有這麼熱鬧。

參與保釣之初

得知保釣訊息

劉：我最初是由林孝信詢問關於討論號的意見得知保釣訊息的。不過，保釣我一開始我沒有參加——這是因為個人的因素。我母親剛好在 12 月 5 日過世，10 日左右我回來奔喪。因此保釣的初期我沒有在場，紐約保釣會開始時我也不在裡面。也許天意吧，以我在哥倫比亞大學曾代表台灣研究生當過副會長，也很熱心參加一些事情，很可能也被推為保釣行動委員會裡面的一個成員，如果是這樣，就可能一開始就會被貼上標籤，列入「黑名單」。我在台灣，從報上看到 1 月底保釣遊行的消息。

回到美國

劉：當時我在台灣留了好一陣子，陪我父親和我妹妹，也接觸了台灣這邊的「科學月刊社」，知道他們已經開始在自己辦了。後來等到我再回到美國，1 月 30 日的遊行已經過了——我太太及弟弟都參加了此次的遊行。我 2 月 1 日一回到哥大，馬上就參與紐約保釣會的一些活動。我一向是不太出頭的，就幫忙印東西、裝釘、貼郵票、裝箱、送郵局等這種事。我當時跟徐中時在保釣委員會一起工作，是在徐守騰的家裡。徐守騰是非常認真的一個人。徐中時跟我同屆進哥大物理系，當時的我們是寫不出保釣文章來的，這牽涉到歷史、地理、國際政治。

保釣的分裂

劉：1971 年 2 月到 4 月我參與的過程中，我明顯發現不對勁。比

方說袁旂（保釣會理事），開會時，他的言論就變得非常的左。保釣會籌備於 4 月 10 日到華盛頓遊行，紐約的部分都是左派在掌控，談些非保釣的事。我很不高興，問袁旂：「你們為什麼走那麼快？把別人都嚇跑了。」他回答：「人家還嫌我們太慢了呢。」我就想，「人家」是誰啊？當時就是這樣一個氣氛。

　　我當時就主張：保釣應該要團結──這也是從林孝信那邊學來的，大家政治立場可以不同，但是還是可以一起來做一件事情啊！《科學月刊》可以這樣做，保釣應該也是這樣做，共同一起來保釣。但是他們硬要把左派的旗子亮出來，特別要譴責國民黨賣釣魚台，我認為超過了，想要把它匡正，但是發現不可能。因為國民黨一開始發現留學生串連起來保釣，就判斷是有共產黨在裡面，於是下令國民黨的人不得參加保釣運動。所以 1 月 30 日大家一起遊行後，凡是國民黨系統的人都不再參加了，留在保釣會裡面的人大部分是左派，還有就是像我這種自認是正派的──這種人非常少。

　　謝：黨員參加的就非常少了？

　　劉：有，往左轉的其實有不少人本來是「忠貞黨員」；另外，就是臥底的了──我大概也知道有些誰。總之，比較正向的那些言論就沒有了，到了 4 月 10 日的遊行，已經都左了，但是還能夠維持一個沒有分裂的表面。我在文章上也交代了，4 月 10 日當天晚上的會，那個兩百多人的會我在場，一看就知道這個東西非分裂不可，後來果然就分裂了。往後，從 4 月 10 日到後來 9 月在紐約聯合國的「九二一遊行」中間的五個月期間，有很多場面，反共的退出了，親共的留在裡頭。

保釣時間的斷限

　　劉：我在我的文章寫得很清楚，第一波保釣運動只到 4 月 10 日為

止，從 1970 年 11 月到隔年 4 月，總共半年。很多人談的保釣運動時間比較長，那是假話。有些參加反共愛國聯盟的一些人，說他也參加保釣，並沒有，其實他是參加反共愛國運動。左派也一樣，他們在 4 月 10 日後也不在保釣，根本就是搞「統一」嘛！搞親共。

謝：他們就叫統運了。

劉：就是統運了，他們自己也叫統運。很多人把統運當成釣運的延續，我認為是釣運的變質，是釣運的破壞。很多人說自己參加過釣運，但留學生中在 11 月到 4 月間參加過遊行或相關活動的人，才算是真正參加過釣運。這裡面很多人就要排除。

謝：他們也有爭議。上次我們在雲南，談到釣運四十週年快到了。談到釣運的時間斷限，對於釣運什麼時候開始、什麼時候結束，大家有不同的說法。四十週年要辦活動，到底應該從 1970 年開始算，還是 1971 年？在大陸台灣同學會那邊，他們也是慶祝二十週年、三十週年，他們是從 1970 年起算，所以是整年度的。林孝信覺得說，全面參加、最盛大的活動是在 1971 年 1 月 30 日及 4 月 10 日，所以應該是 1971 年——這就牽涉到哪一年來辦釣運慶祝活動。那就你來講，應該就是 1970 年開始。

劉：對，中華保釣協會（將於今年 2008 年）11 月成立，挑的就是保釣從 1970 年 11 月開始，這是中華保釣協會的立場。至於第一波保釣結束，我認為就是 4 月 10 日。

謝：也有人說是「安娜堡會議」的時候是正式分裂。

劉：那開玩笑！我那時候早已經沒有參加了，因為那已經不是保釣了。原因就是那些左派的人已經得到訊息了——有一位在哥大國際事務學院的同學在 3 月時就講到，「美國當今的政策是『一個中國』，而非『兩個中國』」——左派的人是從中共那邊得到些訊息，有些人則是從美國這邊得到訊息，很清楚的知道美國的外交政策要改變了，

因為就在前一年的年底周恩來已經與尼克森搭上線了。換言之，當年聯合國的席位就要改變了。所以這個時候就已經成為聯合國席位的爭奪戰，沒有人在搞保釣了。對於國民黨這邊，是聯合國席位的保衛戰；左派的那邊，就是準備迎接中華人民共和國進入聯合國，要找一些人去工作。4月到8月間所有的一切活動，包括「安娜堡會議」之前的「布朗會議」，都是以這個為鋪路的。組織雖名為保釣會，但從事的這些活動顯然不是在保釣。

林孝信護照吊銷事件

劉：從1971年4月10日的遊行之後我幾乎就不參與了。但是林孝信還在裡頭，而且言論非常左，芝加哥的《釣魚台快訊》是左派的，還有繼續搞保釣，但也容納一些統派的文章。

記得1972年我快要回國的時候，有一次跟林孝信在紐約地下鐵的車站談話。我跟他說：「你知道保釣會這些人都有PR，他們不在乎，你沒有PR，不穩當。」勸他不要參加了：「現在所有運動都是中共掌握的，中共也進了聯合國，你在那裡面有什麼意義呢？」（中共10月已進聯合國）但他的回答讓我非常吃驚，他說：「你如果認為一個運動方向出了問題，就更應該參加，去把它挽回。」這就是林孝信！當然到了這個地步，我就知道沒有辦法談了。我已決定回國服務，他還要在那邊意圖「挽回」，沒辦法！我有我的既定計畫，不能因為參加保釣，而影響我的主要理想、目標。

「安娜堡會議」之後，只有林孝信這種人還在保釣。他不是那邊的人，其實他哪一邊都不是。他從辦《科學月刊》到搞保釣，芝加哥領事館的人就放話中傷他，說他搞《科學月刊》聯絡網是另有企圖，甚至懷疑他為《科學月刊》募款的動機。我覺得這樣的話是關鍵，「是可忍，孰不可忍！」所以他就決定跟國民政府決裂，越走越偏鋒。

謝：林孝信蠻特別的，因為統派的人覺得他是台獨、左獨，獨派的人或者是比較國民黨傾向的人認為他是統。

劉：我絕對知道他是不統不獨。這是很清楚的事情。但是他是左派。就是這麼一回事。

謝：這是他的個性，他們放話出來，他就跟他們決裂？你覺得是不是這樣？

劉：這是很關鍵的，後來越搞越不可開交，到了 1973 年，他去換護照，當場就被吊銷了。後來的事情可以提一下，過了好多年，我在台灣想要營救他。當時情勢不同了，四人幫垮台，保釣左派的人多很失落，而我在台灣教書已經好一陣子了。1982 年的冬天我有機會赴美，到芝加哥去見他，當時他很潦倒，什麼身分都沒有，說是 suspension of deportation（延遲遞解出境）──就是說，這人本來要被遞解出境的，但是暫時不。

謝：他沒有申請政治庇護？

劉：應該是沒有，但是他有陳述「回到原居住地可能有危險」，所以有 「suspension of deportation」的安排，暫時留在美國。我勸他回來，他說當然想回台灣，但頗為猶豫，勉強同意我回去溝通。偏偏這時碰到陳文成事件。結果有關當局考慮到，萬一林孝信又發生意外，就不得了了。所以林孝信回台的事又拖了好多年。到 1989 年才回來。

謝：在張釗維紀錄片《向左走向右走》中，片頭和片尾就是你們兩個，顯示你們兩個是非常不同的路線。

劉：我走我回國服務的路，他則是因為在黑名單裡面，所以回不來。表面上看起來我是有個位子，其實我跟他兩個都一貫在野。我回來之後一直在私立大學（東吳），也沒有去做官、也沒有去⋯⋯。我有很多右派的朋友，他們做官或在公立大學任教，但我跟他們並不是一路的。反共是一起的，但絕對不同路。他們也知道，因為我不是黨員，

什麼都不是。左派這邊，我也都很熟——林孝信等等。我跟他都是在野，但林孝信更是在「野外」。

謝：像林孝信這種護照被吊銷，因此學業改觀的人很多嗎？

劉：別人也許也有護照被吊銷的情形，但他可以不在乎，因為這些人大都有 PR 了嘛，後來證明也是這樣子。我 1972 年就這樣跟林孝信講，1973 年林孝信的護照被吊銷，吊銷之後他就沒有身分了，獎學金也都沒有了。其他參加釣運的一些人多有 PR，或還是顧到學位。有的在美國也很有成就的，作院士的也好幾個，後來也不左了——大概美國資本主義生活好過吧。

愛盟

謝：可以請您談一下「愛盟」與保釣的關係嗎？

劉：首先要先澄清的一點是，愛盟打擊的不是保釣運動，愛盟打擊的是「親共」。

謝：所以不是打擊保釣？

劉：4 月 10 日以後根本沒有保釣了嘛。所以這個理解（打擊保釣）也是錯誤的。一些親共人士想要把保釣延伸到親共運動，提升自己的地位，這是有問題的。（另一方面）愛盟裡的許多人對於釣運也不清楚，有些人說他參加過釣運，我根本不認為他參加過。

謝：那時候搞釣運，同時又參加愛盟的，這樣的人多嗎？

劉：很少。如王顯達。

謝：陳義揚算不算？

劉：當時他在（美）南部，我比較不了解他當時在釣運裡頭做了什麼。

謝：那邵玉銘？

劉：邵玉銘在芝加哥有參加，但他一定是站在跟林孝信對立的立場。

謝：還有張京育？

劉：張京育在紐約。因為他是我哥倫比亞大學的同學，他是學國際法的，因此在有些研討會裡面會報告，有參加釣運活動。但他不是積極分子，個性也內向。而且釣運帶頭的幾乎全部是理科的，他擔任的是諮詢的角色。他有參加「反共愛國會議」，是以學者身分被邀請。

謝：那郁慕明呢？

劉：郁慕明到美國時已經 1971 年 9 月了，他當然沒有參加保釣。講到反共愛國運動的開始，應該是 1971 年 9 月 21 日。愛盟是 12 月成立的，之前有醞釀，就是親共反共的對立——在刊物上的對立。本人就參與過《自由人》，這是紐約發行的刊物。第一個起來的主要的反共刊物就是《自由人》，是我編的。

謝：什麼時候開始編？

劉：第一次出刊大概是 10 月吧，因為對左派實在是看不下去了，他們一直偏向中華人民共和國；以我的立場來講，他們就是釣運的破壞者。這些人沒有好好的搞保釣，保釣就因為這些人搞親共，搞壞掉了。我不能原諒這批人，像李我焱、袁旂、徐守騰這些人，他們要負擔保釣運動沒有延續下去的責任。

謝：如果現在把你們放在一起（談保釣）呢？

劉：還是可以談啦。我在《中華雜誌》曾經罵過楊振寧，楊振寧在他後來的文章與傳記裡面，都避談他保釣時期去親共這一段經歷，好像不存在一樣。他到大陸去，是在四人幫時期，當時他被美國人派去搞親善，是第一批的學者，這些事情他們後來都不太提。為什麼？是一種恥辱吧。事過境遷，他們現在也許是另一種想法。但至少在那一段，他們跟四人幫扯在一塊是事實。當他到大陸去看樣板，是跟誰

掛勾的啊？在歷史上是不是一種恥辱？我要批判的就是這些事情。很清楚「文革」是不對的，怎麼可以這時候跟他們掛勾呢？但這都是過去的事了，1996 年以後，左、中、右派是在一起談保釣的。

反過來談反共愛國運動。他們大部分是國民黨的人，許多人是朋友。但我從來不承認他們在美國的運動是保釣的一部分。我不是黨員，我也從來不承認是愛盟的盟員，因為我沒有入過盟。後來陳義揚在台灣成立「反共愛國聯盟回國盟員聯誼會」，明白表示不是盟員的也可以參加。我參加了一些活動，但他們都很清楚，我跟他們不是同路人。

謝：愛盟成立的時候，你沒有參加？

劉：愛盟成立的大會我在場。我也幫忙，也寫了一些東西。但是我不認為參加 1971 年 12 月「反共愛國會議」的人都是「反共愛國聯盟」的盟員。例如李雅明，他也參加了「反共愛國會議」。

謝：他什麼會議都參加。

劉：對，他都參加，他跟我是「唯二」，又在 12 月 24 日在紐約參加「統一大會」，看他們是怎麼回事，第二天又跑到華盛頓參加「反共愛國會議」的人。但他是不是「反共愛國聯盟」的人呢？沒有人會認為，他自己更沒有這樣的認知。

謝：那盟員的身分是怎麼界定的？

劉：我不曉得。盟員並沒有一個入盟手續，很多人願意說他是就是了。我不是，但是我參加過「反共愛國聯盟聯誼會」作會員。

謝：那時候你已經回來了，所以不是在美國加入？

劉：對。「反共愛國會議」之後第二年我要畢業，因此開始趕論文。

國民黨對釣運的介入

謝：你認為當時國民黨的作為，除了姚舜、還有更早以前的周書

楷，其他還有一些什麼事情嗎？

劉：姚舜是救國團裡面的，還算是開明的人。他是在國際文教處長任內被派到美國了解學界到底發生了什麼事情。結果想不到到處被批鬥，很慘！但是在國民黨內部那些情治單位，他們認為一定是共產黨在裡面策動，這個判斷可能一開始就錯了。因為這不可能嘛！是胡卜凱和林孝信通電話發動了釣運，他們絕不是共產黨。但是有沒有共產黨在裡面？我不敢說沒有。但是是哪一部分？《科學月刊》的這批人絕不是共產黨。香港去的那批──他們不是從《科學月刊》來的，他們也發動保釣，這背後有沒有共產黨？就難以判斷了。共產黨當時在美國還沒有扎根，但中共已經跟加拿大建交了，多倫多有領事館，每次保釣有活動，他們就會注意。另外就是，左派得到的訊息，絕對是從共產黨那邊來的；他們知道 1971 年 9 月要發生大事──這個事情別人不知道，所以他們信心堅定，要倒過去！但是這是到後期才有的事。開始的時候應該是沒有共產黨在裡面，特別是 11 月開始的時候── 12 月共產黨才與美國搭上線，所以還沒有關係啊！

保釣與台獨運動

謝：有一個說法是──保釣都是外省人主導。

劉：這需要檢討一下。基本上，在美國大學裡比較活躍的人，是外省人。本省同學基本上就不太願意參加活動。這裡面有很多因素，外省家庭因為從大陸來，父母親多是大江南北跑過了，所以個性、行為上開放得多。林孝信則非常特別，我認為他有自覺，覺得為什麼都是外省人在那邊搞活動，他自己是本省人，他也要搞活動；可是像他這樣的人並不多。林孝信辦活動，不會考慮你是本省人還是外省人，所有省籍的人都有，香港的人也都有，現在也是這樣的。通常本省的

同學比較保守，一項活動他若搞不清楚你在幹什麼，他就不參加，於是參加的人就外省人居多。香港人也很積極，保釣兩個行動委員會裡面，就外省人居多。這群外省人就反過來批評本省同學：你們為什麼不參加這個愛國的活動？有人指出在台獨刊物裡面，就有人持像李登輝的論調，說釣魚台是日本人的，於是被外省人主導的刊物拿來罵台獨。所以很快，保釣就轉變成反台獨運動——在還沒有統運之前，就已經在反台獨了。一反台獨，這下本省同學更不參加！就變成後來這種情況。我可以體會，林孝信一定更覺得要參加——「我是台灣人，保釣運動我絕不缺席。」這是我的解讀。但是這種人太少了，另外有花俊雄、郭松棻這些，不多！

謝：所以說保釣有激化台獨的作用，你會同意嗎？

劉：沒有。不是激化台獨，而是更讓本省籍同學不願意參加保釣，應該是這個作用。

謝：但是有沒有激化台獨這個問題？蔡同榮那時候也過去（到紐約）了。

劉：在保釣運動裡面，從來沒有看到這群人，他們都不參加嘛。就是彼此對立，但是有沒有激化？這也談不上，他本來就有他的事業，他要搞台獨。

謝：我自己的觀察，釣運讓後來的國民黨政府很尷尬，民進黨主要是走台獨路線，釣運後來轉向統運，民進黨主張台獨，但他不一定左，保釣路線變成在台灣沒什麼賣點。

劉：釣運一開始就罵了一些台獨主義者，這些人就不參與。因為一開始就不參與——從1月30日開始遊行就不參與，到了3月就有人開始批評台獨。一開始他們不參與，這是個事實。現在事過三、四十年，現在他們若來參與就很難交代，也很奇怪，所以有個心理，就是乾脆不參與。我覺得這是非常可惜的事情。還有一點就是，台獨的人親日、

依美，他如果參與，他就要跟日本和美國的關係搞翻了。我本來以為我在 1997 年在東吳大學開「釣魚台列嶼問題學術研討會」是唯一的，後來別人告訴我說，游錫堃在做宜蘭縣長時也開過研討會，但那是親日的——日本人支持他。老實說，我非常痛心，游錫堃作宜蘭縣長，釣魚台畫在宜蘭縣，結果開一個研討會是親日的！所以我可以了解林孝信，他有他非常深刻的看法。

謝：林孝信是宜蘭人耶。

劉：對，他是宜蘭人。他深知這個活動的意義，更是要來參與這活動。

個別人物參與情況

董慶圓和董敘霖

謝：董慶圓和董敘霖？

劉：董慶圓大一時跟我是台大物理系同班，是當年進台大物理系的三十三個之一。後來他就轉進到清華讀數學。

謝：他也搞《群報》的嗎？

劉：《群報》是一群極左派。董慶圓後來在哥倫比亞大學數學系，他比我晚兩年。董慶圓是極左。《群報》的立場是認為：知識分子應該要趴在地上為人民服務。

謝：理想很崇高。

劉：也許吧。很多學數學、物理的是頗有理想的。

謝：我知道楊貴平是在北京，後來在滋根協會。

蔡虹音：教育基金會的資料，他在做農村……（工作）。

謝：偏遠地區的。有做一些事情。

劉：這些有做實事的左派，我是佩服的。

謝：董慶圓好像都是在美國。

劉：《群報》裡有些是真左派。我在《聯合》季刊有寫文章分析左派，說：真喜歡共產黨應回到大陸去，就像我們不贊成共產黨，就回台灣。我最看不起又左又留在美國的。

保釣對個人的影響

劉：保釣對於我的思想、看法都有很深的影響。此外，我的確還是在做保釣延續的工作。我在東吳大學先後主辦兩場釣魚台學術研討會，在論文集的序言都講的很清楚：我是受到在紐約黃養志影響，他學識很淵博，他認為保釣要有研究基礎，所以成立「國是研究社」。「國是研究社」的未竟事業，我延續來做。

參與釣運左傾的因素

反抗父權體制

謝：我跟鄭培凱談過，他們兩個好像是在 Ithaca 是不是？辦《九州雜誌》或是《七十年代》，他的家庭應該也是國民黨的高官，他沒有仔細講，但是他說這些人為什麼保釣，他的心理分析是，他覺得是叛逆，弒父情節，這些外省子弟對國民黨父權（進行弒父），雖然他們家是高官，可是他是處在叛逆期。

怕中共血洗台灣

劉：我曾在《聯合》季刊寫了一篇文章分析左傾的心理。高官子弟有一種心理是：他們怕共產黨到台灣之後，要血洗台灣，所以先向中共靠攏。

想長期居留美國

劉：另一種心理是，要藉唾棄台灣，而使他留在美國不回台灣的行為合理化，因為這樣比較沒有罪惡感。

謝：這是另外一個解釋。

林孝信的理想主義

劉：林孝信太理想了，我是比較實際的。我知道這些人在做什麼，林孝信看不到這一層，他不會懂這些微妙的心理。林孝信是個理想主義者，他不相信人是自私的，根本看不到。林孝信做了很多的事情，真是了不起，但是做法跟人家不一樣，效果不容易達到，原因是他不在意人性。他看不到人是自私的，人要照顧自己的兒女、家庭，為自己的生活奔波，不可能有那麼多時間。對林孝信來講，這些都不成理由。

謝：因為他都不顧嗎？

劉：他磨頂放踵，像苦行僧。

回台服務

劉：我不相信共產黨拿得了台灣，所以我 1972 年毅然回台灣服務。

謝：沈君山比你早回台灣嗎？

劉：沈君山比我晚一年。與我同年回台的還有張一蕃，然後有李雅明、王顯達他們，還是可以數出一些人來。既然台灣在風雨飄搖中，我們就來撐吧。

謝：可以來訪問張一蕃。他那時候在哪個學校？

劉：在康乃爾。

謝：劉容生也在康乃爾喔。

劉：劉容生沒有參加保釣。

謝：他也沒有說他參加了。他說因為大學已經搞過了。

劉：對這件事情我是很失望的，他居然沒有參加保釣。

國民黨的黑名單

人數與身分

謝：林孝信說當時被列入黑名單的非常多，有好幾百。

劉：應該是。

謝：你說你可能是因為你沒有參加保釣行動會，所以你沒有被列入黑名單。

劉：我猜這個有相當大的影響。後來當然我繼續參加保釣，臥底的人當然知道，他們也知道我這個人是何許人也。不過看我的言論，我批判別人親共，所以大概也沒有辦法把我弄到黑名單上去。

謝：至今有多少黑名單我們很難查到喔。

劉：很難。

謝：像他這麼黑的應該比較少。

劉：林孝信當然在黑名單中。他在《釣魚台快訊》批判政府，簡直是誓不兩立，而且還有左派的意識形態。那是非常禁忌的。可能國民黨也摸不清楚，他到底是台獨、還是左派。越是摸不清楚，越覺得可怕。

謝：所以當年上黑名單的，可能是統派（統運）、獨派這樣？

劉：對。

謝：其他搞不清楚狀況的也可能是。有些人本來想回來，因此而延後回來的。

劉：想回來而回不來，這種人我認為也不多。搞釣運的人，很多

人是想留在美國，包括我弟弟。

謝：當年想回來的人很少？

劉：應該不是那麼多。真想回來而因為搞釣運回不來的，很少。搞台獨的有可能多一點。搞釣運後期的人，要不是想留在美國，要不就是想留在大陸。許多並沒有想要回台灣服務；如果他在黑名單裡面，也不受任何影響。

對《科學月刊》的影響

劉：《科學月刊》出刊一年之後，就發生保釣。據說警總曾函各中學不得訂閱《科學月刊》，所以各中學的《科學月刊》在那一段時期就都沒有了。

謝：那《科學月刊》怎麼辦？

劉：《科學月刊》當時被定位是共產黨的外圍刊物。有人告訴我看過這個公文。後來我回來後，負責社務或總編，弄了二十年，發現很難推廣。為什麼建中、北一女沒有訂啊？後來才了解。《科學月刊》第一年非常風光，後來就被打壓了。有關單位絕對是密切注意《科學月刊》的，也是很注意我的，不曉得我是哪一路數的，後來看不出來。我很單純，就是辦科學教育。

第一批赴大陸人士

劉：據李遠哲他自己說他在黑名單裡面，但那並不是因為搞保釣，而是因為他一開始就跟共產黨很近。他一開始的時候是左派，所以他前幾年說他可以作兩岸的和平特使。美國最早派到大陸去親善的華裔科學家是楊振寧、何炳棣。後來說要加入台籍人士，李遠哲就是第一個美國派到大陸去的台籍人士。

謝：那是多早的時候？

劉：1970 年代前期。

謝：那第一批釣運第零團……

劉：那是 1971，第一批就是李我焱他們五個人，就有幾個台灣籍的。到了 1972 年，楊振寧、何炳棣到大陸去，後來才是李遠哲，所以他跟大陸有很密切的關係，也跟高層握過手。但他在保釣裡面好像沒有做過什麼事情。楊振寧做的比較多。

謝：很複雜喔，不過左派是有他的理想性的。

劉：左派好多種。像林孝信、徐守騰這些人是很有理想性的，也做事，但不是太多。

左派勢力衰退：四人幫垮台

謝：四人幫垮台是一個讓左傾士氣下降的因素，形象很不好。另一個是天安門事件，這當然是比較後期的打擊。現在情況又不一樣了。

劉：《群報》那些人很慘啊。他們那時候主張：知識分子應該要檢討，知識分子是臭老九──這是毛澤東講的，要為工農兵服務。現在他們怎麼看，我也不曉得。

謝：現在是「祖國」強大啦。

劉：另外，裡面有一群人，並不是因為意識形態（而信仰左派），而是因為民族主義，他們需要一個強大的祖國。就像當時我和香港學生討論，明確發現香港這些人很多左派，後來想通了，原來他們是被英國殖民，跟台灣的想法不太一樣。香港人當時是沒有祖國的，所以比較有理想的人一定是期望有強大祖國。

謝：是因為民族主義的關係，他的祖國是左派所以他才成為左派。

劉：對，等到他的祖國變成右派，他又變成右派。

保釣運動的影響

劉：我認為保釣活動中，4 月 10 日遊行的成就，可以用馬英九文章中的兩個論點來講：一點是日本不敢在釣魚台上設燈塔；第二點是，美國在第二年把釣魚台交給日本的時候，講明是交付行政權。換言之，主權我不處理，只是把行政權交給日本，這是那次保釣的重大成果。也還不錯啦。

謝：那就你看，整個保釣運動對於你自己的影響，還有對釣魚台主權問題的影響，在台灣有什麼影響嗎？回顧的話……

劉：我們參加過保釣的人，都深知這個對我們影響很大，比如說對事情的看法等等。畢竟回國的人也沒有那麼多，對整體台灣造成的影響，我就不清楚了。但是另外一群人，是有些影響。參加反共愛國聯盟的那些人，我雖不認為他們是保釣的，不過他們總是因為保釣而衍生出來的反共力量。這裡面有相當的人回國服務，後來成為國民黨內革新及後來新黨的骨幹。這些人是有一些影響力。但這不是保釣的直接影響，是間接的影響。

謝：我有問林孝信這個問題，他說很多人沒有回台灣，對台灣的政治、經濟、科學等各方面發展，有不利的影響。你同意嗎？

劉：我認為多數人本來就不想回台灣。

保釣運動與五四運動的關係

謝：另外有一些人說保釣是海外的五四運動，像周恩來曾如此說。所以他們對於回歸祖國，面見周恩來，這對於讓周恩來思考兩岸關係還有政策是有幫助的，讓中共的領導人了解台灣，因為他們是第一批留學生回去，所以對於兩岸關係的和平演變，他們是有貢獻的。

劉：我不同意。因為他們回去，完全是朝拜中共政權的。

謝：但是他們回去以後，他們還是台灣人，台灣留學生。

劉：你是說到大陸去服務的那些人。我剛剛直覺想到李我焱那些人，他們訪問過大陸又回美國，這個就不對。有少數人是真的回去，這些人後來組台灣同學會。

謝：那他們對於兩岸和平演變的貢獻？

劉：我猜想有，但我沒有接觸，我不清楚。

謝：所以他們把這個比喻成「海外的五四運動」，你覺得？

劉：這過了！原因是保釣作為文化運動，是失敗的。我很痛恨那些人把釣運變質了。也許本來釣運可以演變成一個文化運動，發揮更大的影響，這批人親共就搞壞掉了。我一向批判這件事情。還有一個因素，就是釣運主要發生在美國，還沒有能夠在本土生根，像在大陸，一點活動都沒有，所以影響有限，蠻可惜的。

如何讓保釣引起新的關注？

謝：你覺得保釣的問題，還是主權問題？怎麼引起新的關注？

劉：這其實在我這篇（指《保釣研討會論文集》代序的一首詩[3]）已經講的很清楚。好像除了維持爭議，別的事情沒有辦法做多少。美國的確已經把行政權交給日本，日本派軍艦在那裡，現在共產黨無從著力，當年寄望於共產黨的人已經失望了。在形勢與法理上來講，共產黨沒有辦法直接插手，中華民國政府比較直接。中華民國政府今年（編按：2009 年）做的比較像樣了。進一步能夠做什麼，馬英九應該也是很清楚，就是「常維爭議，以俟光復」。我們繼續要做的事就是成立「中華保釣協會」，我們這幾個老保釣都會去參加——我、胡卜凱、

3　程家瑞編，《釣魚台列嶼之法律地位》（台北，東吳大學，1998 年）。

林孝信。黃錫麟說，你們是老保釣，將來的事情是我們新一輩年輕人做。那很好，那就是有傳承。在我來講，就是「常維爭議」是能做的事情。再有的話就是希望有大學延續舉辦第三次學術研討會。

謝：就釣運來講，本身是個主權問題，衍生出來相關的影響，年輕的學生可以效法之處，你覺得是什麼？

劉：現在年輕人根本都不知道這檔子事。

謝：可是我們這一整代整個都被包進去了。

劉：現在都看不太到了。有人期望它變成一個文化運動，都落空了，根本上的原因是它在美國發生。台灣當然也有保釣，如王曉波他們搞的，不過規模到底比較小。不過，年輕人在現在的時空背景下太沒有理想性了，我們那一代至少有相當多的人有理想主義，而且付諸實施。所以也應該要多談一談，將來有人作研究、出些書，把整個事情弄出來。

謝：這一代不論是國民黨還是民進黨，都不覺得這是一個……，就是政治不正確。加上這是在海外……

劉：當然還有實際的因素，保釣需要兩岸聯手，但是現在時機還未成熟。至少要努力做到擱置爭議，與日本漁權共享，油權也共享。

第四章

林盛中先生訪談

林盛中先生（1942-2011）

林盛中，1964 年台大地質系畢業，1971 年美國布朗大學地質學博士。1970 年代留美期間參與保釣運動，為布朗大學保衛釣魚台行動委員會成員，曾任《群報》編輯。1972 年前往中國大陸工作，擔任地質科學院礦產資源研究所副研究員、研究員等職。在中國任職期間曾任第六、七屆中國人民政協委員、中華全國台灣同胞聯誼會副會長，台灣同學會會長。

受訪者：林盛中先生
訪問者：謝小芩館長、李華夏、李雅雯、蔡虹音
訪談時間：2009 年 2 月 2 日
訪問地點：台北市永康街希羅斯咖啡
記錄編輯：李雅雯

＊　　　　　＊　　　　　＊

成長經歷——對日本的矛盾看法

謝小芩（以下簡稱「謝」）：那你就看著大綱來談好了。

林盛中（以下簡稱「林」）：我是 1942 年 1 月份出生，1945 年 10 月 25 台灣才光復。所以我當過三年多的日本人。可能因為這個經歷，我小時候常常聽到我父親這一輩都在講日語。然而，從我們上小學開始，課本都已經改成是大陸的版本，而且還是抗戰時期的課文，特別是國文課本。

所以打從我上小學以後，對於日本經常有矛盾的想法。剛開始對日本很反感的地方是：為什麼我們受日本殖民統治五十年，可是父執輩他們在一起就會批評國民黨的統治不如日本。然而，我小時候印象很強烈的是，日本也常常把台灣人當成二等國民，最好的情況只讓你去當醫師，一般法律系之類的都不讓台灣人去讀。

另外，也聽他們說日本紀律很嚴明，對於犯罪的情況絕對不會容忍，日本警察不會向普通老百姓或小商販到處卡油。另外還有就是經濟，開始的時候，大家看到穿日本制服的人很威嚴。然而，那些早期派來接收台灣的兵都穿得破破爛爛的。這是因為早期主要菁華的兵都跟共產黨去打仗了，像徐蚌會戰（大陸叫淮海戰役），來台灣的兵有

的都面黃肌瘦，讓台灣老百姓感覺到很失望，印象很不好就是這樣子開始的。

我小學在溪州國民學校，現在在永和國小那個地方。我們一半的教室、一半的操場就被軍隊占去了。所以上學都是坐在操場上上課的，掛個黑板就開始。隔幾天就看到他們抬了一個人去埋，所以很多人從小就對國民黨不滿。

當然，因為我們接受的小學教育，所以很反對日本，認為台灣當了日本五十年的殖民地，這一點讓我印象非常深刻。後來長大之後就慢慢知道一些情況。當初我是拒學日語的，不然我應該有很好的機會，因為我的語感非常好，但當時我就拒絕去學。剛開始我們的愛國主義還是從歷史教育去學習的。甲午戰爭以後，我們就被日本統治。這段歷史我現在想起來還是很感嘆。

赴美留學

林：小時候對於蔣介石的統治也很不滿，當初老蔣是絕對不能批評的，還有孫中山的三民主義，一批評可能就被……，或人就失蹤了。到大學畢業出國以前，有時候只能默默地表達不滿，我跟我四弟比較談得來，我們就會在私底下批評。我們剛去美國留學的時候，白色恐怖的情況你很難想像。

我在 1966 年去美國，在學校裡頭國民黨小組的活動是公開的。跟我一起住在同一個公寓有兩個室友，他們就是國民黨員。除非比較熟的朋友，一般也不太敢在別人面前隨便批評。

學校裡頭還是有幾個比較活躍的人，比較敢批評國民黨，逐漸地都會結合在一起，私底下就在罵。我們當初學的歷史，近代史只學到抗日戰爭，卻對於國共是怎麼打起來的始終不知道，引發了我們的好

奇心。

在台灣的時候，我也是一個乖乖的學生，都是操行甲等、品學兼優的，從來就沒有接觸過左派的書籍。有些人私底下會看看魯迅的著作，這些我從來沒有看過。後來到美國之後就開始對蔣介石有所不滿，會和大家批評老蔣的獨裁統治。

1966 年大陸開始進行文化大革命，文化大革命影響整個世界非常大。美國很多學生爆發反戰運動（反越戰），遊行示威就是受到中國大陸文革的影響。那時候法國也有受到影響（編按：六八學運）、日本也有受影響（編按：東大安田講堂事件）。日本有些反對的學生把地球模型敲得亂七八糟的。

我們那時候也是，當時正好是反越戰鬧得最厲害的時候，保釣運動差不多也發生在那個時候，主要集中在 1970 年到 71 年。因為美國學生的反越戰運動，大家看的多了，我們也就敢起來抗爭了，互相都是有影響的。

謝：我也這麼覺得，1968 年就是全球連線的學生運動，文化大革命其實是一個最重要的動力。

林：我在美國的時候，美國學生也是學大陸的文革學生占領大學，毛澤東要去「上管改」，上大學、管大學、改造大學。我們在美國也一樣，1971 年那個春季，哥倫比亞大學學生就占領了整個教學樓。學制本來是一個學期四個月，一個月前就結束了，幾個教授還想堅持教學，就把黑板掛在操場的樹上，坐在那裡上課，根本上不了課，所有的教室都被占領了。當初其實我們也都不太了解這個真相，認為毛澤東好像是不要用傳統的東西，要來改造社會，創造一個新文化，把整個中國當做一個社會試驗品。那時候受到這方面的影響是滿大的。

謝：你有看到前後的差別嗎？你是 1966 年赴美，但是文革並不是立刻就影響美國、歐洲學運。你有看到那方面差別嗎？就是在美國大

學受大陸影響後的學潮情況，像拿小紅書之類的……

林：真正拿小紅書的人還是少數。美國有個黑豹黨，他們比較是親毛派的。一般人知道文革是學生敢於造反的精神，不完全抄襲模仿文革的行為。我們在美國電視看到關於中國大陸的報導基本上也都是負面的，所以我們開始也不是說有左傾想法，就立刻傾向中國大陸。你看《中央日報》海外版也都是罵那邊有多不好。

謝：我看美國的也是。美國當時也是麥卡錫主義（McCarthyism）盛行的時候。

林：對，當初整個環境是這樣子。我們從台灣出去，然後左傾，因為是在台灣接受的教育有限，對於國共鬥爭、最後被趕到台灣來這一段歷史，我們都有好奇心，但是不知道怎麼去找資料。後來是跟著幾個比較早到美國的同學，有讀過《毛澤東選集》的人，他們比較知道情況，他們可能會講一下裡面的內容。

謝：那個時候有讀書會之類的活動嗎？

林：我們那裡沒有，其他個別的地方可能有，但讀書會絕對不是很普及的。後來開始有一些志同道合的朋友，對國民黨有一些不滿會在私底下批評，幾個比較認識的人聚在一起才敢這樣，大庭廣眾之下當然不敢公開批評。比如說有一個叫陳玉璽的在夏威夷大學，去參加反越戰活動，回到台灣後好像被判了十二年，現在好像也在台灣教書。可能在玄奘大學教書，不是很確定。

也就是說，如果敢批評政府，回來之後可能就會有麻煩，坐監牢、或是怎麼樣都有可能。但是最主要的是，國民黨可以在台灣這邊卡住你，不讓你的弟弟妹妹出國留學，或者是不讓你的父母去美國看你，用這種方式弄得大家不敢公開反對國民黨。也就是說，政府的白色恐怖是很普遍存在的。另外，我們也都知道學校裡都有職業學生會打小報告，你不知道哪天被打小報告，大家都很害怕，怕回來之後可能會

被抓起來之類的。

參加保釣運動

　　林：保釣運動是從 1970 年開始的，由《中國時報》披露，還有那個胡卜凱，在胡秋原辦的《中華雜誌》上披露說：美國要把琉球交還給日本，其中包括釣魚台列嶼。釣魚台列嶼在日本統治時期就是台灣的日本總督府統治的範圍。以前宜蘭基隆一帶的漁船去那裡，沒辦法當天回來，就會帶著一些淡水，到釣魚台列嶼那裡捕魚，然後第二天再回來。因為披露了這個以後，在普林斯頓大學附近的幾個學生，像胡卜凱、沈平、李德怡（在建中跟我同屆），大概有五、六個人，呼籲了以後就引起大家的共鳴。

　　後來是因為林孝信在美國籌組《科學月刊》。當初台灣的學生接受的還是愛國主義教育，而台灣的科學研究環境等各方面還差美國一大截，出國留學後，希望把在美國學的這些東西傳回台灣，所以辦這個月刊，大家都希望為自己的家鄉為自己國家能夠做點事情。

　　林孝信就在海外徵集稿件，印刷還是在台灣島內印。主要是利用他的聯絡網，每個學校有不同個別專業的領域，知道哪個教授、或是研究生對這個主題比較熟悉，就請他寫一些比較通俗易懂的文章，介紹給高中生、大一、大二的學生，讓他開開眼界。因為當時台灣的資訊很缺乏。

　　當初保釣運動之所以能夠發展起來，我覺得林孝信的《科學月刊》聯絡網起了非常大、非常重要的作用。林孝信他們幾個人也曾經到我的布朗大學，介紹整個保釣運動，所以我們很快成立了「布朗大學保衛釣魚台行動委員會」。各地叫保衛釣魚台行動委員會都成立了。有了這個聯絡網以後，發現不是我們少數幾個人在關心，因此就衝破了

白色恐怖，保釣運動弄起來之後就不怕。個人的話還是怕被整，有一些人豁出去了，可能做點犧牲，然後大家都不怕了。

保釣運動也使得台獨的勢力發展起來。本來他們都不敢出面，平常出去遊行都帶著牛皮紙袋，露兩個眼睛這樣而已。後來看見我們保釣運動都是直接露面，所以他們膽子也大起來，互相有些關連。

謝：當初你也是用獎學金出國的嗎？

林：對。

謝：參與保釣運動的人都是理工的，念人文的很少。

林：對。這個是保釣一個大問題。

謝：很特別的。是什麼問題？

林：我想可能是因為唸理工的比較理想主義，比較少考慮個人的因素，覺得正義的事情就應該去做，不會考慮到個人利害，或者是家裡會受到什麼影響。

謝：我們看後來台灣的學生，是以人文方面，比如王曉波他們文法學院的人居多。但是在美國大部分是念理工的。有人提到另外一個可能的原因是，唸理工的人大部分都有獎學金，人文的很難拿獎學金，所以沒有錢去做這些事情。

林：有可能。譬如說我的母校布朗大學，或是加州大學什麼的，他們比較不容易進去，但是能夠進去的話，應該也是有獎學金的。但是也可能是，因為他們念人文受的訓練，比較知道怎麼保護自己的利益，我們唸理工的就比較單純，要不然這些人應該也是有獎學金。

謝：不是經濟問題？

林：我覺得不是經濟問題。當然一般比較差的學校，好多學文科的人去比較差的學校時，都是利用暑假去紐約打工，一天幹十八個小時，一年的學費、還有食宿就解決了。但是要去好的學校，都是有提供獎學金的。一些好的學校不容易進，但是只要進去，他都會提供獎

學金給你。所以這個不是主要原因。

謝：對啊，這我還滿好奇的。

林：保釣運動可能是從我們學理工的人開始，我後來其實也不怕，因為馬克思的理論中心，具體有數字都在裡面，剩餘價值那些對我就很有說服力。在台灣學的三民主義沒辦法說服我，都是死背的，我沒辦法真正完全相信這個是對的，他的理論沒有像馬克思、恩格斯他們寫的那麼深入。

思想左傾

謝：那你什麼時候開始接觸馬克思和恩格斯的？

林：我先講一下，我剛開始只是對國民黨不滿私下在批評。後來參加保釣運動，有一個香港學生叫做伍經元，後來認識的。

謝：後來他去加拿大？

林：對。後來他可能來串聯，正好碰到。他說他可以買到那個毛選，我從他那邊買到毛選，就開始讀《毛澤東選集》，接觸毛澤東的思想。學到〈湖南農民運動考察報告〉，知道怎麼用階級關係來看問題、分析問題。當然也開始學會運用一些辯證法的關係來看問題。

謝：那時候要取得這些資料也不太容易。

林：不太容易。我開始是因為想要了解大陸為什麼是個這樣子。1966 年大陸發生文革，當時的口號，林彪那一套是要用世界的鄉村包圍世界的城市，把它消滅掉。我們發現美國同學他們很怕中共耶！從 1949 年到 1966 年也不過十七年。鴉片戰爭時期還被人家欺負，中共為什麼有辦法可以在短短十七年就扭轉了中國歷史上一百多年的屈辱？

從台灣出去的我就出於好奇心，開始是在圖書館閱讀這些大陸的

報紙。因為是海運，差不多三個月以後才能拿到《光明日報》、《解放軍報》這些。只有那個《人民畫報》還稍微早一點，可能是空運的。說實話，剛開始看大陸的這些報紙，如果沒有學過那些理論，其實也看不懂，就算看了也覺得枯燥無味。後來就比較關心大陸建設方面的那些成績，他們發現了大慶油田，因為我學地質學的所以我知道，中國原來只有在甘肅玉門有一點點石油而已；還有後來的南京長江大橋這些建設，開始比較關心大陸具體建設的一些成果。

後來我們聽到有一個教授在講，他是在普林斯頓大學念完博士，在他們學校應用數學系擔任教授。他說：你別看美國有什麼自由民主，好多都是騙人的。在圖書館借書，看完絕對不要借出來，看完就要把它塞回原來的地方，因為只要借出去，美國聯邦調查局就會給你做記號，說你思想左傾。

剛開始我沒有直接接觸，也不是很感興趣。後來經過一些反覆思索，就好奇想看。當然大陸的小紅書那些我們沒有，後來是透過關係才買到一本。看完後茅塞頓開，開始知道用這種階級分析的立場來看待一些問題，然後學會用辯證法，透過一些現象可以看到整個中心，開始學會這個。

在美國的時候，我喜歡看武俠小說，像金庸這些。後來看了毛選真的被它吸引住。另外，這本毛選後面有註釋，也解開了國共鬥爭這段歷史的謎，這些我原來都不知道。當然它寫的也不一定完全準確啦！當然是用中共的觀點來看待國共鬥爭的問題。

一般來講，我都是晚上才到實驗室工作，一、兩點才回去住所。每天晚上我起碼看兩個小時的毛選，所以差不多花了一個多月的時間。最初對社會主義好多東西也不是很了解，但起碼就通過這些批評資本主義的一些書籍，認為辯證法講的還是比較有道理。轉變我一生的主要就是 1972 年那個時候。

四十大遊行

林：開始左傾主要還在 1971 年 4 月 10 日華盛頓的那場遊行。我一個同學開車載我去，結果到那邊以後發現，有的人開車開三天三夜才到，堪薩斯大學（University of Kansas）拿了個旗幟很醒目，他們輪流開了三天三夜的車，才開到華盛頓遊行；更遠一點就是洛杉磯那邊，他們就坐飛機來參加，當時發現從台灣出去的留學生普遍都是很愛國的。

當時台灣方面的駐外人員太令人失望啦！遊行的時候，估計差不多有兩、三千人。到美國國務院向他們發表抗議，要他們出來接受抗議書；到日本駐美國大使館外面發表演說，他們也是派人出來接受抗議書；到了自己的大使館不是要抗議，而是要請願，希望國民黨政府能夠強硬一點。大家也知道我們的實力跟美國、日本是沒辦法比的，但是還是希望政府要表達出維護國家領土、主權這種聲音，要向美國、日本作更強硬的表達。結果到了那裡，大使館大門緊閉，最後是派王正方三個人進去。那天晚上大家總結會議，都非常不滿，開始有人提議還是要依靠中華人民共和國才有可能把釣魚台列嶼收回來，開始有人有這個想法。

謝：王正方，還有錢致榕？

林：對。不知道是兩個還是三個反正就這樣子的。那一場遊行是我開始對國民黨不滿的轉捩點，很多人也是經歷那場遊行的刺激，開始要尋找該何去何從的方向。

1971 年 8 月在我的母校布朗大學開「美東國是討論會」，開始有人介紹大陸的一些情況。在會場上也放了幾場大陸拍的電影，像《東方紅》、《我們一定要把淮河治好》，還有《草原英雄小姊妹》。《東方紅》不用說，《我們一定要把淮河治好》講的是大陸治河是靠人將

石頭一個一個傳遞，用非常原始的方法，但是他的精神面貌令我們非常感動。

謝：那次駐華盛頓大使館閉門不接見你們，你們是怎麼樣推派出代表進去的？

林：當初有一個核心小組，組織大會活動，應該是他們推派的，我們只是去參加遊行。像袁旃、李我焱他們幾個可能是小組的成員。我記得在美國國務院前面那個演講是余珍珠講的，她英語講的非常好，咬字、口音非常清楚，讓我印象很深刻，其他細節我不太記得了。但是肯定有幾個核心小組的成員在處理，最後派誰出去我不知道。早期我只是基本群眾而已，原來不怎麼出頭露面的。

紐約遊行：中國在聯合國代表權

謝：他們說那時候台灣省籍的同學比較少？

林：其實剛開始的時候，林孝信到我們學校去介紹時，基本上沒什麼分別，兩邊的同學都有。後來有幾次我忘了，開始有認同的問題。比如說認同國民黨、還是認同中共那邊，台灣省籍的同學兩邊都不認同，就不太願意參加了！

我主要開始認同大陸這邊是在布朗大學的「美東國是會議」上。那一年中國在聯合國代表權的問題，被媒體炒得很熱，大家都在關注。所以在會議上我們也把誰應該代表中國在聯合國席位的問題提出來討論。

當時我只是覺得大陸當時人口差不多有八億，領土有九百六十萬平方公里，中共被排除在聯合國之外我覺得不合理，只是這樣。當然我也不是排斥台灣不應該在聯合國有任何地位。我是理工科出身的，從比較公正的眼光來看，認為應該土地大、人口多的這邊來代表中國

才對。台灣代表權問題則是要用協商的方式來解決。

　　為了中國在聯合國的代表權、投票權問題，我們決定在 1971 年的 9 月 21 日去紐約遊行。對我來說，那一次也是一個分水嶺，好多人開始時熱情支持，但是遇到這個部分他還是不敢去，因為會影響到飯碗啊！

　　我一般都比較守時，怕中間耽誤乾脆提前一點到，大概提早到大概半個小時以上。我們還有跟另外一個我忘了。另外有一個是香港學生，但我跟他原來不太熟。很多真正台灣的同學都不太敢出現，怕出現麻煩。

　　我們到了那裡，組織大會的人說要不要拿一些牌子出去掛，我們既然敢去那裡也就不怕這個了，就掛。前面一個五星紅旗由六個人一起拿，很大的一面五星紅旗。如果是看 Time、Newsweek 這期可能有彩色的，我只是買這個而已，《紐約時報》什麼都有。由五星紅旗開道。但也有人說拿五星紅旗的人中，有一個其實是 FBI 的人，他們也參與在裡頭。

　　謝：間諜？還是？

　　林：也是情報人員，美國聯邦調查局的。

　　謝：所以他是潛入那個組織裡面？

　　林：不是，因為我們是公開的活動，誰要進來都可以。

　　謝：我看這個報導裡面也有很多美國人、外國人各個人種。

　　林：對，各個人種互相支援，包括美國的黑豹黨、還有什麼阿拉伯人，伊拉克啊，什麼都有，那一代有好多人參加這次活動。

　　謝：那時候裡面有寫，隊伍的人是很多樣性的、多元的。

　　林：對，然後後面接著是十面字牌「中華人民共和國萬歲！」，我是拿感嘆號那個字牌。後面是十面毛澤東的相片。我們遊行的時候，兩邊的美國人看的都愣了，第一次出現毛澤東的相片、又是五星紅旗，

他們也沒有見過，第一次，完全出來了。

本來我在 1971 年在布朗大學唸完博士，要去 UCLA 做博士後研究。結果大概隔了一、兩個禮拜，我爸爸寫信給我，要我不要參加任何政治活動，說有人告密告到這裡了。本來我已經錄取博士後研究，差不多將近一個月，就把我的資格取消掉了。我的指導教授在這個領域裡頭還挺有名的，作高溫高壓實驗方面的研究。那時候他正好在瑞士，後來他就通知我資格取消，說是人事凍結。但我們都知道，在美國這是屬於教授、副教授的經費，學校是會給的，所以顯然他受到了壓力，我也是後來才知道這個問題。包括我去加拿大大使館辦事情，布朗裡面都有一個人在跟著。

取消護照、找工作

謝：那時候有取消護照嗎？

林：取消護照的是第一批去大陸的五個人（保釣零團），就是李我焱、陳恒次、陳治利、王正方，跟王春生，他們回到美國後，台灣就取消他們護照了。我倒還沒有被取消護照。

我跟幾個香港學生廖約克、還有 Frank Chu 很熟，裡面像我這個台灣省籍的比較少見。有一次在哈佛大學舉辦一個群眾大會請我去演講，在 1971 年的 4、5 月份，應該是 4 月 10 號遊行以後，他們請我去演講。我也是看了《毛澤東選集》有一點心得，知道怎麼看問題，就指出國民黨在台灣統治為什麼使得很多人不滿意等等。

後來，我的護照正好也差不多快五年，要到期了。我去波士頓總領事館，他們有去聽那個報告，就問我：台灣真的有你講的那麼差嗎？等等問題。

我講幾個事實，我小時候在永和，那邊都是農村稻田，現在那裡

非常繁榮。小時候從我們家就可以直接看到圓通寺，那時候根本沒有什麼房子。但是起碼老百姓直接的感受，基本上真的是夜不閉戶，都可以隨便跑到鄰居家裡面。後來國民黨來以後，永和開始人就多了，住的地方都要圍籬笆。我們那裡原來是鄉下，大家都覺得不太有問題。後來小偷多了，晚上那個雞啊、什麼東西都偷走。我們晚上把雞鴨關進去之後都還要上鎖。國民黨來了以後就變成這樣子。本來夏天熱了，衣服隨便掛著就行，有人就會拿著竹竿放著鉤子就把衣服偷鉤出去，所以衣服都要放在竹竿不能接觸到的地方，類似這樣，此外就是大家很不滿小商小販被警察卡油這種事情。

我父輩在講，日本時代的日本警察絕對不幹這種事。我就跟他講這個，但還是把我護照延了。

謝：所以你那時候護照……

林：我的都還在。

謝：所以取消護照的人不多吧？

林：不要吊銷護照就好。花俊雄被取消可能是去聯合國工作以後。林孝信的話，可能因為他也比較活躍，後來他又支持台灣民主運動，成立「台灣民主運動支援會」，可能是因為這個原因。當年我們就因為這場示威整個工作丟了。

謝：夠嚴重的。

林：工作就丟啦！反正就是這樣子的，所以後來我才說改變我一生的有可能是這個。丟了以後，我就開始到紐約找工作，我同學弟弟在那裡。

美國因為越戰的關係，1968 年我拿碩士的時候，布告欄徵人廣告到處都是，那時候要挑說薪水高一點的、或是比較有名的學校都有得挑。我是 1971 年畢業，在 1970 年底還有看到一張招人的報告，那張以後就絕跡了，就再也沒有看到徵人廣告，整個就很慘。

　　後來，我去紐約找工作，去紐約也只能找跟我專業有關的。我是學地質的，但是比較偏重化學高溫高壓實驗。我碩士跟博士都是用放射性同位素做的，所以放射化學我學的很好。有一個醫院要徵放射性同位素的技術員，我就去應徵啦！但是我不敢說是在美國念大學的，因為我是在台灣念完大學才去美國，但是我有美國碩士、博士資格，我就騙他我是拿到碩士，後來 interview 時，他說你是 interview 裡頭最好的，但是很遺憾你 over qualify 沒辦法。我也不敢騙他說我只有念完大學，萬一他要看證書，我 master 的證書起碼還可以讓他看嘛！後來就沒有下文了。

與許登源合作

　　林：後來，我跑到普林斯頓大學去，因為我一個室友在那裡當博士後研究，我跟他非常要好，我就去他家，起碼吃住免費嘛！工作就在普林斯頓附近找。找了幾天，有一天一個普林斯頓大學愛因斯坦講座教授，研究數學方面的教授打電話給我，說：「我是莫宗堅」，他去參加許登源的讀書會，認識許登源。原來我也沒聽說過許登源，他在保釣運動的時候還沒出現，因為在花旗銀行工作，沒時間出來。後來他比較關心這一方面，打聽後知道有我這一號人物，是台灣省籍的，一直很堅定之類的。莫宗堅就開車把我從普林斯頓送到許登源那裡。莫宗堅是 1961 還是 62 的台大數學系畢業的。許登源是台大哲學系畢業的。

　　謝：所以莫宗堅是找到你，然後……

　　林：他帶我去找許登源。他說他因為在花旗銀行工作，他沒有時間直接參與活動。但是他除了《史達林全集》沒有通讀以外，《馬克思全集》、《列寧全集》，然後《魯迅全集》、《資本論》等各方面

他都通讀過了，其中重要文章也是讀過很多。他可能是我認識的人當中，比大陸中共中央黨校的那些教授讀的都還多。他知道我在運動裡頭比較積極，他說希望兩個人能互相合作。我暫時也不用去找工作，反正他要資助，還有出去串連的費用都是他出！就這樣合作。

因為他也很關心台灣問題，特別就是說希望在台灣省籍裡頭找到能夠了解社會主義、主張社會主義的人，這樣的人太少。他初步想從參加保釣運動的人裡頭，團結一部分台灣省籍的人出來。更好的是向在美國的台灣人裡頭傳播社會主義思潮。我覺得他講的有道理，我就答應了。就從普林斯頓把行李都搬去他家，然後就是睡袋，都睡地板。因為他也不是很寬裕，紐約房子很貴啦！

謝：他是在紐約？

林：他在紐約。當時他有一個兒子，兒子還很小由他岳母來照料。他沒有更多的房子。但我們搞保釣運動也無所謂，白天捲起來、晚上一個睡袋就在那裡睡，在那裡睡了一年。他說保釣運動裡頭很多積極分子、頭頭都跟他有關。他太太陳妙惠原先是台大哲學系的，當初為了找工作比較容易，改念圖書館系。他太太正好在圖書館工作，所以比較方便拿新的書給他，所以他《馬克思全集》、《恩格斯全集》、《列寧全集》等等都讀了。

我們就開始合作！我們先去中部幾個地方串連，包括花俊雄等等那時候就見過了，都是台灣省籍的。當然一般保釣我都認識了，但我知道有幾個屬於台灣省籍的人就加強聯繫。

編輯《群報》

林：後來也是聽到關文亮講，當初紐約《群報》內部有點矛盾。後來因為人手不夠，介紹大陸部分的文章就從《人民日報》裡頭去剪

貼。因為沒有打字機，打字還不方便，是用剪貼的方式，貼上去當作是影印。但是沒有改寫文字，直接剪貼《人民日報》的文章貼上去，開始就有人對《群報》有意見，有的人認為《群報》是《人民日報》海外版。我們就覺得應該要去那裡影響。

再加上許登源看了幾篇文章，是龔忠武寫的，他有點大國沙文主義，這樣子台灣省籍的人看到會反感。

原先在聯合國工作的尹夢龍，本身很熱情地辦《群報》，可能文筆或是其他方面還是不太夠，所以主要是依靠龔忠武來辦。後來許登源認為：我們應該涉入《群報》，如果有太多大國沙文主義色彩的文章，應該要把他改掉。我們兩個人就配合起來，有時候看到文章不適合，就算當天就要排版印了，我們還是有實力當場就改寫一篇，用這個方式辦刊物。

謝：所以你那時候已經接手排版《群報》？你們是在什麼狀況之下可以去談……？

林：當初是因為我比較積極，那時候我 Ph.D. 也差不多快唸完了，基本上論文都寫完了，只差那個去論文答辯這一關，所以比較有時間去跑。後來為了找工作到紐約，當大學駐紐約的代表。那時候好多人從紐澤西、普林斯頓，還有包括費城，像王正方他們來紐約，那些會議我都會參加，所以那些人我都很熟。

謝：那時候是 1971、72 年了？

林：主要是 1971 年 10 月份以後，一直到 1972 年。但是我們參加紐約《群報》的編輯大概是從 1972 年初那一段開始。1971 年底在哥倫比亞大學有一個討論會，五個到大陸訪問的人也在會上介紹。有人建議，反正現在美國把釣魚台交給日本了，你一時也沒辦法。關鍵是兩岸統一以後，合力才有足夠的力量收回釣魚台列嶼，所以我們就開始轉成統一運動。那《群報》也是，應該是 1971 年初開始創辦的，

最初在美國發行量還是最大的，開始他們有好幾個人積極參與，包括哥倫比亞大學一個主力都參與在裡頭。

後來裡頭有一些意見不合吧？有一部分人退走了，所以人手不夠。許登源認為：報紙發行量最大，影響也比較大，應該還是要好好讓它重新恢復。最早去的時候，剛好是 1971 年中國恢復了代表權，後來就派來一個代表團到紐約。所以當初中文就很受重視，很多當初參加保釣運動的人，好幾個人都是因為比較親近中華人民共和國那邊，飯碗都丟了，所以他們好多人那時候就去那邊工作。

另一方面，大陸本身會俄語的人較多，會英語的人才比較少，再加上他們對美國這個社會也不一定很了解，所以啟用保釣運動的這些人去聯合國工作。我那時候就下決心回大陸了，要不然我要去聯合國工作也是很容易的事。

謝：那時候為什麼會下決心去大陸？

林：我覺得我接受了馬克思主義。這一年我在紐約，除了去串聯、來參加《群報》外，我在許登源指導下，我把大陸單行本差不多在那時候在哥大中央圖書館讀完了，很認真的。每天晚上回去就跟他討論，發現他很厲害，譬如說有時看完，隔了一段時間不一定記得很清楚，他都還記得很清楚要點在哪裡，他經常在看的。恢復中華人民共和國代表權之後，許登源還常去駐聯合國代表團那裡和他們周旋。說實話我沒有去跟他們接觸過。

謝：所以你是 1972 年初開始去參與《群報》，那時候許登源有出錢嗎？他對《群報》是怎麼樣有他的影響力？

林：那裡有一些稿子要整合，然後就是說……

謝：《群報》任何人去都可以去審嗎？

林：對啊，但是還是要準備下一期的重點方向，在那裡可以集中他們的稿子，這是編輯前的工作。然後最主要的部分是，有時候龔忠

武寫的文章帶有大國沙文主義色彩，就把它否決掉。我跟許登源當場就再寫一篇社論。

謝：所以《群報》不是每天出版？

林：一個禮拜一次，是週報。我們是利用週末去那裡。

謝：你在《群報》多久？

林：一直到 1972 年 10 月，所以大概有八、九個月。

謝：在那邊的人很多，所以編輯群是怎麼樣進行？

林：後來中國恢復了聯合國的代表權，就把一些人拉回來。所以包括劉大任、郭松棻、張文藝他們好幾個人，好幾個在柏克萊大學或者這一帶的，都進聯合國的這些人，開始把他們拉進《群報》。後來有一陣子實力還滿強的。

謝：我發現很多人跟《群報》都有點關係。有一個南部的休士頓那一帶，跟《群報》好像也有參與。你知道我講哪一個嗎？

林：是楊高雄，他應該是在佛羅里達。他原來也在哥倫比亞待過，哥倫比亞這邊比較熟。後來聽說身體的關係，換到佛羅里達去。我不清楚他有沒有直接參加《群報》，至少我在那段時間好像沒有。

謝：除了參加《群報》之外，那一段時間讀書、串聯，還有做些什麼？

林：就是串聯，包括他們第一批去到大陸訪問的那五個人，後來常常跟陳治利他們到各地去演講，認識更多的一些朋友。

謝：他們那時候就是手邊的事都不管，就是巡迴演講？

林：對，曾經有一陣子，大家都有熱情要把社會主義的一些東西，在旅美台灣人裡頭傳播。

謝：巡迴演講大概有多少時間？

林：芝加哥一天，然後奧爾巴尼（Albany）、波士頓一天，然後洛杉磯一天，然後去柏克萊，然後再回去。一次出去大概五、六天啦。

不同的人有不同的標準，可能會縮小範圍。我主要是跟著伊利諾的陳恆次跟陳治利。

謝：所以他們可能也分開？

林：他們曾經一起在紐約那裡，也是保釣運動變成中國統一運動那時候，那也是很關鍵的時刻。在那邊他介紹很多大陸的情況，特別是介紹周恩來總理對台灣的關心，對台灣人民表示關心跟尊重，影響很多人。

前往中國大陸

謝：那你怎麼申請回國的？

林：我是看完尼克森訪問中國，2 月 28 日簽署《上海公報》，然後在 3 月 3 日或 4 日左右，要求回大陸工作。我當初也是下了很大的決心，所以駐聯合國代表處的職位都不肯去，要直接回來大陸，有很堅強的社會主義的信念，要就直接回去。在那裡又這個……

開始本來是想拜託李我焱啦！看看他有沒有辦法幫我轉給中國駐加拿大大使館。原來我聽說有一個白俊雄在 1971 年就回來，就是透過他的關係回來的。我就跟李我焱說：我現在一直找不到工作，因為我是念地質學的，在大陸比較可以發揮作用，我想要回去工作。李我焱跟我打官腔，他說去當出租汽車司機就行了，就可以活了，去那邊一定活不下去。我說如果我去當出租汽車司機天天忙這個，哪有時間去搞運動？

後來我就豁出去，我知道申請書在美國聯邦調查局有影印本，我就直接寫，寄信寄到中華人民共和國駐加拿大大使館。申請書被美國寄到那裡以前就有，說不定加拿大那邊也有，兩邊都有我的複印件。

謝：直接寄到加拿大？

林：對。

謝：他們怎麼跟你聯絡？

林：他們後來回了一封信，只有簡單幾句話，說申請獲得批准，給個號碼要我打過去。當然我不敢在許登源家裡打，當初互相要聯絡，在白區工作聯絡都是打公共電話。當初沒有卡片，都是準備好多少錢幣然後開始打。但是要去中國，從美國任何地方打到加拿大使館肯定是被監聽錄音。

後來，我就照著電話打過去，他要我直接過去談一下。隔幾天我自己開車，經過那個蒙特婁，那裡有一個原來在布朗當講師的人，後來也回到大陸數學研究所。在他那住了一晚，第二天我前往渥太華中共駐加拿大大使館，當時還是租的一個旅館。離大使館走路差不多四、五十分鐘的地方停下來，後面有一部車子也停下來，他自稱是布朗大學畢業的，看他的車號是羅德島（Rhode Island）。他問我是不是要去大使館？我連忙說不是，我知道被盯上了，所以故意把車子停得好遠好遠，大概有四、五十分鐘距離。幸好故意慢慢等，等了一個多小時之後才去。

進去的時候，那個美國學長還在，他們肯定是盯著我，知道我要前往中國大陸。到大使館以後，大使館的人說我沒有到過大陸，但是看我決心那麼大，就說最好先回大陸看一看，然後自己再做決定，來回機票他們都可以幫忙出。我跟他說，因為我學過馬列、有信仰的，再加上我是學地質的，我也知道大陸情況非常苦，如果我都還不能適應的話，我想全美國保釣也沒幾個人有辦法適應了。

謝：那時候很多人想回去，申請很不容易，為什麼你那麼容易？

林：可能他們知道有我這號人，在運動裡頭都會互相了解認識。另外，我估計他們大概也問過許登源。許登源跟中國……，中共大使館那邊，但是駐紐約州領事館他們也是會互相通接情報嘛！所以他大

概知道我有真正的訓練才想要回去，而不是一般光說愛國、或是一時衝動。當初那麼快批准我回去，我也不敢跟別人講，因為有的申請了兩、三年還是不准，當初要申請回去很不容易。

謝：最後您是在 1972 年幾月的時候……

林：10 月 10 日到北京，10 月 8 日離開加拿大。後來因為時差在巴黎住了一晚，然後第二天到北京。

謝：你出去時候，申請書是從國務院那邊批下來，還是外交部？

林：我估計是國務院。當初能去大陸的人非常少，一直到 1978 年才比較多，之前總共加起來好像還不到十位。

謝：這十位現在狀況怎麼樣？

林：大部分都走了，只有我、還有一個比我晚一年回去的吳英輔還留在大陸，還有戴新生三個人留在那裡。

對台工作建議

謝：那時候你們剛回去啊，保釣的都有一個……

林：剛回去時，他們的接待單位是，後來了解到是中央調查部，等於現在國家安全部。他們就是跟我聊，因為我當初還涉入比較多，透過我瞭解這些情況。開始的話我還算比較紅啦，基本上談制度時也叫我出面。

我在 1972 年 10 月 10 日回到北京，11 月許登源跟他太太陳妙惠也到北京了。他們就住在北京民族飯店，就跟許登源談起來。接待單位發現許登源因為學了很多馬列主義，很多問題都很尖銳，很敢提。那些接待的人對他很頭疼，希望趕緊讓他去參觀一些地方就送回美國。許登源很不甘願，不願意去，接待的人要他去參觀延安，他絕對不要去，他要跟中央級的領導直接反應一些問題。所以他就請教我怎麼辦？

其實我剛回去我也不太知道怎麼辦。也沒有門路，也得找到一個關係遞上去。後來我就請教我們單位的支部書記，說有一個朋友有一些意見書想反應給上面。

入聯合國代表權以後，去聯合國演講的是喬冠華，他派駐到海外，特別保釣的人可以接觸。我想起碼能夠直接跟喬冠華談一下，然後再把一些具體意見反應給周恩來總理。信封上寫「喬冠華部長親啟」，他們接待的人就不敢押下來，萬一以後出問題可以追究。我現在記不是很清楚了，當初給喬冠華寫信時候，就把整個意見書附上，我有點忘掉。

我給喬冠華的信件是要求接見我們、反應台灣同胞對對台工作的意見，然後在信封寫「喬冠華部長親啟」，然後交上去。他們那時候內外有別，說實話，我如果是以台灣省籍的身分回去訪問，說不一定還有機會見到周恩來總理。但是我是到大陸工作，他就要分開處理。所以喬冠華接見他們夫婦兩個人。

我估計提的意見說不定有七、八條，我記不是很清楚，要回去再找，但是有兩條印象非常深刻。另外，我們覺得能夠真正起作用的，第一條就是要求台灣問題的解決，要由武力解放的方式轉變為和平統一；另外一個是，中央包括周總理接見海外的團體，並不是經常性的，我們希望能夠是變成是經常性反應意見的渠道。我們要求讓在大陸的台灣同胞組成一個在人大的觀察團，可以列席人大會議，能聽到中央報告，也可以反應意見，最重要的就是這兩點。

前不久我去見了許登源，他好像忘記了。他好像大我四歲，他太太跟謝瑩瑩（「台灣同學會」第四任會長）非常要好。她是台大歷史系的，以前都住在女生宿舍，非常要好。我們在 1971 年 11 月提出這個意見以後，1972 年中共第十次全國代表大會就設立了「台灣省觀察團」，可以列席人大會議的台灣代表團。最近兩次選舉我還去參加投票，大陸每個省都有自己黨代會選出來的代表，台灣省的代表比較特

殊，就由中國各地選出大概一百名、或者一百多一點，叫做協商選舉代表，然後我們從這一百多位中投票選出十位。

謝：台灣人民代表？

林：對。按理講我就是去年（2008 年）的中共十七大代表。之前的選舉我印象比較深刻。中共是三萬名黨員選一名代表，參加代表會議。台灣省籍的黨員有兩千六百七十幾名，也就是說，如果按三萬名選一名代表的比例，人數 0.1% 都還不到，就給了十名代表。而且特別重視，那時候周恩來還活著，給了兩個中央委員，一個是蔡嘯，一個是林麗韞。蔡嘯後來當了台盟（台灣民主自治同盟）的主席、全國政協的副祕書長；林麗韞後來當選了台聯會（「中華全國台灣同胞聯誼會」）的會長。在文革的時候，台灣人要入黨很難，當初台灣省籍的黨員，我估計沒有幾百個，那時候比例可能更小。但是我們要求在人大有台灣代表，周恩來對此有回應，就在中共十大的正式代表就給了兩個中央委員。

1975 年第四屆全國人大開會的時候，設立了「台灣省民代表團」，有十三名代表，也是中國各地選一百多個人，然後再選出這十三個。全國人大常委以前有三個，有一個是在台北當律師，曾經回中國大陸，1964 年競選過台北市長，就是後來輸給高玉樹的陳逸松。還有兩個在大陸比較久的台胞，林麗韞跟蔡慶榮（後改名蔡子民）三位常委。最近這一、兩屆好像只剩下兩位常委，因為資歷還不太夠。

我們有做出一些貢獻！因為了解台灣的情況，更應該積極向上反應，起碼 1979 年元旦大陸的對台政策就由「武力解放」變成「和平統一」了，這是我們直接做出的貢獻。另外，中共後來設立了人大正式代表，包括黨代表。我從來不吹噓這些，上次我在人大會堂講要紀念這個，好多人說沒想到你們做的貢獻這麼大，他們也都在那裡享福的，結果我一次人大代表都沒當過，一直在當政協委員。

　　有人問當初怎麼樣？那時我的生活條件也是非常差，但是我自己心裡明白：我們是在推動比較重大的歷史進程。前幾天有一個親友問：「你會不會後悔？」我說我覺得有成就感，我們在歷史上推動了這些。吃那一點苦，如果看到那些……，或是看到長城那邊好多艱苦犧牲的，我們這一點苦實在微不足道。我就這樣子看待我的人生。

初期在中國大陸工作情況

　　謝：你剛回去的時候，他們安排你什麼樣的工作？還有你的日常生活？

　　林：我剛回去的時候，就是 1972 年跟著幾個大陸駐加拿大大使館的人員，當時他們建館差不多快一年。一般來講，外交人員是一年或是兩、三年輪換，有的會回去休假，差不多一個月，回去探親，我就跟著他們。同行有一個在加拿大多倫多工作，他不是留學，那時候大概只有唸到中學，在一個左派的報紙工作。那個人回去以後，就到廣東韶關那裡，他是廣東人。

　　我第一次進大陸時令我非常吃驚。以前我們這裡是「反共義士」駕機來歸那種大肆歡迎的場面。結果我們到了大陸，大使館的人有車子來接，然後還好他幫我們打電話到華僑大廈，派了一輛華沙牌的車子到機場接我們兩個。我就跟著他們去了。到華僑大廈住了好像三天，也沒人來管我們，自己付錢吃飯。我說奇怪，後來就去總服務台問他們，就講我們是從美國、從加拿大回來的，怎麼回來都沒人管我們？他們才向外交部領事司通了電話，才派人來看我們，然後就是吃飯就只要簽帳，就不用自己付錢啦！

　　謝：自己帶錢回去呀？

　　林：自己總要帶個幾百美元回去，一分錢都沒有在那裡就要餓死

了！幾天以後就有地質科學的人來。大陸有兩個系統，一個是中國科學院，有很多研究所；另外是國務院各個部委，每個地方都有管科學研究的，一般叫中國生物科學院、中國地質科學院，我後來就是在中國地質科學院。

他讓我去參觀兩個研究所，一個是現在我工作的研究所，另外一個就是地質力學研究所。因為這個研究所跟我專業比較接近，所以我就決定在這個研究所工作。然後他們就要我立刻搬去工作了。我說：剛到北京什麼樣子都還沒看，起碼讓我跟著華僑團體一日遊，長城、故宮看一下再去。後來他們答應了，參觀完再回去。所以我在華僑大廈那裡跟著華僑的旅遊團，在北京周圍先逛了一下，然後就去工作。

謝：所以他們也沒有專門的宣傳啊？

林：沒有，都沒有什麼宣傳。我們都沒人理啊！後來我還算優待。開始時，大家怎麼都要到野外？在市裡頭怎麼叫野外？很多地質人員說要跑野外，那裡大部分都是單身漢，以前好多兩地分居的人。如果是在家鄉結婚的話，妻子在農村，人員每年也就是春節回去探一下親。

謝：戶口不能搬進來？

林：不能搬進來，很難的。有時候也可以來看一下。實際上我住的地方可能就是一個辦公室，比較優待。一般有家屬的人就在走廊燒飯，好多年我自己買個盆，有時候燒點水就倒在那裡，就這樣子的。

謝：沒有在外面住？就在辦公室？

林：我住的地方相當於辦公室，將辦公室改成住宿。辦公室中間一個走道兩邊都有人。那現在最後就是說大家在門口那裡買一些蜂窩煤，煤球就這樣子過。當初我這種苦比較無所謂啦，但是開始最難忍受的是衛生條件好差。好多農村來的不知道有水箱沖水那種東西，常常塞住堵住，有這個條件都還阻塞。經常好多地方燈泡壞了也沒人管。

當初物質非常的缺乏，文革時就是在北方，冬天沒有什麼菜，只

有大白菜。所以我們就吃山東大白菜，其他平常都見不到。在食堂裡頭吃飯就只有炒白菜，煮白菜、熬白菜，一般就三白這樣子。吃了以後，不到十一點肚子就呱呱叫了，餓的要命。

謝：您那個時候是一個人回去？

林：對，一個人回去。我是 1972 年回去，1976 年才結婚。現在有點肥肉都扔掉，那時候煮白菜，裡頭有幾塊小肥肉就得趕緊撈起來，不然永遠都不夠。

謝：那時候你有常常去田野調查嗎？就是地質研究不是要到野外？

林：因為我作的比較是偏重實驗方面的研究，研究礦物方面，所以比較少出去。回大陸那麼多年，跑野外大概也只有四、五次而已。偏重高溫高壓研究，要使用裡面的設備，像礦物用顯微鏡鑑定這些，所以比較少跑野外。

謝：那時候跟海外或是台灣這方面的聯繫是？

林：當初一起遊行的黃庭芳，後來去哈佛，本來他要回國回大陸工作。他的研究跟我比較接近，也是高溫高壓實驗。原來純數學的，後來為了回國工作，做跟地質地震有關的研究，所以改到哈佛。他透過 computer 的模式在那裡弄的好像沒什麼用，後來就換到麻省理工學院。他問我要不要回去？我勸他不要回去。因為大陸開展科研工作很困難，在美國遇到什麼問題，一個電話幾天就解決了。我們經常一弄就是半年，都親自去跑，包括我們實驗用的黃金管，美國都有現成的備品，一打電話公司立刻就送來。我們派人北京還解決不了，得派人專門去上海一家特定的公司才可以幫你做那個管，往往差不多要半年左右才交貨。所以我勸他不能回來，我說我已經在這裡了；再加上對台工作，我們可以做點貢獻、起點作用，覺得這樣還值得。如果你要真正從事科研工作，以當初的條件，我勸他不要回來。他後來在美國做的非常好。

　　後來大陸物資越來越缺乏，文革還在進行。在北京買肉，憑本子一個月只能買兩斤，根本不夠吃。但是每天可以買兩毛錢的肉，不會記在本子上，所以所有的人每天都要去排四、五十分鐘，只為了兩毛錢的肉，整個工作效率很低沒辦法。

　　謝：兩毛錢的肉可以買到什麼？

　　林：兩毛錢的肉啊⋯⋯

　　謝：那不是要肉票嗎？肉票那個只能給你兩斤一個月，所以那不算在肉票內？

　　林：對，不算肉票裡頭。

　　謝：到哪裡買啊？

　　林：還是有賣肉的地方啊，但要排隊。兩毛錢的肉差不多可能是一兩多到二兩。然後燈泡壞了要用舊的去換，所以有時候燈泡壞了，都得背著書包，小心翼翼地騎著腳踏車去買。有時候跑了半個北京城都買不到！電池要買新的，也是要把舊的拿去換，他才會賣給你。

　　謝：以現在來說，其實很環保⋯⋯

　　林：但是太花時間、太花精神就是了。我再跟你講，我原來從美國穿回去的那雙皮鞋，因為 1976 年要結婚，都沒有擦過鞋油，要結婚總要擦一下，結果跑遍北京城買不到一管鞋油。後來我還是帶我太太到美國去旅行結婚。

　　謝：你太太也是大陸的？

　　林：大陸的，對。

　　謝：那時候結婚容易嗎？等於是你要融到本地。要申請嗎？

　　林：倒也不用。兩個人要去登記結婚，取得結婚證。

　　謝：等於是文革最尾端的？

　　林：對。

　　謝：聽說你交朋友比較⋯⋯

林：我去那麼多年，因為樸實跟人家比較容易相處，大家也覺得很好。但是一直到 1975 年年底，才開始有人跟我講心裡話，要不然他們還是有點戒心，怕文革重來，毛澤東說文革要七、八年來一次嘛！所以他們就比較小心。我是雙料特權，有台灣關係、有美國關係。

謝：所以你是有特權的？

林：不是，也沒有怎麼樣。只是說稍微照顧一下，就說買糧食，給我 32 斤半夠我吃的，後來食物比較缺乏，我的部分稍微優待一下，可以買細糧、麵、米，其他人一定要加上玉米和其他雜糧才行，我只有這一點點特權而已啦！

謝：那算不算特封的？

林：對啊，也不是特封的。領導權高層就是照顧一下而已啦。剛回去的時候，帶我去做一套中山裝，然後買個毯子，就這樣子。我原來的床都是兩層，雙層的床鋸掉下面那層。因為還在文革期間，去那裡根本沒有特權，要打倒階級差異……

謝：你和你太太是怎麼樣認識的？

林：當初大陸有所謂的民兵巡邏維持治安，一定要輪流去巡邏。我一個同事跟我太太姊夫都是民兵巡邏時認識。他講他有一個妹妹還沒結婚，當初他人在邯鄲附近一個鐵道兵的鋼鐵廠作繪圖員。我同事很關心我，我跟人相處還好啦，就介紹認識。然後就約在附近的公園大家見面認識，初步滿意就繼續交往了。其中也有介紹，但是我不滿意、或是對方不滿意的也有。當初沒有機會自己去談戀愛，因為文革幾年大學都停了，認識的同事當中有大學資格的都已經結婚，當年是這個情況。人家說很吃香其實不見得，當年好多人看到我們就害怕，雙料特權讓他們害怕的要命。我們從來沒有想這麼多。現在一些台灣去大陸有的比較吃香。

謝：您剛剛提到 1978 年開始比較多人回去，那時候多是多到多

少？

　　林：大概差不多將近兩百個。本來他們得到情報，可能有一、兩千人想回去工作，後來經過了一段時間，有的差不多是從 1970、71 年就開始提出申請，經過七、八年後，有的在美國念完書想直接回去大陸，後來因為有工作，也結婚有小孩子了，所以就不太容易了。

　　有的有回去，我認得幾個。有的稍微早一點，我剛剛講的莫宗堅，太太是台灣省籍的，他們家全都到北京去了。他當初還是文革極左，好像是純數學沒多大用處，不願意要，但他還是回去訪問；另外還有一個現在住在紐約，叫做潘家中，太太是日本人，一家子也都到北京去。但是他女兒因為在文革的時候，大陸幾乎沒什麼色彩，都是藍的、綠的這幾個，整個社會都沒有色彩，他女兒沒辦法忍受，吵著要回美國，他們只好再回美國。

　　我們認識的幾個朋友，他們也是先到大陸看看，當初有十幾個回去，只剩下我們三個。光有愛國心，若是在工作上遇到困難，或是生活有困難就很難繼續。譬如剛剛提到的白俊雄，本身有點小兒痲痺，走路不太方便，在江西大學工作。當初有博士的可以拿一百塊左右，碩士的只有八十塊左右，後來結婚生了一個小孩，他還得靠美國的朋友每個月接濟，否則根本沒辦法長期在那裡生活。他後來想轉到北京，因為北京朋友比較多。

台灣人在大陸生活情況調查

　　林：我當了同學會會長以後，就開始調查大家在工作上、生活上存在什麼問題。將這些問題總結起來，透過國務院科技幹部局反應給中央，制定了那些政策。譬如說，有回國專家的津貼。他們後來就可以拿四、五百塊，就比原來的一百塊或八十塊好多了；以前要去度假

才可以請假，後來也可以讓我們請假在家裡度假；有的人是一個人到大陸，妻子兒女都還在國外，配偶每年可以去探親，來回機票可以向公家報銷。有子女的人可以兩年看一次，一次四十五天，幫忙處理機票這些。這個也就是成立台灣同學會後，我開始為大家解決的基本問題。剛開始先解決北京的部分，後來外地的也都可以一起享受到。不一定要參加台灣同學會，我們也都會幫忙，只要他是從海外回來的人，我們都會幫忙解決問題。

謝：你剛說那個渡假，所以在大陸上安排有暑假。

林：本來有，我們原來是科技幹部局的，後來在雲南那次活動跟他們鬧矛盾了。

許登源與《台灣人民》

謝：再講一下，許登源他後來回去之後，改去辦《台灣人民》？

林：對，我們跟喬冠華見面。原本許登源要我留在那裡（編註：美國）參與主編《台灣人民》。他讓我去西雅圖，西雅圖有一個朋友陳惠松在那辦的，他知道我差不多跟許登源學習了一年的馬列主義，那個見解他也都承認。我們開始有跟台獨左派的接觸，主張要在台灣實行社會主義革命的這一批人。結果接觸以後……

謝：這是 1972 年？

林：1972 年，幾月份我記不得了，我們是 1972 年好像是 7 月去西雅圖，然後就找一個認識的朋友，以前也參加過許登源讀書會的一位台灣人，說要一起辦《台灣人民》。當初跟喬冠華講的就是，因為在保釣運動當中，後來台灣省籍的人數比較少。台灣問題要解決就要有更多台灣省籍的人了解社會主義，至少要跟中國共產黨減少敵意，或者是更好，如果能夠得到他們更多支持的話，台灣問題會解決的更好。

雖然許登源給我一些錢去串聯，加起來了不起也就二、三十個而已。大部分人都是外省的。所以我們需要有一個雜誌能夠介紹社會主義、宣傳社會主義。但我們力量不夠，發現台獨左派有一些人對馬列主義也是學得很深入的。

2005 年我對胡錦濤講過這一段。好多台獨的人說：毛澤東支持過台灣獨立，後來怎麼不行？只要看美國學者 Edgar Snow 的 Red Star over China（《西行漫記》，原名《紅星照耀中國》），就知道了。原本 Edgar Snow 採訪他的時候，毛澤東是根據二次大戰結束以前的共產國際，號召所有被殖民地的人民都應該起來擺脫殖民者而獨立。他認為台灣也是被日本統治，跟朝鮮一樣，所以毛澤東支持朝鮮跟台灣擺脫日本而獨立。

我跟台獨左派講，但是現在不一樣了，1945 年以後台灣回到中國的懷抱。相對而言，大陸跟台灣不是殖民者跟被殖民者的關係，所以已經不適用了。如果在二次大戰期間，有一批台灣人搞台灣獨立運動，而且獲得世界各國特別是歐美各國的支持，台灣可能就可以獨立。

但是我們的老前輩、老祖宗他們不希望，他們還是希望有中國文化歷史的影響，他們還是希望回到中國的懷抱而不是要求獨立。所以台獨派的主張，如果他們早活個半個世紀一個世紀，那個時候說不定台灣就可以獨立了。

謝：所以許登源那時候就回去以後改辦《台灣人民》？

林：對。後來開始辦了之後，我就跟他們談，搞統一戰線要互相有所讓步有所妥協。他們覺得旅居美國的那些台灣人民，認識社會主義的人還是太少。他們認為是受壓迫人民都應該覺醒，自己起來搞社會主義革命。我曾經跟他講，如果根據共產主義，最終根本沒有國家。最終沒有國家，幹嘛非得一定要獨立呢？他們講受壓迫地區的人民一定要靠自己覺醒來鬥爭，才能夠真正獲得自由解放，哪怕我們獨立完

後，第二天就跟大陸合併也可以，他一定要這樣子的情況。

後來我們就說，既然這樣子的話，應該允許兩方面都存在，你可以用你的馬列主義理論來宣揚台灣獨立，我們也可以用馬列主義來宣揚兩岸統一。後來他們不答應，他說台獨右派勢力太大了。雜誌若一開始就顯露出來，有主張統一、有主張獨立，可能雜誌就沒人看或被撕掉。後來我們一想也是，就允許他們先宣傳一年台灣獨立的社會主義思潮。後來出了一篇〈台灣牌的社會主義〉。

謝：在《台灣人民》？

林：對。出了這個以後，大陸具體管這個就大為惱怒了。說這個不能容忍，開始鼓動那些釣運統一的人開始圍剿《台灣人民》。他們知道許登源是主力，就開始打擊，當時我們沒有網路沒辦法聯絡。平常我基本上，除非……因為當初的話，在回到大陸以後，我一直到1984年才又去美國訪問，要不然的話也沒有辦法聯繫。所以他自己怎麼辦，後來發展的情況我也不是很清楚。

但是我到北京以後，在美國的統運團體，就開始在攻擊《台灣人民》，攻擊許登源。後來我跟他們講，因為我自己了解，包括一些台獨以外的人都很清楚。我說，中國整個釣運，跟統運的關係有一個發展過程。但是為什麼後來台灣省籍的人數越來越少，當然有一點認同台灣，或是因為怕國民黨的白色恐怖的壓力，不敢參加運動。對於很多外省人來講，開始能夠比較靠近大陸這邊，主要也是因為看到大陸的地位越來越強，就像台語講的「西瓜偎大邊」，再加上他們受父母教育的關係，認為他們家鄉就在大陸那邊，所以他們比較容易靠過來。

我說我們做為台灣人，被日本統治了五十年，都隔離開來，後來1949年以後兩岸關係又不好，隔離那麼久。一般來講，說我們祖先以前在福建那裡，其實根本都沒有來往了。所以台灣人民開始有覺醒，傾向社會主義的話，還是要通過階級的覺悟，慢慢了解到階級壓迫，

才有可能開始支持社會主義。我被他們忽略了，後來有統運團去大陸都不讓我見了。

謝：接待的是？

林：當初應該是中央調查部，一般接待單位都是旅行社，都是由他們處理。後來，一般都不讓我接手。

謝：他們就發動了一些人去圍剿《台灣人民》，《台灣人民》就結束了？

林：就結束了。後來有一部分人在洛杉磯像曾宗偉他們又弄了《台灣思潮》。

謝：所以其實本來可能搞統運的人，跟台獨的也沒有那麼對立，被發動以後才對立這樣子？還是說各搞各的？

林：還是搞各搞的啦！後來我1984年再去紐約，《台灣人民》就停了。但是像許登源也跟在紐約的洪哲勝，洪是台獨左派，還是在一起搞讀書會啊！大家討論《資本論》討論什麼的，還是有所來往。

謝：1984年的時候美國沒有把你列入黑名單。

林：美國……好像沒有。不知道。

謝：那你是以學者身分去，還是？

林：第一次去那時候，我是全國台聯的理事。我帶著一個副會長，我把我們統運……，因為台聯會的對外聯絡都是空白，我把我認識的這些朋友，我那時陪著他跑四十幾天，把美國各地保釣比較活躍的人都介紹給他。

「台灣同學會」的活動

謝：「台灣同學會」是1978年成立？

林：1980年開始籌備，1981年成立，比全國台聯會早一個多月

成立。

謝：比台聯還早一個多月成立。主要的活動是些什麼活動？

林：就是我們主要幾個宗旨，台灣回去的人比較少，加強大家的聯誼活動。我們一直保持著有春遊、秋遊，還有春節聚餐這三個。爭取到國務院科技幹部局每年夏天給我們休假，可以帶著家屬一起休假交流。有時候台灣同學會還是大家早期的意見管道，對國家比較大的問題有什麼建議大家會討論，然後傳給中共中央方面作為參考；另一方面，我在擔任第一任會長的時候，主要就是調查了解大家到大陸工作生活上有什麼困難，然後系統反應給上面知道，最後制定了政策。差不多第二屆開始，邀請外面一些學者專家去參加討論。當初中國要進行現代化建設，針對進行當中比較重要的問題，我們就請海外的朋友聯繫，請幾個比較內行的人一起來探討。

不可避免的，我們一定會談到台灣問題，要怎麼樣更好地來推動發展兩岸關係。特別是後來閻明復當統戰部長，更加重視我們的意見。也就是說，從 1984 年開始注意，1985 年我們開始討論。1985、86、87、88 四年內進行討論，鄧穎超當時是全國政協主席，親自接見了兩次。其中有一次還上了中央電視的頭條新聞，差不多播了五分鐘。

謝：接見你們的新聞？

林：對，1987 年廖秋忠當會長那一次。他說看到我們有很多專業的人，但是還撥出寶貴的時間來探討思考國家建設問題、統一問題，對於我們這種精神非常讚揚。我們每次討論會，在香山開完討論會以後，就有一位副總理級的領導直接對話，就是聽意見直接對話。譬如說方毅副總理、谷牧副總理，還有習仲勳當初是政治局委員，他是主管對台事務的。還有就是討論科技體制改革問題，就是請國務院張勁夫，他是具體管這方面的，也是直接討論。

謝：那個時候楊斯德走了沒？周恩來臨終的時候，不是指定楊斯

德接對台事務？

　　林：應該是羅青長。

　　謝：可是文獻裡面是指的是楊斯德……

　　林：楊斯德是羅青長的部下。我跟他認識很多年。他應該是這一屆，換陳雲林管這一方面的。然後後來有一個當過僑辦主任的，再上一次就是，再上面兩次都是楊斯德。楊斯德我跟他很熟，他主要後來是……

　　謝：我知道說李登輝的時代對口是……

　　林：對，我知道。在之前是羅青長。周恩來時代管對台的是羅青長。後來我聽他們說，因為出現了「台灣牌的社會主義」，羅青長要對保釣的這些人開始圍剿，然後另外成立一個雜誌，叫做《統一雜誌》。

大陸對台政策

　　謝：因為你回去比較早，都有機會提意見，還有那個位置，所以你那麼多年來包括從美國那裡，如果回大陸要有一些接觸，或者是後來台灣都知道會來找你。在這些裡面，有沒有比較重要的一些人來找你？你在這裡面聯繫，或者發揮一些作用。

　　林：其實一般來講，他們各自有各自的渠道，也不見得非得通過我不可。但是因為有一些人接觸以後，我就可以跟上面反映意見。我印象比較深刻就是那個《自立晚報》記者徐璐跟李永得第一次從日本突破到大陸採訪。那時候正好當台盟的中央主席團主席。徐璐要採訪閻明復，我跟閻明復講，後來閻明復也跟徐璐講，他說好多人要採訪他，他都沒有接受。他就是很賞識台灣同學會這批人才接受。他說我提的建議，中共中央的那個對台政策，根本台灣沒幾個人看。

　　我說透過像徐璐《自立晚報》刊登的話，等於你的話可以在台灣人裡頭讓更多人看得到。不同的時候，我會提一些意見建議，但是我覺得最顯著的就是跟周恩來提的那兩大意見有回應。

　　其他就是，原來他們只紀念二二八，我說你應該紀念一下台灣光復節，我就寫幾個提案，當年辦了立刻就有成效，類似這樣。就是說我們還是透過各方面去反應比較重大的問題的話，其實我都有提案。但是有的他們不聽我也沒辦法。

　　閻明復提的那個，我本來覺得是解決兩岸問題非常好的辦法。徐璐問他，兩岸問題台灣堅持中華民國憲法，大陸堅持中華人民共和國憲法，兩邊都是因為法統問題始終談不攏，這個該怎麼辦。

　　後來出現了千島湖事件，還有 1995 年李登輝在康乃爾演講，中共開始批判，最後又因為台灣選舉，中共在台灣基隆、高雄附近發射飛彈等等事情，把兩岸關係搞壞，我覺得很遺憾。

　　其實我第一次回來時，有給中央包括江澤民，寫了我的對台工作意見書。寫了差不多兩萬字，也給他們建議兩邊的關係。其中有幾條，前幾年在政協開會的時候，在民革台盟台聯那個聯組會上發言，我也談到了陳述我的觀點。

　　我在 1992 年底到 1993 年在台灣待了七十八天，仔細觀察，最主要的矛盾是，因為台灣比較小，怕被大陸吃掉。所以台灣問題一定要國際化，台灣跟大陸簽署的協議要受到國際的關注，台灣才放心。要不然簽署一個協議，以後真正有台灣省人大，而人大都是在大陸台灣人選出來，你只居少數啊，人大裡頭那個中共完全可以控制，到最後又把你改掉。

　　因為中共也是一樣啊，憲法黨章老是改來改去對不對，也就是讓人家不放心的。協議一改，台灣就沒辦法了。所以台灣明明知道絕對不可能再進聯合國，但是每年還是要去弄一下，引起國際輿論的關注，

就是因為這樣子的原因。這個矛盾，一定要好好怎麼樣來解決。

但是兩岸因為長期敵對，不可能和好後就沒事了。可能隔不久因為小事又鬧翻了，所以兩岸經過一段的交往，建立互信，不要急著就走上政治談判。越早走政治談判，越容易鬧僵。我說一定要，第一個看看有沒有辦法結束兩岸戰爭狀態，兩邊不要去花那麼多錢去買武器。兩岸經過來往經濟文化各方面，更多的交往，互相了解對方的思考問題的方式，互相能夠有信心，然後再走上談判桌來進行政治談判。我是跟他們這樣建議。

但是估計他們看也不看。反正我都送嘛，我給我們支部書記看了，他說我寫的很好。後來他們反應給地質礦產部，部裡也說意見非常好，問有送給中央嗎？我已經給周恩來寫過，給胡耀邦也寫過。只貼幾毛郵票就寄去了，那時候有反饋。我也是寄給江澤民，還有統戰部長王兆國，還有好多個部門，我都寄了。如果是像以前那樣子，可能會很重視，但是可能六次以後，有時候可能眼睛看我，有時候理也不理。

謝：最近有一些基層的聲音，其實是黃武雄，他之前是作《台灣人民》核心的顧問。

林：你說是蘇治芬的丈夫嗎？黃武雄是蘇治芬的丈夫嗎？

謝：對，他最近提出〈尋找太平歲月「五十年維和方案初議」〉，他看台灣發展的狀況一直很憂心，主要是大陸那邊很強勢。那台灣要怎麼樣做？所以他才講說，一定爭取跟中共五十年維持現狀。可是維持現狀其實也就是要了解兩岸的情況，這個過程可以拖久一點，不一定要做什麼決定。重要的就是，第一：有關於台灣獨立的這個想法，要怎麼去轉換成是為了爭取的台灣利益。他最近寫了一個長篇，他就希望去遊說，然後改變終結戰爭狀態。這其實跟你講的是一樣的，就是非戰化。他有提說，一個是要中共的立場。重要的是台灣內部要有共識，可是我們現在最大最大的問題就是內部沒有共識。他最近就在

講這個事情。因為他跟許登源很好，可能也都在談這些事。

林：嗯，不知道。許登源這次來還沒跟他聯繫。許登源這幾年也都是在台灣政治大學講學。後來身體不好，做心臟的搭橋手術。

謝：血管支架？

林：不是支架，是血管繞道的手術。大陸叫搭橋，跟台灣術語不一樣。他有糖尿病，但是這一學期他也來講了，主要講美國經濟危機。他說下學期開不開課還不一定。他本來要講中國大陸的經濟危機。

謝：他要在哪裡講？

林：在政大。他說有人勸他別碰觸這個敏感的議題，到時候引起中共的不滿，他也不知道。政大也可能覺得這個太敏感，可能怕得罪大陸，他們也是跟大陸有交流，怕會受影響。

謝：後來成立台商協會的時候，你們同學會有沒有知會海辦？

林：那個時候只有海辦在管沒有錯。

謝：所以台商協會也沒有主動管這個事情？

林：沒有。因為我們沒有那麼多的人力物力了。我們主要接觸聯繫的還是台灣的學者專家，一般是在教育界或者是其他的方面。要不然台商人太多，我們都要接觸可能接觸不完。

謝：你剛提到說你當會長的時候，會把當年回國的那些人的意見整合反映給上面，你能要求的應該馬上就已經反映了，那時候要處理比較快速。現在台商去了幾十年了，居然都不一定有辦法，所以說是途徑的問題啦。

林：途徑的問題啦。我們當初回來也是比較積極。中國科技院院士有四位，工研院有一位，我們人數雖然不算太多，特別文革以後，或者是六四以後走掉了很多，最後只剩下差不多五十個人左右。現在我把（編註：「台灣同學會」）會章修改了，就是拿著台胞證，或是拿其他護照的台灣學者專家在大陸，你不用長期多做幾年就可以入會

了，慢慢又開始有了了生命力。

　　我們有時候也會了解，找台灣學生座談，了解他們在學習各方面有什麼困難問題，我們就把這些意見整理好反映給中央。因為六四以後，我們也被整過一次。我們不像以前那麼有發言權。

　　以前中央知道我們這批人從來不是為個人發言，沒有個人的政治利益或者其他，根本都不考慮個人。大家一心想為國家做出更多的貢獻，這樣而已。所以很快就受到重視。我們那幾年舉辦討論會，這種質量到目前都還沒有，副總理直接接見，從禮貌上、形式上，鄧穎超四年內他就接見了兩次，目前其他的會議都還比不上我們當年的盛況。

「台灣民主自治同盟」

　　林：我回大陸以後他們（一起搞保釣的人）就被慰留了。我當過主席團主席、「台灣同學會」創會會長，也是「全國台聯創會」的六人小組之一。

　　謝：這個請您說明一下，我們常常都沒有把它搞清楚。台灣人對大陸進行交流的團體，像是台盟、台聯、「台灣同學會」是主要？

　　林：台盟全名是「台灣民主自治同盟」，它是一個政黨，本來是地方性的政黨，也就是 1947 年二二八事件以後，以謝雪紅為首的一些人跑到香港，在 1947 年 11 月 12 日成立了「台灣民主自治同盟」。

　　所謂的民主自治，是因為國民黨有所謂的軍政、訓政、憲政三個時期。憲政時期的省長是由百姓直接民選的。後來日本投降後，台灣回到中國懷抱，國民黨政府不讓老百姓直接選舉省長，而是派行政長官來管理台灣。所以台灣老百姓就很不滿意，認為我們在日本統治下當二等國民，結果回到祖國懷抱還是當二等國民，因此成立了一個「台灣民主自治同盟」。

　　1949 年 5 月 1 日，中共把國民黨打得差不多了，整個局勢大致抵定。中共建立了中央政府。為了搞統一戰線，呼籲一些民主黨派，像「中國民主同盟」等等都聯合起來來跟國民黨對抗。

　　中共建國以後也不忘這些人曾相互支援的貢獻，所以在 1949 年 5 月 1 日發出所謂的「五一號召」，希望由各個黨派一起來建立一個新的政府。當初總共有八個政黨參加，台盟本來是地方性政黨，為了台灣能夠成長、直接選舉而努力。因為中共也很重視台灣方面的政黨，因此在 1949 年 9 月底的「第一屆全國政協會議」（「中國人民政治協商會議」），由中共帶頭，然後有一些民主黨派參加，選了一些各方面具有代表性的人士，組成中央政府。

　　中央政府成立以後開始制定憲法，還有成立「全國人民代表大會」。中華人民共和國的成立是依靠第一屆政協組成的。台盟因為響應了中共的五一號召，就一直作為政協的基本組成顧問，也就是中共原來發展的民主黨派。

「台灣同學會」

　　林：我先講一下「台灣同學會」。在保釣運動的時候，有幾個團回到中國，由周恩來總理接見他們。當時很多保釣團體中瀰漫著一股社會主義思潮。當時很多人在想，當時中國很窮很苦，想用社會主義的方式為新中國貢獻點力量。1971 年 9 月 13 日林彪在蒙古因飛機失事逝世，周恩來認為文化大革命也差不多該結束了，想要好好發展，搞現代化的建設。

　　周恩來曾經答應保釣人士，經過兩到三年的準備，可以讓大部分的海外留學生，主要是以台灣人為主，還有一些港澳的留學生，在國外讀完學位的碩、博士能夠回大陸這邊工作。後來因為周恩來變成了

被鬥爭的對象。1973 年他們搞「批林批孔」，批周公就是準備要批鬥周恩來，所以他也沒辦法。周恩來在 1974 年檢查發現得了膀胱癌，身體比較不好，也比較少出來。

最早去中國的人叫保釣幾團、後來叫統運幾團，回到大陸時就吵著說，怎麼還不讓我們回來工作。那時候想回到大陸工作的人比較多。當時估計可能多達一兩千人，當初大家都有這股熱情啦！當時美國好多年輕人也想劫持著飛機到古巴去，全世界都有社會主義的思潮。

等到文化大革命結束，1976 年四人幫被抓以後，鄧小平復出，中國就準備要進行現代化建設。因為鄧小平剛復出，然後又被打倒。等到 1977 年下半年時又復出了。他說：「我要當科技工作者的後勤部長」，要搞現代化，在國務院設置「科技幹部局」。然後開始從海外招募人才，特別是美國地區，讓一些台灣或是香港的留學生到大陸工作。在 1978、79、80 這三年到大陸工作的台灣學者專家，還有香港的學者專家比較多。

當時我們在北京的迎賓館聚會，夏平生提議：因為我們在海外都搞過保釣運動，搞過組織，因此現在我們也要組織起來才能夠做更多的工作。

我在 1972 年就回去，1978 年文革以後，恢復了全國政協跟全國人大會議，1987 年我就擔任全國政協委員。因為這個經歷，再加上他們知道我在保釣運動裡頭有積極行動，認識人比較多，所以推出五人籌備小組，就是我、夏平生、廖秋忠、楊思澤還有鄧子久。

我們以前是兩年一任，廖秋忠是第三任會長。我們就籌備成立「台灣同學會」。回到大陸工作成立同學會的原因有兩個：一個是因為中國要進行現代化建設，要引進回國人才。原先大陸是封閉的，而我們在外面有很多層關係，同學、老師這些關係，對於幫助中國比較大；另外是因為我們可以邀請一些各方面的專家，針對當時中國比較重大

的問題，重點提出來討論。因此在那時候成立了「台灣同學會」。

1980 年我們開始籌備，初步整理好文件包括會章等等，然後往上報。後來成員裡面也有香港的同學，澳門比較少，為了團結多數人，最初定的名稱是「台港同學會」。

最後送到中共中央主席胡耀邦那裡。胡耀邦說：香港問題跟英國談判就可以解決，台灣問題比較複雜。希望重點還是要針對台灣問題來多做一些工作，他建議改成「台灣同學會」。

當初中共中央對台領導小組的組長是鄧穎超，鄧穎超也同意胡耀邦的意見。所以 1981 年 5 月 1 日，我們去承德避暑山莊那，開會期間還邊討論這個問題。後來取得共識同意，改為「台灣同學會」。

因為叫「台灣同學會」的關係，香港同學就不太適合當會長和副會長，但理事還是有的，只是名稱的差別，以此取得諒解。我們希望還是要團結香港同學一起工作。「台灣同學會」就這樣成立。

這在當時是大陸那邊唯一一個被接受的自發組織，而且被政府高層所接受。說實話，在八十年代我們的影響力遠遠超過台盟、還有全國台聯，這是因為我們的一些作法想法跟中央的要求正好一致。

「中華全國台灣同胞聯誼會」

林：那「全國台聯會」為什麼要成立呢？ 1979 年「告台灣同胞書」發表以後，中央認為可能找蔣經國談一談問題就能解決了！但是經過一段時間後，發現問題非常複雜不是那麼容易解決，一定要做廣大的台灣人民工作，讓他們了解大陸的對台政策方針。另外也可以通過一些台灣人的反應了解台灣人民有什麼要求，作為中央制定政策的參考。因此從 1979 年元旦，經過一年多的時間，發現台灣問題不容易解決，所以才要成立「中華全國台灣同胞聯誼會」。

　　當初本來是七人籌備小組，其中有一個在上海的人要出國留學，因此就沒有參加，因此是六個人籌備成立「全國台灣同胞聯誼會」，有點類似「台灣同鄉會」。它並不是採會員制，在大陸的台灣同胞就歸屬於聯誼會之下，反正都有聯繫對象。

　　謝：所以「台灣同學會」是保釣這樣子上來的？

　　林：是，台灣留學生在保釣時就有這樣的共識。一方面中國需要現代化建設、經濟各方面的建設；另一方面我們也覺得義不容辭，從台灣到國外留學的留學生，了解兩岸有哪些矛盾的癥結，因此我們更適合跟中央反應台灣人的意見、建議。

　　另外，因為兩岸還沒有直接的聯繫，透過我們一些間接的關係，透過海外保釣的組織，可以跟他們溝通對話。

　　有時候這些人回台灣，或者是他們台灣的親友到美國或海外去，透過這樣的管道了解台灣的情況。保釣運動人士使得兩岸當初關係的對立、隔閡逐漸化解掉，在這一方面起了一個很大的作用。

第五章

項武忠院士訪談

項武忠院士（1935-）

項武忠，1957年台大數學系畢業、1962年普林斯頓大學博士，為拓樸學（topology）權威，曾在耶魯大學、普林斯頓大學任教。保釣運動期間，以旅美華人學者的身分參與保釣運動，曾與陳省身、楊振寧等人一同組織五百學人上書。曾參加1971年1月30日紐約保釣示威，並在4月10日華府遊行時在美國國務院外對遊行群眾發表演說。同年8月在布朗大學「美東討論會」、及9月的「安娜堡國是會議」上，均輪流擔任主席。保釣運動結束後，返回學術專業研究。1980年當選為中研院院士，1989年當選「美國人文與科學院」院士。

受訪者：項武忠院士

訪問者：李雅明教授

列　　席：郭譽珮（項武忠夫人）、李雅雯、蔡虹音

訪談時間：2009 年 5 月 3 日 晚上 7 點

訪談地點：國立清華大學圖書館館長室

記錄編輯：李雅雯

＊　　　　　　＊　　　　　　＊

求學經歷

李雅明（以下簡稱「李」）：我們都知道項教授無論在數學界或保釣運動界都是非常有名的，今天很高興項教授參加了保釣文獻會議，並邀請您來做口述歷史。能不能先請項教授講一下你的背景跟經歷？

項武忠（以下簡稱「項」）：我在安徽出生，本家是浙江溫州人，溫州樂清縣。基本上我沒有上過小學，因為抗戰的時候沒辦法上學。

李：哪年出生的？

項：1935 年生的。基本上我身體也不好，所以沒有真正上過小學。正規的學校是我們抗戰勝利了以後到上海去上學，所以我從五年級開始。我在上海五區一中心唸小學兩年，然後去上海中學唸到初二，正規教育只做了四年，就到了台灣來。

李：1949 年來的嗎？

項：對。後來我就考進了師大附中初三，念完以後 1953 年就考進台灣大學。原本我的第一志願是物理系，那時候物理系學生已經很好了，雖然楊振寧、李政道拿諾貝爾獎金是 1957 年以後的事，可是那個時候已經有很多人願意進物理系。我唸了兩年物理系，並修了很多數

學系的課。我的手很不靈光，不會做實驗。那時候物理系的師資不佳。我大二的時候，我認為我懂的物理已經比他們多了，就轉到數學系去。大四時我就自己寫 paper。

1957 年在台灣大學畢業。在台大唸了四年，進去時原本是物理系，第三年轉到數學系。畢業那年，大部分物理系跟數學系的課我都修完了，第四年基本上沒有課了，準備要寫所謂的畢業論文。我找了一個小的代數主題，寫了一篇論文。

李：那時候你自己寫的嗎？還是跟哪個老師？

項：那時候有個施拱星，要我跟他一起唸本書。

李：施拱星我認得，他還教過我。

項：施拱星人很好，可是比較懶。暑假唸完了以後，他已經完全不行了，他已經跟不上我了。所以我說：「你不要管我了，讓我自己念。」他氣的不得了。thesis 對我一輩子影響很大，否則進不了普林斯頓。那個時候我非常野蠻，所以我也不理他了。那個時候 thesis 成績分為優、甲、乙、丙、丁，假如不拿甲等以上，等於你的成績很爛。他老先生給我是乙等，後來我跟他說：「我這個拿乙等的人發表了研究論文，而你沒有，所以你的考核有問題。」我就跟老師這樣講。

李：施拱星在台大數學系，還算是不錯的老師哪！

項：對，後來他幫我寫了三封介紹信，所以我申請到美國的時候，就只有申請三個學校：普林斯頓（Princeton）、芝加哥大學，還有約翰霍普金斯大學（Johns Hopkins University）。我拿到普林斯頓、芝加哥的獎學金，約翰霍普金斯根本不理我。所以我就去了普林斯頓。

李：是助教獎學金（assistantship）還是？

項：我拿的是獎學金（fellowship）。

李：那更不容易。所以你不需要做助教（TA）？

項：不需要。1957 年畢業之後，我去當了一年半的兵，當兵時就

把文章寄到外國發表，因為這個機緣，我就得到普林斯頓大學的獎學金，所以 1959 年 9 月我就到了普林斯頓。在出國之前，我在中研院做了半年的助理員，出國後我就直接到了普林斯頓大學。在普林斯頓大學待了三年，1962 年拿到博士學位。

李：你的博士論文做什麼主題？

項：我做 topology，我的老師 Steenrod 在美國是非常有名的老師。

李：你為什麼會對這個東西有興趣呢？

項：我基本上對幾何圖形非常有興趣。到現在為止，代數是我的工具，基本上，我腦袋裡面都是圖像。所以拓樸學理論上講就是 global picture，就是 global differential geometry。

李：global differential geometry？

項：對。我跟我老師寫了一個 thesis，寫完以後我決定要離開我老師這行，我自己找了題目、自己寫研究論文。

我拿了博士學位後，就到耶魯大學做助理教授。1967 年的時候我就變成正教授。

李：這麼快呀？中間沒有經過副教授啊？

項：當了一年副教授，其實那時候我非常希望回到台灣。我對台灣的情結是很強的，1963 年暑假回來過一次，1965、69 年又回來。可是我這個人一直相當反叛的，在大學時就跟殷海光先生有很多來往，所以我出國是有問題的。

每次回台灣的時候想教書，但台灣那時候又沒有研究所。所以暑假的時候就教三個月的課。我想回來，可是發現這對我而言問題很大。因為我剛剛回來的時候，拿博士學位很快，做教授也很快，在當時非常出名（really on the news all the time），但這對你一點好處也沒有。那三個月根本沒辦法做自己的研究，天天在外應酬。

李：我知道，那時候你非常有名。

項：因為居然我可以這麼快成為知名大學的正教授。

李：為什麼說這是不好的事呢？

項：因為我在這裡外務太多，外務多了以後，沒有一個人不會被寵壞的，自己就狂妄起來了。在台灣那個時候，講人際關係的人太多了，整天跟不相干的人吃飯。那時候請我吃飯的都是嚴家淦那些人，行政院也請我吃飯。

李：高層級。

項：高層級，跟我們做的事情不相干，我現在根本不理那些做官的人，我對他們完全沒有一點尊重。可是沒有一個人不被捧壞的，很少。又，我的前妻很早就去了美國，對台灣沒有情結。

李：你什麼時候結婚的？

項：1962 年，在普林斯頓畢業的時候結婚。在耶魯工作時就非常努力，也非常苦悶。為什麼呢？感覺到好不容易出來，要回台灣做事，可是又做不了事。每次回台灣，見到的人自己都看不順眼，話多，得罪很多人。更要緊的是做不了事。老實說那個時候的薪水相差太遠，我做事的時候每個月寄一百塊錢給我父親，我父親是政治大學的教授，我的一百塊就等於他一個月的薪水。我弟弟比我晚兩年也是去普林斯頓，也做了事，那時候我們兩個人寄兩百塊錢，我父親就比人家的生活還要好。

留在美國，每個人總有許多理由，然而真正理由是經濟因素，因為相差太大了。我做正教授的時候，我在阿姆斯特丹大學（University of Amsterdam）做 visiting professor 時，許倬雲寫封信來，他說：「你已經被指定為數學所的所長。」我說：「怎麼回事啊？你也沒有通知我。」

李：什麼地方的數學所？

項：中央研究院的數學所所長。我想就算要回來，也不要到中央

研究院。李遠哲回來前找過我，我跟他說：「我要回來的話，一定回台大，要去教學生才行。不去教書，整天做研究，久了以後一定脫離現實。沒有人這麼聰明，可以自己鑽牛角尖做研究。」我那個時候也是藉這個理由沒回來，真正原因是經濟原因，我很想回來關心這裡的事情，但因為我有孩子了，生活不易。那時候我見了好幾次蔣經國，談了很久，為了殷海光的事情，想把他弄出去，因為他生病。

李：你是家中的老大，你們家的兄弟姊妹都非常優秀，好像有好幾個數學家，能不能稍微先講一下你的兄弟項武義等等。

項：項武義跟我一樣是學數學的，他高二的時候，大概就有大三的資格了。他是我家最聰明的，我把我的書帶回去以後，沒有跟老師討論，我們兩兄弟就互相討論、自己唸。他高二唸的書，大概就是大二、大三的書。我唸了物理，他不唸物理，一開始就唸數學。我到美國以後，他比我晚兩年來，也到普林斯頓，不久我到耶魯做事。他唸完了以後，就到布朗大學（Brown University）做助理教授。所以我們事實上合作很多年。他做一行就做得很深，我有一部分大都跟他合作，可是我廣一些，也做了很多其他東西。

李：他也做拓樸學（topology）嗎？

項：他有一部分做拓樸學，一部分做幾何、也做別的東西，可是他做得很深，我一直跟他合作，同時我也帶學生。事實上我自己畢業第一年我就帶了學生。在耶魯的時候我帶了研究生，所以我跟研究生合作很多。

我因為升得很快，想離開，想回台灣來。一輩子只在耶魯做什麼。這個時候楊振寧找了紐約州立大學 Stony Brook 分校請我，他是叫做「愛因斯坦講座教授」（Einstein professor），他也請水牛城（Buffalo）紐約大學寫一封信叫我去做。我說：「我不要去水牛城，那麼冷幹什麼。」我想回到普林斯頓去。那個時候心很不穩，不久就出了釣魚台

事件。

這個時候大概是 1969 年。那個時候開始我相當有名，所以好多學校找我，可是普林斯頓沒來找我。我離開耶魯就要回普林斯頓。我說我到別的地方去沒有意義，因為在數學上普林斯頓大學數學系是非常特別的，因為它是全世界最好的數學系已經三、五十年了。

釣魚台事件發生的時候，我並不是在普林斯頓參加釣魚台運動的。開始的時候我在耶魯大學，釣魚台的事情是普林斯頓研究生搞出來的，他們先傳這個事情到紐約，就是袁旂、李我焱他們，然後傳到我這邊來，我一聽就氣的不得了。大家現在認為左派是這樣開始，這是不對的。大事記裡面說陳省身（1911-2004，著名的美國華裔數學家）找人簽名，找他簽名是王浩（1921-1995，知名的華裔美籍哲學家、數理邏輯學家）的未來老婆陳幼石（1989 年《女性人》創辦人之一兼總編輯，知名婦運學者）。陳省身名氣大，所以大事記就記在他頭上。他們基本上不要惹這種事情的，比我們早一輩的，楊振寧跟陳省身他們基本上不關懷這種事情。他們比我們會算計得多了。

參加保釣運動

李：你說你剛開始知道保釣這個事情是在耶魯的時候？

項：我在耶魯。

李：你什麼時候去普林斯頓的？

項：就是那一年前後。

李：你去 Princeton，是 1969 年還是 1970 年？

項：我到 1971 年才正式離開 Yale。

李：1971 年才正式去普林斯頓。

項：1970 那一年是正在休假，所以我一半時間還在耶魯，還沒有

到那去。另外一半是今天開會有人提起，在波昂（Bonn）保釣的事情是我搞出來的。

李：所以那個時候你到歐洲去。

項：歐洲人家請我去半年。較早時我們很生氣，寫信、五百學人上書蔣總統是我們去搞起來的。因為陳省身跟楊振寧名氣大他們頂了頭。又，開始的時候在立法院討論，立法委員說我們要聲明釣魚台是我們國土，可是過了一陣子之後，為了不要搞壞與日本人的關係不肯理了，這時的台灣、以後的北京都是如此。

台北的消息來自袁旗、劉志同在外交部做事的朋友把東西寄到外頭來的。開始的時候，立法院說要管這事情，不久就打壓掉了。那個時候為了外蒙古的事情，為了聯合國席位的事情，吵得不可開交，錢復是管這件事情的。項武義前半年沒有參加的原因，是因為我們兩個都想回台灣。鬧釣運的時候他在台大。我去遊行那時候他在台大，知道這個消息以後，項武義去找錢思亮。因為錢思亮跟錢復住在一起，錢復是美洲司的司長，他們當場在錢思亮家裡就吵起來了。

李：你說項武義跟錢復吵起來了？

項：錢復在台大比我早一年，我們認識。他對項武義說：「你們懂什麼東西？你們學數學的人怎麼會懂這些東西？」兩個人就對吵起來了。

後來釣運起來後，他們就派了個姚舜來美安撫。姚舜也很可憐，他的官運一半喪在我手裡。這些官員都認為這些留學生能搞什麼東西呀？隨便打發一下，安撫一下，就沒有事了。他就先到了西雅圖，在西雅圖安撫的時候，把學生嚇死了。姚舜人滿好的，一路是關懷你、然後又威嚇你，把他們嚇死了。到芝加哥以後到紐約。

李：後來到馬里蘭，到了華盛頓 DC。我接待的。

項：那是後面，先到了芝加哥、紐約。所有的中國留學生被他嚇

昏了，毫無辦法對付他。袁旃的爸爸是袁守謙，袁旃的爸爸是國民黨中常委。所以袁旃真是了不起，他參加這些事情，他的壓力你看看多大，獨子啊！結果袁旃打了個電話給我，那時候我們每個禮拜開會討論、唸書，我也不知道釣魚台在哪裡，出了事情，找到 1950 年代聯合國調查報告講下面的油多少多少，我們不知真假，可是沒有道理再受日本人欺負。

李：你怎麼認得袁旃的？

項：袁旃跟項武義同年。

李：因為他那時候在紐約市立大學（CCNY）開始當助理教授。

項：對，我們原來就是很熟的，還有一個原因，跟袁旃的太太更熟（編按：袁旃夫人為謝渝秀）。袁旃太太的姊姊是沈君山的前妻，沈君山的前妻是我介紹的。所以沈君山前妻與袁旃太太基本上一直住在我前妻家裡，等於是我岳父的乾女兒一樣，所以我和袁旃是因為這樣子更熟。

袁旃打電話給我：「我們需要你這個大砲，你趕快來，我們擋不住了，我們完全擋不住了。」所以那一次到了紐約大鬧，後來我看到別人的筆記，自己看了很難為情，那個時候我野蠻得不得了。我罵蔣介石是賣國賊，蔣經國是石敬塘。姚舜吃不消，後來他問：「這個是誰啊？什麼地方的學生？這麼野蠻。」結果旁人說：「He is a full professor of Yale University.」他一點辦法都沒有、完全被摧毀了。那個時候劉志同也在場，他們從 CCNY 跑到 Colombia，我們開會在 Colombia 吵得一塌糊塗。我有一個作用，平常研究生都很害怕，每個都覺得弄下來白色恐怖怎麼辦？因為我其實比他們大十歲。

李：我是 1943 年生，所以比你小八歲。

項：我因為做教授早，我那時候也就三十五歲。這個吵起來以後，可是我不怕。所有能嚇唬你的，好像用棍子打你，棍子斷掉以後他就

沒用了。鬧起來後，我家的信就到不了了。他們派了錢思亮和調查局局長到我家去。

李：叫什麼名字？

項：忘掉了。他們派了最大的官，因為我那時候很有名，所以不敢亂搞，而且我父親是政大教授，也是老國民黨。所以他派了人去看我父親，我父親像是從天上掉到地下。以前我每三年回來，人家捧了上天，突然之間就像坐牢那樣似的，家信都到不了。我父親也是對我一點辦法也沒有，他沒有辦法勸我，我想沒有任何人可以勸我的。後來一月那個遊行……

李：1971 年 1 月 30 日。

項：那時候有一、兩千人。那時候根本沒有在做研究，天天搞讀書會。唸了很多很多書，真糟糕，因為共產黨比誰都會騙人。那個時候唸的東西，講的簡直像天堂一樣。因為我們以前都認為中共裡面這麼壞那麼壞，可是你發現他講的這麼好，這個時候對台灣不滿，所以人會受情緒的變動，一翻過去以後覺得他們是好的，他們的科學發展一定很好吧，又會做原子彈，又會放飛彈，一定不錯，所以你的心就變了。

而民族主義是非常危險的事情。我 1987 年寫了一個〈懺悔錄〉，戴了有色眼鏡以後，你要看紅的你就戴紅的眼鏡，看綠的就戴綠的眼鏡。文章發表在《中國時報》，沈君山很得意，把我的這篇文章收到他的書裡當作附錄。因為我天天跟他吵架，所以他把它收在後頭。

在那個時候我開始唸中文書，唸了很多很多，也去研究他們的《毛語錄》，看了以後我還真的不相信他們。可是我覺得既然台灣這麼懦弱，我想人家中共能夠這樣子，我能夠犧牲我這一代，假如下一代日子好一點，他們在造烏托邦。不要用現在的眼光看文革，像我基本上是左派的想法。你想假如老百姓都能夠一起平等，工農兵能夠起來的話，我這一代犧牲沒有關係，下一代能過好日子。想的浪漫得不得了。

那時我三十多歲了，想這個世界假如我犧牲我這一代，下一代可以好，那你覺得你好偉大，所以一頭就撞進去。而且我唸書唸的快得不得了，我知道很多很多歷史。

李：能不能稍微提一下您那時候遊行後為了了解中共，唸了什麼樣的書？

項：主要是研究中國，文革他們有很多消息過來，所以讀有關大陸的書多了。特別是我去看台灣寫的北京報告，裡面鬧的地方不看，只看他好的地方。所以說他們是很窮，可是好像很有朝氣，年輕人鬧起來都很有朝氣啊！所以我花很多時間，那時候中共跟印度為了西藏的問題跟印度吵架。

李：1962 年發生邊境戰爭。

項：我就研究好多西藏他們打仗的問題。而且你看打韓戰的時候，中國人沒打敗過。

李：打了平手。

項：這種情況打的平手已經很了不起了。中國人第一次，中共對美國說：你不要打到鴨綠江，打到鴨綠江就要對付你。中共就過去了。所以中共講到一定做到，這對我而言太要緊了！這個時候心思就往這邊開了，你一旦往這邊轉就非常危險。

那個時候大家就要討論要去遊行，4 月 10 日的遊行，到華盛頓 DC 來遊行。陳省身從加州想搬到 Rockefeller Institute，還有王浩也在 Rockefeller Institute，還有一個人叫陳幼石，後來變成王浩老婆的。她在王浩的辦公室召集了一個會，希望全城的人跟我們一起去遊行，大家組織起來怎麼樣。

陳省身講：他絕對不要去遊行。我們搞了半天，我就怒了。他那時六十歲，過一陣子就要過六十歲生日。我說：「你不遊行，你的生日我不會來了。」說完了以後我就去了德國做訪問教授，做 visiting professor at Max Planck Institute。去的時候大家就開始捐錢。

李：這是在四十遊行之後嗎？

項：同時我們在這之前還在紐約時報登了一頁廣告。捐了一萬八千塊錢買了一頁八千塊錢的廣告。那個時候的 coordinators 第一個就是我，可是當時我人不在美國，我在德國。

李：你剛剛不是提到，捐了一萬八千塊，但只用了八千塊是不是？

項：後來為了那個一萬塊問題多了，我待會再告訴你。你捐了錢，心就在那裡了，雖然只捐了二十五塊。參加的都是研究生，那個時候全美國的中國研究生都聯合在一起了，天天開會，書都不唸了，整天搞在一起，搞在一起就討論登報。所以一個研究生他捐了十塊、二十塊，我們也沒有人捐更多了，捐二十五塊最多了。連大教授陳省身跟楊振寧一個人也只捐二十五塊。後來就買了個報紙廣告，上千人具名連署。整個通訊網都是從《科學月刊》來的，要不然我們沒有這個辦法。都是來自各個不同學校的研究生。錢捐過來以後收集，由紐約保釣會管。我說我可以想辦法找錢，我不要管錢。這個時候，每天夜裡我不知道花多少錢打長途電話。在波昂（Bonn）打長途電話你要到電信局去打，時間相差要半夜。

李：從歐洲打電話回來？

項：對，貴得不得了。那個時候整天打電話回來討論。所以我那個時候做訪問教授，早上做研究，晚上做了一半以後去打電話。到 4 月 10 日回來遊行，報紙登了以後，搞到這個地步，白色恐怖就來了。愛盟這幫人真是害死人，認為這樣可以打壓人家，他們也知道我家裡被人家這樣搞，像袁旂，他爸爸是國民黨中常委，謝定裕的爸爸謝冠生是司法院院長，國民黨他們想：「這些吃我們奶水長大的人怎麼會搞到這個地步，我們哪裡虧待你了？謝冠生的兒子、袁守謙的兒子、你項武忠我們這麼捧你，怎麼搞反叛了。」可是我們不能忍受政府軟

弱，而且他們是用白色恐怖的方式。最近釣魚台不許出海，是最愚蠢的事情。越壓抑，將來人家炸起來就越發火。他們以為愛盟幫了忙，這是倒忙。可是話講回來，釣魚台運動裡面我講的是海外的一部分，海外還有另外一部分成分非常左的、認為文革是完全好的，就是廖約克、胡比樂他們。胡比樂就是余珍珠的老公。

李：廖約克是在哈佛（Harvard）唸物理嗎？他當初還是個學生嗎？

項：都是學生。所以今天我們講了半天的時間，你要注意到，林孝信在會中提倡大家要做社工，那時候廖約克他們都到中國城去做社工。而你不曉得哈佛燕京裡面有多少左派的書、雜誌。我有陣子去看，那裡面很多很多的小說，是抗戰時候的小說、毛邊紙爛掉的小說，那個都是講民族氣節的事情，故事寫得讓人熱血奔騰啊！他們常常到中國城去做事，行事也跟我們今天一樣，要往下走做社會服務。這風氣是最近又回來的，前十幾年大家都是認為搞錢就好、富裕就好。這風氣現在又回來了、又開始左派了。事實上林孝信其實非常左派，做這樣的事情，草根運動（grass root）的工作，左派得不得了。那時候大家都開始往這樣想：有學位又怎麼樣、拿錢多又怎麼樣？要緊的是做人！大家有這個想法，認為這樣做簡直高尚得不得了。後來到中華民國駐美大使館談判的時候，要他們硬一點，他們完全不理。

李：我記得四十遊行的時候你是不是也是演講者之一嗎？

項：對。

李：能不能講一些細節？為什麼呢？因為當時我是在華府負責保釣會，可是那個時候四十的遊行主要是由紐約保釣會七人小組在掌控。有些細節您能不能說一下。

項：我記不太清楚了，我知道的是這樣子。因為我是在國務院前面演講，我是用英文演講，還有用中文演講的。余珍珠是英文演講，

送抗議書去國務院的是錢致榕，大家分批去的。我們由 Yale 開了幾十輛車子去華盛頓 DC 遊行，總共大概四千人的樣子。西雅圖的張智北還把婚禮改期飛過來。那個時候每個人寫文章罵，你看《戰報》的粗野，你不能想像，那是劉大任他們。

李：對，劉大任、郭松棻搞的。

項：各個地方寫的東西，那天遊行我記得有人到日本大使館去演講，還有到中國大使館去演講，四、五個人演講。

李：我們不是派代表進大使館了嗎？

項：大使館有祕書見，可是日本人根本不理我們，不見啊！日本人把抗議書撕了放在字紙簍，根本沒有理我們。這個時候，大家愈來愈生氣，你知道那天夜裡遊行完了就到了馬里蘭。

李：我知道，我是負責接待的。

項：大家那時講要組黨。

李：剛開始說要組全美聯絡中心，後來好像也沒通過，李我焱也不肯接。

項：開始的時候，所謂的左右派還滿和合的，大家都一起。《戰報》他們在搞，劉大任進來像英雄一樣的，這一搞以後問題大了，開始分裂，還沒有真正分裂。你們假如將來要搞運動也一樣，不進則退。要搞這種運動都非常非常危險，到最後像美國的運動一樣，我們的一個大數學家那個時候反越戰講了一句話：「現在非死個人，不死我們就完了。」你的運動到某個地步，非死人不可，不死就完蛋了。施明德那個（指紅衫軍）你們去了沒有？到了他走兩、三次以後，你沒有真的暴力，這是好處、這了不起，可是一定完了。運動像氣球一樣，吹了一個大氣球，一個針一插，破了以後絕對無希望。4 月遊行以後到布朗大學開會。

釣運的左右分裂

李：對，布朗大學開會是 1971 年 8 月 21、22 日。

項：謝定裕他們組織在 Brown 開會。Brown 開會的時候，基本上很左派了。

李：就已經吵得很兇了。

項：已經分開了。所以魏鏞他們來了。沈君山那個時候沒有參加？

李：他沒去。

項：魏鏞來了。那時候我剛剛由歐洲回 Yale，我帶了我的兒子、老婆開車到布朗去開會。開會的時候我們也輪著做主席，吵啊鬧啊。那天半夜我就被叫去聽電話。那時候沒有手機，所以打電話要到哪個辦公室或哪個家裡。項武義打電話來，我說：「幹嘛？」項武義講：「你明天小心，我剛剛做了一個夢，你一身血。」因為那個時候我太引人注意，我想這事情不會發生的。我也有另外一個好朋友，他跑到華盛頓 DC 的大使館，也打個電話給我，說他們下令暗殺我。國民黨做事是認為搞掉一個人就好，認為我太引人注目了，又粗魯。這些地方加起來，我恨他們把白色恐怖搞到這個地步，過火了。他們一直認為我們受中共的控制，根本沒有那回事。我想廖約克他們可能跟中共有點聯絡，我後來跑去中國駐法國大使館去跟他們談的時候，他們搞文革搞昏了頭了，釣魚台是什麼都不知道。所以國民黨在台北跟共產黨在北京都完全落後太多了，我們夾在裡面莫名奇妙，自己糊裡糊塗搞出來的問題。這是江南事件發生以前很久的事，他們（國民黨）認為搞掉一個人又怎麼樣？他們以前在大陸一天到晚幹這事，所以他們就想到這個。你要這樣嚇唬我，嚇唬不了的，我越來越火。布朗完了以後又在安娜堡（Ann Arbor）。

李：對，9 月 3 日到 9 月 5 日。

項：我們開車去的，兩邊都不正派，我們這一邊和所謂的愛盟都做了一些鬼事。

李：我可不可以請教一下，我那個時候算是自由派，所以我兩邊都沒有參加，當然也不會去參加他們事前的討論。你們左派有沒有事前討論？

項：我沒有，他們不相信我。現在我發現，他們不相信我，因為我是過於體制內的人了（too much an establishment），可是他們想利用我。我事後想，我那篇懺悔文章上沒有提到那麼仔細的細節，你問得太好了。所以他們講，唱秧歌，跳秧歌，這不對的。我想那天大家很高昂，唱了〈東方紅〉，可是沒有跳。

李：不是每個人都要跳，我去我也沒跳，我也沒唱〈東方紅〉。有人唱〈東方紅〉，可是不是強迫每個人都唱〈東方紅〉。

項：那個時候大家在那辯論，我跟沈君山辯論，開始吵啊鬧。第二天他們夜裡開會，曉得劉志同他們來了，也不曉得派多少人。

李：三、四十個。

項：來了之前，討論的時候李我焱他們想怎麼對付愛盟，我沒有參加。開會的時候，兩邊都各個地方混在角落裡面，對吵對叫。在開會的時候，我今天坦然提起，那個時候李我焱他們胡鬧到什麼地步呢？第一天我做主席，最後一天應該是他做主席，要通過一個決議。李我焱跑來找我。他們商量好了，他想我這個大嘴巴，聲音又大，很容易被激怒。他說：「我喉嚨壞掉了，我今天跟你做共同主席，你陪我上去。」我就上去了。一上去以後他就往後面一退，就坐在椅子上，讓我一個人來處理。所以沈君山他跑來了討論大陸人民的營養每天有多少卡路里的問題，叫了半天。我就跟他對辯，又吵起來，所以李我焱他們要通過五條，我都忘了前面四條了。

李：不可以有兩個中國、中國領土不可分裂、不接受一中一台，

最後一條是承認中華人民共和國是中國唯一合法政府。

項：我事先跟他們為這件事情有過很大的爭執，我非常猶豫，我說這事情我不能做。可是沈君山一鬧一吵把我惹火了以後，「啪！」就通過了。這一條在我手上通過的，所以國民黨吊銷我的護照、要通緝我，完全合理。因為畢竟我做主席把這條通過，在我手上通過的。所以我那篇懺悔文章寫說他們講革新保台，事實上是對的。我搞昏了頭，做了這件事情。通過了以後，國民黨簡直不能原諒我。

李：稍微打個岔，我聽說，有人說因為那年中共要進聯合國，所以中共從加拿大的使館好像透過李我焱、廖約克他們，最好能夠在國是會議裡面通過支持中共加入聯合國決議案。

項：這件事我完全不知道，我相信他們是對的。這件事情完了以後，事實上 1971 年年底，什麼時候楊振寧去大陸？

李：他是 1972 年回來的時候 10 月 18 號在紐約的華埠演講。

項：那是後來，他一回來的時候，他們就知道，這個時候他們要去看楊振寧，楊振寧其實很右派的。要看楊振寧願意回中國如何如何。那時我已經搬到普林斯頓，很投入釣運，根本沒做什麼研究。他們打電話來叫我去約楊振寧，所以我們開了幾個車去跟楊振寧討論他到中國旅遊的觀感如何。

他們到加拿大拿了五張空白的入境證，在車上一路上不肯講他們哪裡來那五張，就說：「我們一起到中國去看看。」就是要把我拖進去，因為那時候已經通過了那五條，所以那時候已經跟他們有聯絡，沒話說了。那時候中共還沒進聯合國，他們到了加拿大拿到那五張空白的入境證。他們在加拿大，是不是中共有指令我不知道，可是他們很想把我弄到中國去，本來那五個人裡面當中有一個是我，因為我在他們裡面地位最高，所以叫他們把我拖去，我就一直沒答應。開到楊振寧辦公室，跟楊振寧談，楊振寧簡直是把中國講的好得不得了。舉例講：

中國的環保好到什麼地步？煉油廠煉油，煉完的水都可以養金魚；所有的人，包括大教授都去作工，工農兵跟教授都在一起，好得不得了，講的天花亂墜。是我手寫的筆記，他講的興奮的不得了，簡直活像我們中國人造了烏托邦，講得好的不得了，還有說蘇州河已經清了。我在上海住過，不可能把蘇州河清了，清了蘇州河那簡直是上帝了。後來我 1980 年去，蘇州河根本沒清。

李：楊振寧他的岳父是杜聿明，你也曉得，他的原來立場會那麼左嗎？

項：沒有！

李：他什麼時候變得那麼左的？

項：楊振寧是很精明的，他左的原因是希望中國好。早期中國接近楊振寧被拒絕，後來他講 1972 年第一次看到他爸爸（指中共占據大陸之後第一次），其實他 1957 年就看到他爸爸了。中共把他的爸爸送到 Geneva，想把他拉回去，他不去，他要在美國。

到 1972 年的時候因為他爸爸年紀大了，他想回去看一看，這是可以想像到的，去了以後人家想盡辦法招呼他。你知道中共招呼他的情況簡直荒唐得不得了。所有的報紙，他們內部的報紙全部知道他跑那去，所以到了上海燒餅店裡面吃早餐，他為了裝假，不讓中國人知道，穿個布鞋不穿皮鞋，去了坐下來吃了以後發現坐著幾個很漂亮的女孩子高談闊論世界大事，我們中國人多好多好，怎麼樣幫第三世界忙⋯⋯多好多好。講了半天以後楊振寧越聽越起勁，他自我介紹：「我是楊振寧。」回來以後就告訴我內部事情，中國的工人有這樣的水準，我們到哪去找啊？簡直把他講上天了。所以我記了筆記，就是他在那個時候自己想要回到中國，他認為他可以幫中國人做點事情。他以前非常右派，事實上他現在想法也是非常右派，他是很自我中心的。

那個時候天天開會，左右打架打得要死，劉志同就在外頭打架。

我的筆記被李我焱拿去複印，複印散了全美國都是，每個地方都散滿了。楊振寧講的金言玉語、項武忠的筆記，那你還有什麼可以講的？所以影響所有的學生。

這一散楊振寧怒極了，他怕 FBI 來找他，他雖然去了做了 briefing，他事實上小心得很。他回來以後打電話給國務院，告訴他們說：「我去過中國回來了。」尼克森那時候還沒去，他告訴美國人他那邊怎麼樣，所以他可能已經有 contribution 在這裡。他打電話給我，說「項武忠！你把我跟你講的話全部記的散了一地。」大罵了我一頓。這個事情以後就愈來愈騎虎難下了，人就相信這個東西。

接著我發現一個很大的問題，為什麼，第一點：我在歐洲時去跟巴黎中國大使館談一談以後，發現他們完全不曉得釣魚台幹嘛的。這天上掉下來的，怎麼台灣所有留學生一下子左傾起來了，他們也不曉得怎麼處理。

我為什麼懷疑呢？因為在那個時候，日本的首相田中角榮去了中國以後跟周恩來談，周說不要談釣魚台的事情，擱置起來，我們將來再談。我就很火了，中國又把田中住的地方安排在釣魚台賓館，你什麼地方不可以住讓他住釣魚台賓館，我就很生氣，我跑到聯合國跟他們爭，講了半天。後來我問了他們一個問題，我說：你們怎麼看林彪？林彪林副主席多好多好，他過了一個月死掉了，現在講他怎麼壞，這怎麼回事？那個時候美國要找我帶科學院的人去中國，我說我不要去。可是我幫我這些朋友找到了簽證，那個時候中共已經進聯合國了。

簽証的時候 FBI 注意了，馬上到我家來，問那天你的車停哪？我停在中國聯合國辦事處附近 ABC 那個電台的地下停車場，問他「你怎麼知道？」「那你就不要管了。」他說：「你是不是要回中國去？你是不是跟錢學森一樣要回去？」我說：「第一點：我回不回去是我的事，我不必告訴你，我大概不會回去。」因為我沒有決定，還沒看懂，

為什麼？因為我去跟黃華他們談的時候，一個月之內就把林彪從天上丟到地下。這太可怕了！怎麼搞的，最高的副主席一下子就死掉了，還變成混蛋，這太可怕了。我說我不要去。項武義就帶了一幫人西部的教授去中國。

李：大概記得是 1972 年嗎？還是 1971 年？

項：1972 年。去了以後，項武義回來跟我打電話，我說：「不對、不對、問題多了。」一跟我講，跟我寫的楊振寧筆記走的路完全一樣。因為我是粗中有細，我一聽，我說：「你走的就是中朝公社嘛！」看見這麼漂亮的地方搞了半天，就這個公社嘛！你去的油廠基本上一條路嘛！這是餵你的嘛！這裡頭造假太多，所以我一直沒回去。所以這一邊國民黨把我家裡搞的天昏地黑了，但同時我對中共起了極大的懷疑。

左右分了以後，多了一萬塊錢，那一萬塊錢他們就吵這錢要拿回來用，分給花俊雄、程君復他們，要用來對付台灣、要做統一。我就跟他們吵起來了，這不可以的！這強姦民意。當時我們參加的有左有右，右邊也捐了錢，這個錢一定要還給他，你怎麼把人家錢拿來用，雖然只有幾塊錢的事情，二十塊錢，要還人公道嘛！所以這個就掉在我身上，慘了。他們說，好吧，那你去還。我不碰錢的，我告訴你名單找到以後你幫忙寄出去。這個糟糕了，因為暑假過了一陣子以後全部研究生從 A 搬到 B，全部亂掉了，太難找了。

這裡面我覺得對楊振寧跟陳省身怒極了，他們要把剩下的錢要回去。譬如說捐了二十五塊，用掉十塊，要我寄十五塊回去給他們。 什麼？那時候台灣把這種黑名單的東西交給了美國的 FBI，他們知道。我們被約談，也可能去找他們。所以楊振寧他們要在政治上跟我們割清，要把錢要回去。錢大概只有發回去兩、三千塊，後來那個錢一直出大問題。不知道怎麼用掉了？

　　我那個時候發現左派的人已經對右派不公平，我說我不要再幹了。可是我那個時候還做了一些事，因為他們沒有工作沒有錢，沒有辦法找到工作。研究生全部糟糕得不得了。開了個東風書店，他們有些人像劉大任他們都進了聯合國。我說：「你們進聯合國這個事情也不太對啊，你們怎麼拿中共的錢了？」我說你們要開個書店我倒也贊成，所以東風書店最大的股東是我，而且無息的，用了好久。結果我說：「你們天天開會吵架，我已經不行了，已經搞兩年了，你們越來越亂了。」所以我回來做我的數學了。他們吵架吵太多了，整天開會，幾千人的在開，《群報》、阿花（花俊雄）他們吵太多了。

　　李：那個時候不是徐守騰鬧一個自白書，窩裡反，你知道不知道？

　　項：完全不知道。我說你們怎麼鬧翻了。因為還有一個事情，因為 William Hinton 寫《翻身》那個人。你去看寫的《翻身》，他們八股到這個地步，整天講四人幫，我怎麼受得了？我不能忍受。然後沈平跟余珍珠她老公吵架。

　　李：余珍珠的老公是？

　　項：胡比樂，沈平是另外一個人。他們吵架整天就講中共多好多好。讀書會，我們跟研究生一起唸書。結果我發現一樣事情，我們看了個電影叫做《紅旗渠》你看過嗎？

　　李：我看過，我都看。

　　項：我說：「這我覺得這太假了，怎麼可能有電影機？」他們說這是完全紀錄片，中國你看多好，把石頭搬了以後運到大寨，我說這有問題，講這是紀錄片絕對是不對的，絕對不對。窮到這個地步，山上打開要種水稻，多麼困難，每個人都背個東西，居然一個攝影機在等待你，你不是造假是什麼呢？為這個事情和沈平他們吵架，他說：「你是做教授的，所以你這個人一定是中毒太深。」就大罵我。

　　李：你跟沈平也吵？沈平那時候在幹嘛？沈平是香港來的對不對？

項：不，沈平是台灣來的。

李：他們怎麼跟我說是香港來的呢？

項：現在在香港做教授。他曾在 Exxon 做事，研究生時唸物理的。沈平不是壞人，他們都不是壞人，問題是相信這些東西。這個時候我開始越來越多懷疑，我是個教授，整天下來跟你們唸這些東西，那沒關係，我認為我應該平等。可是整天吵，我不能相信啊，我已經開始不能相信了。我說尤其毛澤東的批判，他批判三家村有些問題。我想他沒有批判以前，我看不出毛病，批判以後他講的也有道理，但是我不能受人家這樣控制。所以後來唸了幾個月以後就停止了。後來他們在紐約吵得一塌糊塗。

我發現鬧得太厲害了，我要離開了，我請他們把借給他們的錢拿回來，一萬塊兩萬塊錢的事情，也不少，一棟房子大概三萬塊錢的樣子。他說我沒這個錢，這個錢我沒辦法還你。

當時挖掘出有些唐朝骨董金碗，中共作了八個仿造的金碗，他們跑來拿給我，說要拿金碗抵這個錢。當時我因為在普林斯頓買一個房子，那個時候大概兩萬五千塊錢、三萬塊錢一個房子，結果我買了一個八萬塊錢的房子。那個時候馬英九他們在波士頓（Boston）天天寫文章罵我，叫我「項八萬」。那個時候八萬塊的房子就跟現在的兩、三百萬塊錢的樣子，比別人貴。罵我說你這些走資派的，我說我拿個金碗擺家裡不就死掉了，我絕對不能要這個玩意兒。

保釣運動中的其他著名人物

孫正中、花俊雄

李：孫正中你怎麼認得的呢？

項：就是因為要搞所謂的統一啊，也是保釣的。

李：因為他那時候是住在華盛頓 DC。

項：他那個時候在 IBM。

李：對，他那一陣子在搞四十遊行的時候，是住在華盛頓 DC 的。我跟他認得，他那時候已經在做事，可是來幫我們的忙，他是左派的幫我們的忙。

項：基本上釣運的事情因為這個完了以後我就遠離了，我沒有再參加。然後像阿花（花俊雄）他們，我相信《群報》變成了後來的《僑報》，事實上拿的是中共的津貼。

李：你說《群報》後來變成《僑報》啊？

項：《僑報》根本賣不出去嘛！他們往左邊的那些人，因為中共有這個本事，想辦法買你。所以我今天問林盛中這個話有原因的。什麼做政協委員啊，這些做官了，每一次都到好地方、拍照片、大官一大堆，所以我就問今天這個問題。我真正全心投入釣運是在那兩、三年，往後就斷掉了。

李：花俊雄你熟不熟？

項：就那時候熟。

李：他不是後來也進了聯合國嗎？

項：他是非常奇怪的，他是許倬雲的學生，在匹茲堡（Pittsburgh）。許倬雲是大右派，結果他（花俊雄）沒有畢業，沒有完成論文，非常左派。更厲害的還有一個人，我認為不是完全正派的人啦！這個人叫做程君復。

程君復

李：程君復我知道，我很知道。

項：整天講那些黃河大學，整天亂鬧一氣。我相信程君復在天普大學（Temple University）教書，他實際上沒有拿到博士學位，教數

學的，相當流氣的。所以我說我怎麼搞的，怎麼項武忠變得這麼下流，整天跟他辯論呢？受不了。

李：你跟他辯什麼東西？他非常左，簡直左的不得了。

項：我怎麼花這個時間跟你辯論這個事情，他完全沒有邏輯嘛！所以怎麼可以辯論。所以我就說，有中國事情我參加是可以，整天花時間開這會沒有意義所以我不參加。我過了那個以後我就停掉了，然後我到 1980 年再回去中國看。

李：所以到台灣以後你第一次再回大陸是什麼時候？

項：1980 年。

李：非常晚了。

項武義

李：那你弟弟是 1972 年去大陸。

項：他去了好多次，以後還去了好多次。

李：那你跟你弟弟說，你去的地方都是楊振寧去過的，顯然就是同一個地方。

項：他也同意，可是項武義 stuck in much deeper。我在中學是爛學生，完全不唸書的，假如我大學考不取就完蛋了。我根本不唸書，我說只有笨蛋才唸書，我只要唸一天，月考就可以敷衍過了，我說為什麼唸書呢？我整天不唸書。

李：你那時候考台大是台大單獨招生嗎？

項：對，單獨。

李：你考取台大物理系那時應該成績很好啊。

項：不，你知道嗎？所以我唸了三個月的書大概就可以了。我發現我以前的中學沒有唸書，我以前考試還可以，我只要唸一天就可以了。年輕的時候是過目不忘的，而且我的科學邏輯很好，最難的事就

是理化嘛？難不倒我。所以我唸一天書就通過了。我們那個時候沒有分科的，每樣都要考，不得了我忘光了，三年時間完全是空白一片，所以我就狠狠唸了三個月的書，就進了台大，還不錯了。進了台大以後就很用功，物理系進去的人很好，所以我很快的變成大概比他們讀得好一些。像那些人都很有名，郭子克他們都很有名的。

李：都是跟你同學啊？

項：跟我同班，可是我到了以後開始唸書了，而且我唸書唸得很仔細，唸很多遍。可是項武義不一樣，我在台大唸書，項武義在中學就跟我差不多一樣。

李：他比你低一屆還是兩屆？

項：兩屆，他小我一歲半。他書唸得非常好，中學就好得不得了。有些人唸過他寫的中學書，他認為中學教育很重要，一天到晚要找我合寫書，寫了一大堆微積分，各式各樣的書擺在我這。他跑到我家來，我第一頁都沒翻開，根本沒理他。他就大吵，你怎麼不理。他在大陸也寫書，他認為教育要從高中就開始。我跟你講，你要寫書、要教書，一定你是一個好學生你會懂，不但是你要懂哪個對不對、要知道學生心理怎麼樣，像莎士比亞。你要做演員，要知道觀眾怎麼看，我完全不知道觀眾怎麼看。我認為高中不需要唸，我從來沒唸過書，高中不需要存在。所以我跟他講，他氣極了。每個人跟我講他寫的書，我說我從來沒寫過那種書，我根本不知道高中幹什麼的，我所有唸書都是從大一開始。

李：你的弟弟既然 1972 年就已經去大陸了，而且你又告訴他這東西是假的，那他是什麼反應？

項：我還沒講完，講一半。他就回大陸去在那邊寫書，然後他是唯一見過胡耀邦三次到四次。我沒見過胡耀邦，胡耀邦是青年團的，中國共產黨裡面最好的共產黨員大概是胡耀邦。非常熱忱，而且他說

胡耀邦講話的時候，手一按，就像蔣經國一樣，講「中國人站起來」，居然就站起來！整天跟他談中國教育，要請他做顧問。項武義簡直不能自已，他去了以後回來跟我打電話，一定要告訴我胡耀邦講什麼，結果搞到以後丘成桐就怒起了，他說：「你憑什麼？我們名氣比你還大，怎麼整天胡耀邦問你什麼什麼。」所以後來我跟丘成桐吵翻了，事實上是為了項武義跟他吵翻的。後來項武義還跟他講話，我跟丘成桐不講話了。

李：丘成桐是我同班同學的先生，郭友雲是我們同班的。

項：丘剛拿博士後基本上住在我家，除了早飯不在我家吃以外。回到正題，基本上我的釣運生活非常激情，大概有三年。過了兩、三年以後我又回到象牙塔去，沒管這事情了，一直到後來我 1980 年去了中國，我去了以後就變成他們科技大學的名譽教授。

李：我再稍微回到之前的問題。剛剛那個問題我好像沒有問完。項武義他知道好像也有點假，可是他大概跟胡耀邦聊得很好，胡耀邦對他很器重，然後他就替大陸寫書做這些事情，可是他也不能這樣完了嘛？他還是會有一些……。

項：他認為這是文革，因為可以解釋成文革。

李：就把它放到文革上去？

項：他可以解釋，他對中國有些官僚相當不滿意，可是他認為他可以做事。所以就像現在很多「滋根」的人、林孝信他們一樣去教小學生，他是去寫書，跑到科學院幫人家寫書。所以他想幫中國的忙。

釣運後的中國見聞與重新投入六四

李：那你是 1980 年第一次回大陸，能不能麻煩你講一講你第一次 1980 年回大陸的時候你的印象怎麼樣？

項：第一年我對大陸的印象，事實上我也認為可以 tolerate，雖然我認為是假的。因為我去了科學院以後，因為他們找我很久，我全家都去了，住在友誼賓館，還有我的前妻跟我兩個孩子一起在中國，然後出去參觀時，都有陪同跟隨。我去以前他們跟我講一句話說：「我們是社會主義的國家，所以我們是不發薪水的，來了以後不發錢給你的。」所以我自己買了飛機票去，他不出這麼遠的飛機票的。去了以後發現，招待簡直不得了，他不但給我一個車，是給我兩個車！所以我老婆四處跑的時候，汽車回來回去，每天一大桌。我說不能有這麼多菜，這不是浪費的不成樣子嗎？第二天講完又來了一大桌菜。我說你們為什麼搞的一定要這樣子弄這麼多菜。他們說，我們不敢不用這麼多菜，因為有人，有兩個人，你們不妨聽之，一個叫牛滿江，一個叫何炳棣，給的菜少了就倒掉、砸掉。你買東西他給你零用錢，那一塊錢不曉得當多少錢用，而且我們跑到合肥去，科技大學給我名譽教授，天哪！住的房子叫稻香村，那裡面一大堆房子就我們幾個人住。我說這個社會主義國家怎麼會這樣子？那個時候我都還能忍受，我認為他們大概知道我們唸了很多階級不平等的書，也許可以慢慢的幫他忙，所以我還回去過幾次。回去幾次之後，我儘量想辦法去教書，可是到六四以後我就不能忍受了。我對中共一直懷疑他們講的平等，當中有一次我回去的時候我說我坐火車好了，我要看看蘇北究竟是怎麼樣子？北京坐到合肥那個火車大概坐十幾個鐘頭，他給我掛了一節車廂。所以就像當年羅素（Bertrand Russell）跑到莫斯科以後，你知道嗎？他等黑麵包，結果招待以後就發現這個階級劃分之深，你應該知道。

李：我曉得，羅素到了蘇聯以後回來就寫批評布爾希維克的書《布爾希維克之理論與實際》。

項：這個不能這樣子搞，我這些都可以原諒、都可以忍受，最後

中國人對自己這樣開槍，我不能忍受！那時候我剛認識 Vicky（編按：指項武忠教授夫人郭罃珮女士），為六四找了上千人一起買了一頁廣告刊載在 *New York Times* 上。那個時候你知道嗎？原來八千塊錢一頁，六四時是八萬元，因為六四，我又好久不唸書，完全不唸書，整天搞六四。

李：你說六四之前還是六四之後？

項：我六四以前幾個月我們就開始搞，搞了好久，我們去買一頁的時候，完蛋了，那時候 5 月，錢已經交進去了，要登報了，31 日的樣子，趙紫陽去天安門好像要和談，好像六四事件不會發生了。這是很好的事情，可是我們八萬塊錢好像交到水裡面一樣，交了八萬塊錢進去了。

李：那時候廣告已經變成八萬啦？

項：八萬。

李：原來八千，現在變八萬。

項：所以中國人苦難真多。

李：六四那時候我們也是，我那時候在 Case Western Reserve University 教書，天天就看電視，整天就看北京的發展，一、兩個月的時間天天看電視。

項：我們有個朋友，以前也是搞過釣運的，也很好的。為了去做生意，那段時間做很久生意以後，他再三講：六四沒有殺過人。他們就住在旅館前面沒有看見殺過人，長安街沒有殺過人。所以人啊，要出賣人格太容易了，給你錢一疊，你就願意出賣人格。所以今天我想林盛中他一定非常不高興被我罵（編按：受訪者參加 2009 年國立清華大學的保釣論壇），在會館一起吃早餐時，他就講說他老早就回中國去，這一定很不錯。我想我對劉志同這麼兇，他這個事情我不講，我對不起我自己也對不起劉志同。我就問他：你整天跟那些領導、政協

委員照相，大家到了各個地方去玩。所謂的保釣的 reunion（同學會）。

李：他們說是「台灣同學會」，在大陸的「台灣同學會」。

項：這個都是招待的，這我確實知道。假如這個都是招待的話，你想想看，我們有資格罵愛盟的人嗎？愛盟做的事情、拿國民黨的錢，你在那做共產黨統戰的事情一樣的。

李：一樣的，只是兩個不同的黨而已。

項：所以我跟你講，我沒有辦法不罵台獨。我想我這一輩子唯一聲音還可以大的原因，盡量的不與官方有牽連。我假如願意的話，抬高我自己，我從六十年代開始可以做很久的官、做很久的部長之類的。所以你看那天曾志朗坐我這邊、劉兆漢坐那邊，基本上也懶得招呼他們。我認為我至少可以叫得響聲音大，那些做官的人，他們是學乖的，也並不是怎麼樣了不起，做著學著學乖罷了。所以這當然是我的毛病，我對做官的都不相信，沒有一個相信的。基本上我看不出來。以前李遠哲回來的時候其實有來找過我的，後來他不能找我的原因，一半因為沈君山告訴他：「你把項武忠找來，你麻煩就多了。」李遠哲回來，把自己基本上毀掉了。人做官，除非你非常非常的有抵抗力，受這引誘，太容易了，永遠太容易了。

沈君山

李：我再回過頭來問一下，您跟沈君山是怎麼認得的？

項：因為我在唸大一的時候。

李：他屆數跟你差不多是不是？

項：他大我三歲，大我三屆。他有一個好朋友叫蘇競存，是由物理改學數學的，早我三、四年。我在大一念物理系的時候，數學教授有一個叫周鴻經，你不曉得知不知道這個人。

李：聽過這個名字。

項：那個時候因為周鴻經教數學系，你們電機系大概也是。

李：我那時候也是讀物理。

項：他已經過去了，他是在台灣學數學比較好的。他那個時候是中央研究院數學所的所長，那個時候中央研究院數學所在台大二號館上頭有辦公室，所以我在學微積分的時候，初等微積分是他教的，他覺得我不錯。然後那時王九逵跟蘇競存他們退伍下來，在中央研究院做助理員，就是助教。那時候沒有什麼學數學的人，所以他們沒有到南港辦公，都在台大辦公。

李：都在台大辦公？

項：台大數學系辦公。我是大學一年級的學生，我就是用他們的地方，做我做功課的地方，我住的宿舍麻煩得不得了。所以在那個時候我就整天跟他們在一起。事實上周鴻經就認為我也是跟他們一樣的。所以我那時候整天在那邊，因為這個關係認得，沈君山在大學完全不唸書的，他所有唸的東西都是蘇競存的筆記（蘇競存原是物理系的），蘇競存是他班上最好的學生。所以他整天在一起混，下棋，那時候認識，不熟啦！到後來我在普林斯頓做研究生，他在馬里蘭，所以你應該熟吧？

李：他比我高太多屆，當時我不認得。

項：蘇競存先在馬里蘭唸書的，後來就到了賓州大學（University of Pennsylvania）。沈君山畢業了以後是在普林斯頓做了一年博士後（post-doc），他做博士後的時候，我那個時候是第三年的研究生，項武義是第一年的研究生，我們兩個合在一起租了一個小房間。然後他要下棋，他不能吃洋飯的，一定要吃中國飯。

李：那時候他結婚沒有？還沒結婚？

項：沒結婚，我那個時候跟我前妻在一起。我前妻最好的朋友叫Nancy 謝。所以他的前妻是我介紹的。

李：謝渝秀是不是？

項：謝寧秀。

李：安寧的寧？

項：寧是南京嘛！因為這個關係，我跟他一直很熟。然後這個人是很聰明的，可是他一輩子要他深入任何東西很難，他文章寫的很好，很清爽。你一定要深入到什麼地步，很難，他可以唸三個博士學位沒有問題，可是你要他做一個好的研究論文，可能性很少。

李：這個我稍微問一下。我看過他的發表論文目錄，他在普度（Purdue）的時候還有一些文章，回了清華好像就沒有做研究。他原來在普度的時候做研究做的怎麼樣？

項：我相信他後來轉了，他這個人聰明。他在普林斯頓做了一年以後他走了，被丘宏義拉到 NASA 去做事。NASA 完了就到普度，他要寫些平常的論文可以，有深度絕不可能。

李：他是對別的東西太有興趣了，以至於對物理興趣不是那麼大還是怎麼樣？

項：我想沒有耐性。他棋下的很好，他最好的是他的橋牌，並不是棋。他棋下的非常好，可是棋的地位不是很高的。職業性的大概一段二段而已。

李：他棋是比一般非職業的好得多了，但是在職業界裡面他還是差一些。

項：橋牌他大概真的可以職業化了，人是非常非常聰明。然後你看他文筆清得很，好得很，他是寫的很清爽的。所以這個人是極端的聰明。

李：但是你說他就不太能夠專注在學術的研究上？

項：這是絕對不可能的，要他專注不可能的。因為他的想法，他認為他可以扮演一個重要的角色。舉例講，我為了釣魚台跟他吵的一

塌糊塗啊！可是他還是可以到我家來。你講邵玉銘好了，我一講就被氣走了。馬英九進來就被我氣出去了。沈君山嘻皮笑臉的進來就進來了，一點辦法都沒有。

李：你也可以說這是他的好處，他就是比較隨和一點。

項：他非常喜歡出名，所以很可憐，舉例講他寫了《浮生再記》、《浮生三記》，這裡面對曾麗華太不公平了。

李：你跟沈君山在安娜堡的時候夜裡面吵的很晚是吧？

項：他一來我們就開始吵，吵的最厲害的時候是開會，就站在兩邊。你跟沈君山吵架的時候也吵不了，我可以聲音很大，他可以嘻皮笑臉的。這是沈君山的好處。你罵了他半天，不像我的脾氣，我怒起來我三字經就出來了，他不幹這種事，所以這個是他的好處。而最大的壞處，此人極端的沒有責任感。

李：為什麼這樣講呢？

項：因為你今天跟人約好了任何事情，他完全沒有守時守信的習慣。他當年做清大校長的時候，你在不在？

李：我在。

項：別人叫，他可以嘻皮笑臉無所謂，所以搞得人家可以氣到罵他一頓。劉鍾鼎，數學系的，還有唱戲徐露的老公王企祥，簡直當場侮辱他嘛！

李：不過王企祥很早就離開了，他還沒做校長老早就離開了。

項：他做理學院院長。基本上沈君山……他們認為在這裡可以有貢獻，而且他們有些人際關係在這裡。他們大概都是有人際關係。沈君山在這裡，別人講他四大公子，他做第四大公子是很勉強的。他爸爸不是真正做官的人，他是因為蔣彥士的關係。所以他要回來，他認為可以在這裡做事，因為他覺得他可以用這個人際關係，可以扮演一個重要角色，所以他要回來。

　　你知道嗎？劉兆玄做校長在他之前，他理學院院長做完以後，他的地位本來不比毛高文低，只有比毛高文高。為什麼不給他，因為人家不能信他。可是另一方面，他有他的好處，舉例講，我後來回來是因為他才能把我搞回來，之前我回不來！

　　李：你拿不到簽證？

　　項：完全拿不到簽證。因為那個時候十年了，1980 年代我決定要回台灣看我父親，那個時候我又同時答應了中共過去訪問，所以我先拿了中共給我的一個簽證，那時候我已拿了美國護照，中共給一張紙條夾在裡頭，並不是真正簽證，說你到台灣去可以照樣簽證，不是真簽證，打了一個紙，打在我的護照上。那護照被我丟掉了，留著有意思了。然後我就找了三藩市的領事館，我那個時候正好經過三藩市看看我弟弟他們。那一年 Texas Austin 請我去，去之前兩個月要在舊金山申請我們家的簽證。我先打電話到紐約簽，全部簽不出來。

　　李：他怎麼跟你說？什麼理由？

　　項：沒有講理由。我父親同時去找了邱創煥、錢復，完全不能理。最後告訴我父親：項武忠簽證一定要到劉少康辦公室（編按：劉少康辦公室為當時執政的國民黨情治系統之一，王昇辦公室的代號）。他們認為我十惡不赦，一定要蔣經國同意才行，所以等不到。我過一陣子決定我不要回台灣了，我打了個電話給沈君山，那個時候我們左右已經吵了很久了。他一來了也看我們，我也還可以打電話給他。我說你到外交部去看一看，我簽證簽不出來。我說你把我護照還我，過一個禮拜我要到中國去，你假如禮拜一不給我護照的話，我們紐約時報見，我要寫信到《紐約時報》說你人權的問題，我要告洋狀。禮拜五晚上就來了，送到項武義家裡來給我。沈君山講這個護照是劉少康辦公室簽出來的。那個時候他們恨死我了，所以我來了以後第一次回來這裡三個月，在清華住三個月。住在毛高文那個老房子裡面，毛高文

跟沈君山房子兩隔壁的。

李：你原來認得毛高文嗎？

項：毛高文跟項武義同班的。

李：我回清華兩次，第一次回來是 1972 年，我剛剛博士畢業就回來，就跟毛高文一起回來。那時候工學院剛成立，就跟毛高文一起回來。不過我後來在清華待了三年又走了。你剛才提到沈君山，你說他對曾麗華很不公平。

項：他自己認為風流倜儻，什麼東西都會。所以也可憐，現在躺在……

李：我兩個月前去看他。你這次大概沒有時間去看他，也沒有辦法看，完全沒有感覺了，看了也很傷心。

項：為什麼不拔管？

李：誰有這個權力可以拔管？

項：他簽過字的。曾麗華也同意要拔管。

李：但是台灣現在好像沒有這方面的法律。我們稍微回過頭來討論保釣方面的事情。所以你 1989 年六四發生以後就不能再容忍中共。

項：他們認為講特殊的社會主義的……

李：有中國特色的社會主義。

項：那完全是謊言，而且貧富不均到……

郭譽珮（以下簡稱「郭」）：中國特色的資本主義還是社會主義？

李：社會主義，當然是社會主義。

項：那完全不是社會主義，所以今天邱立本坐在我旁邊，我很同意他。大家覺得辦小學，做了很多事情很好。可是中共花多少錢做別的事情，為什麼自己不能處理這種事情？

李：我也覺得很奇怪，又不是說政府沒有錢，怎麼鄉村教育搞的這麼差。

項：你把人搞到這個地步不是找死嗎？

李：而且基本教育就應該是政府的責任。

項：一方面講：我自己大老爺多有錢！一方面還同樣的貧富不均到這個地步。你知道嗎？他講他有兩千五百萬人失業，真正錢不夠用的有兩億人。台灣吵失業一萬五千人吵死了，可是台灣的貧富不均比起美國都還好。

李：1989 年以後，你就沒有再去過大陸了？還是去過？

項：去過，我大概 2000 年又去了一次，數學會開會的時候。我沒有在北京開大會，我沒有進北京城，我們去了新疆一趟，帶了幾個朋友，所以我們去過。我們甚至於到了韓國，每個人都講：你又不來了，你又擦邊球。我說我基本上不要到北京去了。

李：不想去北京，別的地方還可以忍受，北京不想去了。

項：我不要去了，不是不去，將來我可能也去，何必要裝模作樣講自己多有錢，而且貧富不均到這樣。我這個人反叛啊，每個人都要往 A 地方走，我不一定往 A 地方走，我往 B 地方走。

李：你對未來中國的看法如何，你也經過這麼多了，也曾經左過，也曾經批判過中共，現在當然對中共也有很多事情不能忍受。你對台灣也很熟，也是從大陸那邊來的。我想請問一下你對中國未來的看法是怎樣？

項：雖然台灣大家覺得亂得不得了，台灣有些問題，譬如說我們看電視都是地方新聞、星光大道搞了以後亂七八糟的，大陸也是一樣。可是在台灣我發現我們的外頭這麼乾乾淨淨的，是少有的乾淨，空氣也好。所以我們在台灣買了兩棟房子，我想假如我們有時間可以到這來玩，我這麼想的。我跟楊振寧這麼講就大吵起來。台灣雖然鬧到這個地步，大家吵成這樣子當然令人擔心。現在看不出來哪一個政黨可以真的上來對老百姓好，雖然都非常不滿意。

可是像我們今天開會那些人，大家很多人還是想為台灣做點事。這個社會要比別的地方還公平一點。我們大概不會長住，現在每年就這個時間，假如空閒一點會住一些時候。這裡我們住了舒服，我也不是不要去大陸，將來我要當然也可以去，可是我希望台灣可以影響大陸。可是馬英九這個做法，他這麼太傾斜，我想某種形式台獨是好的，只要這裡維持，有個比較，你要是完全併進去的話他就不理你了。假如某種情況起來了以後，中國他非要改掉才有希望，現在糟糕的不得了的一樣事情，是這次金融風暴使得中國認為是他天經地義做這種半獨裁方案，不但半獨裁，而且獨裁。因為他們認為蔣經國、李光耀是最好的模式。所以他們應該這麼繼續下去。我希望中共能夠變。不要認為兩黨吵很麻煩，可是這裡的言論自由比哪裡都好。

李：這是很不容易爭取得來的。

項：而且我希望五一七遊行（編按：此為 2009 年 5 月 17 日由民進黨與台灣本土社團發起的「517 嗆馬保台大遊行」，於台北高雄兩地同步舉行。）不要打起來，不能夠死人。

李：不會啦，台灣示威司空見慣了。

項：因為新興的民主，沒有國家不鬧的。美國當年拔槍的，美國初期的時候決鬥的。假如這關能夠過的了，不要變成菲律賓，不要變成泰國。所以雖然我們當時很想紅衫軍把陳水扁拉下來，他沒有被拉下來有他的好處啊！因為這一衝進去，你把總統府打垮了以後，不能彌補。

李：是，當然不應該。

項：所以目前雖然我認為馬英九是混帳得不得了，他應該有很多事情可以做，他完全不做事，完全作秀。

馬英九

李：馬英九的事情我要再問一下。你對馬英九的批判是不是太厲害了一點？

項：一點也不厲害。

李：你為什麼認為馬英九這麼狼心狗肺？

項：我舉例講，有好多事情，我對他心裡上最不滿意的一樣事情，他在《波士頓通訊》完全搞特務起家。他當時講話尖銳的樣子罵起我們來……今天這次搞了半天以後，所有的小雜誌都有，就是沒有《波士頓通訊》。他沒有給你們。

李：有吧？一期。這個倒不是說我們故意的，是因為沒收集到。

項：沒有，他不給，他可以給。因為這事情他當年的時候……。

郭：政府機關一定有的。

項：因為他當時靠這個起家，他先去紐約大學，以後就到了波士頓，一年完全沒唸書，1974、75年那時候。那個時候我已經不參加釣運了，他天天寫，因為我買了個八萬塊錢的房子，天天罵我「項八萬」。這沒事，叫我「毛蟲」都可以啊，可是你做這件事情的時候你不要隱瞞，後來民進黨跟你說的時候不要隱瞞。可是他每樣事情都是想好了，你以為他還會很 naive，其實他都想過了。當年連戰跟宋楚瑜那個時候，他基本上不要衝進總統府，說三一九的打槍的事情，他大概要按掉，他曉得不把連戰按下來的話，他上不去。所以你不要以為他好像很憨厚的樣子，根本不是，這個人啊，我跟你講，狼心狗肺。市政你不能想像的不負責任。老實講台北市他做的最壞，陳水扁比他做的好多了。陳水扁的人壞到什麼地步，他做了總統以後才搞得一塌糊塗。台北市的區公所，那裡面客客氣氣做事情，做得很好。黃大洲比陳水扁做得還好。所以這些他一天到晚作秀。舉個例子，他這次當選，蕭萬長這做副總統的幫了很大的忙。去年開院士會議的時候，我跑到圓山去吃飯，蕭萬長根本沒有事情幹，帶了五十個總統府的衛隊吃飯，根本把

他完全擋在外面。這個人然後天天講他保釣英雄，根本沒有保過釣魚台。

李：他去的太晚了，他到美國已經……。

項：要緊的事情不在這裡，他三年前當主席的時候跑去看石原。

李：日本的石原慎太郎。

項：去看石原，看了石原以後，因為我看報紙很仔細的，一看到我就抓住，寫信問他。還記得他請石原做什麼事嗎？因為他要討好李登輝。這個事是非常要緊的事情。李登輝要請石原做高鐵的代言人，他跑去請他做台北市的代言人，結果印了五千份漂亮的不得了的小冊子，被《明報》抓住登出來，就被我抓住了。我就問他：我說你為什麼要請石原，要請他到這裡做這個事情。他講：為了談助（編按：指聊天或談話的材料，語出《後漢書》王充傳）。為了談話，吃喝酒。他被我抓住好多次了，這種事情。

郭：他印了之後，後來正好遇到那一年跟日本在釣魚台有一點衝突，所以大陸就發動了很多反日的遊行，你知不知道那一次？

李：我記得。

郭：美國也有，舊金山也有遊行，台北也有。他那個時候不能發，所以這五千份就沒有發過，但是已經印好了。同樣今天報上也有一個消息，他要在總統府裡面一間房間要用個日本人的名字，那個日本人不曉得是在台灣造一個什麼的，所以我今天看到報上有一個人評論說為什麼要這樣做？

項：他完完全全沒有原則，而且他答應別人的事情，像沈君山一樣完全靠不住的，他嘗試討好我。這是私人的事，她爸爸（郭譽珮父親）在台北市有兩間房子，位在最好的地段，在誠品隔壁，現在元大造的房子。

李：信義誠品，還是敦化北路？

郭：敦化。

項：那個地段多好，那塊地以前元大買的，元大買了百分之五十一，她爸爸房子占百分之十的樣子，不肯賣。可是台灣有都市更新計畫，有百分之五十一可以強迫你賣。我想辦法跟他講，我說這東西不對啊，元大要吃我們啊！那個時候他跑到灣區來，他就親口答應我絕對不會讓我們吃虧。最後不但沒有幫忙，硬把這個東西賣掉了。

李：我沒聽太懂這個意思。就是說，有一個大樓是不是？裡面有百分之十，你說元大有百分之五十一。

項：不是，五十一是別的人合在一起，別的人同意簽名，每一戶、每一戶的給他買走了。可是他百分之五十一都市更新的時候強迫百分之四十九賣掉。所以他要用這種價錢強迫我們簽字。我說你不可以這樣做法。他答應我，拖了兩、三年，他答應過我的事情完全沒有照做。那你就不要答應我，他答應完了以後完全不照做。他那個時候怕我，因為曉得我會罵他。他打了個長途電話給我，從波士頓打了電話回來：「項教授，我一定幫你忙！」這一些他做的事情，你看多少事情他每次承諾以後都反覆。他現在我認為已經太往大陸傾斜了。可是話又講回來，大概台灣現在已經沒有了，台灣基本上是變成跟港澳一樣了，能拖多久呢。不一定是最壞，大陸也不會對港澳壞到哪，因為大陸只做一樣事情，對你們在這住的人有好處沒壞處，他一定要把你至少有三、五年搞的蓬勃的不得了。因為香港開始的時候，剛剛1997年回去以後爛一大陣，後來把他全部開放了，把你完全買走了。這太便宜了嘛！因為這種方式太容易太便宜了嘛！所以他一定，你等著吧，你有錢你去買點地吧！

李：我們再回過頭來。您的保釣有兩三年非常積極也非常投入。那現在這些人後來怎麼樣？我們知道李我焱派去過非洲，然後家庭也有點失睦，小兒子又死掉對不對？

項：大部分參加保釣的人都不太好。這實際引發了一個非常有趣而敏感的話題。舉例講，為什麼王正方不來？

李：我事實上前兩天在台北跟他在一起。我當面跟他講，我說：我們清華要開這個會，你能不能來？他說不能來。

項：為什麼劉大任不來？劉大任、郭松棻他們。

李：郭松棻過世了。

項：對。他們進了聯合國，很多人那個時候沒有辦法找工作，只好進聯合國。聯合國的退休金什麼都很好，可是你進了這個官僚系統以後就失去自己了。劉大任回來寫文章，像是劉大任，尤其郭松棻一定變得非常不開心，搞不好就是因為這樣死掉了。

李：郭松棻很不開心，郭松棻我看過他寫的東西，他去了大陸以後非常震撼！

項：所以很多人進去聯合國做事，變成為了聯合國做事賺點錢過日子，這個人生就很慘啦！

李：是，這個心裡面非常不愉快。

項：像王正方他拍了電影，搞了以後……，所以不愉快。王正方大概這個人生也不能改到哪去。

李：我跟王正方最近這兩年還常常見到面，他住在台北跟廈門，常常在台北，我碰到過他。

項：王正方當然是非常聰明的人，因為你最要緊的人生都擺在這裡面了，然後沒有找回另外一條路可以替代過去，這就很痛苦了。所以我很幸運的一點是因為我的專業原來是數學，已經很成功，所以兩年沒有擺在這個地方，但我很快就回來了，而且因為我覺得自己失去兩年時間做研究，所以更努力在學術上。而且我的脾氣，因為我講話好像很浪漫，事實上我也是很實際的，曉得某種地方我就是不能這麼做、我不能改變，那我管自己的事，我也不要欺負別人，不要這樣子，

就回來做這個。這麼多年一直到了六四的時候，我就覺得可以做點事情，希望也許可以改變些什麼，那我就痛快了。譬如說假如我在這裡，我們紅衫軍我一定參加在裡面。所以每一個人都要找一樣事情，你真的搖都搖不動的，而且我也非常幸運，七十四歲我現在做的是非常重要的研究，所以我沒有停止，而且我也很幸運我老婆有個飯店，也可以供給我生活，根本不靠我就已經可以過日子。所以這裡面我當然是比一般的人幸運，一般人不那麼幸運。

像劉大任，我前幾天拿了本書看，他以前認為自己非常有才氣，《戰報》我第一期開始看，這不是叫才氣，這是野蠻啦！他平常寫的文章也還不錯，畢竟我沒看到真的才氣。

李：我想他們來的話，也會覺得滿痛苦的。回憶這一段過程對他們也是滿痛苦的事情。

項：很少人能夠像林孝信一樣這麼堅韌。我原來看到林孝信非常痛苦的一面，他現在找到痛快了。你想想看他從保送進來進了物理系，算是很好的，但是卻完全放棄了，他找到另外一回事情，我今天才知道他原來在社區大學做事。他跟我講過，他教的這個東西，你教的學生不可能到那去，台灣大學這麼多，社區大學你 get no where, right？台灣所有大學都被李遠哲毀掉了，毀光了。可是他能夠在這裡面找到很多人，他是個傳教的人啊！他基本上是傳教的人。弄出來以後，能夠走到這樣子，大家還跟他一起，所以他做 leader 並不是真正 lead it，他並不是要籠罩你。所以這次看到他倒是開心。舉例講，他這次把曾志朗和劉兆漢找來，他們大概每人只花了一點點時間，最早的時候參加過《科學月刊》。可是大家因為交情存在，你看劉源俊，基本上是愛盟嘛？跟他完全不是一路的人，可是他們朋友交集，這樣的人當然會開心。一大半的釣運的人，像徐守騰，就不可能 get away 了。「life is cut short」。

李：所以我就說像劉大任、王正方不來，花俊雄跟龔忠武他們願意來，我還是蠻高興他們能夠來的。

項：龔忠武他把自己限制住了，他寫的東西那些研究，然後他講他的研究如何，把它看得很重。他現在還認為毛澤東了不起，怎麼解釋呢，怎麼可以解釋呢？

李：他現在還認為毛澤東是⋯⋯

郭：他演講並沒有這樣講。

項：我們是在談他怎麼想。

李：他還是覺得毛澤東⋯⋯

項：你只要仔細聽那演講一聽就聽出來了，你仔細聽。

李：這個我覺得很奇怪，難道他還沒有從四人幫文革的惡夢裡醒過來，這個是很奇怪的。

項：somehow 不懂。阿花可能講起來更跟中共靠在一起。

李：他在聯合國是⋯⋯

郭：他不在聯合國。他從來沒進過聯合國，他一直是做中共在紐約那邊的一個⋯⋯。他有一陣子做《僑報》吧。（編按：此處項夫人記錯了。花俊雄先生曾經進入聯合國服務。）

李：我一直以為他在聯合國。

郭：他沒有在聯合國做過。

李：他沒在聯合國？他在《僑報》？

郭：現在他說他也不管《僑報》了，但是他現在一定是⋯⋯

項：他是中共在外頭⋯⋯

郭：你們跟他做過訪談沒有？阿花，花俊雄。

李雅雯：沒有。

項：中共給錢是用非常 crude 的辦法給錢。你曉得趙浩生嗎？中共要買你的時候，所以今天我也一直對林盛中不客氣，我一直以為他

這麼早去中國大概不錯，他把一張照片拿出來以後我懂了。中共認為他是台灣人，他可以到這來，在台盟裡面一定有地位……。因為台盟才能做政協，你憑什麼做政協呢？蘇紀蘭那時候在杭州做研究。

李：蘇紀蘭是誰？

項：那是回歸的釣運左派裡面第一個選上他們科學院院士的叫蘇紀蘭，搞海洋的什麼。中共要買你的話，比國民黨買愛盟還要 crude、那個辦法還要粗魯。

李：所以就是說在現代在這種時代裡面要做一個獨立的知識分子還真是不容易。

項：你要自己知道這個行業你可以獨立賺飯吃，要不然老實說你這樣餓上肚子的話大概每個人都……。要不然也可能出賣自己。因為你要在最後的階段之前，一定要能夠維持自己的生活。

李：總之要讓你自己不受別人影響之下可以獨立生活。

項：不管如何，我想我也很粗魯。我能夠躲得過，部分原因也是因為我不需要出賣自己。

李：因為你究竟有自己的學術地位嘛！這些人都是知識分子，對於學術還是比較尊重一點。

郭：不過就是中國一向沒有一個獨立的知識分子的觀念，這個完全是個純西方的觀念，中國人的讀書目的是要學而優則仕。

李：以前我們中國社會裡，讀書人的地位還是蠻高的。

郭：一向高，因為可以做官嘛！高的原因是因為他是跟當權者是密切結合的，這個獨立的知識分子就跟獨立的新聞界一樣的，在中國是沒有的，中國所有的報紙都是有權有勢的人的聲音，讀書人都是想要被他用，他也要選讀書人幫他。所以讀書人的獨立這是一個 alien（異己）的觀念。我覺得項武忠他基本上相當不中國化，他常常用比較西方的觀念來做些批判。你不覺得嗎？

李：我贊成你批評的意見，我也贊成你批評每年開會都要到不同
地方去旅遊。

對台灣現勢的看法

李：那我再接著問下面一個問題。台灣現在的情況大概也是蠻敏
感的。您對台灣未來要怎麼走，有沒有什麼看法？你現在已經在美國
定居，對於我們這些人，我可能還不是，他們（編按：指訪談現場兩
位助理）這些年輕的一輩，他們要在台灣長住下去的。

項：我認為，我最希望的就是國民黨或民進黨理性化，因為這個
太要緊，對中國而言，對台灣而言有某種穩定、能夠正常運作的政府
存在太要緊。所以馬英九他第一件事情，他大概自己不貪污，但是沒
有辦法真的改掉。假如你剛剛轉換政權回來以後還是這麼樣的不能夠
清理掉，以後會很糟。可是我看不出來一個替代，我看不出來哪一類
的人，年輕人裡面也好，也不是說我們可以像林孝信做苦工的、要有
某種領導力，而且是要真有組織能力。要簡化東西，把他清掉，不照
目前國民黨跟民進黨的組織體系走，沒有可以產生這樣的人出來，現
在看不見，完全看不見。

年輕人要培養出有不同的想法，而且可能會形成某種風氣，但到
目前我看不見。今天裡面有些草根運動，但這些問題不完全是這樣，
草根運動當然可以做得到，可是領導力我現在看不見。這完全歸因於
蔣經國只能訓練一批奴才。所以他們講回來搞「起飛」那是胡說八道
的，那個是當年李國鼎他們搞科技弄出來穩定住的。他們是來享福的，
是敗掉的。不能想像陳水扁會這麼私心的、這麼快的敗光，所以實在
可憐。應該民進黨有好一點的人，民進黨怎麼會這麼多派系，大概起
來的時候是亂的。民進黨應該清廉一點把自己先改造，怎麼會沒想到

把台灣造成更好的一個台灣呢？結果自己撈了這麼多錢。李登輝不可能在拉法葉（Lafayette）案子裡面沒有拿到錢。如可能沒拿到錢是因為沒有拿到，他不是不貪，所以現在這個地方怎麼清法，也許目前是有點時間，中共不可能打這個地方。中共不要打，這會出太多事情了。他們要把這裡穩住，因為這樣對中共最便宜。這種方式最好，因為他不可能把這個東西放棄掉，因為台灣像最大的航空母艦停在他門口，這麼大的航空母艦照目前情況他一定把你穩住。所以我倒認為，年輕那一代三、四十歲的人應該開始負一些責任，真的組另外一個黨，另外請些人出來代替，慢慢做起，不要經過這兩個黨。新黨他們都是一樣的啦！可是現在看不出來。所以假如能夠這樣出來，我想台灣的希望是很好的，可是看不見。

郭：像林孝信他們對政治有沒有興趣？

項：沒有興趣，不可能的。

李：我不是很清楚，我沒有問過他。

項：他這個裡面，林孝信他這種小組織⋯⋯

郭：不是說他自己，他總有一個⋯⋯

李：你在台灣的選舉裡面，地方選舉需要錢，大規模選舉的話你至少要有一個政治的號召，現在藍的跟綠的，一個是國民黨一邊是台獨，假如林孝信你不是這邊統的，也不是那邊獨的，那你怎麼弄？

項：大家搞錯了，以為我罵馬英九是要講壞話的，沒錯。我認為馬英九這個人他現在沒有辦法代替的話，他聽不見別的話。我認為我一定要罵他，希望他能聽見，能夠改一改。我有理由的，因為杜正勝祕書叫什麼名字？那個莫名其妙到極點的那個叫什麼？

郭：莊國榮。

項：他居然把莊國榮赦免掉。（編按：此指2008年總統大選前，當時擔任教育部主祕的莊國榮爆粗口事件侮辱馬英九父親，可能招致

教職不保時，總統府發言人轉述馬英九希望給莊一個機會。）他自己都不管。所以馬英九你要對他狠，我希望他能夠硬起來。

李：我不是太主張去罵馬英九罵這麼厲害。為什麼呢？因為即使上次選舉在陳水扁貪污貪到這種程度之下，民進黨仍然得百分之四十二以上的票，只要有一個稍微好一點的人出來的話，民進黨就當選了。

項：我寧願他當選，這就是重點！我對國民黨沒有任何愛。我認為要民進黨好一點的人出來，可是民進黨很不幸有幾個亂吵亂鬧，沒有看見民進黨有人才。而且糟糕到什麼地步，這些搞政治的立法委員沒有其他生活能力，你看看那樣子。他只要不競選簡直不能生活！像王雪峰的事情（編按：此指媒體報導曾任立委的王雪峰遭家暴、生活困窘等）簡直開玩笑嘛！怎麼人變這樣子完全是白痴了，又不能動又不能靜。所以教育沒搞對，而且我倒希望，畢竟中國現在在搞政治的人都是學理工的。

李：對啊，他們現在這批人好像是當初李國鼎那段時間，台灣那段時間。像李國鼎那個時代也是一些學理工的出來，像嚴家淦。

項：學理工的為什麼有些人不去⋯⋯沒有辦法，法律系的就想盡辦法用法律的漏洞欺負人，像美國一樣。我說：假如美國殺了一半MBA，殺掉一半律師，事情好得太多了。他們完全想辦法欺負人。

李：這就是金融海嘯的原因嘛，基本上金融海嘯的原因其中之一就是這個嘛！

項：我看了這些學文法的人，那天我故意坐前面。一邊坐的是劉大弘，我跟他很熟。我問他劉大任怎麼樣，他不敢回答我。然後曾志朗洋洋得意的樣子。

李：我想回過來再問一下，這個跟保釣沒什麼關係。我想問關於數學的問題，就是唸書的問題。您是唸數學唸的非常好的，升教授也這麼快一定是有很多數學上的成就。你對下一輩唸科學的有沒有什麼

建議？怎麼樣可以唸書唸得好，怎麼樣可以做好的學問、好的研究？

項：我認為最要緊的是，第一點不要信你的老師都是對的，一定要懷疑你老師講的話不一定對的。可是最要緊的不在這一點，最要緊第一件事情，你要做專家。什麼意思？你入行要學的非常好，唸到博士以後的三年、五年，你把你這一行弄得很精，當你第三年以後你要做非專家，你一定要滲到別的地方別的行業。所有好的東西出來，都是四兩撥千金，就是你借力打力。而且你做 fundamental 的，別以為人家都想過了，太多人可能 technically 做得不錯，我再加更好的一層。事實上有很多 fundamental 在裡面。很要緊事實上事情不是往煩的、難的做，是要簡化。你看這個牆上你看都是好好的，可是有人就看到這裡有一條縫，一推是個門。

舉個最簡單的例子講，我把楊李的故事講給你聽，他們吵架的事情。所謂的 parity（宇稱，或譯「對稱性」）是什麼意思？左手右手數學講是群，群有兩個成分，所以兩個是不連通的。大家認為因為平常時候在群論用的時候都是假設是連的。兩個不同 component 太複雜了，在二十世紀末年最好的兩個物理學家，一個是費曼（Richard Feynman），一個是楊振寧。Feynman 想的完全天外飛來，那個時候在 Rochester 物理每年有研討會，找幾個人胡說八道，就是 speculation。先是大家完全公認 parity 不成問題的。Feynman 說可能 parity 有問題的時候，大家就說：Feynman 又胡說八道來了，沒有人理他。在那個時候李政道就聽到了。李政道講，可能有道理喔！李政道是很聰明的人，可是很亂。

李：很亂？

項：他數學（mathematics）不太好，數學不整理的，所以就亂。所以他亂猜，他物理的 intuition 很好。所以他就跟 Jack Steinberger，他的另外一個同事 speculating，假如錯了以後的問題。Jack Steinberger

是做實驗的，後來也拿到諾貝爾獎金（編按：Jack Steinberger 為 1988 年諾貝爾物理獎得主之一），他到 Stony Brook 演講。

　　那個時候楊振寧是在 Brookhaven。因為那個時候錢太少了，暑假在賺外快，所以楊振寧兩個好東西都在 Brookhaven 那裡做的。Yang-Mills 理論也是暑假拿錢的時候弄出來的。就在那做的時候楊振寧就把 Steinberger 罵一頓。Steinberg 趕回來以後就去跟李政道告狀，告狀的時候李政道打個電話給他，他們差五歲，他們兩個交情很好，合作過。

　　第一篇文章兩個名字叫楊李，以後做李楊，因為李 Lee 應該排在前面。這個時候李政道就說：你要吵架找我來，他做實驗的你欺負人。第二天就來到 Columbia 見面，楊振寧說不相信，但因為他們車子停在 116 街，停車的地方要換邊，所以他們十一點就跑出來，開到 125 街。125 街那個時候還可以，現在不能去了亂的不得了。他們跑去那個叫白玫瑰咖啡館喝咖啡，兩個人就討論。以後楊振寧開始也相信了，所以楊振寧認為是他想到的。他說假如認為這個錯的話，不要假設錯一點點，全部錯！楊振寧了不起的地方就是這裡。李政道抓到一個洞，他就講你要錯全部錯，所以他數學比較好。他們兩個人就回到哥倫比亞找吳健雄，吳健雄那個時候應該分享諾貝爾獎。他去打門的時候，吳健雄是 beta decay 的專家。他們問吳健雄一句話：「假如我假設這個 parity 不對的話，有沒有矛盾？」吳健雄想都不想：「我想沒有。」憑這句話，不但他的實驗該拿到諾貝爾獎，憑這句話也應拿。

　　人的 intuition（直覺）要緊，所以你要會訓練你的基礎能力。回去了以後他們從頭把整本書五百頁都假設 parity 是不對的，重作 deduction。他們用邏輯分開，從頭一頁頁的再分析，太了不起。所以要從小訓練，想的是 very fundamental。這個是他們做的，像楊振寧的 Yang-Mills 理論，不要回去往前走，我跟你講過嗎？他是推廣 Maxwell equation。從 Maxwell equation 來的用到 Strong interaction，所以楊

振寧想法 very very fundamental。其他大部分的人，你做了 A 我做 A、做 B。

李：這就是我們現在台灣學術界很大的問題。

項：你知道嗎？不要急功好利。我跟我老婆講，我很多好朋友他們做一下就放下了，原因呢？人家這麼多人都做過了以後都沒做出來，憑什麼我做出來？為什麼是我？我跟你講，我會這樣想「為什麼不是我？」所以我絕對不怕的，什麼事情我天不怕地不怕的。這個是非常要緊，做不到，錯了，做了不對就說你不對。所以我跟沈君山講，卡路里那個事情我錯了我就承認（編按：指「安娜堡國是會議」上討論大陸人民營養卡路里的事），我跟他當面承認。絕對不要說前人走過了我不能再想。中國人太在乎考得怎麼樣，都是上頭幫你做了模式了，要跳出這個模式。可是當你要跳出這個模式，你得先知道當年那些模式怎麼造出來，你不能夠不做仔細的工作。你要整個做過，人家講這是很明顯的，但是對我不明顯，我最好能自己把它想出來。這個我想大概我做人給我很多麻煩，也給我很多好處。

李：這是不容易。

項：我是不信人家的，但是我錯了我馬上就承認我錯了。不然的話沒法挑戰，你不要以為我做釣運講話如此，我數學也是如此。所以我學生坐在我旁邊，說你煩死啦！好多人不肯坐在我旁邊，因為上頭講了一半我就吵起來了。不要以為釣運我才吵，上面的人在演講講了一半，我在下面就吵起來了。

李：我這裡有一篇文章好像是批評你的。在《新語絲》上我把他錄下來了。你看過沒有？

項：沒有。

李：你沒看過啊。這裡你看，有一篇文章〈辱罵人的美國退休教授項武義〉，這不是說你，是說你弟弟，不過這裡面也提到你們一家

的事情。

項：那是丘成桐那時候搞的嗎？

李：這個不是丘成桐搞的，這個是別人收集的，我也不知道誰寫的，作者署名「司馬米鼠」。

項：丘成桐他跟田剛他們吵架的時候項武義夾在裡面。

李：對，這後面提到你們全家的資料，不知道這個資料正確還是不正確？項氏兄弟的父親項昌權（1903-2000），還說到他曾經是國民黨政府官員等等，然後還做過上海市臨時參議會祕書長……一大堆，到台灣以後還做過民政廳的副廳長。這個資料還正確的啊？還代理台北市長三個月。後來台北成立政治大學後擔任第一任總務長，這都正確的是吧？

項：對。他罵我什麼呢？

李：好像沒有罵你，大概是罵你弟弟。

項：這篇文章好像那天我沒有查到過。

李：這個正確不正確？五個子女三個兒子，項武忠、項武義、項武德，兩個女兒項文英、項文玲，是吧？

項：對。

李：你們家博士太多啦！項武德是賓州大學（University of Pennsylvania）的數學博士，目前任職於 Syracuse 大學。項武德的太太馮琦是賓州大學的數學博士。項武義的妹夫項文英之夫萬宗榮。

項：為什麼會照這樣子寫？

李：很詳細啊？我給你唸一唸你看看對不對：萬宗榮是耶魯大學化學博士，然後你的妹夫項文玲之夫牛巽健，加州大學柏克萊的數學博士，在德州大學 Dallas 分校做教授，是吧？然後你的妹妹項文玲在加州大學 Berkeley 分校的碩士。項武義的妻子謝婉貞是賓州大學的生化博士，擔任高級口譯員，1998 年柯林頓訪華的時候他是希拉蕊

（Hillary）的翻譯官，還做過駐華大使雷德的翻譯官等等。

項：都對。

李：今天我們非常感謝項教授接受我們的訪談。

第六章

花俊雄先生訪談

花俊雄先生（1941-）

花俊雄，1964 年台大歷史系畢業，1968 年獲得台大歷史所碩士，前往美國匹茲堡大學攻讀歷史博士學位。保釣運動期間在匹茲堡組織相關活動，籌辦《匹茲堡通訊》。參加 1971 年 1 月 30 日紐約保釣示威、4 月 10 日華府保釣示威、「美東討論會」、「安娜堡國是會議」等活動。1973 年進入聯合國工作，積極投入中國統一運動。曾擔任《台聲》雜誌總編輯、「紐約華人華僑聯合會」會長，「紐約中國和平統一促進會」會長等職務。

受訪者：花俊雄先生
訪問者：李雅明教授
訪談日期：2009 年 5 月 5 日
訪談地點：李雅明教授自宅
記錄編輯：李雅雯

＊　　　　　　＊　　　　　　＊

早年求學

李雅明（以下簡稱「李」）：俊雄兄，能不能請你先講一下你的出身、背景和求學經過？

花俊雄（以下簡稱「花」）：我是 1941 年在台北出生的。小學唸的是雙蓮國民學校、初中唸的是師大附中、高中也是唸師大附中，然後 1960 年考進台大中文系，大二轉到歷史系，1964 年大學畢業，服了一年兵役後，1965 年又回台大歷史研究所唸書。

然後在 1968 年研究所畢業後就到美國 Pittsburgh University（匹茲堡大學）繼續進修。1968 年畢業的時候是跟李守孔教授做 1923-1927 年的中國勞工運動的碩士論文。1968 年我到 Pittsburgh University 去進修，是拿到那邊的獎學金才去的，也是念歷史研究所。1973 年進聯合國工作。

求學過程算順利。剛開始去的時候是滿緊張的，因為學人文科學的人比較少；第二是學人文科學的人對語言的掌握需要更好。憑良心講我們那個時候的英文並沒有好到看英文書速度很快。所以當然第一學期說實在話是……。不只是辛苦，而且真的沒有信心自己能夠唸得過去。相對而言文科的學生當時申請獎學金是比理工科難，但是文科

申請獎學金比現在要容易得多。那時候獎學金的數量還是滿多的。因為我是拿了碩士學位才去的，所以匹茲堡大學歷史系就直接讓我讀博士，博士學位當然要通過資格考，通過以後就開始做論文。

我是 1970 年通過資格考的，就是保釣快要開始的時候，因為通過資格考以後就相對輕鬆了，就是做論文，這個因素也讓我有多餘的時間去參加保衛釣魚台運動。如果資格考沒通過，那就很緊張了，我們都很清楚。

資格考以後就訂論文題目。找題目的時候，我去請教以前在台大、後來也到了 Pittsburgh 的老師許倬雲。許先生就說：「既然你碩士論文做的是勞工運動，為什麼不做同一個時期的農民運動呢？」所以我就聽了他的建議，做 1923-1927 年的中國農民運動。也就是大陸所說的第一次國內革命戰爭時期的農民運動。

政治經驗

李：那你能不能回溯一下你在台灣和到了美國的時候，你對於政治有沒有什麼概念？有沒有什麼想法？

花：我在台灣的時候，尤其是高中的階段，當時就已經有一些所謂的無黨、無派的政治人物活動，其中就包括台北市的郭國基、李萬居、高玉樹及宋霖康，基隆市林番王，台北縣李秋遠，宜蘭縣的郭雨新，嘉義市的許世賢，台南的葉廷珪，高雄的李源棧、楊金虎，這些所謂的無黨無派的人士。當時這些無黨無派的人士對國民政府影響就很大了，他們的口才也非常好。我經常去聽高玉樹、台北縣李秋遠的演講。

當時我高三，有一個刊物叫做《自治》，無黨派的人士的刊物。你也曉得我們考文科的學生到了高三下學期已經沒什麼課可上了，物理化學也都不考了，基本上就是複習。所以同學之間會利用多餘的時

間辯論。當時我比較同情無黨無派的民主人士，可是從高中的時代開始一直以來我是大國沙文主義者。我認為總有一天中國會復興起來，把小日本打垮，建立中華大帝國。

李：你曾經想過為什麼你相較於其他人更有這種民族主義的想法嗎？

花：當時我的同學中有同情台獨的，但是我從來都不是，我覺得台灣光復是應該的。我從來沒有同情過台獨。後來我學了台灣的歷史，曉得日據時代的一些情況，但是我覺得這個帳是要跟日本人算的，不是跟中國人算的。第一，二二八固然是個悲劇，但是比起日本在武力鎮壓時期殺戮的台灣人，還是差距很大。

日本統治台灣分成好幾個階段，第一個階段是武力鎮壓，第二個階段才是政治統治，這時台灣人開始有一些要求設置議會的請願運動。二二八這個事件當然是一個悲劇，可是日本統治台灣時對台灣的武力鎮壓更殘酷多了。第二，雖然蔣介石有地方歧視，比較信任他的鄉親，但是相對來講因為他在大陸失敗、撤退到台灣，他也知道一定要運用一些台灣菁英，不管他是不是給這些台灣菁英很大的權力。當時台灣人在蔣介石統治下當官、分享權力的人數與比例都遠比日本統治台灣的時候要多。即使日本人最後已經看到它的敗相，開始多分享一些權力給台灣人，但是台灣人最多做到郡守、縣長，做到郡守的也很少，只有一、兩個。日本這麼對待台灣人，卻把日本統治說的那麼好、把兩蔣時代說的那麼不堪，在歷史的真實上是很不公平的。

李：你是 1941 年生的，所以光復的時候四、五歲，基本上沒有受到日本什麼教育對不對？你還記不記得日本人在台灣什麼情形？大概也都不太記得。

花：我是不太記得，可是曾經聽我的姊姊說過，我的外祖父是拉黃包車的，有時候下了班以後拉著我們兄弟姊妹幾個人坐他的黃包車，

經過日本人住的地方有時候日本人會向我們丟石頭。我父親是沒受什麼教育的，他曾經說：「花俊雄，像我們這樣的家庭如果在日據時代，要上中學是很困難的。」

我剛剛講過政治權力的問題，蔣介石雖然有地方歧視，但是為了鞏固他在台灣的這塊基地，他讓一些國民黨籍的台灣菁英出頭，例如省議會議長黃朝琴、台北市長游彌堅、高雄市長黃仲圖、屏東縣長謝東閔，各地市議會當頭的也都是台灣人居多。兩蔣統治雖然有白色恐怖時期，但比起日本統治台灣的時候相去甚遠。至於文化權利的問題，受教育的權利日據時代是不平衡的，日本人上的學校要比台灣人的學校好，上中學、職業學校、大學的日本人比例高很多，比如說台灣大學早先是台北帝國大學，但是台灣人有幾個能上帝國大學？台灣人到日本去留學的反而比念帝國大學的多。

固然光復初期很多受日本教育的知識分子不懂得國語，要重新學另外一種語言才能適應新的環境，這對他們是很痛苦的，有些人可能因此失去職位，例如原來在學校教書的小學或中學老師。光復初期有一些從大陸回到台灣的文人展開國語運動，要全面改成國語有一定的困難，但這畢竟是個過程，過了這段以後，小學都是講國語的，不講國語還會被處罰。現在的台中一中是林獻堂結合一些台灣上層階級菁英，為了給台灣子弟受教育而建立起來的，是台灣人自己建立的中學，這是為了爭取教育平等的機會。日據時代的教育機會是極不公平的。蔣介石統治下至少有個公平的受教育機會。另一方面，我在師大附中唸書的時候，同學、老師有不少外省人，但我從來沒有感覺到那些外省老師對我有省籍歧視。功課好的學生，不管哪個省籍老師都喜歡，守規矩的學生，不管哪個省籍老師也都喜歡。我不覺得中學老師對學生有什麼歧視。

李：我初中在花蓮唸的，高中在新竹，也是如此。

花：比如說你們新竹中學校長辛志平、建國中學的校長賀翊新、一女中的校長江學珠，當時幾乎所有的台灣名中學校長都是外省人，但是這些外省人校長兢兢業業在那裡辦教育。我們要講公平話，我對台獨最反感的就是他們不講事實。當時的教育機會是不是平等的？當時台灣各地著名中學的外省人校長們是不是兢兢業業地為了培養子弟好好做事的？這是一個不能否認的事實。像一女中的校長江學珠終身不嫁，就為了把學校辦好。

蔣介石雖然提拔本省菁英，但是權力核心還是外省人控制的，很多台灣人只能去發展經濟，畢竟台灣這塊土地屬於他們。我們現在看到很多企業都是台灣人在做，這在日據時代是不行的。台灣人要組織公司會被打壓。所以不管怎麼批評蔣介石政權，這政權給台灣人的政治權利、文化權利、經濟權利都要比日本人公平太多了。我們現在很公平的來評價，日本統治台灣的五十年跟國民黨統治台灣的五十年，無論政治、經濟、文化各方面來講，到底是國民黨對台灣的貢獻多還是日本人對台灣的貢獻多？我從來不是國民黨黨員，有些時候我也滿討厭國民黨的、對國民黨有很多的批評。但是在面對歷史事實的時候我可以這樣負責任的肯定，國民黨統治台灣的五十年的成就、它對台灣人民所帶來的福祉絕對比日本統治台灣的五十年要好得太多。這一點我敢跟任何主張台獨的人辯論。

釣運前的留美經驗

李：能不能請你談一下你 1970 年參與釣運的過程。

花：1968 年到 Pittsburgh 去的時候，Pittsburgh 實際上是一個滿保守的城市。但是就像林孝信所說的，當時從台灣到美國的留學生受到當時全世界青年反體制運動的影響，我們台灣去的學生尤其受到美

國反越戰、爭取校園言論自由、爭取民權等等的影響。

Pittsburgh 算是一個比較保守的地方，可是學生居然要公開審問校長，說為什麼跟軍方有那麼多的合作計畫？我們那個校長是從空軍軍官學校校長調到 Pittsburgh 當校長的。學生要審問他，校長就說：「你們說要請我來聽取你們的意見，我很願意參加，但假如你們要審問我，我不能接受，我並沒有犯罪。你們可以不同意我的教學方針，你們也可以譴責我跟國防部有那麼多的合作計畫，但是我並沒有犯罪。」後來校長來了，在一個大禮堂裡面開會，學生也沒給他準備一個特別的位子，校長就坐在講台的邊邊上。對我們來講這簡直是不可思議的事情。即使是一個很保守的地方，但是在反越戰的時候居然有五十萬人參加，這當然對我們來講是一個很大的衝擊。

第二，我的碩士論文、博士論文都和群眾運動有關，現在真的群眾運動就擺在眼前，當然要去看看。我是一個很怕事的學生，絕對不是一個很勇敢的學生，但是因為我做的論文就是這方面，就想去瞭解一下群眾運動的時候群眾的心理是怎麼樣的？所以就逐漸的進去參與 Pittsburgh 的遊行。

另外當時的留學生覺得需要改造台灣這個社會，但如果個別的回去恐怕很難發揮影響力。柏楊當時有個醬缸論。如果個別回去的話，進到醬缸裡面你也被「醬」掉了。要一群人回去才能夠對台灣的社會產生一些影響。所以當時就有《科學月刊》和「大風社」，兩批人到處在串聯。

李：你有沒有參加這兩個？

花：因為我不是學科學的，是參加「大風社」。第一次在 Morgan Town 開會，胡卜凱、陳磊、胡家縉、張系國這些人都有參加。

李：因為我第一次去是去 Princeton 所以我比你大概晚一年。（編按：「大風社」在 Princeton 開會，大約比在 Morgan Town 開會晚一

年。）

　　李：所以你也是「大風社」的社員？

　　花：我可能沒有登記作為社員，但是《大風》雜誌第四期我還用本名投了一篇文章談五四。

保釣運動的經歷

　　花：因為當時的留學生已經有一些新思潮，想要回到台灣改造這個社會。12 月的時候，通過「大風社」和《科學月刊》的通訊將大家串聯起來。串聯起來之後，釣魚台事件發生了，《科學月刊》的人包括沈平等等弄出了保衛釣魚台運動。如果當時不關心台灣社會的話，我們就不會去參加。所以保釣運動有幾個因素，第一個就是反越戰。美國學生反越戰爭取言論自由，爭取民權。第二就是，當時我們已經準備大家要成群結隊的回到台灣，改造台灣社會。所以釣魚台這個問題一發生，就點燃了這批人的保國衛土情感。1971 年 1 月 30 日的保釣遊行我是去紐約，因為紐約比較近。

　　遊行之後 Pittsburgh 當然也就開始成立了《匹茲堡通訊》。然後為了 4 月 10 日的遊行大家一起在醞釀。當然後來我也參加了 4 月 10 日的遊行。我們當時向 Pittsburgh 地質系借了兩個無線麥克風。我是帶頭喊口號的，聲嘶力竭的喊口號喊了一天以後（喉嚨）痛了差不多一個禮拜。我在新竹的清華大學講話的時候也提到，為什麼保釣很容易激起愛國思想？後來 1974 年的保衛南沙相對而言就沒有能夠激起那麼多的留學生的反應。畢竟中國近百年來受到日本的侵略，被日本人欺負得很慘，因此對日本人的仇恨是很根深蒂固的。釣魚台的對象是日本，所以很容易點燃大家的愛國主義或民族主義的情感。

　　李：所以那時候你參加過 1 月 30 日的遊行和 4 月 10 日的遊行。

我們 1971 年那年活動很多，四十遊行之後那天晚上你有去開會嗎？在華府馬里蘭大學的學生活動中心開會。

花：有啊，我在新竹的清華大學的時候說過。我當時其實不是左派，其實從現在的觀點來看是右派。在檢討的時候有人提出：「我們有兩個政府，一個是北京政府，一個是台北政府，台北政府既然不肯保釣，怕美國、怕日本怕成這樣子！我們另外還有一個北京政府，我們能不能向北京政府請願」。我記得好像是魏鏞吧？他說，我們都是來自台灣的，怎麼能夠去向北京政府請願呢？我們要請願的是台北的國民政府。因為當時的台北國民政府對五百學人聯名信做了一個很簡單，很客氣的答覆。

除了五百學人聯名信以外，還有一個留學生的簽名信，當時台灣駐美大使周書楷說沒有收到。我們是用掛號寄的怎麼可能沒有收到？我就提議說：既然台北政府的答覆是我們的聯名信他們沒有收到，那我們不如派五名代表回台北跟蔣經國面談。這是我當時的提議，當然沒有人聽。如果從這個觀點來看，我當時還是右派，我不能算左派。

李：所以後來你四十遊行以後，8 月 21-22 日有「美東討論會」，到 9 月 3 日到 5 日在密西根的「安娜堡國是大會」。這兩個會議你有沒有去？然後有沒有什麼活動？

花：在新竹的清華大學討論當中我提到，到目前為止有個問題對我來講始終是一個謎，1971 年的暑假，全美各地有步驟有順序地先後舉辦國是會議，幕後是否有高人指點？首先開始舉行國是座談會的是麥迪遜威斯康辛大學。那個會有人邀請我去參加，但是當時忙著做論文，我沒有去，而且威斯康辛大學比較遠。威斯康辛大學是第一個開會的，然後美東是在 Brown University（布朗大學），然後美西在 Berkeley，美南在 Houston。然後還有中西部不曉得是不是在坎薩斯。最後是當年的 9 月 4 日勞動節在「安娜堡國是會議」。這麼多的會議

裡面我參加了布朗大學那次（「美東討論會」）和安娜堡（「安娜堡國是會議」）那次。

李：就跟我一樣，我也兩個都去了。

花：布朗大學那次真的把我嚇壞了。當時辯論也很厲害，魏鏞也去了，有人說要放棄中華民國護照，又有人說我們是從台灣來的怎麼能放棄？我記得魏鏞還把他的護照拿出來亮了一下。然後在布朗大學就有人在草地上用手風琴彈起大陸的歌曲，歌唱社會主義祖國，還有其他的歌。我就很害怕，但是我覺得很好聽可是沒聽過。

李：所以你那時候思想都還沒有什麼真正的準備？還沒到左派。

花：還沒到左。我覺得可能任何一個人，不管是往左或者是往右，確定立場都是慢慢、逐步確定的。到了安娜堡的時候我基本上已經是比較左了。

李：在 Brown 的時候我記得有很多人就已經很左了，譬如說像王正方、李我焱這時候講話都已經非常左了。所以那時候在布朗大學你還不是左派。

花：我還沒有，我從布朗大學回去的時候還跟我的朋友像曹建華提到：「唉唷！這個太左了。以後這種會我不參加了。」我還這麼說。從布朗大學討論會以後，到 9 月的「安娜堡國是會議」這中間我就慢慢的往左靠了。等到安娜堡的時候，我已經是比較左了，已經認同了中國大陸。這中間當然有很多的過程，包括當時尼克森要訪問大陸，他當然要做很多民意準備。所以很多中國的電影像《革命史詩》、《東方紅》、《一定要把淮河治好》……。這些中國大陸的影片，還有菲力斯·格林的其他影片也在校園裡面放映。我就一步一步往左靠。

到安娜堡以後我就算是左派了。因此安娜堡的討論會安排我跟台獨的中央委員宣傳部部長羅福全辯論。然後安娜堡的晚會是由我主持。真正到走上不歸路是 1971 年 9 月 21 日，因為聯合國代表權問題的遊

行，參加了那個遊行以後就走上了不歸路。那次遊行的時候，李我焱、孫正中、袁旂他們這些人都接到暗殺恐嚇。

李：怎麼恐嚇？打電話還是郵寄？

花：寫信。說要暗殺袁旂跟李我焱。

李：昨天還是前天，項武忠也說他收到過這樣的威脅。

花：我想當初那個是有依據的。我參加過很多次的遊行，每一次的遊行都有規定的口號，我們要喊什麼口號、誰來做主持人，都有很具體的安排。可是那一次就沒有，沒有規定的口號，也沒有誰做主持人和總指揮。就因為大家很恐懼啊！那次我們留學生大概只占了一半，另外還有一半大概就是黑豹黨這些人來支援我們。沒有人做總指揮，IBM 的孫正中就提出誰敢作總指揮，如果他因為做總指揮而失掉了獎學金或者生活沒有著落，我們大家共同出錢來支持他，我就出來做總指揮。1971 年 9 月 21 日那天遊行我是總指揮。

李：那次遊行我沒有去。我是自由派的。

花：對，因為五條原則已經通過了。五條原則的大要是：中華人民共和國是代表中國的唯一合法政府，一切外國勢力必須從中國領土領空領海撤出。那個五條主要是為了在九二一遊行用的。

李：我稍微回過頭來再問一下，你記得我們在參加「安娜堡會議」的時候，右派不是有三、四十人？他們集體匯集，也有自己的討論、沙盤推演等等。左派有沒有沙盤推演？

花：我很坦率的告訴你，左派有沙盤推演。當時國民黨駐紐約總領事夏功權親自坐鎮芝加哥，調動了很多人，所以實際上是外鬆內緊，兩派都很緊張。右派也很緊張，右派調動了很多當時包括軍方派到美國留學的這些人。我們這方緊張到什麼程度？有一天看到一個面生的人進了廚房，就懷疑食物被下毒，把廚房所有的東西全部倒掉。在決議之前一天晚上左派在大禮堂裡面開會，一直開到深夜三、四點鐘，

討論九二一遊行，我有去。要不要提出中華人民共和國是代表中國的唯一合法政府等五條原則，在當時有很激烈的辯論。香港來的這些留學生都非常堅持這五條。

李：像誰？廖約克？

花：廖約克那次好像沒有參加。香港來的像陳明生、伍經遠等等這些人都很堅持要這五條。

李：為什麼香港學生更積極？

花：我們這次沒有談到香港學生為什麼會那麼左。實際上在保釣之前香港的學生在香港曾經有個運動叫「認中關社」，就是認識中國、關心社會的運動。他們也組團回去中國大陸參觀。他們有「認中關社」這麼一個運動。這是香港學生比較左的原因之一。

李：我在台灣的時候，香港來的僑生一向比較左。

花：在我們那個時代，台灣經濟還非常弱的時候，香港的學生或者馬來西亞的僑生，他們每年暑假回去就帶了很多西裝褲，西裝褲都是一條裡面又縫了一條，或者是帶腳踏車、照相機來寄賣，賣完的話一年的生活費就有了。

當時僑生到台灣就學是由美國援助的，比如說台大的僑生宿舍，都比我們本地生的宿舍要好。那些僑生宿舍就是美國援助蓋的。因為美國很害怕這些港澳、馬來西亞、東南亞的華人年輕人要回中國大陸去留學的話會被赤化，所以到台灣來留學。上學的時候美國都給很多的援助。

我們在台灣接觸到的香港僑生給我們的印象，跟保釣的香港學生是截然不同的。香港的學生是比較堅持五條，也並不是說台灣來的留學生不堅持五條。台灣來的學生有的比較怕，像我就有點怕，這五條一打出去就沒有回頭路了。華盛頓的李德怡當時就提出來，如果這五條提出來的話那我們跟群眾肯定是會分離的。當時李德怡最有名的一

個口號就是「把群眾當護身符、把美帝當救世主」。最後是 IBM 的孫正中出來打圓場。這五條可以通過，但是不對各地的保釣有約束力。

李：有人說那個時候想通過這五條是因為加拿大已經跟中共建交了，所以加拿大大使館那邊的人希望能夠打出來，就你所知有沒有這樣的事情？

花：我剛才講過，當時加拿大在我的記憶裡當中並沒有跟中國大陸建交。但是加拿大有新華社分社，裡頭是不是有某人負責這方面的工作這個我們就不知道了（編按：加拿大和中國大陸在 1970 年 10 月 13 日建交）。

所以我剛剛講 1971 年的暑假，各地開國是討論會，這整個程序部署得相當好。先在威斯康辛、布朗，然後在柏克萊，美中、美西、美東、美南也都開過，最後在密西根安娜堡集中開一個高峰會議通過這五條。這個是很有部署的。當然你也可以說當時李我焱他們那些人的策劃，李我焱的組織能力很強。但是通過這五條的事情是背後有隻手在推動也是可能的。這個我到現在為止沒有答案。

李：你跟李我焱，跟袁旃、王正方、程君復，那個時候熟不熟？

花：那個時候基本上我跟程君復是比較熟，王正方也比較熟。因為他們在費城，我們在匹茲堡，我們經常串聯。當時要通過這五條的時候，我並不是堅決反對，但是我也並不堅決支持。因為我很清楚，這五條一通過那台灣就回不去了。

李：各走各的路了。

花：是，各走各的路。但是當時我有一種比較天真的想法，認為如果台灣在聯合國喪失代表權的話，在我有生之年可以看見統一。第二，事後來回顧這五條是必須要通過的。為什麼？因為國民黨跟我們在同一天舉行聯合國示威。他們打別的旗號。台獨也有個示威。如果我們這方面不打出旗號的話會變得非常奇怪。這五條在投票的時候差

距很小，只差了五票，並不是有很大的差距。但是這五條通過以後，國民黨的這批人就撤退了。

李：國民黨老早就撤退了，第二天早上就撤退了。第一天大家吵得很兇，第二天早上他們搶麥克風沒有搶到就撤走了。剩下的只有中間派的跟左派的。

花：如果是這樣的話那就是說國民黨在這方面的撤退錯了。假如他們留下來的話未必會通過，對不對？

李：對。

花：我們事後來分析。然後真正像你所說的，他們在這五條沒有表決的時候就已經先撤退的話，那這是一個失敗，這是一個策略上的失誤。因為票數差很近，只有五票而已。假如留下來的話說不定不會通過，這就是他們失算的地方。9月21日的遊行很激烈，兩邊差點打起來，因為最後兩軍差一點在四十二街跟第一馬路撞在一起，差一點就打起來，後來就被警察隔開了，兩軍對陣就互罵。那邊就喊：「投奔自由啊！投奔自由啊！」這邊就喊：「打倒蔣介石！」所以差一點打起來，如果沒有警察在那裡的話肯定要打得很厲害。那打的結果會怎麼樣？我估計會打得很慘，因為我們這邊有很多黑豹黨的，黑豹黨是比較激烈的。美國，黑豹黨 Black Panther，也是很左，大體上都是黑人。很幸運的那次沒打起來。

李：所以那時候的話就是要站邊嗎？

花：就是要站邊。

李：1971 年 10 月 25 日聯合國通過第 2758 號決議。後來李我焱等五個人回北京一事你事前知道嗎？（編按：1971 年 10 月 25 日聯合國通過第 2758 號決議，由中華人民共和國取代中華民國在聯合國的代表權。1971 年 9 月 25 日，李我焱、王正方、陳恒次、陳治利、王春生等五人組團去大陸訪問。）

花：我曉得這個事，我當時正在收集博士論文的資料，到處跑。我原先住的那個房子當然因為我到處跑，房東就租出去給別人了。我這個房東還不錯，讓我住在地下室。有一天我在地下室睡覺接到李我焱的電話，說：「花俊雄你要不要回去？」我真的很納悶，「回哪裡啊？」他說：「當然是回北京啊。」我說：「可以考慮啊。」他就問我有沒有綠卡 PR（永久居留權），我說我沒有 PR。他說：「那不行，你回不來。」因為我本來就沒有想在美國留下來，而且不知道 PR 是什麼東西，所以沒有。那個時候我們要拿 PR 是很容易的，你有碩士學位提出申請，三個月後就拿到了，這是第一次。後來李我焱又接觸我了，他說有關方面還是希望我能夠回去一趟。

李：第二次是什麼時候？

花：第二次是相隔一年左右。

李：1972 年多了。

花：對，1972、73 年左右。1972 年左右就希望我回去，讓我祕密的回去，坐飛機到巴基斯坦，經巴黎回北京。後來想想這事情保密不了，萬一回不來怎麼辦？所以取消了。後來 1973 年我考進聯合國。根據聯合國的規定，兩年後有回籍假可以回北京去，所以我是 1975 年才正式回到北京的。

李：就是因為 PR 沒辦法？

花：對啊，因為沒有 PR 所以我沒去。

李：左派活動到那年年底，12 月 24 日、25 日在「紐約開統一大會」，那個我也去了。我兩邊都去了，統一大會我去了，「反共愛國聯盟的會議」我也去了，我兩邊都去看一看。門口不是貼了「為有犧牲多壯志，敢叫日月換新天」，那個你有沒有參與？

花：我參與。我參與在 China town 的一個統一大會活動。中國統一宣言是劉大任寫的。我們還在 China town 的勿街（Mott Street）遊

行派傳單，國民黨派了打手把尹夢龍和一個叫做趙珉的女孩子打傷了以後就跑了，我們就追到當時的包厘（Bowery）街的一個軍人坊。到那裡以後就把他一下子給摔倒在地上，當然就有人動手了。

我們當時是文攻武衛，要做糾察隊的話你必須要有功夫啊！有的是柔道初段，有的是中國功夫。我記得非常清楚的，Indiana 有一個 doctor 叫柯少冰，他背後總揹個背包，裡面是二節棍，還有很多都是會中國功夫的。我們其中有一個朋友叫江重光，他是柔道初段的，啪！的就把人摔在地上。正在要拳打腳踢的時候 Pittsburgh 的一個朋友叫黃超平，他喊「不要打！不要打！都是中國人不要打！」所以也就算了，也沒有送到警察局去。

和平統一宣言提出來以後，當然就是代表了保釣運動走到統一運動。當時大家比較樂觀，以為當時外交形勢大好，加拿大建交、日本建交……就有點過分樂觀。甚至於在統一大會之後，在有一次會議上，當時在紐約州州立大學一個很偏僻的校園，叫什麼我現在不記得了，一個東海大學畢業、Colombia 大學拿博士學位的范光煥就斷定五年之內中國一定統一。現在大概五年的六倍都有了。可見當時的左派對於整個形勢的估計過分樂觀。

對其他保釣健將的回憶

李：聽說你跟費城的人也滿熟的。因為比較近，所以你跟王正方，跟程君復他們也都比較熟，胡卜凱也熟？

花：胡卜凱不熟，胡卜凱只是在「大風社」見過一面。

李：但是你至少跟王正方、程君復很熟對不對？

花：跟程君復、王正方、李我焱比較熟。

李：你能不能夠稍微評論一下這四位先生，尤其是程君復跟王正

方這兩位，還有李我焱、袁旂。

花：李我焱是一個組織能力很好，程君復是一個衝勁比較強的人，袁旂可能比較冷靜一些，王正方是多才多藝。幾乎保釣裡面的這些活動他們都是主要的掌旗者。徐守騰因為他手腳比較靈便，所以比如搭台子、貼標語這種雜務工作，他做的比較多。

李：那個時候不是有徐守騰自白書的事情，你知道不知道？

花：我覺得在保釣的過程當中，當時因為兩軍對立形勢比較緊張，左派也受了當時文革的一些影響，容易懷疑一個人的立場。所以在整個保釣運動過程當中，徐守騰被某一些人懷疑他是不是有問題的。

李：徐守騰對我來講已經夠左啦！怎麼有人會懷疑他。

花：不是，因為很多人對於美國的法律不是很熟悉。去申請一個遊行許可怎麼會拖那麼久呢？我們遊行示威要申請遊行許可，為什麼要拖那麼久呢？為什麼總是在譬如說你預期在 9 月 21 日你要遊行，那為什麼總是要到 9 月 18 日，或者是 19 日才給你許可。這些東西我都知道，徐守騰就說這是警方的規定，沒有人相信，因為沒有去申請過的人不知道。徐守騰確確實實也蒙了很多不白之冤。

李：誰在質疑徐守騰？

花：總的來講，主要質疑徐守騰多一點的是尹夢龍和鄧玉琳這些人，不是香港同學，都是台灣來的。程君復是一個比較容易衝動的人，江湖氣比較重。但是講話流氣這點倒沒有，我跟他接觸很多，比較容易衝動，衝勁很足，可能會過度的樂觀，過高的估計這點是有的，但是說他流氣的話恐怕不是很恰當。

參加釣運以後的人生轉彎

李：1971 年底的時候兩邊大會，「統一運動會議」跟「反共愛國

會議」一開，雙方分道揚鑣。你能不能敘述這個時候左派的一些朋友的情況？

花：有一些朋友工作成問題，我想跟他是左或者是右有一定的關係，但不是絕對的，像我就沒有受到怎樣的干擾。

李：你的指導教授是許倬雲，他給你的指導如何？

花：我的博士學位沒有拿到，有些部分可以歸咎於他，但主要是我自己的因素。一般是博士論文通過，以後再修改，但是我交上去以後他沒有讓我口試，一直拖拖拖，我就沒拿到學位。那是 1973 年暑假的事，我的論文審查委員有五位老師，只有其中兩位在 Pittsburgh，其餘都在外休假，許先生是我的指導教授。他心情好的時候會說：「花俊雄，其實我們也可以先給你一個口試，然後通過了以後你再修改。」

我得罪許先生是在哪裡呢？許先生對我其實是很照顧的。但是因為他跟沈君山搞革新保台，那個時候我們左的可以，覺得革新保台根本是沒用的東西。在他們革新保台的人開會的時候，我組織了一批學生去跟他提問題要反駁他。從許先生的立場來說，我就是組了一批人來鬧。他當然很不高興，覺得是學生鬥起老師來了。這是我沒拿到學位的部分原因，但並不是主要原因，主要是因為我在 1973 年考上了聯合國。

中共進聯合國是 1971 年，也是那時開始招聘人馬，劉大任他們比我早，我在 1973 年底去報到，算是第二期，在聯合國不管有沒有博士學位都是那個階層。主要是做翻譯人員，因為當時美國的學術市場也很糟，可以說拿到博士學位以後會走投無路，當然我已經不能回台灣了，當時原本我選擇回中國大陸，但是當時文革還沒有結束，理工科還可以回去，但是文科真的沒有辦法。

代表團愛護我們，怕我們回去不能適應。當時國內條件還沒有成熟，而且周總理也指示：「你們這些人應該留在海外繼續幹革命」。那個時候負責跟我們留學生聯繫的是一個叫做李文泉的人，他就勸我

去考聯合國。當時我說，要是考上聯合國的話，我不是一輩子流落在外嗎？我想他會以為，這個人狂的可以，怎麼一考就考上了。當時對考聯合國很有信心，因為六十幾個人報考要收十五、六個，還要經過代表團推薦的，我當然覺得比較有把握。

李：進了聯合國，你的護照怎麼處理？

花：我的台灣護照不是被吊銷的，是有一次搬家的時候，因為是冬天，風很大，有個箱子翻了，包括我的論文草稿也飛滿地，那次之後就再也找不到護照了。

不管那個護照有沒有丟，到了聯合國以後都必須要換中華人民共和國護照，因為必須持有聯合國會員國的護照才能夠作職員。要是入了美國籍也可以用美國的護照、英國籍可以用英國護照、香港護照也可以，當時我持台灣護照，但是中華民國已經不是聯合國的會員國了，不管護照有沒有丟掉，我都得要一本中華人民共和國的護照，這是很實際的考量。

我從 1973 年工作到 2001 年底，因為聯合國規定六十歲一定要退休。當時要離開 Pittsburgh 的時候去拜會我的老師許倬雲，他當時在一個研究室裡面，我跟他講說：「許先生，我要離開 Pittsburgh 去聯合國上班了。」許先生就說：「花俊雄，我最後再跟你講一次話，你現在還是一腳在外，一腳在內，要是去了以後你就等於兩腳在內，要退就很困難。我希望你認真考慮一下。」

隔了一年，許先生到哥倫比亞大學去演講，住在我家附近的旅館。他打電話要我去看他。我一進門，許先生第一句話就跟我說：「花俊雄，你現在年薪多少？」我一講我年薪多少，許先生就不講話了。為什麼呢？因為許先生行動不便，他的薪水多半是我幫他存在銀行裡面，所以我知道許先生拿多少錢。當時 Pittsburgh 的待遇還算不錯，我到了 Pittsburgh 的第二年，大約是 1970 年左右，許先生就因為在台灣待

的不太愉快就跑到 University of Pittsburgh 去當教授，他當時是一個
正教授，年薪是一萬八千美元。我進聯合國是從最低層的幹起就是 P2
Step1，在職業階層來講的話 P2 Step1 算是基層，我的年薪已經比他多
九百元，我當時進去的時候是一萬八千九百五十塊美元。在 1973 年那
時候算是滿高的薪水。

左派在文革後的思想衝擊

李：1973 年你進了聯合國，就像許倬雲講的兩隻腳都踏進去了。
可以說說這些年來你的觀察嗎？

花：走向左了以後，實際上也並不是說沒有受到很大的衝擊。譬
如說林彪事件。我們保釣的朋友常常講一句話就是：保釣運動最後消
失或者消散，不是別的原因，是中國共產黨裡頭發生了那麼多的事情，
大家的思想發生了混亂。我跟你舉一個例子，林彪事件早在 1971 年 9
月 13 日就發生了，在九二一遊行之前。但是那個時候九二一遊行已經
是箭在弦上，林彪事件之後，繼承人一下子變成了叛徒。對我們震動
最大的是四人幫，四人幫出來以後，有人甚至說毛主席屍骨未寒就欺
負起人家孤兒寡婦。有人就說，我老早就看江青看不慣。我認為，這
些都是事後先見之明。

到了四人幫垮台之後，那個時候聯合國代表團都到紐約了。李文
泉跟我聯繫：「花俊雄，你們能不能辦一個大會，人民勝利的大會？」
我說：「為什麼？」他說：「紐約算是在保釣運動當中的一個重鎮。
四人幫倒台以後，其他各國的大都市，包括倫敦、東京都辦了大會了，
你們不能不辦。」那我們就召集了一批人開會，開會以後大家思想沒
辦法解開，沒辦法達成共識、達成結論，覺得有疙瘩。我就如實的跟
李文泉報告，李文泉說：「思想的結要打開，慢慢來吧，大會還是先

辦吧。」後來我們還是辦了大會，但是思想的結一直沒有打開。

四人幫的事情對左派影響很大，當時就沒有辦法再搞運動了，正好那時我是《台聲雜誌》的總編，《台聲雜誌》就沒有辦法再繼續辦下去了。那麼沒辦法再辦下去的話怎麼辦呢？後來林孝信他們搞「台灣民主支援會」，我們也搞一個叫做「Council for Taiwan」。「Council for Taiwan」是我結合了一批左派裡面的台籍同胞，開始關注台灣島內的民主運動。在這中間從 1976 年一直到 1980 年左右，好多年基本上我們都無聲無息。因為當時我們的思想很混亂找不到方向，這段時間基本上左派就消聲匿跡了。對於 1978 年開的十一屆三中全會，以及之前展開實踐是檢驗真理的唯一標準的爭論，這些左派的朋友基本上都有牴觸，因為這些都是批毛的東西嘛！

李：實踐是檢驗真理的唯一標準，那個是一開始提出來的。連這個都有牴觸啊？

花：有牴觸，因為一般認為是鄧小平提出來「反對兩個凡是」以及「實踐是檢驗真理的唯一標準」，正因為是鄧小平提出來的，所以這個是走資派的東西。到目前為止我可以這樣告訴你，過去的左派朋友對於鄧小平這幾十年來所執行的改革開放造成的種種現象，也還是有很強大的牴觸。當然鄧小平改革開放這三十年來促進了經濟的發展。

李：四人幫一倒台，剛開始兩年是華國鋒，然後有「兩個凡是」，接著 1978 年十一屆三中全會鄧小平再出來掌權。你能不能再多談談你的同仁或是左派朋友裡面對這件事的看法？

花：我是 1975 年第一次回去，1981 年在葉九條發表之前有關方面要求我們一些人回去開會。人數不是很多，大概七、八個人左右。以前中國大陸請你回去開會，絕對不會跟你講開會的題目是什麼、是討論什麼。等到你去了，才知道是怎麼回事。我當時有一種預感，好像這次會議是有一定的重要性，我就準備了一些有關台灣問題的材料，

結果是葉九條發表之前要徵詢外界意見。

我回到紐約以後跟一些左派的朋友談台灣問題。我說，在台灣問題上面不存在毛澤東的革命路線或者是鄧小平的修正主義路線。台灣問題歷來都是根據當時的國際情況以及黨內的情況來制定的。國際形勢好了就談，國際形勢不好就是武裝鬥爭。從毛的時代到鄧的時代一直都是這樣的，譬如說金門砲戰結束以後，美國跟中國恢復華沙談判，當時就有「告台灣同胞書」這些東西出來。1979 年中美建交之後又有「告台灣同胞書」出來，還有其他東西，從武力解放到和平統一。

我說這個台灣問題不存在毛主席的革命路線和鄧小平的修正主義路線的問題，有些人就開始罵我：「他媽的，你回去見了一次姓鄧的（穎超），你就變成了鄧派。」可見那時候這些人對鄧小平的牴觸情緒，到目前為止還是有人有這個牴觸情緒，認為鄧小平是走資派。但是鄧小平走的路，到底對中國是利大於弊還是弊大於利，恐怕還存在著不同的估計。有的人到現在為止都還是覺得毛的路線是比較正確的。譬如說紐約《釣魚台快訊》的一批人還是這樣的想法。

李：你 1975 年第一次去大陸，那個時候文革還沒有結束，你怎麼看文革？

花：我回來以後很久，都不曾談到我的觀感。為什麼呢？第一，我是 1975 年才回去的，之前我已經聽過很多報告了。包括李我焱他們五個人的那些報告，但是一回國以後，我就發覺李我焱他們所講的太過美化。也因為各種各樣的報告聽多了，因此我 1975 年回去的時候，老實說並沒有給我很大的衝擊。我坦白講，微微的有些失望。

所以很多人找我做報告，因為我是台籍同胞，在保釣運動裡面也算是一個積極分子，有一定的代表性，所以很多人都很想聽聽我到底觀感如何，但是我遲遲都不討論，很多人都已經報告過了，我沒有什麼新的東西。

　　最後被逼的沒辦法就有一群朋友到家裡來纏。有的人就問我說：「花俊雄，你跨過羅浮橋的時候看到五星紅旗有沒有心情很激動？」我說：「沒有。」然後又問說：「你覺得是不是台灣在五年之內會統一？」我說：「我看不出來。」這些話傳到代表團去，代表團的李文泉就說：「花俊雄，有人說你說了一些怪話。」這就是我當時的觀感，我是確確實實地跟他們說的。因為第一，我看的東西實在太多，而且我進羅浮橋的時候，盤查很嚴厲的。

　　李：我想請問一下他們事先有跟你打個招呼嗎？

　　花：那個時候沒有，到了羅浮橋他們問我們很多問題。「喔！我知道你們是左派的學生，自己人自己人！」開始熱絡了起來。

　　我提出說台灣統一的問題恐怕沒有我們想的那麼樂觀，他們問我證據是什麼？我說：「如果中國做一件事情，要做的時候之前都有很廣泛的宣傳，我所到之處，沒有看到有任何的人說我們一定要解放台灣。」連標語都很少看到，更不要說以統一台灣作為目標。因此我認為沒有那麼快。如果這個是中央的一件大事的話，肯定到處打標語。所以我第一次回去確實衝擊沒有想像中那麼強。

　　李：因為據我所知，像劉大任、郭松棻他們回去以後，回來都變了個人。

　　花：對，沒錯！

　　李：你預先已經知道一些，所以反而影響沒有那麼大。

　　花：還有另外一個問題，畢竟郭松棻、劉大任他們的家庭背景跟我的家庭背景不一樣。我跟他們不同的是，他們都是屬於知識分子家庭出來的。

　　李：郭松棻家裡是什麼背景？

　　花：郭松棻的爸爸是名畫家郭雪湖。他的媽媽是日據時代的第二高女（北二女的前身）畢業的，這在當時不得了。劉大任的爸爸是水

利局的副局長，所以他們都是知識分子家庭出身。我是出自一個貧苦、父母親都沒有受過教育的家庭，所以看問題的觀點就不一樣。我當時當然覺得中國挺窮的，但是基本上工人、農民的生活比較平均、比較平等。鄉村至少有赤腳醫生，有基本的醫療保健，儘管不是設施很完善。社會比較清貧，但是沒有花天酒地、沒有妓女。這個是我得到的一個印象。

評論現在的兩岸關係

花：跟北京的接觸面是很廣的，我現在客觀來講，現在有關兩岸的建言，我的優勢是越來越少。

李：為什麼？

花：過去他們沒有直接的接觸，現在他們有直接的接觸。他們有些地方比我了解的更深入更細緻。來來往往那麼多人。

李：他們直接來往？

花：很多，這個我可以……

李：呂秀蓮認為她要去大陸還是有一定的困難的。台獨裡面反對的還是很多。

花：呂秀蓮她是一個合適的人，另外如果太公開了會見光死。如果祕密的去，誰也不知道。實際上包括呂秀蓮、游錫堃都曾經回去過，這個是不爭的事實。呂秀蓮第一次回故鄉還包了一包故鄉的土回來。游錫堃還在游姓的宗祠裡面獻了兩根石柱寫了「弟子游錫堃敬獻」。這個都有照片可以作證。我可以負責任的告訴你，民間來往是很密切。只是說腦筋他們要怎麼轉換，這是一個問題。

李：就你作為一個過去曾經算是左派，對於大陸最近的三十年的改革開放和未來的走向，你有什麼樣的希望跟期待？

花：大陸三十年來的改革開放在經濟上取得了很大的成就，這是不爭的事實。但是也不可否認這三十年來的發展拉大了貧富的差距，我認為中國今後在經濟發展速度上不會有太大的問題，這是很肯定的。但是如何在環境的問題、如何在縮小（貧富）差距的問題、如何在教育上面有更大的投資、如何在政治上面有更開放更透明的，或者說更明理的選舉，以及報紙媒體真正能夠產生監督的作用，這幾個方面都是有待努力的。

據我在教育界的朋友跟我講，他說大家都注意到政界的貪污腐敗危機，但很多人都沒有注意到教育界貪污腐敗的危機。教育界裡頭有門派，還有近親繁殖的問題，比如清華大學研究所就收清華大學的畢業生，這個在美國是不可能這樣做的，美國政策是 Harvard graduate student，（他們認為）最好是外頭的學生。他們有注意近親繁殖，認為成立派別是很不利的，所以教育的改革這方面不容忽略。

李：像我們前一次開會的時候我們就講，中共現在有萬億的外匯存底，辦的小學卻還有很多地方非常貧窮，有人連小學都進不去，實在是說不過去。

花：這個說不過去，這個是海外應該進一步再跟他們加強建議的。但是這個也有個過程，就像我們台灣的教育改革這個也有一個過程。但是我們應該不斷地提出建議。我為什麼不贊同項老大的那種方式呢？如果對一個事實，你很嚴肅、很認真，要人家進行真正的改革，你的 presentation 很重要。你不能一下就把人家推倒，應該很理性的提出一些建言，同時更重要的是應該能夠提出一些可行的計畫。最要緊的是知道這個地方爛掉了、我跟你揭開來看之後再把膏藥塗上去，這個瘡疤就好了。

揭瘡疤當然很重要，但是最要緊的是要給膏藥。我們作為知識分子應該是這樣，因為高級知識分子在想問題的時候，一方面揭瘡疤，

一方面也要以專業提出確實可行的解決方法，這是更要緊的一件事情。所以我不是很同意（項武忠），罵馬英九狼心狗肺王八蛋，再怎麼可以談都變成沒得談了。如果對馬英九政府有什麼批評，你能提出能夠做得更好的建議。如果還不聽，再罵狼心狗肺王八蛋那還不遲。

對台政策的若干問題

李：1981年葉九條發表前，你們談了哪些問題？

花：第一個問題就是當時已經提出要跟國民黨對等談判，那麼如果要跟國民黨對等談判，國民黨能代表台灣人民嗎？第二個問題，如果要採取和平統一、一國兩制，那台灣的名稱要叫成什麼？這是兩個主要的核心問題。

我當時可以說舌戰群雄，我說：「第一個，跟國民黨談判，國民黨能不能代表台灣人民？第二，跟國民黨談判的話是不是背叛了台灣人民的利益？」這是第一個關鍵問題。我認為，第一，國民黨能代表台灣人民，因為國民黨的黨員從1971年台灣退出聯合國之後，蔣經國為了鞏固國民黨的統治，大量的發展基層，所以當時我說國民黨已經台灣化，國民黨的黨員百分之八十五是台籍同胞，當時各地縣黨部的主委或者市黨部的主委，很多還是外省人。但是基層黨員百分之八十五是台灣人。

第二，跟國民黨談判不是違背台灣人民的利益。因為有些台獨同胞認為國民黨不能代表台灣人，他們認為跟國民黨談判屬於國共合作。我認為國民黨能夠代表台灣人民的利益。為什麼呢？最主要是因為和平談判，而且現實的來講，國民黨在台灣當時是執政黨。1981年的時候，當時民進黨在哪裡還不知道。所以我認為可以這樣做。第二點，當時有一份刊物叫做《台灣人民》，提到台灣如果要「和平統一、一

國兩制」的時候，有人主張設立台灣自治區。我說這不行。因為台灣絕大多數的人不是少數民族。高山族只不過有三十幾萬，所謂的自治區都是少數民族，台灣人不是少數民族。不管是閩南人還是客家都是漢族，台灣就是以漢族為主的一個社會。

李：原住民只占百分之二。

花：包括大陸來的也都是漢族居多。所以我認為既然不是一個少數民族居多的地區，就不能夠成立自治區。這個跟國內的自治區情況是不同的。那麼要叫什麼名字？我認為就叫特別行政區。為什麼要叫特別行政區呢？因為這個法理與隸屬都有根據。以前海南沒有建省的時候是叫做海南特別行政區。特別行政區在國民黨時代都有過，所以我極力主張一國兩制，統一以後，台灣就應該叫做台灣特別行政區。

李：有人對你後面這個想法有異議嗎？

花：有一些人有異議，但是最後他們也沒辦法推翻我這一個理論。為什麼在葉九條裡面談到統一以後大陸不派任何一兵一卒到台灣。這個是總結二二八的教訓。項武忠罵吳國禎、林盛中以及罵我們這些人是走狗，是很不公平的。其實我們在兩岸的溝通上面，把台灣老百姓的想法讓行政當局有比較好的了解。二二八創鉅痛深，這個經驗是值得記取的。台獨一直誇張二二八的死亡人數，但是到目前為止有領平反賠償的只有八百八十六個。就算八百八十六個人再翻一倍都不到兩千人，所以說殺了兩萬多人甚至於更多，絕對是誇張。這不能單單當作一個事件，你看看台灣人幾十年對二二八的態度，這個經驗值得記取。

今天為什麼有那麼多的對台政策一而再、再而三的在改善呢？老實說就是因為有很多人不斷的提供意見。鄧穎超最後解釋跟國民黨的對等談判不會背叛台灣人民的利益。為了這一點，鄧穎超找了王濤江還有童小鵬跟我們分別座談了四個小時，這兩個人是在周恩來總理身

邊做統戰工作幾十年的人。他們解釋在抗戰的時候國共合作是如何照顧人民利益的。鄧穎超在接見我們大家的時候，就說：今天我們從武力解放改成和平統一並不容易。尤其在解放軍當中，不太能理解。從武力解放到和平統一，解放是我來解放你，那就表示我比你高一層了。

人民解放軍內部對於這個轉變是有很大的牴觸，第一個放棄了武力，是不是表示我們打不過？這是第一條。第二條，放棄了解放是不是表示我們的社會主義不比台灣的制度優越，所以從武力解放改成了和平統一。鄧穎超說：你不要以為這四個字的改變對我們來講是很容易的，我們做多少的工作才做了這樣的一個大的轉彎。所以這四個字是很重大的改變，千萬要注意到這一點。鄧穎超說希望我們這次的會議會有一個具體的結果出來。到底什麼具體的結果也沒講。

1981年葉九條發表之前，我要離開北京的時候有關單位就跟我講：花俊雄同志，你離開北京你到杭州的時候注意，有兩個重要的文件可能發表。這兩個重要文件第一個就是葉九條，第二個就是胡耀邦「關於若干重要歷史問題的決議」。

李：那個好像是總結毛澤東路線的。

花：對，總結毛澤東路線的問題。

李：這是在1981年。從1981年到現在又是二十多年過去了，時間過得好快啊！現在的話，你對於中共內部他們思考的方式、他們的想法都已經比較了解。你在紐約又跟他們這些代表的人常常接觸對不對？這個我想在整個台灣人裡面經驗也是少有的。沒有幾個人有你這種經驗。所以我想希望你能不能夠幫我們來了解一下他們的想法。

花：確確實實在這幾十年來，我在對台的問題上面有相當的發言權。包括1977年我第二次回北京的時候，有關單位讓我在文化部大禮堂舉行一次演講。我說：「那演講給我多少時間？」他說給你講兩個鐘頭。我說：「哪有講兩個鐘頭的，給我一個鐘頭演講就夠了。」其

他的時間進行自由討論。在整個過程當中他們關切的幾個問題。討論來、討論去，第一個問題就問我：「花俊雄，你認為統一的前景怎麼樣？」我說如果你要簡單的回答，我用一句話就回答你了：「統一是歷史潮流，不可阻擋。」假如你要我很認真誠懇的回答你，我就認為這不是一個很簡單的事情，因為大陸的制度跟台灣的制度差距太大。

比如說我們從經濟上來講，你這裡有國營企業，台灣也有國營企業。台灣有中小企業，你說我們的公社辦的企業也是中小企業，那麼問題也不大。但是在當時個體戶都作為資本主義的尾巴砍掉了。我說：台灣有成千上萬的攤販，按照大陸定義來講是個體戶，如果把小攤販都當成資本主義尾巴砍掉的話，會造成相當大的問題。所以除非我們在經濟體系上有重大的改變，容許個體戶持續發展延伸，否則肯定要出問題的。

第二個方面，台灣的政治體制，不管你喜歡也好，不喜歡也好，他有相當一部分的民主，當時 1977 年黨禁什麼都沒有解除，但是起碼他有選舉，你可以說這個選舉是國民黨壟斷，但是他有選舉。統一的問題還有相當的路要走，兩邊的制度差距太大。因為演講的時候是1977 年，葉九條都還沒有發表出來。我想這些方面是關鍵。

李：後來呢？1977 年到後來，慢慢發展情況你覺得如何？經過1978 年的改革開放，然後從鄧小平到江澤民，從江澤民到胡錦濤，他們也比較開放一點是不是？

花：不只是這樣。忘記是哪一年，我回來的時候正好碰到台灣颱風，當時徐中時在科學園區工作。

李：你可以回台灣？

花：我可以回台灣。1988 年我出國二十年以後，我才開始可以回台灣。聯合國有 laissez-passer，用這個證件我可以申請回台灣。

李：那個就可以回台灣？

　　花：我回台灣的時候是經過很大的波折，當時台北的代表處有一個人跟我面談，我想他是國家安全局的少將叫曲良。他大概跟我約談了四次。第一次四個小時，第二次和第三次各兩個小時，談了很多。談的過程當中，最主要是談為什麼我會紀念二二八、我怎麼對於二二八那麼執著。關於二二八事件我辦過很多次的活動。我說：「如果有一定的情報，你應該知道，我第一次辦二二八是在 1971 年的二二八紀念會。我比台獨更早在海外辦二二八的紀念會。然後二二八四十週年是 1987 年。1987 年我又辦了一次二二八四十週年紀念。」他說：「你為什麼辦這個活動？」我說：「曲先生，如果你有情報的話你應該知道，我辦二二八我的基本論斷，四十年不變。」

　　我對二二八的論斷，第一，這是一個悲劇；第二，我認為二二八是國民黨處理失誤的一個悲劇，國民黨應該趁早道歉，以免台灣的外省籍子弟背上這個原罪。然後本省籍跟外省籍才能夠和平相處，這是第二點主張。第三點主張，我認為台灣不管是獨立，不管未來的前途如何，外省人跟本省人和平相處在台灣安居樂業是最重要的，要達到這一點就要先把二二八這個結解開。這是我幾十年的一貫主張。

　　我跟他說，如果你注意到的話，我在紀念二二八四十週年講話的時候，我最後用一個故事楊青矗的一篇小說叫做《冤家》來結束。

　　在此我稍做解釋，《冤家》這個故事是根據日據時代出版的《台灣民報》其中的一篇新聞寫出來的故事，這個新聞是什麼呢？就是在台灣的某一個鄉下，在用作天然肥料的糞池裡面發現一個剛出生的男嬰。這個男嬰是誰生的？不知道。是誰丟的？後來就有日本警察想出一個辦法，把村子裡面所有的婦女通通集中在一起，然後摸她的奶。如果噴出乳汁，這個男嬰就是她的。因為剛生完小孩會有乳汁出來。結果居然查出了是誰。一問這個婦女：「你為什麼把這個男嬰丟在這裡？」她說：「她跟她的情人有感情，懷孕生了這個小孩。」但是這

兩個家族就像羅密歐與茱麗葉一樣有仇恨，所以沒辦法。楊青矗的小說寫到最後，男女兩個人都失蹤了。男家在田埂上呼叫：「二郎啊，回來喔！」女家在那裡喊：「鳳春啊，回來喔！」然後最後是兩家合在一起，一起叫：「二郎啊，鳳春啊，回來喔！」

我用這個故事來做結尾是什麼意思呢？我就說，冤家宜解不宜結。我現在就是為本省籍、外省籍召魂，這個仇不能再結下去了，應該合在一起了，兩家應該合在一起了。我這個論調幾十年沒有變。

在最後一次約談的時候他就跟我說了，他等於要給我上政治課，他說：「花俊雄，對你這樣的一個立場堅定的人，我們還是很尊敬的，有些人今天這樣、明天那樣我們是很瞧不起的，我們也不怕跟共產黨進行鬥爭……」什麼什麼講了一大堆。引起了我一些情緒。我當時想說：他媽的，你要給我就給我，不給我就拉倒。

但是我就跟他講說：「曲先生，我今天之所以來這裡申請回台灣，你接待我……這個有大時代背景。第一，這一年是 1988 年，台灣海峽出現了和平通航的局面。第二，北京對台灣提出了「和平統一、一國兩制」，海峽兩岸的情勢相對和緩，這是第二點。第三點，海外的保釣力量，或者說統一的力量已經相對減弱了。我們保釣這群人的勢力已經煙消雲散了，我們產生不了任何的影響力。」他說：「不要客氣，花先生你在台灣還是有一定影響力的。」我說：「曲良先生，對我自己我也有相當客觀的估計。」我那次跟他足足談了四個小時，最後讓我回來了。距離我離開台灣已經二十年。

李：所以你 1988 年，出國以後第一次回來。

花：對。

李：1988 年回來以後你有回來過幾次？

花：1988 年回來之後，大約每隔一年就回來一次。

李：那你回來台灣滿多次了。

花：滿多次了。

李：那我現在繼續一下。在台灣的情況，陳水扁上台，這個我想對中共也是滿大的麻煩吧，對不對？在這個過程當中你有沒有什麼經驗或感觸？

花：對於李登輝跟陳水扁大陸方面開始也是有所期待的，直到後來兩個人在台獨的路上越走越遠才慢慢放棄。

李：這個期間，你提過什麼建議？

花：主要是經貿科技方面的，剛才我提到我的老朋友徐中時。

李：在新竹科學園區的徐中時是嗎？在做半導體。

花：徐中時原來在芝加哥。徐中時打了個電話給我說一定要來看我，颱風過境，在哪裡見面？在台北火車站見面。他跟我講說：花俊雄你知道嗎？其實台灣的半導體很想到大陸去投資，可是沒有一個平台。你能不能建議大陸舉行一個兩岸高科技交流座談會？搭了這個平台以後兩岸的高科技人員就有平台可以交流。我回去的時候陳雲林接見我的時候我就跟他提出這個建議。他非常非常重視。在當年 11 月就辦了一個，那是哪一年我不記得了。

李：1990 年代的？

花：1990 年代。他在那年 11 月辦了一個兩岸高科技交流座談會，蕭萬長就領了張忠謀、曹興誠一些人回去了。回去了以後蕭萬長回來以後就成立了兩岸交流協會。另外有問題就是，我在這方面的建言是台灣的經驗是值得我們學習的，儘管我們政治上可能不會這樣說，但是我說今天對台灣最有貢獻的是兩個機構，一個是農復會，一個是經建會的這批人，農復會就是像沈宗瀚、蔣彥士等人，經建會就是像尹仲容、李國鼎、陶聲洋這批人。這個是我在 1977 年演講的時候就提出來的。這些人在建設台灣史上，是有重大貢獻的，而且累積了相當豐富的經驗。

海峽兩岸形勢改變了，有沒有可能聘請這些人當顧問呢？後來他們是聘了一些人，包括據我所知李國鼎還有趙耀東，都給他們提供了相當好的經驗教訓、建議。再回過頭來講李登輝、陳水扁。我說李登輝你想想看，他起來以後，國統會是他提出來的，《國統綱領》也是他提出來的，最後李登輝為什麼會變得那麼台獨？這個始終是一個謎。我不太清楚，我不知道他們有沒有什麼樣的解答或者內線。至於陳水扁上台的時候，那時候一片聲音就是說：這代表中共對台政策全面崩盤。

我不太同意這樣的論調，我寫了一篇文章，三萬多字給陳雲林看，而且發表在《僑報》上面。我的判斷是，根本上兩岸的經貿交流不會因為陳水扁的上台而中斷；兩岸的經貿交流如果不中斷的話，陳水扁再怎麼樣都改變不了這樣的一個大局。

我認為當前情況最根本的問題，是經熱政冷，蕭萬長不是說當前台灣跟大陸經濟熱、政治冷。但是根據物理學來講，冷熱會對流。所以處理這個問題的辦法就是讓熱的更熱，產生交流以後，經濟熱就會促使政治熱，要有一定的耐性。

陳水扁有一陣子提出統合論，他們對這個統合論非常感興趣，讓我給他們主持一個小討論會，組織一批人跟聯合國代表團裡面所有年輕政治研究人員討論。與民進黨的交流中間有一定的曲折，像是陳水扁去過大陸，在北京的軍事博物館還照了相；呂秀蓮也有去過大陸，但是去大陸回來之後更台獨，這一點頗令人費解。

我認為兩岸大的趨勢就像九曲橋一樣，彎彎曲曲，但是一路向前。這是我對於兩岸形勢的一個看法。我不同意很多人說兵臨城下。有些人提出一個看法，台灣問題不能久拖不決，因此在必要的情況之下應該出兵把台灣拿下來。長痛不如短痛。而我反問一個問題：長痛不如短痛。但是你短痛之後能不能避免長痛的後遺症？二二八就是一個例

子，你打下來是短痛。但短痛以後會不會引起長痛的後遺症？這個你有沒有想到？

　　我認為兩岸和平統一是一個系統工程，不是水到渠成，而是渠成水到。這個水往哪裡引？你必須要把這個渠道給弄好。尤其在陳水扁鬧的最厲害的時候，很多人說：「花俊雄，到了今日你還談什麼和平統一？和平兩個字去掉算了。」我說：「NO！」為什麼NO？就是我剛剛講的，短痛能不能避免長痛的後遺症？這是第一點。第二點，我不是大陸的國防部，出兵關我什麼事啊？我不過是民間的一個組織是不是。當然我應該要強調和平，喊打喊殺這個不是我的事情，這是北京國防部的事情，什麼時候該打不該打那是他們的事情，不是我的事情。所以我對於和平統一，基本上我立場不會變，畢竟我的家人在這裡，畢竟台灣是我生長的地方，當然不願意看到兩岸兵戎相見、兄弟鬩牆，這個是你不願意看到的。

　　我常常跟美國朋友講說：If you leave us alone, we Chinese do have the political wisdom to solve this problem. 我認為不管怎麼樣，兩岸的事情是我們的家務事，家務事可以慢慢解決，這個是我的一個基本立場，這個立場不會變。

　　李：我們再談談剛剛你說項武忠跟胡卜凱今天怎麼樣？

　　花：昨天紐約來的一群朋友，還有前天在會場上的時候，陳憲中他們問我說：如果能出海的話，這次上船問我去不去？我說：如果你們能上船，我願意跟著去。可是到了5月3日他們說船老大還在猶豫不決。5月4日他們不是有個媽祖的遊行，實際上在那個迎媽祖的遊行的時候，11點鐘左右船老大就告訴黃錫麟，就是那位姓黃的市民代表，無法出海。

　　李：他有沒有在會場上？

　　花：黃錫麟說他已經接到船老大的電話，說要他趕快回去，說要

跟他談。船老大說：有關方面對他施加了很大的壓力，說他如果堅持要出海的話，會吊銷他的執照。另外一點就是日本方面出動了很多的軍艦。

李：今天報了八十三條。

花：至於有沒有那麼多條就不知道了。今天的報導你都看見了。昨天晚上開會，我也在那裡，我沒有吭聲就是。他們當然對馬英九政府大罵特罵，胡卜凱跟陳憲中就堅決主張無論如何要去總統府示威抗議。我今天中午在吃飯的時候，陳憲中打電話給我說：第一，他們要去日本交流協會抗議，結束以後大概兩點多要到總統府門前去抗議，問我去不去？

我說：第一條，交流協會那個地方我昨天已經去過了。第二條總統府門前的抗議我不宜前行，我拿的是中國大陸護照、簽證來台灣的，如果當局說：「花俊雄，你來台灣是來觀光探親的，你做的事情跟申請的理由不合。」那是不是給我找麻煩？實際上這些都是藉口。因為我不同意項武忠那樣的一個謾罵方式。聽說項武忠在總統府面前大發飆。

李：今天還是昨天？

花：今天啊！兩點鐘。大發飆。不過話還是那幾句，什麼馬英九狼心狗肺了，王八蛋了，我當然不會去嘛！我不認為這個是一個適當的方式。這次在整個會議上，項武忠的表現我非常非常吃驚。包括對陳義揚、對邵玉銘、對劉志同的態度，我是相當的吃驚。事隔三十年了，大家好好坐下來談，總結一下經驗嘛！左派有沒有錯，右派有沒有錯。事隔三十年，大家好好坐下來總結經驗是不是？你這樣罵人家幹什麼？沒有意思。

李：他以前是不是就是這樣？

花：他以前就是這樣。

李：我以前就覺得他是很衝動的。

花：你年輕的時候這個還可以原諒，你都七十幾歲了，七十歲以上的老人家了，應該寬容一點，應該慈悲一點。

李：就你這麼多經驗，對於未來的中國，中國大陸跟台灣有什麼看法？

花：我認為現在北京的整個大局是這樣。希望馬英九能夠維持這個局面，希望馬英九不要出太大的紕漏，而能夠連任下去，爭取八年的時間跟空間。如果經過八年兩岸經貿交流，人員來往、文化交流、體育交流等等，全方位的交流之後，兩岸的關係肯定會出現一個更好的局面，兩岸關係肯定會更上一個台階。

當然整個的問題還是在中國大陸。中國大陸的經濟發展是不是能夠維持這樣的一個速度？在經濟發展之後，是不是能夠縮小貧富差距？是不是能夠促使人文素質進一步的改善？我覺得當前中國大陸最根本的問題，不是經濟問題，是在人文素質如何盡快的改善，包括人民的素質、政治如何更透明、更嚴格地受到監督。

我相信台獨的高潮已經過去。我也跟北京當局建議，現在國共已經有一個平台了，有個論壇。民進黨這方面，如何給他們一個台階下？否則的話，畢竟你必須承認民進黨這個百分之三十五的基本盤並沒有變，這個百分之三十五的基本盤，怎麼樣讓他們能夠納入這整個兩岸交流的過程？

馬英九之所以贏，是因為很多的中間選民投到這邊來了，因為阿扁實在做的太爛，但是民進黨的基本盤並沒有變，因此必須建立另外一個平台。首先第一，讓民進黨能夠有台階下；其次就是要有個平台，讓民進黨能夠參與兩岸經貿交流人員往來。所以現在又成立了一個「海峽兩岸民間論壇」，歡迎民進黨參加。但是要民進黨適時掌握這個機會。

北京跟台獨的接觸是很早就開始的，周恩來就曾經接見過海外的

台獨人士，但是周恩來要求台獨人士要回北京之前，必須在海外先宣布他放棄台獨立場。就這一點我在 1981 年與鄧穎超會見的時候，我曾經說過，鄧穎超曾經說：「我們也願意跟主張台獨的人士見面。」但我說這個是辦不到的。她說：「為什麼？」我說：「因為周總理曾經談到，海外的台獨要回國必須先在海外宣布放棄台獨立場。」我說：「他還沒有跟你談的時候，就要在海外先放棄台獨立場，這樣的話他已經在海外孤立了。」鄧穎超說：「真的有這一條嗎？」在旁邊的廖承志就說：「是，總理曾經這樣說過。」鄧穎超就說：「現在我們連這條也改了。」所以中共對台的政策是很一貫的，但在時局不同的時候會做一些靈活的調整，基本原則是一貫的，所以歷次的對台文宣裡面也提到這個。所以也會和台獨人士接觸。

許信良他們把台獨列入黨綱的時候，全國台聯還讓我傳遞一個訊息，說「把台獨列入黨綱之後，我們雙方就不好公開接觸，但是私下我們還願意跟你們接觸」。這是全國台聯的副會長郭平坦讓我跟民進黨傳遞的一個訊息。我到台灣來以後就把這個訊息給了他們一個姓林的副祕書長。一直到現在為止，台獨人士沒有回大陸的人是寥寥可數。民進黨裡面沒有回過大陸的也是寥寥可數。除了施明德、林濁水以外，很多都回去過。許信良更不用說，許信良兩個兒子還在北京上學。

李：他們一家都持台胞證嗎？

花：不管持台胞證也好，什麼也好，他們都回去過。北京對於民進黨的這方面，對台獨人士的這方面的接觸沒有中斷過，只是他們對於……。北京的接觸面是很廣的，我現在客觀來講，現在在有關兩岸方面的建言方面我的優勢是越來越小。為什麼？過去他們沒有直接的接觸，現在他有直接的接觸，他們對台灣的情況肯定比我了解得更深入、更細緻。

李：今天非常感謝有機會能跟俊雄兄談保釣經驗。

第七章

龔忠武先生訪談

龔忠武先生 (1937-)

龔忠武，1960 年台大歷史系畢業，1966 年獲得
台大歷史所碩士，同年進入美國哈佛大學研讀歷
史學，保釣運動後，於 1981 年提出博士論文，
獲得哈佛大學歷史學博士學位。保釣運動期間積
極參與波士頓地區保釣組織，並在各地討論會中
做一系列之演講，介紹中共外交政策等。運動期
間，擔任《群報》刊物主編，介紹保釣運動的發
展與中國大陸近況。保釣運動之後，1975 年進入
聯合國工作，1997 年退休。曾任《美洲華僑日報》
主編，其後亦在美國創辦《僑報》，活躍於美國
華文報界。主編《春雷聲聲》系列等多部保釣運
動有關文獻。

受訪者：龔忠武先生
訪問者：謝小芩館長、李雅雯、蔡虹音
訪談日期：2009 年 5 月 6 日 下午 3 點
訪談地點：國立清華大學圖書館（綜二館）8 樓會議室
記錄編輯：李雅雯

＊　　　　　＊　　　　　＊

　　謝小芩（以下簡稱「謝」）：歡迎龔先生來到清華，接受我們的採訪。首先，想請教龔先生，當時你是在劍橋，你是怎麼參加釣運的。

　　龔忠武（以下簡稱「龔」）：很榮幸，也謝謝你們給我這個寶貴的機會讓我今天能夠來到貴校接受採訪。那就先談談我是怎樣在劍橋參加釣運的。這要從釣運前夕，也就是 1968、69、70 這幾年談起，講一下我當時參加釣運的大背景。

　　在進入訪談之前，先簡單談一下我個人的背景吧。我是抗戰的一代，1937 年盧溝橋事件爆發後的兩、三個月在安徽滁縣的一個農村出生。父親當時在南京的金陵兵工廠任職（審計），奉命提早隨廠遷往重慶，由於戰亂就把我們母子兩人（我還是個胎兒）留在鄉下。這幾年的童年鄉居生活，留下了終生難忘的幾件事，值得一提：一是由於家鄉距離南京很近，所以小時候隱約記得曾經遭受汪偽政權地方部隊夜間行軍時的步伐聲和槍支碰撞聲的驚擾；二是聽到在村裡（雨留龔村）老人們茶餘飯後閒聊時竊竊私語分田地的議論（不就是中共的土改麼）；三是童年時候害了一場大病，半年躺在床上，鄉下缺醫少藥，差點小命不保；四是村裡的旱澇天災不斷，有一年大水竟然淹到村裡的周邊了。於此可見，廣大農村農民生活之不易，讓我親身體驗了中國社會底層殘酷的生活現實，這在我稚幼的心靈裡留下不可磨滅的印

象。

父子這一別就是九年，直到 1946 年夏父親才返回南京，然後回到家鄉把我們母子帶到南京，從此離開了故鄉，再沒有回去過。這九年也即我的童年，是在鄉下度過的。我家世代務農，是自由農，薄有田產，僅足溫飽。小時候還放過牛，拾過牛糞，母親是個地道的農村勞動的文盲婦女，所以只有耕，沒有讀，完全沒有享有家學書香薰陶的機會，文化的底子很薄，人生的起點很低。七歲啟蒙，勉強讀過兩年起碼的私塾，沒有機會接受完整的現代教育，所以一身的土氣，成了我性格的一部分。當然，下意識裡也就有了濃郁的鄉土情感和中國意識，在老保釣中，有這樣農村底層背景的恐怕不多。

1946 年父親返鄉後全家搬到南京，我被送進兵工廠附設的小學，算是開始接受近代正規的小學教育了。但就在剛剛踏進近代社會的門檻兩、三年，1949 年初時代的洪流又把一家沖到台灣，隨父親的兵工廠搬遷台灣高雄，在那裡完成了小學、中學教育（高雄中學）。1956 年進入台大哲學系、歷史系、歷史研究所；1966 年獲得全額獎學金進入哈佛大學，師從費正清（John K. Fairbank）和施華慈（Benjamin I. Schwartz），專攻中國近代史；1969 年通過博士生資格考試，開始進入自由撰寫論文的階段。我年輕時代的求學經歷，套句中國古代科舉時代「朝為田舍郎，暮登天子堂」的話說，就是「昔為牧牛童，今登洋殿堂」，差堪比擬。

話扯得遠了點，現在回到釣運前夕的歲月吧。我們波士頓、劍橋的留學生有一個小圈子，主要是由來自香港關心國事的哈佛和麻省理工學院的研究生組成的。哈佛物理系的研究生廖約克（來自香港）挑頭搞了個讀書會，成員有來自香港的廖約克、甄仕坤、余珍珠，來自馬來西亞的陳達懷，來自台灣的戴永生、祝開景、蘇永波（台籍）、楊更強（在波士頓工作）和我等。當時我的社交圈子仍然是以台灣來

的留學生、訪問學人為主，同香港的同學平時不大來往，讀書會把我同他們連在一起了。

波士頓是美國的學術重地，文化歷史古城，人文氣息濃厚，所以不少台灣的達官顯宦、富商名流的子弟都聚集在這裡，例如黃少谷的兒子黃任中（當時在波士頓市政府任職，定期到我在哈佛成立的圍棋社下棋，成了棋友，他為人十分豪爽大度；余英時也是棋迷常客，圍棋高手，棋力與台灣已故高手沈君山在一、二子之間）。再通過他的引介認識了住在波士頓的陳誠的兒子陳履安和陳香梅的女兒、任顯群的女兒任治平（與原配章筠倩之女、非顧正秋之女）等的官二代、富二代。

同時交往的還有不少來自台灣學界的訪問學人，如郭廷以、陳文石、文崇一、趙中孚、孫同勳、謝清俊、詹春柏等。當然還有在哈佛執教的余英時、葉嘉瑩（兩人都是在 1966 年來哈佛執教）、梅貽琦之子梅祖麟（當時的夫人陳幼石教授）等。這都是釣運之前的情況，社交圈還沒有以政治劃線。釣運之後，中美關係正常化，又結識了來自大陸的龍繩德（龍雲的第五子）等，他在哈佛廣場旁邊開了家「燕京餐館」。他的夫人全如向（滿族），擔任我的指導教授施華慈（Benjamin Schwartz）的中文老師。龍繩德讓我看了他收藏的他家同中共高層（周總理、朱德等）交往的珍貴相片。這是後話了。

如果沒有釣運，我的一生可能就在這個圈子裡轉悠了。但世事多變，劍橋的讀書會成了兆示時代變化的風向標。這個讀書會，是個思想相當進步的小團體，定期集會，輪流做學術報告。我們是國事、天下事，事事關心。還利用哈佛燕京圖書館，系統地學習了中國近現代史、中共的歷史、新中國的歷史，研讀在台灣被列為禁書的三、四十年代的進步文學著作，特別是魯迅的著作。這可都是我和另一個成員余珍珠（哈佛比較文學系）的專業範圍，而其他成員都是搞理工的，

竟然也都學習惡補起中國的歷史、文學來了，真是難為他們了；從而也掀起了中國的歷史熱，其他校園如哥倫比亞大學、威斯康辛大學、加州柏克萊大學等也有類似情況。我打心底佩服他們，所以也就引為志同道合的知音了。

這是（也即 1969 至 1971 這三年）我人生中關鍵的過渡時期之一，一隻腳站在源自台灣的無可奈何花落去的舊時代，另隻腳卻站在萌發於劍橋的風光無限的新時代，而且正在無情地從舊時代向新時代迅速過渡。

一般來說，當時在美的香港和馬來西亞的華人留學生，由於被國府視為「化外」，管不了他們，所以他們敢想敢講，沒有顧忌；而我們台灣的留學生則不然，瞻前顧後，謹言慎行，稍有不慎，唯恐「隔牆有耳」，為學業和事業帶來不測的之禍，甚至還會連累家人。

再回頭來談一下改變我人生方向的釣運吧。釣運這把火的火種，最初是在台灣點起來的，王曉波（筆名茅漢）、王順最早在 1970 年 11 月在台灣的《中華雜誌》（八卷十期）上發表了相當於釣運檄文的〈保衛釣魚台〉。這篇文章由胡秋原（《中華雜誌》創辦人）的兒子胡卜凱在普林斯頓大學散發，再傳到紐約哥大的董慶圓、董敘霖、楊貴平、徐守騰等，於是開始引起了美東台港留學生對釣魚台列嶼主權問題的注意。就全美而言，這個消息很快在林孝信的《科學月刊》、張系國等人的《大風》雜誌等刊物上刊發傳播，於是保釣運動的火種，就在美國各大學的校園迅速燃燒起來了，而且越燒越旺，成燎原之勢。

剛才說過，我們波士頓一帶的華人社區，除了我們讀書會這個小圈圈之外，相對而言，十分保守，對於敏感的政治問題，一般反應較慢，後知後覺。除了有人管著，隔牆有耳，我是說國府的波士頓總領事館在此坐鎮，還有親國民黨的學生如馬英九（哈佛法學院研究生）、邵玉銘（塔夫茨 Tufts 大學佛萊契爾 Fletcher 外交學院研究生）、關中

等，以及國民黨潛伏在各校的職業學生暗中監控留學生的言行。此外，這裡雲集的台灣達官貴人、富商名流的子弟，是個愛惜羽毛的既得利益的小圈圈，當然不會為天下先。

但是，這把火畢竟還是通過廖約克的讀書會在人文薈萃的劍橋燃燒起來了。1971 年 1 月 28 日正式在哈佛校園的洛厄爾大教室 Lowell Lecture Hall 舉行了「波士頓保衛釣魚台行動委員會」的成立大會，公推我為大會的主席。因為我是台灣來的，是台灣《大學雜誌》的作者，當時在台灣有點文名，或許大會籌備會的香港同學認為我會起點號召帶頭的作用吧，拋磚引玉吧。而個人當時也認為維護國家領土主權事比天大，怎麼能袖手旁觀，所以一時激於愛國主義、民族主義的激情，就本能性地跳出來了，就這樣走上了火線，衝上了第一線，哪還顧得上由此帶來的嚴重後果。

事後回想起來，對我個人來講，這個不計後果的冒進的愛國主義行動產生了兩大變化：一個是眼前的，短期間的，就是我同國民黨分手了，因為我當時還是一個有名無實的黨員（1960 年在台中成功嶺接受預備軍官訓練時被指導員動員的），參加了黨的小組會，甚至還輪流當過小組長（這個小組會實際上只是個形式，一點不起作用），從此永遠告別了國民黨。還有就是我這個人，一向不參與政治活動，是一個典型的書蟲，只曉得念書，做研究，平時寫些雜文時論政論，政治的事從不過問。這下可好，竟然成了一個公開的、向國民黨、國府挑戰的公眾集會的主席，成了國民黨眼中的叛徒，後來還被扣上中共海外的「文化匪特」的大帽子。

另一個大變化是長遠的、長期的，就是打亂了我當初來哈佛做個學者的初衷，從而把我的人生帶上了一個完全不同的方向，一個極具挑戰性的、不確定的坎坷的人生之路！這是當時完全沒有料想到的。換句話說，此後我將走自己的路，必須重新決定我的治學方向；意味

著將失掉豐厚的哈佛燕京獎學金（除了支付學費、生活費之外，還支付暑期的生活費，不用打工），意味著批判揚棄國民黨的意識形態、背叛哈佛學派、批判自由主義、轉向同情中共的意識形態、社會主義、毛澤東主義。就個人而言，這不啻是一個大地震、一次人生的革命，人生的分水嶺！

這裡，順便強調一點，我在整個釣運期間，幾乎完全是只做動口、動筆的事，從來沒有像李我焱、袁旂、廖約克、程君復、孫正中、徐守騰等這些釣運行動派大將一樣，參加過組織示威遊行這類實際的活動。我沒有這方面的細胞，也沒有這方面的興趣。所以，這方面的貢獻幾乎是個空白，交了一張白卷。

我的故事

謝：老保釣走上保釣之路，都有自己的故事，你走上這一步，肯定也有自己的故事吧，不是請你出頭你就出頭這麼簡單吧；特別是，你是搞歷史專業的，想該不是一時的衝動吧。能不能講一下你的歷史專業同你走上保釣之路的關係，這肯定同搞理工專業的人很不同吧。

龔：不錯，每個老保釣走上保釣這條路都有自己的故事，我也不例外。我是搞中國近現代史的，我參加釣運的確同我的專業背景具有直接或間接的關係，雖是不自覺的，但的確在起作用。可以想到的，有下列四點：

一是我的故事要從我大四，也就是從 1960 年談起，然後一直到留學美國，也就是到 1970 年釣運前夕為止。我是個不很現實的理想主義者，所關注的是近現代中國（不是台灣這個小島所濃縮的中國）的知識界和仁人志士一直在探討的一個老大難的大問題，簡言之，就是如何使中國不挨打、不挨餓、不挨罵（簡稱「三不挨」。這是我在 1990

年改開後首次返台時老學長李敖考問我的一個敏感問題，問我為什麼不反毛反共時，急中生智想出的簡明答案）的大問題。在我們歷史系，幾乎人人都搞近現代以前的歷史，很少搞中國近現代史的，至於原因麼，一是史料難找，二是非常敏感，禁區很多，很容易搞出政治問題。

但我認為，學歷史的人，就像個醫生，像個社會醫生一樣，要找出中國近現代積貧積弱、挨打挨餓挨罵的深刻的歷史文化原因，所以絕不能埋在故紙堆裡去搞考據，做與現實無關的死學問、冷學問。所以要做活的學問，要關注和研究切近中國現實的熱學問，所以就選擇了中國近現代史作為自己終生的研究領域。最活、最現實的中國近現代史的問題，莫過於國共兩黨的鬥爭。和中國的現代化等問題。

當時我同大多數老保釣一樣，是一個自由主義者，一個民族自由主義者，因為當時的台灣只有這一種主流思想，新儒家不是主流。因此，當時我在台灣的《大學雜誌》、《思與言》上發表的文章，也都是從西方的自由、民主、科學、人權、個人主義，也就是五四以來的自由主義傳統上立論的。其次是，在做台大歷史系研究生期間（1962-66 年），沿著這個思路，曾經有幸從事兩個學術活動，對我的思想在下意識裡產生了深刻的影響而不自覺：一個是在 1962 年，經我的指導教授吳相湘介紹，到當時由陶希聖主持、蔣君章任主編的「中華民國開國五十年文獻編纂委員會」打工。其間，我負責編輯上編「革命源流與革命運動」中的「革命起源」與「革命宣導與民國建元」等章節，因而有機會到台中的國史館翻閱收集資料，看到了大量夢寐以求的許多珍貴的原始史料，特別是清末民初的期刊雜誌；從而通過第一手原始檔案而不是從第二手的書刊中，瞭解到中國自明末清初到民國北伐這段長達三百多年的中國前近代和近現代歷史發展進程的來龍去脈。我也利用這些史料，寫了我台大歷史研究所的碩士論文，《近代中國社會的變遷及其分析》，後來也用它來申請哈佛的獎學金。

　　其三是，大概在 1964 年左右，經陶希聖的推薦和批准，讓我替一位來台灣做研究的美國密西根州立大學的教授沃倫・科恩（Warren Cohen）擔任翻譯，到碧潭國防部保密局的檔案室去查看在台北中央圖書館和台中國史館都看不到的有關中共歷史的絕密資料。這可是在當時的台灣犯有「輕則坐牢、重則殺頭」之罪的禁區；所以要感謝陶希聖，感謝在他的政治庇護下，居然讓我這個台大研究生，幫助一位美國教授翻譯而以學術研究的名義，看到了國共鬥爭和中共發展的第一手史料，從而讓我獲得了關於在台灣被稱為「共匪」的造反的歷史檔案；並且對國共兩黨的鬥爭，國共兩黨的理論、政策的對比，有了初步的印象，形成了自己的判斷。這在我當時的心裡造成的強烈震撼，怎麼形容都不會過分的。

　　這兩個讓我有幸接觸到第一手史料的學術經驗，為我打下了紮實的研究中國近代史的史料基礎；並使我在下意識裡不自覺地逐漸對中國近現代史、中國的現代化進程、中國社會的走向，初步有了自己的瞭解和判斷；加上前面所講的我童年在鄉下形成的濃郁的中國情懷、鄉土意識，也在下意識裡埋下了釣運前夕背叛國民黨和哈佛學派的伏因。這是我同理工的老保釣走上釣運之路判然有別的專業背景。

　　最後是，1966 年到了哈佛之後到釣運前夕也即我在取得哈佛博士生資格的三年裡（1966-1969 年），特別是 1968 年準備博士生資格口試長達一年的自修 reading period 時間裡，充分利用哈佛燕京圖書館、懷德納總圖書館（Widener Library）、拉蒙特圖書館（Lamont Library）海量的中英文藏書，閱讀了大量關於中國近現代史、西方近現代思想史的中英文書籍專論，接觸到各家各說，包括馬克思主義、社會主義、毛澤東主義，從中學到了生產力論、階級分析、帝國主義、人民群眾、造反有理等與國民黨意識形態以及與自由主義、資本主義截然相反的理論，從而使我的視野大開，也為我的歷史研究裝備了銳

利的批判工具武器。於是，我的思想開始不自覺地逐漸從國民黨的意識形態和哈佛學派中解放出來，自由主義思想開始有所鬆動，轉向美國麻省理工學院教授喬姆·斯基（Noam Chomsky）式的自由主義左翼的思想路徑。

形象地說，這時我像個社會醫生，終於讓我觸摸到了中國社會脈搏的跳動，找到了自以為有效的醫治中國社會痼疾的藥方，也即前述問題的初步答案：就是國民黨的統治意識形態，不論是孫中山原版的三民主義，還是蔣介石修正版的三民主義，或胡適的買辦自由主義，都將把中國引向死胡同，都無法實現近現代中國人所追求的國家民族的終極目標：使中國不挨餓、不挨打、不挨罵；使國家民族獨立、自信、自尊、平等、強大；使人民富足安康。簡言之，就是我的思想逐步遠離自由主義，而向社會主義、毛澤東主義靠近了。

所以，在釣運前夕，我既具備了紮實的中國近現代史的史料檔案基礎，又有了思想理論上的素養，所以可以站在客觀歷史和國家民族利益的高度上，形成了自己一套關於中國近現代史、一種可視為中國自由主義左翼的一家之言；但尚不敢說我已經是一個馬克思主義、共產主義、毛澤東主義的信徒了；這不是謙虛，而是因為對我這個遊學海外的學子來說，除了立場同其相近外，無論在理論學養上或實踐上，遠遠不足以達到那個可望而不可及的更高的思想和實踐的境界。

簡言之，這時我對中國近現代史的理解，使我對國民黨的意識形態、體制、執政資格和能力，以及政權的合法性，打了個大大的問號；換句話說，就是在釣運前夕，已經在下意識裡埋下了背叛國民黨、反對國府、批判哈佛學派的伏因，只是時機未到，一直隱而未發而已。

釣運只是個導火索，心裡潛藏的這種源自專業背景所形成的不滿和懷疑，一下子全都從釣運這個火山口噴發出來了。所以我的反蔣反國府、反自由主義，完全不是從個人的一己之私出發的；如果是這樣

的話，哈佛的金招牌會更有功利實用價值；更不是情緒性的，而是理性的，是有學理依據的，是站在國家民族利益的高度上，走上釣運火線的；否則，如果考慮到這些年來我從哈佛享受到這麼多的實惠，怎麼能就這麼絕情地做個叛徒，這不是有悖人情常理嗎？

這就是我個人走上釣運的故事，同其他搞理工專業的老保釣的故事，肯定是不一樣的吧！

海外華人走自己的愛國主義之路

謝：你的故事果然與眾不同，很有特點。那麼，作為一個老保釣，又是搞近現代歷史專業的，那你是怎樣看待 1970 年代釣運的，怎麼給釣運定性的，也就是請你簡單講一下釣運的歷史意義、時代意義。

龔：好吧，那我就站在時代的高度，從歷史的觀點，講講個人對釣運的看法吧。

一般的印象是，保釣不就是那個時候，台港的留美學生，為了維護釣魚台列嶼的主權，不讓美日拿去，所發動的一場台港和海外留學生的愛國運動嗎？沒錯，那是釣運初期，只是釣運的一個方面，是狹義的釣運。

不過，四十年後的今天再回過頭來看釣運，我認為釣運，放在當時的歷史和時代的條件下來看，還有另一個更重要的方面，或者說更深更廣的一個層次，就是釣運還激起海外知識分子和華人的思想和文化運動；釣運的聲聲春雷，震醒了長期冷戰中沉睡的海外華人，使他們重新認識到自己是中國人，不能因為政治立場和生活方式的不同，而切斷同中國歷史文化的血肉聯繫；所以決定走自己愛國主義之路，以自己的方式，促進實質上（有別於取消「中華民國」國號的形式上的）的中國統一，並作為中西文明交流的橋樑仲介，加入中國的現代

化進程。這種思想上的覺醒，性質上，相當於海外華人社會的一次「文化革命」。「文化革命」一詞，在用來表述人類文化文明的變化時，是指在價值、信仰、世界觀、人生觀、歷史觀、政治忠誠等領域發生的重大的突破性的飛躍，一種質的變化；例如中國春秋戰國時代的百家爭鳴，歐洲近代初期的文藝復興運動，中國近代的五四運動、六、七十年代的文化大革命、七十年代初的釣運等，都是這種性質的變化。

中國現代的五四運動可以稱之為「舊的文化革命」，當代海外的釣運則可稱之為「新的文化革命」。兩者有許多共同點；首先就兩者的源起而言，都是日本的侵略激發的學運，然後迅速轉變為政治運動、社會運動和文化思想的運動；所不同的是，舊的五四發生在國內，而新的五四則發生在海外，除了台港之外，大部分是在歐美人家的國土上。

歷史地看，這是中國近現代史上的一個基本規律，就是每次外國的侵略都引發國人的反思，激發政治運動、社會運動和文化思想運動。從 1840 年的鴉片戰爭到 1919 年的五四運動，到八年抗戰，到文化大革命（南方有抗美援越的越戰、北方有抗蘇的珍寶島之戰），到現在的中日釣魚台列嶼之爭，莫不如此。

由此看來，釣運在上個世紀的七十年代又在海外激發了這個規律，在當時越戰烽火風雲激盪的國際矛盾的辯證大和解的潮流之下，中國近代史的歷史規律又在我們這一代起作用了，海外華人又同中國的歷史接軌了，又重新恢復同母體社會的血肉聯繫了。

老保釣這一代人，很可能沒有清醒地意識到這一歷史規律在我們的身上所起的這種作用，但，人，畢竟是時代和歷史文化的產兒，時代是潮流，我們只是點滴飛沫，是擺脫不掉歷史規律和時代精神的制約的。

這是就影響新舊五四的歷史規律而言，至於為什麼說釣運也是一

場文化革命呢？理由是：「舊五四」拜德先生（民主）、賽先生（科學）為師，打倒孔家店，徹底批判傳統文化，引進歐美的自由主義和歐俄的馬克思主義；「新五四」當然也拜德賽兩位先生為師，但此外還烙下了新的時代印記；質言之，就是除了繼承舊五四運動左翼拜洋人馬克思為師之外，更進而拜中國人自己的毛澤東為師，推崇他為反帝的民族英雄，學習他的思想主義，進而將老保釣在台灣被灌輸的「民族救星」蔣介石貶為喪權辱國的「國賊」；前者是自願自動的，後者是被迫被動的。

這一褒一貶之間，就對在蔣家個人崇拜的愚忠教育下成長的台灣留美學生的政治認同而言，不啻是變天變道的翻天覆地的巨大變化；因為毛澤東早被蔣家在「漢賊不兩立」的反共神話教育下定性為「禍國殃民」的「匪」、「民族罪人」。所以單就老保釣反蔣、背叛蔣介石版三民主義的「國民舊中國」、改而擁毛、認同毛澤東主義的「人民新中國」而言，就是一次不折不扣的遲來的政治革命（1949 年中國人民已經判了蔣政權的死刑），一次貨真價實的革命性飛躍。

再說吧，放在中國近現代史的框架中來看，老保釣通過如饑似渴地學習毛澤東主義，推崇毛為英雄偉人，對恢復自 1900 年庚子國變以來長期浸淫、耳濡目染，迷戀西方文明，形成「只知有洋不知有漢」、開口一個薩特（Jean-Paul Sartre）、羅素（Bertrand Russell），閉口一個海耶克（Friedrich Hayek）、波珀（Karl Popper），膜拜洋人學者思想家為權威的習慣思維；聽的是西洋音樂，看的是好萊塢電影，視洋人的生活品味習慣為時髦習尚，從而早已喪失民族自信心和自豪感的海外華人、特別是對知識人而言，是換了腦筋，因為現在竟然是自願地進行自我批判，拜自己的漢人為師，學毛澤東思想，聽革命歌曲，看革命樣板戲，從而形成一次政治忠誠、思想改造的大飛躍！與當時大陸文革反兩霸、反修反資、恢復民族文化自信的主旋律遙相呼應！

　　單就這兩點而言，釣運就是一場不折不扣的文化革命！再怎麼強調，也不會過甚其辭。不過就其廣度和深度而言，遠不及舊的五四文化革命，也是毋庸置疑的。我們海外華人社會此時畢竟只是大陸母體社會的延伸，是主體的邊緣，所以釣統運被邊緣化也是在情理之中。簡言之，此後至今，在海外文化革命的激勵啟發下，我選擇了走自己的道路，一條從流落異國他鄉的「民國遺民」（法律上還是中華民國的國民），回歸中國傳統歷史文化主流、認同社會主義新中國的道路，雖然是一條遲來的自新道路。

　　於此可見，周恩來總理將 1970 年代的釣運比作一場「新的海外五四運動」，是很有見地的，很有預見性的，是有深意的。所以，我認為，這是釣運對中國近現代史作出的最具有深遠歷史意義、時代意義的重大貢獻。然而，時移世易，1978 年鄧小平復出主政後，國家的大針方針驟變，為了全力發展經濟，有求於日本、歐美，向他們取經，以便利用他們的市場、經驗、資金、人才和機制，只好以政治換經濟，政冷經熱，搞好同日本的關係，因而必須把釣魚台列嶼的主權問題，暫時擱置下來了。鄧果然如毛評價他的那樣，舉重若輕，竟然把這麼重大的領土主權問題，用「擱置論」的理由，輕輕地放下了。這的確是大出老保釣的意料之外，但釣運左翼由於已經認同大陸了，只好落得個失望無語了；大潮流掩蓋小潮流，那小潮流和點滴泡沫，只好認命了，只好接受一個被中國歷史主流邊緣化後無奈的命運！

　　關於「擱置論」，除了剛才所說的、鄧出於經濟建設的考量之外，可能還有一層宏觀地緣政治的考量：就是鄧可能考量到，由於釣魚台列嶼正卡在日本視為南向的千里生命線上，加上又是位於西方和美國的海權與中國陸權的交接點上，西方海洋文明在西太平洋的前沿線上，一旦中國拿回來了，對於日本來說，不啻是卡住了大和民族的咽喉脖子；對西方和美國來說，也突破了他們海權的前沿防線，第一島鏈，進而

威脅第二島鏈。所以，茲事體大，美日不到萬不得已，是絕不會輕易放棄這樣如此重要的戰略要地的，何況釣魚台列嶼現在還在他們的手裡？國際政治講的是實力，除非你的拳頭比他們的大，中國的海軍、海權強大到足以與美日大小海霸抗衡，甚至超過他們、碾壓他們，迫使他們放手，否則就是硬拿回來了也是守不住的，還會迎來他們不斷的挑釁騷擾。

這種宏觀的戰略考量，在中國歷史上也可以找到有力的佐證。就是聯想到北宋初年太祖趙匡胤、太宗趙光義（原為匡，因避諱改為光）的事來了，他們無日不想要從遼人的手裡收回北方的燕雲十六州，但經過幾次兵敗之後，太宗甚至有一次幾乎兵敗喪命，十分狼狽，教訓慘痛。這使他們終於醒悟過來，力不如人，就是硬拿回來了，也守不住，也無法抵擋遼人的金戈鐵馬不斷的侵擾，得不償失。所以最終只好選擇放棄了，套句鄧的話說，就是「暫時擱置起來」等後代去解決。後來終於等到了後代但不是宋人而是明人明成祖朱棣時就真的解決了，但那已是三、四百年以後的事了。

而且，環顧當今世界大勢，我們不是仍然生活在美國以十一艘核航母為基礎形成的「堅船利炮」的強大海權的陰影之下嗎？所以，「暫時擱置論」有其時代背景，實逼處此，不得不然，待搞好經濟、充實國力之後再待機解決。也於此可見，當今中國全力建設海軍、海權，是在為取消「擱置論」準備條件，也是維護中國遼闊海疆權益和統一中國的必由之路。

除了釣魚台主權問題被擱置之外，海外華人社會的「文化革命」當然也隨之被全面否定，甚至還被國內鄧派的某些過激人士上綱上線，將言行偏左的少數毛派老保釣扣上「海外四人幫餘孽」的政治大帽子；可見左翼老保釣處境之嚴峻。海外的「文化革命」因此曇花一現，迅即走人歷史，成為老保釣另一項「壯志未酬」的愛國事業，一種無言

的遺憾！

但無可諱言，鄧派為此卻付出了高昂的政治代價，大陸由此產生了自由化風潮，演至六四暴亂、藏獨、疆獨；在台港海外則產生了民運分子、台獨港獨、法輪功等反共反華的民族敗類，至今猶餘波蕩漾。於此可見，有得必有失，改革開放的成就是巨大的，但教訓也是沉痛的！

我與釣運

謝：你是釣運文宣方面的大筆桿子之一，請大概講一下你在這方面作了哪些你認為值得一提的貢獻。

龔：上面主要談的是「釣運與我」，就是我被動地加入釣運。下面要講的是「我與釣運」，也就是說我加入釣運後，就以自己之所長，主動地推動釣運。既然是搞文史的，弄筆桿子的，當然是在文宣領域做出貢獻了。這段期間，的確寫了不少文章，估計大概不下一、二十篇吧，現在都已經收進文集出版了。

個人認為，其中的確有幾篇發出了時代的強音，奏出了時代的主旋律，對釣運群眾起過喚醒鼓舞的作用，吹鼓手的作用。例如 1971 年 8 月 1 日出版的《群報》的發刊詞——〈向偉大的釣運致敬〉，是我主的稿。1972 年 5 月 13 日美國正式將釣魚台列嶼的行政管理權移交日本時，為了配合示威遊行的群眾運動，我在《群報》上發表題名〈壯麗河山豈容美日私相授受——寫在五一三大遊行前夕〉的社論，譴責美日的骯髒勾當。這兩篇文章都收在我同陳映真、王曉波共同主編的《春雷聲聲》裡了。此外，還寫了〈世界的新紀元〉（1971 年 11 月 1 日）、〈全力推動偉大的中國統一運動〉（1971 年 12 月 1 日）、〈熱烈歡呼祖國的外交大躍進〉（1972 年 3 月 16 日）等一系列煽情鼓動

性的文章。

　　除了文章之外，也作了一些演講。例如在 1971 年 8 月初布朗大學的「美東討論會」上，我作了〈中共之外交政策〉的報告；同年 9 月初在安娜堡的國是大會上，我作了〈中共建國簡史〉的報告。這兩篇演講稿，其實不過是我自我改造學習性質的讀書報告。之所以說是自我改造學習的性質，是因為老保釣在台灣受的是國民黨版的中國近現代史和中共歷史的說教；到了哈佛，又受了費正清學派的說教。這兩種歷史觀，在釣運前夕和初期，我都覺得很有問題，與時代不符，同時代脫節了；所以通過自我批判學習中共的史觀，中共和新中國的歷史。因為是學習性質的，這兩篇講稿，十分粗糙，所以都沒有在雜誌上發表過。但卻有幸被國民黨的職業學生所辦的學生刊物《安娜堡國是大會評論特刊》（1971 年 9 月）和海外版的《中央日報》刊出的一篇題名〈安娜堡的醜劇──留學生揭露所謂「國是會議」的騙局〉的文章（1971 年 10 月第三版），作為重點批判對象，成了國民黨的箭靶子了。

　　以上是自我學習、自我改造的講稿，再就是發表我個人研究心得的講稿。1974 年 5 月 4 日紐約保釣朋友在哥大舉辦五四運動五十五週年紀念會，大會邀請了何炳棣、胡昌度和我三人主講，何先生講的是《從救亡圖存到民族復興》，胡先生講的是〈五四運動與教育革命〉，我講的是〈留美學生中的新自由主義〉。我的講題很受聽眾歡迎，特別是耶魯大學的保釣朋友認為很受啟發，還在會後特別邀請我到新港同他們（鄭培凱、劉鐵柱、陳光宇等）交流。那時我人還在劍橋，還沒有到聯合國工作。也就是在這次會上，第一次有幸見到心儀的華裔大史家何炳棣教授（當時在芝加哥大學執教，所以無緣親聆教誨）；同時經袁旂介紹，認識了前輩學人國際著名的邏輯學家王浩教授和抗戰時期有雲南的「宋子文之稱」的繆雲台老先生。後來他們都成了我

的忘年交，亦師亦友。

特別是繆老，1979 年 6 月回國定居前的兩三年，幾乎每個週末都邀約我們夫婦兩人到他在第一大道 74 街的公寓一起晚餐，閒聊他抗戰時期在雲南主持金融改革的政績，以及同流亡隱居大紐約地區的民國政壇要人交往的軼聞往事，例如孫科、宋子文、蔣廷黻等，以及同儒林大學者交往的趣聞軼事，例如胡適、梅貽琦、張君勱等，深受教益。有時還暢論時政、國事、天下事。

1979 年鄧小平來美訪問（1 月 28 日至 2 月 5 日）時，他特別受邀到華府參加歡迎鄧小平的國宴，行前特別邀我到他的公寓讓我替他草擬了一份相當於「上書」的稿子（他口述要點，我草擬成文），準備呈給鄧公。在上書中，繆老早在 1979 年就提出了「太平洋大家庭」這樣大膽的前瞻設想，後來也以各種形式成為事實了。例如 1989 年成立的包括中國在內的二十一個成員國組成的跨太平洋的亞太經合組織（Asia-Pacific Economic Cooperation, APEC），就是這個概念具體化的實例。真是讓我大開眼界，讓我看到了前輩高瞻遠矚的卓識和風采！

但是，最值得自豪的，也是在我記憶裡留下永難磨滅印象的一件釣運期間的重大活動，就是 1976 年這一年內，我有幸以《美洲華僑日報》論壇版主編的身分被推為主編，以「美東各界聯合籌備會」的名義，分別主編了兩本特刊，一本是《周恩來總理追悼會專刊》（1976 年 1 月 18 日），一本是《毛澤東主席追悼會專刊》（1976 年 9 月 19 日）。

這大概是我一生中主持過的最有歷史意義、規模最大的編輯工作了。參與編輯部工作的人多達二、三十人，分擔收集資料、選稿、打字、校對、印刷、分派等工作，工作量相當的大，而且時間緊迫，必須盡快出版。參加編輯部工作的乃是集大紐約地區的一時之秀，例如畫家夏陽、秦松，現在香港的大導徐克（當時叫徐文光）等，都參加進來，所以編務進展得非常順利，內容豐富充實。工作採取輪班制，有的人

甚至工作到次日凌晨,都是義務的,分文不取;但是大家的熱情仍然非常之高,因為他們都以能夠參加編輯這兩位中國現代偉人逝世的紀念特刊為榮,那還斤斤計較什麼物質酬報。

此外,也值得一提的是,在 1982 年曾經擔任聶華桐、謝定裕、袁旂、錢致榕、潘毓剛等創辦的「科技教育學會」(Education And Science Society)(簡稱 ESS)的《科技導報》通訊的主編,但時間不長,因為後來(1984 年)《導報》搬到大陸出版了。其間,還曾協助該會在紐約舉辦關於三峽大壩的論證會,會後他們並將與會專家的講稿彙集成冊,提交國務院有關部門參考。

這段時間,我還利用公餘之暇,擔任紐約華埠周彼人主持的《華報週報》的主編,編了兩年(1976-77 年),徐克負責排版工作。他是個夜貓子,總是深夜才來上班,一直編到凌晨才回去。此外,還在公餘時主編過紐約僑社的愛國報紙《美洲華僑日報》的論壇版,以及同布朗大學的謝定裕等合編過《新境界》。現在成為紐約僑社華文大報之一的《僑報》(另有《世界日報》、《星島日報》),我也是創辦人之一,是創始股東。創刊前半年為週報,我擔任總編輯;後改為日報,則改任「論壇版」主編。它的發刊詞〈我們同在一條船上〉(1990 年 5 月 1 日)是我主的稿。不過這是後話了,那是 1990 年的事了。這篇發刊詞深受當時《中報》的老闆傅朝樞的欣賞,特邀我到他下榻的旅館約談,但因立場觀點不同,不歡而散。

就地報國,當了國際公務員

謝:順便插問一下,你們當初是出於什麼動機放棄專業,去聯合國工作的。這個決心肯定不容易下吧!

龔:一點不錯。每個人都有自己的理由,我想最重要的動機就是

大家都是出於書生報國的念頭去的。中國恢復聯合國席位來得太快，快到其他條件無法配套，例如口譯、筆譯就派不出人，可這確是中國作為五大常任理事國之一的大國和為聯合國六種語文（英、法、西、中、俄、阿）中的中文，提供的主要服務之一，因為中國參與國際事務是玩真的，不是像國府當年那樣不過是美國在聯合國的一個傀儡，有名無實，充充門面而已。所以口譯、筆譯的工作量大大增加，同國民黨時代不可同日而語。

但這時正在搞文革，英語人才全在牛棚裡接受勞動改造，還沒有解放出來。怎麼辦？周總理急中生智，就想到了海外的保釣積極分子，這些人不是要求回國參加國家建設嗎，現在國內的條件還不具備，何不就讓他們救急，到聯合國來當口譯、筆譯，就地報國。這的確是個一舉兩得的好主意，既滿足了老保釣報國的心願，又解決了國內派不出人的困境。所以，就讓 1971 年那個五人特邀團（或零團）裡的李我焱和陳治利兩人把周總理這個決定帶回美國，李負責美東的徵召，陳負責美西的徵召。我們就是這樣去報考筆譯、口譯了，就這樣進入聯合國了。

順便插入一段不足為外人道的插曲，李、陳負責在老保釣中提名，官方從中挑選約談。在約談時，我說我是一個歷史學者脫離了學術界會影響我的研究寫作，委婉辭謝；但那位官員（姑隱其名）說，你是個筆桿子，英中的翻譯工作對你是順手的事，難不倒你，你會有很多業餘時間從事研究寫作的，不會太妨礙你的專業興趣的。聽起來很有理，所以就接受徵召，去聯合國報名應考了。

我一向淡泊名利，對於文史（理工除外）領域的教授、講座的頭銜，一向看得很淡；在我的眼裡，只是張吃飯的飯票，是個職業，如此而已。如果不具備經得起時代和專業要求考驗的學術成就，名不副實，那只是個虛名虛榮，根本不值得追求珍惜。所以當不當教授，不

是我做這次決定的重要考量因素。

但是因此產生了一個沒有料到的後果，就是由於不在學術界，不是正式的教授學者了，在這個日益講求學術頭銜的時尚世俗裡，我此後所發表的一家之言的研究心得、觀點，例如三不（不挨打、不挨餓、不挨罵）、四求（求存、求強、求富、求文的近代化四部曲）、「中國歷史渦旋論、波動論」等觀點雖常被引用，但大多都不說出作者出處（東南衛視的一個主持人將三不說成是民間傳說），就因為我沒有學術的頭銜，哈佛博士的學歷也被打上了問號；尤有甚者，竟「盜用版權」據為己有，乾脆當成自己的觀點了。對於這種有違學術常規的「非君子」的行為，只好一笑置之了。

體制外的業餘歷史學者

謝：對不起，打斷了，請接著再講講你作為釣運一支筆桿子的故事吧。

龔：那就再講一件事吧。它同保釣沒有直接關係，但卻是由釣運間接促成的。我的美國同學和他們的反戰戰友，例如哈佛的佩克（James Peck）、倪志強（Victor Nee）（華裔）、莫雷爾（James Morrell）、利文斯頓（Jon Livingston）、利・卡根（Leigh Kagan）、威斯康辛大學的埃德・弗里德曼（Ed. Friedman）、華盛頓大學的馬克・塞爾登（Mark Selden）等一批美國反戰的積極分子，認為當時導致越戰的重要原因之一，就是以費正清哈佛學派為首的中國學學者，通過他們的著作和建言，向美國政府提供了關於中國和東亞問題錯誤的研究成果，從而嚴重誤導了美國政府的決策者和美國公眾。所以他們在 1968 年 3 月利用亞洲學會年會之際，將越南問題核心小組（Vietnam Caucus）擴大成為「關心亞洲問題學者委員會」（Committee of Concerned

Asian Scholars, CCAS）以便長期推動對亞洲研究和中國學的批判。同時一方面糾集全美各校的反戰學者戰友，出版了 CCAS 學報，作為他們反戰的言論園地；其目的在向舊中國學造反，從理論上系統地批判以費正清哈佛學派為主導思想的「現代化理論」，並建立同情共產中國的進步的自由主義左翼（Liberal Left）的新解釋體系。

為了達到這個目的，我的哈佛同學佩克和倪志偉於 1971 年 1 月 15 日，決定共同主編一本名為《中國的不斷革命，1840 至今》（China's Uninterrupted Revolution From 1840 to the Present）的專論集，由紐約一家有名的潘西恩書局（Pantheon Books）所屬的蘭登出版社（Random House）出版。他們邀請我這個唯一的華裔歷史學者加入寫作班子，我當即欣然接受。

我被指定負責撰寫其中相當於提供全書背景的一章，《中國近代歷史上的文化革命——1840 年至今》（Cultural Revolution in Modern Chinese History, From 1840 to the Present）。目的在從鴉片戰爭到文革這一百多年來（1840-1969 年）中國近代文化思想變化也即歷次文化革命的這個側面，追溯這場「文化大革命」的深層歷史和思想原因。兩年半後交稿（1973 年中）。

為了寫好這篇文章，在這個非常時期，不得不採取斷然的非常之舉，暫時把博士論文放在一邊，全力以赴了。好在取得博士生資格後，什麼時候提交論文，費正清的東亞研究中心沒有硬性規定，有很大的彈性，所以就我鑽了這個空子，不忙著趕交論文了。前後花了差不多三年多的時間，也就是相當於一般撰寫博士論文所需的時間完成了稿子交差。該書也終於在 1975 年初，也就是在我進入聯合國服務的一年，這本書正式出版了（全書 480 頁）。這是一篇大文章，共有一百多印刷頁（打字頁長達 350 多頁），是博士論文的長度。所以，實際上我在哈佛寫了兩本論文，一本是這篇文章，另一本是 1981 年提交的

博士論文，The Making of The Last Confucian Statesman: Chang Chih Tung And The Ch'ing Restoration, 1863-1881,《儒臣張之洞的崛起和清朝的中興，1863-1881》（指導教授：費正清、施華慈、孔飛立（Philip A. Kuhn）。

通過撰寫這篇關於文化大革命的文章，我不但完成了自己的思想改造，還在學術上取得了方法學上的突破，將我在哈佛從費正清、施華慈那裡學到的韋伯的理性超階級分析法，我自學的馬克思主義的理性階級分析法，加上我從中國傳統教育學到的儒家仁性等級觀，再加上在釣運期間學到的毛澤東主義的反帝民族主義和人民中心史觀，熔為一爐，形成我的一家之言，而且是建立在堅實的第一手史料的基礎之上。因此，就我的治學而言，具有里程碑式的意義。但歸本溯源，還得歸功於釣運，為我提供了敢想敢幹的動力，擴大了思想視野，確定了立場和方向。

需要強調，此外還實現了我的一個心願，也是老一輩史學家們例如陳寅恪、傅斯年、何炳棣等的一個共同的心願，就是從西方歐美中國學的手裡，奪回對中國歷史的解釋權（大陸則是從歐俄），因為中國近代的國恥，大家都念茲在茲的一直是喪權辱國的政治國恥，很少提到文化國恥；我們到西方取經學習科技猶有可言，但最荒誕的是研究中國史居然也要到外國取經，拜洋人為師，這是中國歷史上從未有過的怪現象。謂之國恥，毫不為過！於此可見，到了中國近現代，中國思想（哲學）之貧困 poverty of thought（philosophy）已經到了多麼嚴重之程度，害了嚴重的貧血症！所以，這是我到哈佛後逐漸得上的一塊心病，現在終於有機會通過撰寫這篇文章多少得到了緩解。

在該書出版的 1975 年，文革和越戰雖近尾聲但還未結束，毛主席也還健在，所以這本書成了暢銷書，在出版界成為熱點。書評家對我那篇文章也有佳評，特別是著名的美國左翼雜誌《每月評論》的主

編，保羅‧斯維齊（Paul Sweezy）和《翻身》的作者韓丁（William Hinton）都給予高度評價。這使我感到這兩、三年（1971-74年）付出的心血沒有白費，從而很感滿足安慰，覺得當初延遲提交博士論文也是值得付出的代價。

然而時移世易，遺憾的是鄧上台後全面否定文革，使我們這本書連帶其中我的文章，由熱變冷，束諸高閣，成了我的黑材料。講到這裡，順便提一下我的老師們對我參加釣運活動的反應。費正清、史華慈、余英時當然都知道我在不務正業，將寫論文的心思和時間都用到與學術研究無關的政治運動上去了，所以費正清作為指導教授曾經多次用書面勸告我、甚至把我叫到他的辦公室當面嚴肅地提醒我得專心寫論文，催我趕交論文；但是我已經是射出去的箭收不回來了，欲罷不能了。

再就是，由於這幾年——確切地說，就是從1972到1974年——在我把全副精神都投到撰寫這篇文章裡頭的這段時間裡，釣統運的活動當然很少參加了；而這時的老保釣卻活動不斷，一個團接著一個團地回國訪問參觀，而我卻反而銷聲匿跡了，當然引起了一些保釣朋友的懷疑甚至猜疑，不知道我在幹什麼，以致引起了誤解，打我的報告、告我的狀，所以承受的心理壓力不小！

1974年底，我把文革的稿子定稿了。也就在這一年的年中我應邀報考聯合國，順利通過筆試口試，1975年2月初正式從劍橋搬到紐約，進入聯合國中文處工作，從此脫離了學術界，成為一名國際公務員；但一直沒有放下我的歷史專業，而成為一個體制外的業餘歷史學者。這是我一生中又一個轉捩點。

謝：好的。上面你已經把1970年代時「釣運與你，你與釣運」的關係講得很全面、很透徹了。不過，你這個來自台灣的中國學生竟然造老師費正清的反，這很難使人理解。哈佛的門很窄，多少人不得其

門而入，而你已經擠進去了，卻要造反，背叛師門。保釣和學術研究應該沒有不可調和的矛盾，還是可以留在學術界從事教學和研究的，許多老保釣不也是這樣的嗎？

龔：是的，的確很不容易。妳講的情況，適用於搞與政治、世事無關的理工專業，對搞文史的、特別是像我這樣搞非常敏感的中國近現代史的人，在中美對抗和美國的文化霸權的氛圍之下，完全不適用。不過當時我面臨的已經不是我個人的事業和學術研究的問題了，而是作為一個專研中國近現代史的學者，現在已經形成了自己的觀點，一個毛派的史觀，已與哈佛學派、台港海外當令的買辦自由主義史觀沒有交集，所以到聯合國這個三不管（中、美、台）的國際社會，做一個體制外的歷史學者，做我獨家的學術研究，倒不失為一個較好的天意的安排。加上我在前面談到的在釣運前夕在下意識裡已經對台港海外令人窒息的反毛反共的學術界現狀的不滿，因此到聯合國工作也是一種精神和思想上的解脫。

當然，還有一個與妳提的問題相關的背景必須講一下，有助於妳知道我的背叛只是順應時代潮流而已；那就是我是在步美國反戰學生的後塵，有樣學樣而已，當時在美國的校園是種常態，並不是什麼驚世駭俗、大逆不道的行為。

當時也即在六、七十年之交，在美國各校園掀起的一股反戰浪潮下，批判老師已經不是什麼新鮮的事。例如就在哈佛，我的美國反戰室友、同學，就是我在前面提到的那些哈佛同學，在哈佛校刊 Crimson Journal 上，在學術年會上，都對費正清大聲說，你錯了；指責哈佛學派，「將美國的中國政策、東亞政策，導入歧途，以致才會在錯誤的時間、錯誤的地方，打了一場錯誤的戰爭，為國家帶來災難性的後果」。這種造反的氛圍，在當時美國的校園和學界，已成為一股風氣潮流，我只是順著潮流而已，並不是什麼獨立特行。

這些同學造費正清地反，使我在思想上、心理上受到很大的震撼。當然，這時大陸文革的基調之一也是高唱「造反有理」，對我也對許多老保釣也是一種鼓舞和啟發。何況這時，我已經在哈佛待了三年多了，已經隱隱約約感到哈佛學派的理論、方法，特別是立場，都是美國利益、美國中心史觀、西方中心史觀的產物，對我這個中國學者而言，都存在著嚴重的問題 something seriously wrong，無法接受，必須改弦更張，另起一座以中國為中心史觀的新爐灶，所以就走我孤立的獨木橋了。

謝：造費正清的反，離開學術界到聯國去工作，有過後悔的念頭嗎？可曾想過再回到學術界？

龔：當時的確七上八下，思前想後，猶豫不決，但最後還是毅然下了決心。所以我寫了一篇〈青春無悔〉，既然已經踏出了第一步，就應當義無反顧，就要走到底。這也是很多老保釣一致的想法；有的甚至認為，例如釣運的領軍人物之一的袁旃就曾說過，這一生不論事業多麼成功，參與保釣，在釣運中沒有缺席，是他一生中所做的最有意義、最值得自豪的事。我也是這樣看的，我不但獻身釣運，還進入聯合國報效國家；當然比起那些七十年代初，例如我們美國的林盛中、廖秋忠、歐洲的陳家鼐、謝瑩瑩等毅然回國生根，參加祖國建設的許多老保釣又自愧不如了。

不過，是在 1973 年吧，我同麻省理工學院的兩位香港研究生也曾開車到加拿大中國大使館要求回國服務，但被當場擋回來了，理由是現在條件不成熟，等以後再說吧。所以我也是壯志未酬啊！而且，當時的參贊曉諭我說，以你搞的文史專業，留在西方比回到國內可以對國家作出更大的貢獻。他還引述了馮玉祥將軍和宋慶齡早年也曾申請加入共產黨而被中共拒絕，勸他們留在黨外可以做出更大的貢獻的史例，作為印證。（據說還有張學良將軍等。）

　　至於我是否曾經想過再回到學術界的問題，朋友們也曾私下多次好意地問過這個問題。是的，我曾有過，當我交了博士論文之後，就曾向我另一位指導教授施華慈提出我要回到學界教書的願望和請求。他暗示說，我的毛派政治立場恐怕不適合在美國教書，也許還會給我帶來麻煩，但可以考慮介紹我到香港或新加坡去教書。

　　另外，國內的大學和研究機構，例如中國社科院、北大、人大，也都曾在二十、二十一世紀之交的期間，邀我去做客座，特別是社科院研究生院院長方克立曾多次提出邀請；另外南開的葉嘉瑩、台灣的王曉波，也曾表示有意邀我合作或任教。但因我已經有了家室，換個生活環境的動作太大，而且我一向都是我行我素，獨立搞研究，不大與同行交流；更由於我已經不務正業二十多年了，如果回到學術界，再把寶貴的時間花在誤人子弟和人事的應酬上，那就更無法彌補這失去的寶貴時間了，所以都一一婉辭了，因此也就沒有再回到學術界的想法了，而是老老實實、專心一意地做個體制外的業餘歷史學者，走我自己學術研究的獨木橋了。

美台白色恐怖的受害人

　　謝：最後，順便問個私人問題，保釣期間，你可曾受到國民黨或美國方面的騷擾？

　　龔：那是躲不掉的，只是程度的問題。當然，造反，造國民黨的反，哪有不付代價的，不是有沒有，而是有多少，有的人還要付出坐牢甚至生命的代價。幸好我沒有碰到這樣悲劇性的遭遇，但1974年我的護照被吊銷了，波士頓國府的總領館派人來訪，講了很多國民黨的好話，還問我有什麼要求可以幫忙的，其實就是誘降。當然，此後像很多老保釣一樣，我也上了國民黨的黑名單，做了半年多的無國籍人

士。我曾向費正清求助，他也無能為力。這算是輕的，重的說出來，也許令人難以置信。

　　1975 年我因回不了台灣，曾計畫到香港同父母親見面。可就在要辦手續之際，幸好得到一個國民黨內部知情的高幹親友即時來信告知說，國民黨的特工已經知道我的探親意圖，並計畫屆時將我綁架押回台灣。所以就當機立斷，取消了香港探親之行；否則，後果不堪設想，起碼逃不了牢獄之災。現在想起來都心有餘悸！

　　另外，美國方面，其實，我從沒有造過美國的反，壓根就沒有參加過任何美國境內的反戰運動，只是有幾個反戰的美國同學室友而已。然而，美國也饒不了我。先是在我護照剛被台灣吊銷時，非常巧合的是，美國波士頓的移民局竟也即時派人上門造訪，問我需要什麼幫助，也是想乘人之危，誘使我變節替他們做事，與國民黨波士頓總領館造訪時的目的如出一轍，可見兩者的關係非同一般。

　　還有，1974 年美國在麻省理工學院的一個職業學生，曾經同我在劍橋同一間公寓住了一年，意在監視我的活動，監聽我的電話訪客（我感覺到了，但奈何他不得）。恰在這個時候，陳鼓應卻順道來訪，頗使我為難。好在，這個美國職業學生只是防範性的監視，發現我只是個「書呆子」，所以才沒有搞別的迫害行動。

　　當然，這樣的白色恐怖經驗不限於我一個人有，所有活躍的老保釣差不多都難以倖免。但是可以自豪地說，我們老保釣，雖然都受到不同程度的政治迫害，但絕沒有一個以此為理由像九十年代大陸的民運人士那樣，以各種荒唐的理由向美國尋求政治庇護。

　　與此相關的是，我的社會生活圈子是愈來愈小了，我自願或不自願地被排除出台港學術界和美國的中國學學界，我同過去的老師和師兄弟們愈來愈沒有共同話題、共同語言了，形同陌路，彼此不再來往了。這是精神上和社會生活上的損失和打擊。

實地考察大陸的扶貧脫貧情況

謝：最後再問個問題，你們這些老保釣進入聯合國後，就我所知，那只是個工作，你們公餘的時候並沒有閒著，仍然不忘初衷，走出聯合國，參加僑社各種公益活動，還到大陸發揮餘熱，是這樣的嗎？

龔：是這樣的。釣運走向統運，而統運將是個漫長的過程。遙遙無期，不能就這樣耗著閒著，於是老保釣就將釣運精神、釣運餘熱、釣運初衷，用海外華人自己的方式，加以發揮闡揚，加入中國的現代化進程。

這樣的例子，在老保釣中多得不勝枚舉。就舉幾個眾所周知的例子吧，例如程君復創辦了「黃河大學」；謝定裕、聶華桐、錢致榕等創辦了「香港科技大學」；楊貴平和董敘霖發起了「滋根基金」；喬龍慶和呂克強發起了「認助中國鄉村教育專案」；以老保釣李黎等為主的「樹華教育基金會」；全美各地紛紛成立了中國和平統一促進會；林盛中、夏平生創辦了「台灣同學會」……等；這些都是老保釣以實際行動，加入和促進中國現代化的進程，並以實質性的行動推動中國的統一運動，好讓形式上（拿掉中華民國的招牌）的中國統一水到渠成。

以上講的是我們老保釣以各自的方式，發揚保釣精神，發揮釣運餘熱。我也以自己的特殊方式，發揮保釣餘熱。

關於這一點，必須講一下我在這方面發揮釣運餘熱的特殊優勢，就是從 1991 年起，我以《僑報》特約撰述的身分，利用聯合國每兩年一次的回籍假，向國務院僑辦申請並獲准前往大陸各地老少邊窮的貧困地區，採訪大陸扶貧脫貧事業的實施情況。

這段期間（1991-1996 年），我的足跡遍及大江南北，北至山東的沂蒙山區、黑龍江的北大荒；正北方至內蒙、寧夏；西至甘肅、青海、

新疆（南北疆）；中到中原河南的大別山區，重慶湖北的三峽，西南至四川、重慶等地。加上早在 1979 年以來就已經頻繁地到訪過沿海沿江各省廣東、江蘇、浙江、南京、上海、北京等地旅遊參觀。所以自 1987 年改革開放以來的二十多年間，我的足跡，除了西藏、海南、廣西之外，遍及全國。因此，對於各地的民情風俗、發展情況，頗有瞭解，這一路有時還帶上我十多歲的女兒，讓她認識她的中國根。

事後都寫成專文，在大陸的《中流》雜誌、山東的《僑報》、台灣的《海峽評論》和美國的《僑報》上發表。後於 1990 年代分別彙集成書（《中國向農村的貧窮開戰》（被列為大陸考研政治史綱材料）、《一個書生眼裡的國事天下事》），分別在兩岸出版。

這幾年的實地考察，讓我親眼目睹祖國目前的發展水準、社會廣大底層的生活水準，彌補了我與祖國社會現實嚴重脫節的缺失；更印證了我多年來通過書本上的研究反思比較，對中國現代化應該走什麼道路得出的結論：即西方尤其是美國版的所謂民主自由人權的普世大道理，壓根就不適合中國的國情，與中國的體質不合，在中國廣大的神州大地上，根本沒有讓其生根滋長的氣候土壤。這是孫中山在其遺囑中承認他「致力國民革命凡四十年……革命尚未成功」，之所以未能成功的最深層、最根本的客觀理由；不管中國和西方自由主義者編造的唯心理由多麼自圓其說，多麼天花亂墜，都不過是無根之花，無水之源，最終都逃不過凋謝乾枯的悲劇命運。

遺憾的是，直到今天膜拜他的國民黨信徒，仍然沒有汲取他的慘痛教訓！試看馬英九不是就曾經信誓旦旦說，「中國一天不實現民主，中國就一天不能統一」的痴人謬論！還有一些被捧為大師的華裔美籍的自由主義文史學者自命清高地說，「中國一天不實行民主自由，我就一天不踏上中國的國土」的夢囈之言！未免自視過高了吧！中國沒有他們，而靠無數愛國的理工學者專家的無私奉獻，國家不也日益崛

起壯大了嗎？國運族運不也蒸蒸日上了嗎？而且，如果有了他們打著民主自由人權的旗號，以言亂政，誤國誤民，反倒拖了後腿，延緩了中國崛起壯大的步伐。

遊歷增長見識，中國的史學之父司馬遷，西方的史學之父希羅多德（Herodotus），一生都喜愛遊歷名山大川、名勝古跡，所謂行萬里路勝讀十年書，就是這個意思。所以，通過這些對祖國千山萬水的實地參訪參觀，加深了從而進一步認同回歸祖國的歷史文化了，與之融為一體了。

這些採訪，都是通過僑辦系統的鼎力支援免費進行的，足跡所到之處，有的當時（九十年代）甚至以軍事重地為由還不對外開放（如寧夏、內蒙、新疆），沒有這種特殊的禮遇，即使全程自費，也難辦到。所以能夠享受到這樣高規格的禮遇，我是要深深感謝大陸國務院僑辦的。

結束

謝：最後，你還有什麼意猶未盡，要補充的？

龔：好吧，那就再補充三點吧。一是我想為這次受訪，說點個人的感想作為總結：在我這短短的生命裡，經歷了國運和族運從命懸一線的谷底，攀登到今天世界之巔峰，老保釣在此歷史進程中沒有缺席，作了分內微薄的貢獻，深感慶幸、滿足和自豪，覺得此生沒有虛度，沒有白來人世一遭！

其次是，作為老保釣，我要特別深深感謝兩岸的清華大學圖書館，分別在謝館長和對岸的薛（芳渝）館長和高（瑄）書記高瞻遠矚的領導下，成立了收藏釣運資料的研究中心，為我們老保釣建立了一個永久的精神家園。意義深遠，為此再次表達誠摯的謝意。

　　最後一點就是，就釣運資料這方面而言，我不但直接參與催生了北京清華的釣運資研中心的成立，還將手頭大批的釣運資料捐給他們。此外，在我作為常務編輯的推動下，同陳映真、王曉波、周本初、葉先揚等老保釣共同編印了《春雷聲聲》、《春雷之後》、《崢嶸歲月‧壯志未酬》，以及同蔡文珠、鄭製圖共同編輯了《程君復先生文集》和《關文亮文集》（合稱《春雷系列文集》）。就個人的文史背景而言，也算是對釣運、對後世有了交代。

　　好了，講得夠長的了，就到這裡吧。

　　謝：謝謝龔先生，也謝謝老保釣對中心的贊助支持。

　　龔：謝謝館長，也謝謝雅雯、虹音。

第八章

劉大任先生訪談

劉大任先生（1939-）

劉大任，1960 年台大哲學系畢業，1962 年至
1964 年在夏威夷大學研讀哲學，1966 年赴美國
加州大學柏克萊分校研讀政治學，1969 年獲得碩
士學位，也成為博士候選人。在美國留學期間，
曾加入政論性社團「大風社」。保釣運動期間，
在舊金山與郭松棻等人主編保釣左翼代表性刊物
《戰報》。其後擔任《柏克萊通訊》主筆。1972
年進入聯合國祕書處工作，直至 1999 年退休。
曾出版多本小說與散文集，成為著名作家。作品
中包括根據保釣經驗、出版以保釣運動為背景的
小說《遠方有風雷》。

受訪者：劉大任先生

訪問者：李雅明教授

訪問方式：以 Skype 進行越洋訪談

訪談時間：2017 年 12 月 11 日　晚上 09 點（美東時間）

　　　　　　12 月 12 日　早上 10 點（台灣時間）

訪談地點：劉大任先生自宅（受訪者）

　　　　　　國立清華大學圖書館（訪問者）

記錄編輯：李雅雯

＊　　　　　＊　　　　　＊

出身、背景跟求學的經過

　　李雅明（以下簡稱「李」）：大任兄，能不能請你講一下您的出身、背景跟求學的經過？

　　劉大任（以下簡稱「劉」）：我是 1939 年出生在老家江西省的永新縣。抗戰時期跟著父親、母親大江南北地參加抗日救亡。我那時只是在襁褓之中，跟著父親母親逃難。我父親在抗戰的時候是任職「資源委員會」（那時有一個 project，要中國稀有金屬，像是江西一帶生產最多的鎢、錫、錳）。我父親的任務就是把這些稀有金屬運到越南去，然後換了軍火運回來支援抗戰。

　　李：日本人有沒有到那裡？

　　劉：我父親在抗戰初期的時候是在贛州一帶，那時候蔣經國就在贛州，我父親曾經幫助他修建飛機場。

　　李：所以沒有變成淪陷區？

　　劉：江西有一部分淪陷，南昌已經淪陷了。但是江西的南部還沒

有完全淪陷，所以有段時間蔣經國在贛南。我父親那時也在贛南待過一段時間。我那時很小，大概三、四歲吧，跟著父親走就是。1948年的時候，我父親因為求職，找到一個工作去台灣，在台灣省水利局擔任工程師。他那時就帶了我們全家到台灣來，我就跟著父親來，那時大概八、九歲吧。

李：到了台灣哪裡呢？

劉：我們一直住在台北。我剛到台北的時候上小學五年級，我讀書比一般人早一年。我五年級在台北市的東門國小唸書。六年級的時候父親讓我報考女師附小，就考進去了。所以五、六年級小學階段我都是在台北度過的，然後考初中就考進了師大附中。師大附中那時有個新制度叫做「實驗班」，我是實驗班第一班。

李：我知道實驗班是分成文、理兩組吧？

劉：對，它是初中前四年級不分組，到最後兩年分成文組跟理組。我就到文組去了。

李：是你自己選的吧？

劉：事實上是我父親代我選的。

李：真的？那時候的家長不都喜歡小孩讀理工科嗎？

劉：是的，我的大多數朋友通通都進了理班，我被分到文班很不高興。當時我父親說你應該進文班，所以也沒有辦法。

李：小的時候興趣是在哪方面？是在文還是理？

劉：其實我的興趣沒有什麼特殊的發展。數學成績不太好，但是文科的分數還是考得蠻高的。所以後來走上文組這條路大概跟這也有關係。

台大哲學系

李：大學念的是台大哲學系？

劉：是的，我考進台大的時候是第一志願法律。在法律系念了兩年，覺得跟我的興趣不合，就申請轉到哲學系去。

李：你進大學的時候是哪一年？

劉：1956 年。

李：那時是單獨招生還是聯考？

劉：已經是聯考了，但參加聯考的學校不多。大概八、九個大學。

李：轉系之後，課程修滿有沒有問題？

劉：大一大二有很多是共同科目，像英文、國文、歷史各方面。所以有些學分是可以轉過去的。我哲學系念了兩年也就畢業了。

李：那時顯然你是對哲學比較有興趣？

劉：對，主要是自己的興趣，而且完全違反我父親的願望。我是自己私下轉過去的，沒有跟我父親商量。主要是興趣已經轉移到哲學跟文學這方面。

李：那時你在台大修的是西洋哲學，還是中國哲學比較多？

劉：兩方面都有。我一共讀了兩年，能修的課不太多。讀台大哲學系的時候，我比較有興趣的是兩個老師，一位是方東美先生、另外一位是殷海光先生。他們兩位的課我每個學期都選。所以兩位先生的課我上了兩年。

李：他們兩位的興趣好像不太一樣吧？

劉：對，兩派完全不一樣的。殷海光先生教的是邏輯，而且是從最簡單的推理方法開始教起，後來就開始轉到數理邏輯那方面去了。我對他最感興趣的不是他的邏輯或數理邏輯，而是他當時在課堂裡表現出來對政治社會批評的態度，和他批評的方法。那方東美先生是比

較傳統的哲學，他的課還是以西洋哲學為主。所以我跟著他念了整部西洋哲學史，從希臘一直到現代。

李：我聽說那時台大哲學系稍微有點排斥中國哲學？有沒有這回事？中國哲學的人進不太去是不是？

劉：那時中國哲學的課開得比較少，也缺乏很好的師資。但方東美先生也教中國哲學史，他主要的重點放在先秦諸子，講得比較深入一點。但是他的重頭戲還是放在西洋哲學史。那時候的學生也比較想多瞭解一點西洋哲學史。所以中國哲學這方面，一方面是系裡面不太重視，另一方面學生的興趣也不是那麼高。

對文學的興趣

李：那你對文學也有興趣？我的瞭解是你在大學裡就開始發表文章？

劉：我發表文章大概是在大學三年級的時候，在那以前也跟朋友一塊兒辦過雜誌。最早是開始辦學校的雜誌。所以台大的《大學雜誌》、《大學新聞》，我都曾經參與過。我做編輯也寫稿。

李：我看手邊的紀錄，大學的時候你就發表過一篇作品叫〈逃亡〉？

劉：是，那篇是最早的作品之一，大概就是大學三年級的時候寫的。

李：那個內容大概是什麼？是篇小說嗎？

劉：談到這個的話，那時我寫的東西又像散文又像小說。確實也有文學界的人批評說，我寫的根本不是小說而是散文。但是我心裡面認為這就是小說，而且是道道地地的現代小說。主要是我寫的東西篇幅不長，第二是我寫的人物情節相當模糊，比較重視整體的感情跟思

想。所以可以這麼講，我早期大學三、四年級所寫的那些東西，基本上反映的是那個年代台灣的文學青年有一種走投無路的感覺。

李：所以你 1960 年哲學系畢業？那時你對文學有興趣、哲學也有興趣？畢業之後是什麼樣的方向？

劉：畢業以後當然跟大家一樣都去當兵了。在當兵的這段時間裡面又結交了一些朋友，而且多半是文學藝術界這方面的朋友。那時大家去當兵的時候多半心情都很苦悶，所以在那種苦悶的環境裡面就自然而然會去尋找想法接近的人聊天、探討一些問題。

在當兵的一、兩年時間裡面，就開始結識當時台灣的「前衛派」、大陸叫做「先鋒派」，也就是英文 vanguard 這個字翻譯過來的。這麼一批年輕的搞文學藝術的朋友，包括寫作的、繪畫的、搞音樂的，就結交了這麼一圈朋友。大家來往比較多，互相的影響也比較大。

李：你剛剛也提到去聽殷海光上課，一方面的興趣是因為哲學、另一方面是他對社會的評論？顯然那時你已經有一些自己的想法，對不對？所以能不能稍微提一下這些想法是怎麼來的？而且是基於什麼樣的理由？

劉：這都是幾十年前的事情了。現在回想起來，一個最重要的事情是，那時開始發覺政府的政策人為地造成了歷史的斷層。也就是說我們在台灣學到的歷史，特別是近代史，到辛亥革命就結束了。五四運動都沒有人提，五四以後的三十年代、四十年代，國共怎麼內戰，最後國民政府怎樣撤退到台灣。這段歷史完全不明不白。

除了歷史以外，我的興趣比較在文學跟社會發展這方面。這個時段的文學作品，也通通被政府宣布是禁書，都不准看。年輕人有好奇心是很自然的事情，你越不准我越是想辦法找來看。我那時對現實狀況不滿，不滿的根源在歷史的斷層。由於我們被人為地斷絕了跟我們的歷史、跟我們的過去直接相關的、瞭解它的通道，所以心裡面產生

了一種逆反的心理。這大概在大學時代就開始產生了。

李：令尊是工程師，有沒有特別的政治傾向？以致於影響到你？你們家裡的背景跟政治有無關係？

劉：其實沒有什麼關係。我父親是國民黨員，他很早就參加了國民黨，大概是在北伐時代，所以算是老黨員。但他不是國民黨的核心，他是所謂的「建設派」，用發揮工程方面的專長救國，這是他們主要的志向。我父親一輩子做的事情大概就是這樣，他是一個土木工程師，後半生全都是在台灣度過的。台灣的水利灌溉工程、自來水工程，大概從基隆到屏東都有他的影響在裡面。石門水庫是台灣第一個綜合發電、灌溉防洪各方面的一個大工程，我父親也是主要的工程師之一。

李：你們那時當兵要當不只一年？

劉：那時開始實施暑期集訓，所以我們在大三暑假就去參加入伍訓練。我在第五中心，叫車籠埔。後來服役只有一年。其實是畢業以後先到鳳山的陸軍步校，有三個月的入伍訓練，之後再出來服役一年。

夏威夷大學

李：服役完之後做些什麼？

劉：本來唸哲學系出國的機會幾乎是零，因為不可能拿到獎學金。哲學系在海外的朋友也幾乎沒有，所以也沒有什麼路可以走。出國這條路從來不在我的腦子裡面。

很巧的是，1962 年春天，那時我已經退伍了，在石門水庫做翻譯。那時教育部突然公布了一個獎學金的招考，美國國務院出錢，在夏威夷大學建了一個「東西文化中心」。那時候的招考竟然有哲學這一門，所以我就去考了。結果也很僥倖考取了，我就拿著那個獎學金到夏威夷大學去唸哲學系。

但是，我到了夏威夷大學以後，發覺夏威夷大學的哲學系比台大還不如。所以我覺得在那邊唸沒什麼興趣，就開始到別的系去聽課。這是我後來轉念政治系的原因。那時到政治系去聽課、到歷史系去聽課、到社會系去聽課。所以我第二次到美國後，我就轉到政治系，就不再唸哲學了。

李：在夏威夷待了多久呢？

劉：在夏威夷待了差不多兩年。這個獎學金有個條件：給你兩年的獎學金，唸完了以後，你必須回到你的本國服務。而且至少必須服務滿兩年之後，才能取得再來美國留學資格。

《劇場》雜誌

李：你在 1965 年又回國？

劉：是在 1964 年又回到台灣。

李：然後你跟陳映真、王禎和辦了個《劇場》雜誌是吧？

劉：其實《劇場》雜誌王禎和沒有什麼參與，是邱剛健創辦，黃華成是主要的編輯和設計，雜誌的藝術風格主要是他的創造。

李：這個雜誌成功不成功呢？

劉：我覺得這個雜誌對當時年輕的一代、對電影和戲劇有興趣的年輕人，有蠻大的影響。甚至可以這麼說，台灣的小劇場運動、台灣的新電影，很多都受到這個雜誌的啟蒙。

李：你剛才說你參與這個雜誌，是在裡面做編輯嗎？

劉：因為那個雜誌編輯的方針有點奇特。它百分之九十的篇幅通通是翻譯跟介紹，創作的部分幾乎沒有，大概只有百分之五、百分之十左右。所以它需要大量的人力幫它做翻譯跟介紹的工作。

我跟邱剛健是在夏威夷大學同學，他也在夏威夷大學東西文化中

心。所以我們在離開夏威夷之前，就約好了回到台灣以後要一起辦雜誌。後來邱剛健先把它辦起來了。當時我還到香港去待了幾個月，回來的時候他已經把創刊號的幾個稿子弄出來了，所以馬上拉我參加。

我們後來做了一件事情，應該是有點影響。我們把當時西方最先進的話劇《等待果陀》翻譯成中文，然後把它搬上舞台，直接在台灣公演。

李：我的紀錄上寫著，陳映真也在那裡面是吧？

劉：是的。陳映真跟我的角色差不多，主要是負責翻譯介紹。我主要是負責英文方面的，陳映真是負責日文方面的，因為他的日文基礎很不錯。他可以直接從日本的書刊裡面找資料，然後把它翻譯成中文。

李：陳映真怎麼認得邱先生跟你呢？

劉：我剛剛前面講過，台灣的「前衛派」就小小的一圈，裡面包括有寫作的、畫畫的跟搞音樂的。那時候我們大家常喜歡在一個音樂咖啡廳裡碰頭，那個咖啡廳叫做「田園」。它就在衡陽街最靠近新公園西邊出口那個地方，對面有個旅館叫做「三葉莊」，三葉莊對面的二樓就是田園音樂咖啡廳。那時候這群前衛派的文藝青年經常在那邊碰頭，每天都很多人去，主要是聽音樂跟交朋友。我就是在那邊認識他的。

李：後來你又跟尉天驄、陳映真他們合辦《文學》季刊是吧？

劉：那是因為《劇場》雜誌搞了一個階段之後，大家意見有點分歧。邱剛健跟黃華成是一派、我跟陳映真是一派，兩邊意見不合。一派是主張中國的電影跟戲劇落後西方至少三、五十年，所以邱剛健跟黃華成的意思是我們至少要花上十年的時間翻譯、介紹西方比較先進的作品，然後才有資格搞自己的東西。

我跟陳映真的意見就變成了他們的對立面。我們認為我們要邊學

邊做，我們一定要有文學和戲劇電影創作的社會基礎，以台灣的現實生活作為一個基礎，然後要反映這個現實。我們的創作應該遵循這個原則。然後《劇場》雜誌不能夠全都是翻譯介紹，應該至少是一半一半。這樣的話兩邊就吵得不可開交，最後就分手了。

我跟陳映真就退出《劇場》，參加了尉天驄辦的《文學》季刊。你要是注意到的話，《文學》季刊跟《劇場》的風格完全不同。它百分之八、九十都是創作，而且這些創作都強調要有一個社會的「根」，要建立在生活的基礎上面，有這樣的一些想法。

李：當時像《文學》季刊跟《劇場》這一類的雜誌可以存活嗎？

劉：在市場上幾乎不可能。那時台灣買廣告的風氣還沒有起來，工商業還沒有發展起來，所以幾乎沒有廣告收入。有廣告也是跟文學雜誌互相交換廣告，或者是出版社為了新書可能會登一兩則廣告。那麼靠什麼維持呢？就靠大家捐錢。

李：你們這些年輕的編輯薪水從哪裡來的？

劉：沒有薪水、也沒有稿費，全部都是義務的，就是靠大家捐錢。比如說這個月錢不夠了，把你的手錶拿去當、或是我的腳踏車拿去當一下，就這樣一期一期的解決。

李：這也真是不容易啊。你們這幾個人的生活是……

劉：我們自己另外都有工作。我那時在一個洋機關工作，美國有個學術組織叫做「美國亞洲學會」，他們在台灣設了一個小機構「美國亞洲學會中文研究資料中心」，我就在那個中心工作。我的老闆從美國亞洲學會申請到一筆資金，就在台灣開辦了這個。

我的工作是幹什麼呢？就是幫美國研究中國的漢學家和年輕的學生找資料，幫他們解決研究方面一些實際的問題。比如說有些寫博士論文的學者要到台灣來。那個時候大陸跟美國還沒有建交。比如說他們要研究五四運動，當時他們不可能到大陸，訪問參加過五四運動的

人，所以他們就到台灣來。台灣畢竟還是有些人，像羅家倫、胡秋原這些人都跟五四有關係的。所以他們要來做 interview、做採訪。我的工作就是幫他們聯絡這些人，然後約好了後帶他們去。他們訪問時我就幫他們做翻譯。基本上我做的就是這類工作。

加州柏克萊大學政治系

李：所以你等於是有個正職，業餘時間再來辦雜誌。那這東西你做了差不多兩、三年？

劉：從 1964 年做到 1966 年，然後我又到加州大學唸書去了。

李：這時候你就申請政治系方面的是吧？

劉：對，這時我已經申請政治系。當時我也去瞭解美國的政治系哪個比較好。我的老闆是哈佛大學的，他是費正清的學生，所以他當然推薦去哈佛。當時我看了一個報告，那年的評選加州 Berkeley 大學的政治系是全美排行第一，所以我就申請到 Berkeley 去了。我那個 boss 的名字叫做 Robert Irick，他就給我寫了一封很強的推薦信，所以我就到加州大學政治研究所去。

李：文科方面拿獎學金不太容易，你那時有沒有拿獎學金去 Berkeley？

劉：我做事時存了一點錢，但是不多，我父親也幫了我一點忙。買了一張飛機票，到美國下了飛機，荷包裡只有五十塊錢，就開始去打工了。端盤子、busboy 什麼都做過。但是第一次期中考考完以後，我的指導教授就把我找到他的辦公室。他說：「我雖然不能幫你太多忙，但我可以把你這學期的學費退還給你。」這個幫助就很大了。

我後來在 Berkeley 又碰到一個我的恩師，就是陳世驤老師。那時候我在圖書館打工，幫人家借書還書、到樓上的書架去找書。我在

樓上書架中間有個桌子，沒事的時候就在那邊看書。那時陳世驤老師是 Berkeley 東方語文系的創辦人，非常重要的一個教授、也比較powerful，影響力很大。他看見這個台灣來的年輕小孩子，看的東西也蠻有趣味，他就把我叫到他的辦公室。他給我找了一個工作，在加州大學的「現代中國研究所」，給了我一個職位叫 assistant specialist。這跟我從前做的工作差不多，主要就是幫助博士候選人，那些研究跟中國問題有關的歷史系的、社會系的、政治系的博士生，幫他們解決中文方面的一些問題。

李：這樣不錯啊，等於說有了財務協助後，就不必打工去了。當時這個陳教授大概多大年紀？

劉：他那時五十多歲、將近六十歲。

李：這樣你就比較安穩，可以好好讀書了。你出國大概是在 1966年？

劉：這個情況大概發生在 1967 年，一直到 1969 年都是這樣的情況。一面讀書，後來 financially（財務上）在陳世驤老師照顧之下，幫我解決了問題所以可以安心讀書。

李：張系國也是 1966 年出國，你們一起到 Berkeley 的？

劉：我那時跟張系國是 roommate（室友）。他原先住在一個老太太家的地下室，他有點風濕性關節炎，住在地下室太潮濕。我那時租了一個 apartment（公寓）是在二樓，我就跟他說那邊對你身體不好，你搬過來我們兩個 share 一個 apartment。我們一起作 roommate 大概有兩年時間。

李：Berkeley 那時有多少中國學生？

劉：Berkeley 那時的中國學生不少，但是詳細數目我不太清楚。因為本地生，就是我們講的 ABC，在 Berkeley 蠻多的。台灣來的、香港來的，還有馬來西亞跟新加坡各地來的，總共加起來大概上千。

保釣運動前夕

李：後來保釣運動裡面很活躍的人，像是郭松棻、唐文標、傅運籌、董敘霖，這個時候都開始慢慢認得了？

劉：剛開始的時候其實只認得傅運籌跟郭松棻，還有郭松棻的太太李渝。其他人都是通過保釣運動，後來才慢慢熟悉起來。

李：1966年文革開始，你們在 Berkeley 的圖書館裡資料應該很多，這對你們應該有很大的影響。能不能請你稍微談一下，到了美國以後受到的影響？對大陸的觀察，以及文革對你們的影響等等。

劉：我想你大概知道，保釣運動一開始的時候，Berkeley 這邊的保釣運動行動委員會立場看起來是最左，言論跟思想也是最激烈。可是瞭解其中原因的人不多。主要的原因是，Berkeley 那個地方是美國現代學生運動的發源地。自由言論運動，1964年就在 Berkeley 校園裡面爆發了。1966年到1970年這段時間，Berkeley 校園裡的活動幾乎每天都有。每天不是有大會就是有示威遊行，各種各樣的活動層出不窮，我們生活在其中的人見怪不怪。

我甚至看到過六十年代末期 Berkeley 附近 Oakland 黑人區產生的最激進的黑人運動團體，叫做「黑豹黨」（Black Panther Party）。黑豹黨第一次亮相就在 Berkeley 行政大樓的台階上面，他們把槍通通拿出來，背著槍在那邊做軍事操演。行政大樓前面隔一個廣場就是學生餐廳，當時我正在餐廳吃飯，所以就看到了這一幕。也就是說，Berkeley 校園大概是全美國激進化走得最早、也最激烈的地方。

第二點，從台灣出去的留學生都有個經驗，就是我前面提到的歷史斷層的問題。一到美國就發現，有中文圖書館的這些大學裡，台灣的留學生突然被這些吸引住了，所以大家都要惡補這段歷史，看看到底它是怎麼回事。當然在惡補的過程當中，每個人走的路子不一樣，

對他的思想跟行為產生什麼樣的影響都不一樣。但 Berkeley 裡面的中國留學生可以說是 radicalize（激進化）比較早的，這跟它的環境也有點關係。

我到 Berkeley 之後就參加了加州大學的同學會，參與他們的工作還幫他們編雜誌、也寫文章。我們也組織了國是討論會，規模沒有後來保釣運動的時候那麼大，是小規模的討論會。從前的中國同學會的功能，第一個就是幫助後來的同學解決生活上的困難；第二個就是接送、開舞會辦郊遊這類的活動。我們那時的中國同學會卻完全不做這些事情，完全搞跟政治比較有關的活動。也就是說在保釣之前，加州大學 Berkeley 的中國同學會整個氣氛已經比較政治化了，跟別的地方不太一樣。

李：你剛剛提到說 Berkeley 的中國學生幾乎快要近千人。當然會有一部分的人，就是比較左傾的這一邊。難道沒有一些其他思想的人嗎？像比較右派，或是比較中間派、自由派的人？

劉：有的。當時情況是這樣，在保釣運動發生之前，不同的 group 彼此沒有交接、沒有聯繫，互不來往。但是保釣運動以後，就慢慢地把這些關係激化了，在政治上產生了不同的結果。

保釣運動

李：在保釣運動起來的時候，不同意見的人有沒有發生什麼衝突？

劉：我舉個例子來說明一下。保釣運動發生時，我們決定在 1971 年的 1 月 29 日到舊金山示威遊行。這個決議是在 1 月 15 日左右，我們在校園裡面開了一個大會，到場的大概有一、兩百人。會上討論保衛釣魚台的問題。那天我作主席，最後通過了一個決議：1 月 29 日我們要先去舊金山的中華民國總領事館，第二是我們要到日本的總領事

館，第三要到美國在舊金山的聯邦政府辦事處等地示威。

通過了這個決議之後，在 1 月 29 日之前，有天晚上 11 點的時候，我突然接到一個電話。我不必提他的名字，但我知道他是國民黨在 Berkeley 校園內的主要人物。他說：「我們這邊有很多同學，大家都在討論示威遊行的事情。我們有一些疑問沒辦法解決，能不能請你來跟大家討論一下？」我說沒問題呀，當天晚上就去了。去了之後就看到屋子裡面有幾十個人，看樣子不像是要討論問題，因為一開始就有種喊打喊殺的氣氛。

當時他們的要求，就是要我們取消示威遊行。我說這個不可以，這是大會以民主的方式大家投票決定的，我也沒有這個權力能夠取消。這樣給他們答覆之後，他們就很不滿意，就有人喊打喊殺了。我看情況不對，繼續待在那邊也是於事無補。所以我就走去跟那個打電話給我的人握手，跟他說：「你們的意見我瞭解，但是我沒有權力否決大會民主通過的決議。所以我很抱歉，我希望你們還是踴躍支持愛國活動。」講完了以後，我就轉身就走。

我同去的有兩個保鑣，他們就擋在後面，因為後面有人衝出來打。我那兩個同學是學過一點武功的，所以就把人全部擋掉了，我們就趁黑夜逃走了。

還發生過什麼事情呢？也有領事館的人打電話來給我太太，跟她說：「勸勸你老公，這樣做沒什麼好處。這樣吧，明年的包機給你們辦好不好？」那時候有留學生包機這種事，那是個很賺錢的生意。

李：我想到兩件事情，稍微回頭一下。第一個，這時候你已經結婚了？是什麼時候結婚的？

劉：我是 1968 年年底結婚的，我們在 Berkeley 認識的。

李：她是念什麼的？

劉：她原來在台大念社會系，到美國之後改念數學系。後來她拿

到的學位是在 computer（電腦）方面，拿到 master（碩士）學位就去做事了。她是 1966 年畢業的。

「大風社」

李：想麻煩你講一下參與「大風社」的經過，跟你的觀察。

劉：先問一下你是不是「大風社」的？

李：我是啊。我第一次見你就在 Princeton。

劉：是。張系國在 Berkeley 待了三年就拿到博士了，他後來找到 IBM 的工作到東部去。他走之前的一個禮拜，到我家來看我。我們當時聊天聊到將來有什麼事情可以一起做的。我就跟他提到說，我們一個要有一個自己的社團，沒社團的話，每個人單打獨幹沒什麼用處。他也很同意這個主張，就說：「這樣吧，大家分頭努力。你在西岸這邊，我到東部以後有很多同學，我找他們談談，將來想辦法組織一個社團。」這個社團後來就是「大風社」。

「大風社」早期的活動方式是這樣的：按照當時美國留學生分布的情況，在留學生多的地方就成立一個分會，各地分會之間透過辦通訊的方式互相討論、互相聯絡。所以就由各地輪流擔任《大風通訊》的主編，各地都可以投稿，由主編地區的人決定討論主題是什麼。用這樣的方式開始交流。「大風社」最早的雛形就是這樣，我的瞭解就是這個樣子。

李：我有點印象，我記得好像「大風社」沈平、李德怡在 Princeton 是發起人？我的印象好像是沈平跟徐篤、還有李德怡，他們在 Princeton 搞起來的？不是這樣嗎？

劉：不是。我記得是張系國到東部去以後。至於李德怡他們是不是事先已經在討論要組織一個社團，我就不太清楚。我瞭解的只是我

跟張系國分手的時候,大家約好了,我在西岸、他在東岸,聯絡有興趣的朋友成立一個社團。成立一個社團後大家用辦雜誌的方式,就是《大風通訊》。到第三、四期後輪到我們 Berkeley 辦,那次傅運籌、唐文標都加入了。我們就算是「大風社」在 Berkeley 的分會。

李:我記得好像是在 1969 年,還是 1970 年的時候,我們在 Princeton 第一次大家聚會?

劉:我想是 1970 年的暑假,在保釣的前半年。

李:那時大家都一起到 Princeton 去聚會。後來我們有《大風通訊》,又出了《大風》雜誌,一共出了四期。你有沒有參與《大風》雜誌的編輯跟出版?

劉:我現在記不太清楚了。我記得後來有一個《東風》?是不是從《大風》改名成《東風》?

李:可能是吧,不過那個我就沒有參與了。

劉:我記得比較清楚的是,改成《東風》之後,我們 Berkeley 出了一點力氣。

李:我的印象是「大風社」先有通訊,然後出了四期的季刊。到後來保釣越來越熱烈以後,「大風社」裡面的意見越來越不一樣。比較左派的人就自己出去辦了一個《東風》,《大風》雜誌就停刊了。大概是這樣的過程。

劉:如果接續到保釣的話,我應該指出一點 —— 當時在美國搞了保釣運動,但大家都分的很散、在各個大學的校園裡面,美國又那麼大。可是保釣運動內部的聯繫做得蠻不錯的,怎麼做到的呢?我覺得「大風社」是其中一個主要的 network(網絡)。當然除了「大風社」這個 network 以外,還有其他的 network。

柏克萊大學的氛圍

李：其中還有一個主要的網絡是《科學月刊》。我覺得有兩個最主要的通道，一個就是《科學月刊》、另外一個就是「大風社」。

我想再回過頭來請教你，Berkeley 的保釣會表現地特別的左傾，比別的地方的左派還要更左派。能不能稍微談一下為什麼會這樣？當然你剛剛已經講了一點，就是說 Berkeley 本身就比較左。但是我們中國同學究竟是不一樣的，我有我們自己的 background。你們這些朋友們，在 Berkeley 的人為什麼會比別的地方更左呢？

劉：我剛才前面已經提到一點了，就是 Berkeley 作為一個六十年代的大學校園，它整個學校的氣氛跟別的學校完全不同的，特別是在那段時間。另外一點就是，Berkeley 因為跟舊金山很近，舊金山有一個很大的華埠，裡面臥虎藏龍什麼樣的人都有。我必須指出一點就是，為什麼 Berkeley 一開始的政治立場就比別的地方激進一點？很重要的原因就是，Berkeley 中國同學的社團在別處還沒有進入激進主義之前，就早已經進入激進主義的狀態。

談到保釣運動，大家好像認為只跟台灣出來的留學生有關，其實現實的情況不是這樣的。在 Berkeley 裡面，保釣運動主要的人馬其實是港澳的同學，他們人數最多，而且他們的態度比台灣來的同學左得多。這是什麼原因呢？第一個是有些保釣時的香港同學是香港的左派學校畢業出來的，所以中華人民共和國對他們來講是祖國，這是天經地義的事情；第二點是他們沒有後顧之憂，他們回香港之後不會被警備總部抓去問話；第三，Berkeley 校園裡有這麼多中國背景的同學，裡面有很大一部分是從加州各地、特別是舊金山地區來的 ABC。那 ABC 裡面有些開始激進化的同學已經形成了自己的組織。

我們 Berkeley 保釣會裡面有個很重要的團體成員，就叫做「為民

社」。在保釣運動還沒有爆發之前，「為民社」他們就已經跑去舊金山唐人街搞了一個「老人服務中心」，專門為老年的華僑做服務。裡面提供了一些娛樂設施、經常辦活動。而且他們也做了很多事情，比如去幫助老而窮、有困難的華僑，做這方面的服務。在保釣運動開始的時候，「為民社」裡面的同學基本上都參與了。所以 Berkeley 保釣會不是單純的從台灣出來的留學生，反對政府、要求保國衛土這樣的運動。它是跟整個 Berkeley 學生運動結合起來的一部分。

Berkeley 曾經發生一次很大的學生運動，叫做「第三世界罷課」。「第三世界」指的就是黑人、南美裔還有亞裔的，這三方面的人結合在一起要求學校當局提供正確的歷史和文化課程，不要在現行的課程裡對亞裔、非裔、南美裔有歧視的理論。這個事情鬧得很大，整個學校罷課了一個禮拜。最後校方妥協了，撥錢出來在加州大學成立了全世界第一個 ethnic studies program，就是族裔研究的方案。我還在那個方案裡面開過一門課，講中國現代史。

《戰報》與遊行示威

李：Berkeley 保釣會出的《戰報》很有名，但只出了兩期。能不能麻煩你談一下《戰報》的出版跟經過情形，以及為什麼後來只出了兩期？

劉：《戰報》這個名字是我取的，就在我家飯廳桌子上面辦的。為什麼只有兩期呢？因為《戰報》是根據大型示威以後就出一份。保釣運動一共只有兩次示威遊行，一次在 1971 年 1 月 29 日，一次是在 4 月 10 日；大遊行結束了以後，我們就出一期《戰報》。

《戰報》是專門為示威遊行之後，表達我們參與的感想、提出我們的主張而辦的。平時，我們還辦了經常性出版的刊物《柏克萊快訊》；

《戰報》我們只出了兩期，就是在 1971 年的 1 月的示威跟 4 月示威之後。

李：我想確定一下。你們決定 1 月 29 日示威，當然是希望跟一二九運動諧音？應該是這樣吧？

劉：當時其實沒有特別的想法。主要的原因是，我們示威的地方在舊金山華埠的「花園角」，那地方經常有人租了辦示威活動。我們去申請的時候，剛好 29 日有空、30 日沒空，這是主要的原因。當然這跟 129 有諧音關係，我們後來也有想到這一點，但當時並不是特別因為這個原因才這樣辦。

李：當時我們美國六大城市示威，就只有你們辦在 29 日，別的地方都是在 1 月 30 日。因為 1 月 30 日是星期六，29 日是星期五。星期六的話，同學比較有空一點，所以別的地方都是 1 月 30 日。

4 月 10 日的遊行在華盛頓 DC，晚上你也來開會了。可不可以講一下四十遊行？Berkeley 的保釣會有沒有參與四十遊行的籌畫？

劉：籌畫方面沒有，因為距離太遠了不可能參與籌畫。但是決定示威以後，當時華盛頓 DC 遊行負責的總指揮李我焱給我打電話，他問：「你們西部能不能派人代表，這樣比較能顯現全國代表性。」因為這個緣故，Berkeley 保釣會決定兩個人參加——一個是我、還有一個是王治華（他是香港來的留學生，在 Berkeley 唸經濟的）。我們兩個代表去華盛頓參加，其他人留在這裡，主持 4 月 9 日在唐人街的示威。

李：你去了華盛頓 DC 遊行，晚上你比較晚到，是跟李我焱一起來的？

劉：離開華盛頓 DC 以後，我是跟鄺治中一起走的。鄺治中是紐約保釣會的聯絡人之一，跟他去了馬里蘭大學的禮堂。

李：禮堂是我去借的，我那時算是地主。那裡其實是我們學生活動中心的禮堂，學生可以去借。那天晚上大概來了二、三百人。

劉：我那時上去報告了一下西部的遊行示威情況，作了這樣一個報告。

柏克萊的國是大會

李：那時好像有點亂哄哄的，得不到一個具體對未來的方針。你參加四十遊行以後，其他的會議像是安娜堡會議，你有沒有去？

劉：沒有，後來都沒有去。我們 Berkeley 也搞了一個國是大會，所以我們在 Berkeley 有很多籌備工作，所以安娜堡會議我就沒去。

李：你們那個 Berkeley 的會是什麼時候啊？

劉：哪一天我不記得了，大概是在安娜堡之後一個月左右。

李：好像沒有聽說過關於你們 Berkeley 那個會的報導？

劉：你沒有聽到這方面的報導？也有可能吧。我現在記不太清楚了，後來李我焱他們五個人去大陸見周恩來之後？我記得那次是他們回來之後，我們邀請他們五個人來演講。

「保釣五人團」

李：那你們比較晚，大概是在 10、11 月了。安娜堡會議是在 9 月 3 日到 5 日召開，他們去大陸是 9 月底。他們去了蠻久的，大概好幾個禮拜，所以回來已經 10 月、11 月了，之後你們才開會。

我再問一件事，不是有所謂的「保釣五人團」嗎？我的瞭解是他們也找你去了，你最後沒去是吧？

劉：對。他們還找了哈佛的廖約克。我可以偷偷去，但我考慮到 Berkeley 在保釣一開始的時候走得比較左，很多中間派、自由派的同學嚇得不敢參加，或者是引起了他們的反感，他們就拒絕參加。我的

想法是，如果我再去見周恩來的話，那不就坐實國民黨對我的指控嗎？

　　我就把這個問題交給 Berkeley 保釣會開會，當然不是一個公開的會議，主要是工作最積極的一些成員參加。我在會上表達了我的顧慮，大家也在想保釣之後這條路要怎麼走。無論如何，如果要走下去的話一定要有更多的同學參加，才有可能形成力量。

　　所以我們的想法是，如果兩次示威之後，還不能影響台灣政府拿出決心來保衛釣魚台的話，那我們要長遠打算今後怎麼辦。

　　我們覺得應該開始做一些文化思想上的工作。決定我們之後的活動，不是去搞開會、演講、示威遊行這一類的活動，而是辦一些文化性的活動。我們想了好幾個 project（方案），除了辦通訊以外，還要演話劇、電影放映會。一方面宣傳，一方面籌款。我們那時去接洽舊金山的一個公共電台，跟他們租一個時間，每個禮拜開「中國之聲」廣播電臺節目，準備做這一類的活動。

　　大家投票的結果是叫我不要去，我就接受大家的決定沒有去。我後來見到廖約克的時候也問過他，他們的考慮也差不多，也是決定不去了，所以後來變成五個人去。

　　李：當時李我焱邀請某些人去的時候，他希望那些人是有 PR 的，對不對？你那時是什麼身分？

　　劉：一定要有 PR，因為怕回不來。我那時已經有 PR 了，已經拿到碩士學位。當時美國的移民法很簡單，拿到一個學位就可以申請 PR。1969 年我拿到碩士學位就去申請了。

　　李：後來你不是去聯合國工作嗎？對於要不要做這個工作跟別的選擇，你的考慮是什麼？

　　劉：我也仔細考慮過的。我那時並不是沒有收入。我剛剛講了，當時 Berkeley 成立了一個 ethnic studies program，開了很多門課，我當時已經可以用講師的名義在裡面開課，所以有一定的收入。

　　我在「現代中國研究所」的工作，被 fire 掉了。被 fire 掉的原因，是我的研究室已經變成了保釣的聯絡中心。當時我的博士資格考已經通過，所以要寫一個論文的提要。這個提要 suppose 應該每個禮拜跟我的指導教授見面討論，他告訴我怎樣做 research、哪些書應該去看，還有哪些理論你應該要瞭解、運用。可是我一搞保釣後，整整一年都沒見他，所以他把我那個工作 fire 掉了。

　　李：你是 1969 年拿到碩士？碩士有沒有做論文？碩士論文的題目大概是什麼？

　　劉：有，我好像寫的是中、蘇共產黨的理論分析。中蘇論戰吧，中國共產黨發表了九篇評論。

　　李：那你的博士論文題目呢？

　　劉：我那時已經想好了，要寫中國知識分子從政的經驗，要以「民主同盟」做為例子。

　　李：你的指導教授是哪一位？

　　劉：Chalmers Johnson。

　　李：你題目差不多已經知道了？

　　劉：對，已經開始收集資料，研究工作也開始在做。當時應該要交一個像是論文大綱的東西給教授，批准了以後，就可以開始做研究，準備寫論文。

在聯合國工作

　　李：他那時有給你獎學金吧？

　　劉：就是讓我在「現代中國研究所」做 assistant specialist，有正式的收入，等於是個職業。

　　聯合國的事情也是李我焱打電話給我的，希望我們去支援，做個

兩、三年。中國代表團剛進入聯合國，什麼事情都不熟悉，很需要語文方面的翻譯服務，聯合國那時也擴大在美國的招考。

據說這個事情是周恩來跟李我焱他們談出來的。李我焱他們去見周恩來的時候，周恩來跟李我焱講：「你們在美國倒是可以幫我們一個忙。你知道我們的情況。聯合國要求我們在北京、上海招考，但是這些年因為文革，所有的外語人才通通打進牛棚了，怎麼招考呢？所以我們建議聯合國在海外招考，希望你們鼓勵同學多多去報考。」回來以後，李我焱發動大家去報考。

我那時在 ethnic studies 有一門課在教，是一個講師的收入，也還可以。那時考慮到如果只需要兩、三年的時間，我應該也可以做。當時我雖然跟指導教授有點鬧翻，但寫個論文，應該還可以把這個學位完成。在這樣考慮下，我索性去聯合國工作個兩、三年。一方面經濟情況會比較好一點，另一方面在業餘的時間我可以把論文的工作好好地做一下。等到差不多的時候我再回 Berkeley，一方面完成論文，另一方面是兼一些事情把這幾年時間應付過去。

沒想到聯合國的工作人員有一個規定，它需要聯合國會員國的有效護照，你才能到聯合國擔任 professional 一級以上的工作。我那時的台灣護照已經被吊銷掉了，另外聯合國不承認台灣，因為它不是聯合國的會員國。

那怎麼辦呢？我那時有 PR，但進聯合國要把 PR 交還給美國移民局。美國移民局會根據你新的身分──「國際公務人員」發另外一種 visa，好像叫做 G4 visa。這樣的話我的問題就來了，因為我不能幹兩年就走了，因為這樣出去就沒身分。我的綠卡沒有了，在美國沒辦法生活。所以我只好一直在聯合國待下去，直到退休。

李：我記得去聯合國工作的大概有八十個人是吧？

劉：我們是第一批，進去作翻譯工作的大概是二十個人，還有做

其他工作的。這些從海外進聯合國去，我們叫做「保釣收容所」。因為那時很多人失學、失業，前前後後有一百多人吧。

李：這一百多人裡面有多少是從台灣去的？

劉：百分之六、七十吧。

李：你剛剛說只有二十幾個人是作翻譯，那別的是做什麼事？

劉：一百多個人裡面大概有五、六十人做翻譯的，翻譯分口譯和筆譯。其他的人從打字員到聯合國其他部門的官員都有。

李：等於說有很多層次，等級還不太一樣對不對？

劉：看你的資格，要通過考試的。通過聯合國的考試，然後再看你的資格，決定分發到哪個部門。

李：我問兩個小問題。林孝信最後沒有進聯合國，是他自己不要進、還是人家不讓他進？

劉：是什麼原因我不太清楚。不過聯合國不是說要進就進的，那個考試還蠻嚴格的，也有很多人考了但沒考取。

李：是不是還要得到中共代表團的許可呢？

劉：也不需要，你只要有一個聯合國會員國的有效護照。比如說香港來的同學有英國護照，他就可以去做，不需要中國代表團的批准。

但是中國代表團抓住了一樣東西，就是像我們這些沒有護照的人，它發了一個中國護照給我們。這樣的話，我們就有一個聯合國會員國的有效護照，就可以工作了。

李：有這麼多保釣的人進去，顯然中共代表團扮演了推力的角色吧？他們有某種程度的決定力吧？

劉：在聯合國的交涉方面，如果他們有要求的話，我想聯合國祕書處一定會尊重。大概是這樣的情況。但是他們大概也不能做無理的要求，因為明文規定會員國不能干涉聯合國的事務。

李：你們這一百多個人後來在聯合國工作的情況怎麼樣？我知道

李我焱有陣子到非洲去了吧？你是不是也到非洲過？

劉：對，我到非洲過兩、三年，也去過。

李：你們的 motivation（動機）是什麼？

劉：聯合國的工作是經常要出差的。聯合國的會議因為在全世界到處開，開會的時候就需要祕書處的服務人員去服務。祕書處就是把會議安排好，讓各國代表來開會，所以很多地方都需要聯合國祕書處的服務，所以我們經常要到世界各地出差。特別是早期的時候，那時電腦還不發達，都必須直接派人到現場做服務。

世界各個地方還有不同的機構，像日內瓦就是聯合國最大的歐洲分部。此外在牙買加有「聯合國海洋法會議」的組織。我們去的是聯合國在黑非洲的唯一總部，叫做「聯合國環境規劃署」，搞環境保護問題的。

我跟李我焱都是在那邊工作。但李我焱後來一直留在非洲，因為他轉到了其他的部門。因為世界上經常發生環境災難，李我焱他們就搞了一個 system，叫做 referral system，就是聯合國環境災難的查詢系統。要是世界各地發生任何環境災難，需要 information、需要 content 的，可通過這個查詢系統找到他所需要的協助。

李：像你的話，基本上還是在做翻譯的工作？是做口譯還是筆譯？

劉：對，我是做翻譯工作。我口譯也做過，但後來主要是做筆譯。

李：你說李我焱後來轉到其他地方去，他學物理的，我不知道他英文怎麼樣，他剛開始也是做翻譯？

劉：他剛開始也是做翻譯，他的英文也還可以啊。

與張系國的關係

李：我想請問一下你跟張系國的關係怎麼樣？因為剛開始你們就

一起辦活動，後來也一起組織「大風社」等等。但是他的意見後來好像跟你們不太一樣？

　　劉：我想大的意見其實沒有相差太遠。主要是在辦「大風社」的時候，他比較喜歡走溫和穩健的路線。我跟郭松棻、唐文標這些人卻希望「大風社」有更強的政治意識，能夠對國是問題直接發言，希望「大風社」能扮演這樣的角色，所以兩邊的意見不一致。在 Princeton 那次開會的時候，大家鬧得意見不合，基本上大家好像鬧翻了一樣。

　　保釣運動來了以後，大家才又恢復了以前的交情。在保釣運動裡面，「大風社」的人主要都是骨幹，像陳磊在洛杉磯起了很大的作用。

　　李：那我再接著問一下。資本主義、社會主義、共產主義到底是扮演什麼樣的角色，然後對於中國社會來講，究竟誰優誰劣？在你沒有去大陸訪問之前，你的想法是如何？這是一個很重要的問題，因為你要左傾是你比較喜歡社會主義？比較傾向於共產主義？那為什麼會這樣想？

　　劉：基本上我關心國家民族前途方面。基本上我是主張知識分子應該站在民間的立場，然後監督政府走比較理想的方向。所謂理想的方向不僅要追求經濟的發展，同時也要注意到社會的公平。從很早開始我就有這樣的想法。在保釣的時候根據當時時局的變化、對於國民黨政府那時在保衛釣魚台的問題上表現地過於軟弱，所以我有很大的反感。

　　後來我們有一個想法，像保釣這樣的問題不是老百姓逼迫政府就可以做出什麼事情。而是你這個政府夠不夠強？你能不能擋住日本跟美國聯合起來造成的局勢，你能不能扭轉這個局面？如果真的要保釣的話，只有一個辦法，就是兩岸必須統一。如果國家處於分裂狀態，你對這個問題根本沒有辦法解決。因為你要對抗的不光是日本而已，還是要對付美國的政策。美國的政策顯然是在庇護日本，把釣魚台占

領永久化。

　　對於資本主義、社會主義這個問題，我覺得作為一個知識分子在理想上不可能百分之百抱著資本主義，而對社會收入分配不均、貧富懸殊，各種發展方面的偏頗情況視而不見。我覺得比較理想的制度要在中國出現的話，它必須保持這樣的理想，在實踐方面比較能夠實事求是。

　　這也是為什麼 1974 年我到大陸去跑了一趟之後，我就發覺距我想像的社會主義還有很大的距離。而且我特別痛心的是，那個社會有種人人自危的感覺，就是說大家都害怕別人要怎麼陷害我、犧牲我，然後自己掙到前面去。這種氣氛如果不是自己真正跑到大陸去的話，你不可能真正感覺出來。而且我那時候去得很早，在文革還沒有結束、跟文革剛結束的時候，就去大陸跑過兩次。所以我的感受不是看了幾篇反共的文章就變得反共了，或是看了幾篇親共的文章就親共了。而是靠自己生活的體驗、實際的觀察，然後做出自己的判斷。

　　李：我覺得一定是這樣。因為 1974 年文革都還沒有結束，然後 1977 年文革也才剛結束不久。所以你去了以後一定會有像剛剛那種感覺。可是我有點好奇，像他們「五人團」這些人，李我焱、王正方去的時候，他們應該也會注意到這些跡象吧？不至於一點都看不出來。可是為什麼回來之後，並沒有做出如實的報導呢？

　　劉：我相信他們五個人去的參觀訪問過程，跟我回去的經驗是完全不同的。他們是去一個完全陌生的地方，完全是別人給他們安排好的。看什麼、跟什麼人談，以及去什麼地方，這些都是一定有安排的。

　　我去中國是以探親的名義回去的。1974 年我已經到聯合國工作兩年了。聯合國有個規定，兩年之後你可以回到母國探親訪問，等於是回鄉。那時聯合國承認我們可以去的地方是中國。對聯合國來講，中國包括大陸、香港跟台灣三個地方。我那時台灣也不能回去，我在黑

名單上。香港我是會去的，因為那邊有保釣的朋友。所以我就去香港跟大陸。我去了之後就是自己安排探親，然後到各地方去看，所以我接觸到的就不一樣。

到中國大陸的經驗

李：有一些具體的例子你能不能稍微講一講？有一些親身的感受能不能稍微提一下？就是你跟你親人接觸的經驗。

劉：跟親人的接觸沒有什麼太大的問題，從參觀訪問方面我就看出來很多問題了。就舉一些最具體的例子。我到上海去參觀工廠，你可以很明顯看出來。我在一個車間參觀的時候，側眼看過去下一個車間的人根本沒有在工作，看報紙的看報紙、打毛衣的打毛衣。等到我們一進去那個車間，馬上就熱火朝天地幹起來了。當然那是文革期間，現在去中國看的話這種現象已經沒有了。那時是社會主義嘛，做也36塊、不做也36塊，你一個月就是36塊人民幣。所以自然是這個樣子。你去任何一個地方的餐館，到任何一個服務的場所，服務員的態度之惡劣。現在你去中國看這一面已經看不到了。

而且我看見很多欺騙的場面。我去上海參觀少年宮，有個房間裡面兩個小孩在圍著圍棋盤下棋。我就問他們在下什麼棋，他們說我們在下圍棋。可是會下點圍棋的人都知道「金角銀邊草肚皮」吧，一定從邊角開始下子，然後慢慢往中間下。可是那兩個小朋友完全在中間擺，而且胡擺，完全不知道在擺什麼東西。那我就明白了。所謂的「少年宮」是什麼呢？是小學生放學以後，讓他們有個增進健康、增加娛樂知識，有人指導的休閒場所。這是很好的一個制度，可是你去看這完全是擺出來的。那個小孩子可能從來就沒有下過圍棋，就被安排坐在那邊做戲。這種東西你看了會很痛心吧？像這一類的例子，你到任

何一個地方每天都能接觸到這一類的事情。你怎麼可能會笨到連這個社會是怎麼運作都不瞭解呢？

李：我第一次去大陸是 1984 年，像這種跡象我都還能看到一點。像上海這個地方，簡直跟 1949 年沒什麼差別。跟以前一樣，完全沒有一點新的建設。我記得有個親戚連住的地方都沒有，為了見面他們把他安排到一個新的房子讓他住。這種情況我們都看得很清楚。你回來以後對中共社會主義的統治理想大概幻滅掉一半了吧？

非洲三年與《浮游群落》

劉：從那兩次回中國以後，我發覺面對現實一定要好好地檢討。我那時開始有兩種覺悟：一方面要仔細審查社會主義在中國的實踐方面出了什麼問題？第二個問題是，因為我原來一直最有興趣的是文學，可是自從搞了保釣以後我的文章都寫不出來了，寫的東西通通像《戰報》一樣。我要找回我的文學細胞，這就變成了我很大的要求。這是我自願到非洲三年的主要原因，我想要脫離紐約的政治環境，到一個沒有干擾的地方去重新發現我自己。在非洲那三年確實對我有很大的幫助，我的第一本長篇小說就是非洲那三年把初稿寫出來的。

李：書名叫做什麼？

劉：就是《浮游群落》。

李：你在 1974 年、1977 年回來後，怎麼樣面對那些聯合國的大陸代表團、還有那其他一百個人？他們是怎樣的想法？對你有沒有意見？

劉：對我有意見的不少，我也給戴了很多帽子。說我變成走資派、修正主義這一類的帽子都戴過了。不過無所謂，我從非洲回到聯合國以後就真的回到文學了。我這輩子產量最多的是 1980 年到我退休前這

段時間。我在非洲跟我朋友聊天說，我的志願是在退休以前要寫八本書。結果退休時出了十幾本書，都是這段時間寫出來的。

李：你們在聯合國的工作是有保障的，不可能因為政治立場有改變把你開除吧？

劉：不會。我們剛進去的時候是試用兩年，兩年之後就permanent，就是正式的。除非你犯了嚴重的法律錯誤，要不然你的職業到退休以前都有保障。

李：你們的薪水跟外面比起來怎麼樣？應該很好吧。

劉：是非常好的。聯合國的文官制度仿照 1945 年戰後美國聯邦政府的制度。而且還加上比例，不知道是加上百分之三十還是四十，比那個還優惠。當然現在不一樣了。最初他們訂規矩的階段是這樣的想法，比一般大學教授好個百分之二、三十。

文學作品

李：那我最後就請教文學方面的事。到目前為止你寫過、出版過多少本書？

劉：我在台灣出版的書，因為出了又出，有時會重複，目前總共是二十三本。大陸現在出了四本，在未來三、四年以內會把這二十三本書全部出齊。

李：如果我們不算重複的，不一樣的有幾本？

劉：就二十三本。

李：這二十三本裡面你能不能分類一下，有多少是屬於散文集？

劉：分成小說跟散文評論兩種。小說一共是八本，兩本是長篇小說，另外六本是短篇和中篇。長篇其中一本就是我剛剛提到的《浮游群落》，另外一本就是《當下四重奏》，這是前年才出版的。散文跟

評論加起來一共十五本。

李：那散文跟評論十五本裡面，大概有幾本是散文、有幾本是政治評論？

劉：基本上都是夾在一起的。

李：那我問你兩個比較 specific question。在這二十三本書裡面，有哪幾本跟保釣比較有關係的？

劉：幾乎沒有一本是專門寫保釣的。只有一個中篇《遠方有風雷》，寫的是保釣裡面的左派，不是完全 cover 保釣的。我主要想寫的是左派的小組活動對政治的一些影響。

李：我再好奇問一下。《遠方有風雷》這個中篇小說，你是用下一代的眼光來討論上一代保釣的經歷。為什麼要用這種筆法來寫呢？

劉：因為我這小說裡面有一個主題，就是還歷史以公道，有這麼一個企圖在裡面。我覺得用一個 search 的方法、用比較 detective（偵探）的方法，慢慢去追尋真相這樣的敘事法，對故事的呈現比較有趣。基本上是這樣的想法。

李：另外有一篇小說我也看過，就是《杜鵑啼血》。這個故事有根據嗎？你為什麼會寫這樣一篇小說呢？

劉：那個小說的靈感，來自於有一年看到新聞報導上有很多關於文革時的真相。我看到一篇新聞報導，講一個老幹部在文革的時候被整瘋掉了。其中一個原因是這個老幹部年輕時，曾經吃過當時被他鬥的同志的心臟。這樣的新聞報導當時給了我一點震撼。當時我就想，如果這樣血淋淋地去寫反而小說會沒有力量。我那時剛好看到一本書講園林盆栽的。早期中國一個鴛鴦蝴蝶派的作家叫周瘦鵑（1895-1968年），他是蘇州人，退休以後他自己很會做盆栽。他在文章裡面提到，他曾經有一盆杜鵑盆栽，那盆栽裡每朵白花裡面有紅的點，好像一口血含在嘴唇裡面要吐出來。這個東西給了我靈感，我就把兩個故事結

合在一起，形成了這篇小說。

中國未來的發展

李：最後我想請教一下，到了二十一世紀、目前是 2017 年，中國有偉大復興的跡象。那你對未來中國要走向什麼樣的道路，也根據過去我們在保釣裡面各種經驗等等，你的想法怎麼樣？

劉：我沒有資格講這些話。現在的中國往往讓我燃起希望之後，又讓我覺得很失望。這些年來我一直很專注地觀察中國的發展，但是年紀大了，我發覺我的判斷並不永遠都是正確的。有時候覺得自己對中國的問題特別的樂觀，但是後來又發覺很多問題讓我很失望。但是在失望之後又往往會看見新的希望。所以，讓我斬釘截鐵地講中國將來會走向何處？談將來一定會怎麼樣？我現在都不太敢做這樣的論斷。

但是只能這樣說，基本上我對中國文明就是希望它恢復原來創造力的過程。這個過程其實蠻久的。從明朝中葉以後，我們整個中國文明的系統就慢慢地走偏了、走歪了。明朝以前，中國在世界上的分量是很大的，唐朝是不必說、漢朝中國的人口跟財富都是世界的三分之一。一直到宋朝文明的發展，也在世界都是最先進的，可是明朝中葉之後確實慢慢歪了。但是因為這七、八十年中國近代史的屈辱，中國那種要求重新站起來、重新創造新文明的努力從來沒有停止過。我覺得我們這輩子最能認同的就是這股力量。所以，我覺得總體來看的話還是應該樂觀的，但是不能不看到有很多問題需要解決。

李：很感謝劉大任先生接受我們的訪談，謝謝。

劉：我也很高興有這個機會，再見。

第九章

邵玉銘教授訪談

邵玉銘教授（1938-）

邵玉銘，1961 年政治大學外交系畢業，1975 年
美國芝加哥大學歷史學博士。保釣運動期間，
1971 年曾參加 1 月 30 日芝加哥的保釣示威遊行、
「安娜堡國是會議」、「華府反共愛國會議」，
主張「革新保台」。博士畢業後，在美國印地安
那州聖母大學（University of Notre Dame）歷史
系任教，1981 年獲任為終身職副教授。1982 年
返回臺灣，任政治大學外交系教授，1983 年兼任
外交所所長，1985 年兼任政治大學國際關係研究
中心主任。1987 年至 1991 年出任行政院新聞局
局長。2009 年至 2012 年擔任行政院北美事務協
調委員會主委。2013 年至 2016 年擔任台灣公共
廣播電視集團（公視、華視、客家台）董事長。
長期關心保釣事業，在保釣書籍方面，1991 年主
編《風雲的年代》，2013 年出版《保釣風雲錄》。

受訪者：邵玉銘教授
訪問者：李雅明教授
訪談時間：2017 年 12 月 12 日下午 2 點
訪談地點：國立清華大學圖書館（旺宏館）討論室 301 室
記錄編輯：李雅雯

＊　　　　　＊　　　　　＊

出生背景

李雅明（以下簡稱「李」）：今天非常高興能夠請到邵玉銘教授跟我們談保釣的心路歷程、保釣經過、與參與過程。我想先請邵教授介紹一下你本人的出身、背景、求學經過等等。

邵玉銘（以下簡稱「邵」）：我參加保釣恐怕跟我的基因有關係。為什麼呢？因為我是東北人、哈爾濱人，因有九一八的國仇家恨、愛國情懷特別地濃厚。

1957 年，我在成功中學唸高三時，大學第一志願是台大外文系，原因是我中文還可以、英文不行，所以想唸外文系。1957 年 5 月 24 日發生「劉自然事件」，我們的一個老百姓劉自然被美國的軍人從背後開槍打死。後來美國的軍方法庭的審判宣判無罪，當這位美國夫婦飛回美國的那天，這就引起了全民公憤。

我們學校有個國文老師紀弦，是個詩人，他跑到我的教室慷慨激昂地講打倒美國帝國主義，號召我們一起到美國大使館去示威，我和多數同學就跑去示威，鬧了七、八個小時。

後來，我晚上回來一想，唸外文系恐怕很難打倒帝國主義。我是獨子，我媽又不讓我當兵。我翻了翻各大學的學校介紹，發現政大有

個外交系，想外交系可以為國爭光，所以我就跑去聯招會，要求改成政大外交系。那時候快要考試了，不能更改。我曉以大義，那個老先生也就同意了，我倆這樣竄改文書，我就不曉得有沒有犯罪。

結果一考考了 375 分，政大外交系錄取了、這個分數也可錄取台大外文系。有一次我碰到王文興及楊牧教授，他們當年也考台大外文系，否則我將和他們同系。我這個人衝動，牽扯到國家的事我就特別激動。這就是為什麼 1971 年保釣運動發生時，其實我也搞不清楚釣魚台是不是我們的，但是大家都認為是我們的，所以我也認為是我們的，就參加了保釣運動。

參加保釣運動

邵：大家說抗戰八年，對我們東北人講，是十四年，因為還要加上 1931 年的九一八事變。1944 年，我五歲就和父母遠離家鄉，到 1992 年才回東北探親。就是因為這種家國情懷，我在 1982 年決定放棄美國聖母（Notre Dame）大學終身職，回到台灣服務。

起因之一，是我 1979 年回國參加政府舉辦的「國家建設會議」，行政院新聞局在來來飯店辦了個國慶晚會，敦化國小唱劉家昌作的〈國家〉一曲，我非常感動，就決定要回國服務。決定參加保釣還有一個原因，當時有很多跟我立場不一樣的左派，跟他們「比賽」誰才愛國，定居異邦怎麼愛國？

芝加哥大學有一個很有名的左派學生——張子賢，物理系的，當時我是芝大歷史系的博士生。我們兩個常常為了兩岸政權的功過辯論。記得有一次圖書館凌晨一點鐘關門，我們就到啤酒館喝到三點，還在辯論三面紅旗的事。我說三面紅旗的時候，大飢荒餓死三、四千萬人，他說這完全是美帝捏造出來的。我們兩個人弄到面紅耳赤，就跑到芝大校

園 Rockefeller Chapel（洛克菲勒大教堂）繼續辯論。我就和他擊掌盟誓：「張子賢，你要回中國大陸服務，我邵玉銘要回台灣，台灣也是中國的一部分，誰要是留在美國，誰就是王八蛋！」他也真有種，後來他就真的回去，不過待了幾年，就鬱鬱寡歡出來了。我當年認為，就算要當美國人也沒有關係。那時候有很多人「來來來，來台大；去去去，去美國」，定居美國是人生的選擇，這都是自由的。但是，不要講那些慷慨激昂的話，說什麼要回大陸服務，最後不了了之，這個我有意見。

「安娜堡國是會議」

邵：我記得是 1971 年 9 月 3 日到 5 日，參加在安娜堡密西根大學（University of Michigan Ann Arbor）召開的國是大會。一位極負盛名的左派教授當主席，對我們這些愛台灣、愛中華民國的人教訓了一頓。我發言時，他大聲喝斥。保釣運動四十週年，在台灣清華大學這邊開會，我給了一個演講。他又起來說：「你們這些回國服務的，都是踩在別人肩膀上爬起來。」我說：「X 教授，我沒有踩過任何人的肩膀，我就是回來大學教書！」

我又說：「當年你這麼愛中國，可是我的瞭解是你一直都住在美國，這也沒有關係，人各有志。不過，你不要老是站在胡人的牆頭來罵漢人！」他站在美國的牆頭，一會兒罵罵台灣、一會兒罵罵大陸，自以為高人一等。沒想到四十年後保釣大會我們還是口角一番，但這也充分反映當年保釣左右兩派勢不兩立的情形。

家庭背景

李：這個講得非常的好。不過我要稍微回到更前面一點兒。我看

到你的籍貫是嫩江省蘭西縣，現在屬於黑龍江省。那邊離哈爾濱不遠。能不能稍微描述一下你們家的情況，比如說令尊、令堂出身的大概狀況，家裡的環境怎麼樣？

邵：我老家離哈爾濱不遠，只要半小時車程。我說我做很多人生的抉擇，跟我的基因、背景有很大的關係。我父親在哈爾濱農業大學唸書的時候，參加學生抗日組織。日本憲兵隊來抓人，他就連夜翻牆跑掉了，因為非常危急，都沒有來得及告訴我媽媽跟我。後來他到了西安，才託人帶個口信給我媽媽。我媽媽是後娘養大的，視我父親如救命恩人。我五歲的時候，媽媽大概也不過二十五歲，她決定要到西安「萬里尋夫」。

李：我記得令尊好像是 1919 年生的吧？

邵：是的，媽媽比他大四歲。我母親有雙解放的小腳，走路很不方便。她從哈爾濱到西安，當年是先可以從哈爾濱坐火車到瀋陽。但之後，有些路段有車就坐車，沒車就得坐板車，或者是騎驢子，有時候還得爬山走路，大概一共花了三、四個月，歷經千辛萬苦才到西安。

我們母子經過河南、陝西一帶，有五種軍隊，有中央軍、八路軍、日本軍、汪精衛偽政府的軍隊、以及土匪。有時候路上還得付買路錢，有時候鄉下還找不到旅館。

我父親臨時跑到西安，沒錢，要是想唸書，只能唸兩個學校：一個是中央軍官學校、一個是中央警官學校，他唸了警官學校，是不用繳學費的。但我媽跟我吃飯怎麼辦？這三個月一路被這些軍隊和土匪把錢搜刮光了，所以我媽到西安後，就到人家家裡幫傭，把我送到西安教養院去，教養院就是孤兒院，該院是國民黨元老于右任先生辦的。

禮拜天我爸爸會回家。我爸沒有零花錢，只好在《華北新聞》副刊寫文章。西安當時有一個名作家叫「無名氏」（作家卜乃夫的筆名），也在該刊寫稿。星期天，我父親拿他的稿費，買點牛肉、羊肉，

我媽跟我在王寶釧的寒窯附近拔薺菜，我爸回來包餃子，一家子團聚一天，第二天我爸要回警官學校，我就得到孤兒院去。

等到抗戰勝利，國民政府要收復東北，我爸那一屆兩、三百人，在 1947 年畢業後全都被派到東北去，因為收復東北需要警察。我父親本來想回哈爾濱當警官，結果到了瀋陽，四平街跟長春被中共軍隊占領，就回不去了。

我們家在瀋陽待了一年多，政府軍隊收復東北失敗。我爸一看大勢已去，所以趕緊化裝成難民、改名為王有財，帶著我媽媽跟我，一路從瀋陽坐車、經過錦州，北平、上海，最後到了台灣。

來到台灣

邵：父親身為警官，這在中共統治之下沒有活命的機會。所以 1948 年 7 月，父親就帶著我媽媽從上海坐華聯輪到了台灣。我這一生從五歲到九歲，都在逃難。國家命運的起伏，完全反映在我們一家的顛沛流離，「沒有國，哪有家？」這對我來講，不是個口號。

回台灣找工作

邵：我回國服務還蠻坎坷的。我第一次回國覓職，是在 1975 年拿到芝加哥大學歷史系博士學位之後。結果四處碰壁。當時許多國立大學門戶之見很深。我曾認得一位國立台灣大學法學院院長，他很坦白地告訴我說，他們院裡的職位早已預定一空，是為老師的學生或老師的師兄弟姊妹保留的，你是外校的，別想了。

我第二次回國覓職是 1979 年 1 月到 4 月。那時美台已經斷交，《台灣關係法》正在美國國會辯論。我先向校方申請到一個六個月的

研究計劃，我用那幾個月到國會遊說，拜訪了一些國會議員。我是著名天主教 Notre Dame（聖母大學）的教授，他們對我還算客氣。4 月 10 日卡特總統簽署《台灣關係法》，我 4 月 27 日就回到台灣，共赴國難，結果只申請到中央研究院美國研究所客座專家的職位，但只有三個月，他們預算只有那麼多。三個月結束後，我又回到美國。

我第三次回國覓職是 1981 年。結果還是中央研究院美國研究所，給了我六個月的研究工作，無法獲得教職。

1982 年，我第四次決定回國。曾任教育部長及駐外使節的杭立武先生，他成立了「亞洲與世界社」，是一個小型智庫，員工只有七、八人，我出任主任，負責該社在世界各地從事學術外交。總之，我四次回國服務，連個教職都不可得。

1981 年 6 月我獲得聖母大學副教授終身職。我的選擇只有兩個：一個續居美國，終老斯鄉；一個是放棄教職，先回國徐圖發展，就是「不入虎穴，焉得虎子」！在當年，我不記得在人文社會科學領域裡，有辭去終身職而回台服務的先例。1982 年 12 月底，我攜家帶眷回台，終於一償回國之宿願。記得著名詩人聞一多，在 1925 年離美回國時，在國內亦無高就，他說他的回國「只是跟著一個夢去罷了」，我的心情亦若是。

由於教書還是我最大興趣，所以回國後，我去找政大歐陽勛校長，他決定幫忙，找了幾個院長開會，聘我為外交系的正教授。我在美國待了十七年，我沒有入美國國籍，只有永久居留證（Permanent Residence）而已。我在聖母大學，教的是美國現代史、中國現代史、日本現代史及俄國現代史，不需要入美國籍，而且我是非常傳統的文人，生為中國人、死為中國鬼，有「一女不侍二夫」的酸腐。

我回國還有一個原因，是怕我的兒女變成美國人，我就帶他們回台。當時我兒子八歲、我女兒三歲，為了讓他們成為正常中國人，必

須回國受正式教育。另外，和我一樣，我沒有英文名字，也就沒給他們起英文名字。

「中山獎學金」

李：我不知道你們文科的人出國和回國都這麼難，我在美國畢業後，國立清華大學有缺，我就直接回來了。

邵：當年理工是熱門科系，國家發展是理工導向。像我們人文社會科學的人，出國和回國都比較難。我是政大外交系畢業，出國找不到獎學金。正好當時有個「中山獎學金」，為期兩年，我考取後，在 1965 年暑假赴美到麻省 Tufts 大學就讀，它有個 Fletcher School of Law and Diplomacy（佛萊契爾法律與外交學院），由 Tufts 大學和哈佛大學合辦，是美國研究國際關係歷史最悠久的學院，頗富盛名。

李：我再問一下，「中山獎學金」是國民黨辦的吧？

邵：是的。我大學時在學校演講、論文比賽常常得獎。當年的訓導長是周世輔先生，講授國父思想，他是前監委周陽山的父親。他覺得我還不錯，就介紹我入黨，我這人臉薄，人家好意推薦入黨，我也找不到理由拒絕，所以就成了黨員。等到我要出國留學時，發現國民黨有個「中山獎學金」，我去報名，還考了個第一名，就出國去了。

李：那時候「中山獎學金」名額不多吧？只有少數幾個名額？

邵：我那年是八名。

在外交部工作

邵：我不是跟你講有個「劉自然事件」嗎？我要報國、打倒帝國主義，所以外交系畢業之後，我就去考外交官特考，考取了在北美司

擔任薦任科員，我的科長是錢復先生。

「劉自然事件」是怎麼回事呢？為何殺人的美國軍官由美國審判呢？1950 年代美國協防台灣，但美國有個要求，美國軍人在台灣要有「治外法權」。他們的理由是美台的法律不一樣，他們希望用美國法律審判美軍。我國那時因為需要美國協防，只好就認了，可是我們老百姓都不知道這事情。但 1943 年，中國已跟許多國家取消不平等條約，所以我們國文老師紀弦在事件的當天憤憤不平地說：「『治外法權』不是在 1943 年就取消了？美國軍人在中華民國犯罪，我們居然不能夠審他？」

由於這件事引起很大風波，我去外交部上班時，外交部正在跟美國重新談判，由科長錢復和司長蔡維屏兩位負責談判，我是小科員，就負責記錄，後來雙方修訂《在華美軍地位協定》，美方做了許多讓步，這算滿足了我當年報考外交系的一點初衷。

我的司長蔡維屏是美國伊利諾大學政治系博士，科長錢復是美國耶魯大學的國際關係學科的博士，我見賢思齊，想大丈夫有為者亦若是，想赴美留學，可是我當時家裡沒錢，教育部公費留學也沒國際政治科目，之後看到有中山獎學金，想到我是黨員，一考就考上了。

我不像你們台大人的「來來來，來台大；去去去，去美國」，資訊比我們豐富。我窩在政大木柵，不知道要去美國哪所大學唸書。真是湊巧，當年駐美大使蔣廷黻，給外交部發了個電報，說美國有個歷史悠久的外交學院叫做 Fletcher School of Law and Diplomacy，他建議外交部每年派兩個年輕的幹員去留學。這個公文經過北美司，由我承轉給部長沈昌煥。過沒幾天，沈部長就批下來了：「礙於經費，所請恕難辦理。」

蔣大使曾是清華大學教授，美國哥倫比亞大學歷史學博士，蔣大使這份電報給我很大啟發，所以我就報考「中山獎學金」。

　　更巧的是，當時該學院院長 Robert Stewart，由蔣大使推薦來台訪問，我被派接待他。我就向他表示有意前往該校就讀，雖然當時已過了申請入學期限，他對我還算欣賞，當場同意，這樣就跑到美國去唸書了。

前往美國

　　邵：由於 Fletcher School 由 Tufts 和哈佛大學合辦，所以學生可以到哈佛選課。我 1965 年 9 月抵美，1966 年發生文化大革命。以前在台灣看不到左翼文學，對中共的革命又不清楚，中國現代史教到五四運動就不再教了，因為之後都是國民黨倒楣的事。

　　到哈佛我選了一門「中國現代史」，三個教授共開一門課，一個就是 John King Fairbank（費正清），在美國是教父級的中國問題專家。1947 年國共內戰的時候，他是美國駐華大使館的新聞處處長。他上課一談起國民政府、國民黨，就一臉不屑的樣子，語帶諷刺。

　　我對中國共產黨的革命成功頗感疑惑。我們 1945 年不是世界五強之一？蔣中正是民族英雄？怎麼 1949 年就倉皇落跑到台灣？還好哈佛大學燕京圖書館，中國史藏書極為豐富，我每天只要有空，就在該館看書。事實上，你要是仔細研究，文化大革命有很多殘酷、黑暗的事情，也能看到。該館藏有香港、台灣及大陸來的資料，可以互相對照。

拜會費正清夫婦

　　邵：費正清一講起共產黨當然是比較支持的，對國民黨大加批評。當年我覺得台灣政府還不錯，大家有書唸，還可以出國留學。我在 Fletcher School 快拿到碩士時，我向哈佛大學史華茲（Benjamin

Schwartz）請教，表示想去哈佛唸博士班。他建議我去拜見費正清教授。如前所述，他在美國研究中國現代史是教父級的人物，他的太太Wilma 是個畫家，每週四下午在他們家裡有個 open house，學生可以到他家去拜見他。我懷著興奮、又緊張地去拜碼頭。

我一進去沒幾分鐘，他的太太 Wilma 從廚房跑出來，拿著《中央日報》的海外版，上面有個半版廣告是台灣學界（包括中央研究院）一千五百多人的聯名信，聯名信上面批評兩個人，一個是 John King Fairbank，一個是加州大學 Robert A. Scalapino（施伯樂），他們主張一中一台或兩個中國，認為中華民國在聯合國的席次應該由大陸取代等等，這違背我國當時一個中國的國策。

Wilma 問說：「你從哪來？」我說我從台灣來的。她就說：「你們台灣政府怎麼幹這種事呢？動員這麼多教授做傳聲筒？」罵了一大堆。我就說 nothing to do with me.（這跟我無關）。

她問我：「你現在在幹什麼？」我就說我在唸書。她又問我在台灣做什麼的，我就說在外交部。她一聽我是國府官員，表示不屑。我就回答說，在內戰期間國民黨腐敗沒錯，可是在台灣從 1949 到 1965年還不錯。例如三七五減租、耕者有其田。我還說 1948 年到台灣時，台灣人都很刻苦耐勞，我在台中市唸忠孝小學的時候全校沒有人穿鞋，到現在台灣已經有很多人唸大學等等，台灣政府在台灣做的還不錯。

我這一講，他們兩人仍不以為然。事後，我想唸博士跟指導教授關係搞不好，就完了，去跟他唸書風險太大，所以就斷了去哈佛的念頭。不久，我在 Fletcher school 拿到碩士學位，但前途茫茫。想回國，但我連外交部也回不去，因為我在離開外交部時，曾申請留職停薪，但外交部由於缺人不准出國留學，在我辭職報告上竟批示：「辭職不准，著予免職。」所以，我只好在美先就業，再徐圖攻讀博士學位。

到「美國之音」做播音員

邵：1967年暑假的時候，我申請到「美國之音」做播音員。美國之音工作對我啟發很大。美國之音中文部的副主任高克毅（George Kao），他的中英文好的不得了，是翻譯界的名人。有次他派我去訪問兩個人，一個是中共駐敘利亞的商務專員繆真白，他投誠美國、尋求政治庇護，另外一個有名的人是馬思聰。

華人當年在美國之音，可說是寄人籬下，主任都是美國人。中文部另一名人吳魯芹，為一著名散文家。見到他們兩位的遭遇，我覺得非唸個博士不行，才能有自己一片天地。

繆商務專員談他為什麼會到美國投奔自由。他說：「我經過三面紅旗時期，就是1957年到1962年；我親眼看到為了增加鋼鐵的產量，就把鍋碗瓢盆給燒了，又搞人民公社造成很多飢荒。」他被派到敘利亞時，碰到文化大革命，每天唸《毛語錄》，搞意識形態的事情。他說當外交官是要為國爭光、推廣商務，結果每天開小組會唸《毛語錄》，互相批鬥，這根本是莫名其妙。這是我第一次親耳聽大陸人士揭發中共暴政。

真正使我對中國大陸有意見的是馬思聰先生。馬思聰是中央音樂學院的院長，中國第一小提琴家。他本來住北京，後來因為文化大革命被鬥，經過了香港、來到美國。他們家在Maryland（馬里蘭）州一個小鎮，我就去訪問他，他跟我講了一天一夜文化大革命的事情，我才恍然瞭解了文革的真相，也 confirm my worst fears（證實了我最擔心的恐懼）。我本來就對文化大革命有很大問號。從馬思聰的口裡得到了印證，這也說明為何在保釣運動時，我一直站在反毛反文革的一方。

在酒館擔任 bartender

邵：由於「中山獎學金」每年只有 1,800 美元，平均每月為 150 元，繳了學雜費及宿舍費用，就一毛不剩。為了買書及民生必需品，只好打工賺錢。一位資深台灣同學建議課餘去做調酒師，薪水好、又可以練習英文，他建議我參加 bartending class（調酒課程），這是哈佛大學暑期學校辦理的。上三晚課程，外加 15 塊錢學費，就有個畢業證書（就是 bartender certificate），並送一本 Mr. Boston Bartender's Guide（波士頓調酒師指南）。

哈佛大學附近有間戲院跟酒館，是一位猶太人富豪開的。猶太人很喜歡中國人，因為二戰時只有中國接受猶太人來華避難。我看到他的徵人小廣告就去應徵。他一看我是中國人，態度非常好，他問我你有什麼資格？我就把那個畢業證書給他看。他一看嚇一跳，還是哈佛大學發的，他立刻就錄取我，說你下周一就來報到。那天是星期六，下星期一就上班。他的酒館是會員制，是有錢人消費的場所。我這個在台灣只喝過啤酒的人，怎能勝任？我那本「調酒師指南」很厚一本，有幾百種的調酒，我哪記得怎麼調？

我的室友 Alfred Eckes（後來出任「美國國際貿易委員會」主席，為部長級職位），我趕緊向他請教。這個人很聰明，他說美國人一般喝的調酒就那十幾種，不用擔心。他就給我十幾種調酒的名字，什麼 Bloody Mary 等，他說會調這十幾種酒即可應付，要是太難的，你再翻翻那個調酒指南就知道了，我說這樣翻來不及，他說你到哈佛大學福利社去買一本地址本，地址本是從 A 到 Z 排列，可按鍵彈出，如 Whisky Sour 的第一個字母是 w，你按下 w 鍵 Whisky Sour 就出現了，這樣你就知道如何調製。在他指導下，我就上班去了，我這工作做了一年。

為什麼美國調酒師的薪水很好呢？主要是 tips（小費）。當然他也是一號人物，基本工資比 waiter（服務生）好。當調酒師，會碰到心情鬱卒的人，酒喝多了，會跟你推心置腹，把他和太太吵架、和老闆不好等事大吐苦水，你就是面帶微笑、拚命點頭，幫他加酒，酒喝越多，小費越多，所以我的小費比我的薪水還高，收入還不錯，沒錢的問題都解決了。但這份工作對我更有助益的事，是了解美國的風土人情及文化，並對我英語會話能力幫忙極大，再加上我住宿舍，和美國學生朝夕相處，二年下來，我的英語談吐幾無障礙。

出任教職

邵：我雖決心攻讀博士學位，但一時來不及申請，只好先找一職位，餬口再說。我畢業時曾發出幾十封求職信，還在《紐約時報》刊登一求職小廣告，都沒有反響。正焦急中，八月中旬某晚接獲一位 John Meador 教授來電，他是南卡羅那州紐伯利（Newberry）學院歷史系主任，該系臨時出缺，希望和我晤談。三天後，他就聘我為該校 assistant professor（助理教授）。教的課程，一是美國現代史，二是 world history（世界通史），另外又教一門中國現代史。

坦白講，這是一件很不可思議的事情。我在 Fletcher School 只學過美國外交史，並非美國現代史。至於世界通史就更不用談了，我只在高中時唸過一點外國歷史，現在我必須要教兩門我不太熟悉的課，怎麼辦呢？絕處逢生，這個教職我必須接受，否則何以維生？我就採取一種土法煉鋼的方法。美國教科書各校採用的版本不一樣，美國現代史有很多版本。我就全部苦讀，擇其重要部分，加以融會貫通授課。我對世界通史因應之道也是一樣。我每天晚上準備到凌晨兩點才睡。由於現買現賣，倒也滾瓜爛熟，上課一氣呵成，學生反應不錯。現在

回想起來我能應付得宜，實在是不可思議的事。

該校校長是英國文學的教授，對我授課能力一直有點懷疑。他有一次說，Professor Shaw, do you mind if I sit in your class someday?（邵教授，找一天我可以到你的課堂來聽課嗎？）我只能說，Of course, you are welcome.（當然，歡迎）。他終究是位君子，不好到班上測聽，他又想了另外一招來考我。

美國城市，不論大小，一般都會有兩個社團，一個叫 Rotary Club（扶輪社）、另一個叫 Kiwanis Club（同濟會）。他邀請我到這兩個社團演講。那時候是 1967 年，越戰加劇，美國朝野，對參戰看法不一。我給了兩個演講，一個是越戰，一個是中國大陸現況。我準備充足，聽眾反應良好，他從此再不囉唆我了，等於被口試了兩次。紐伯利學院是美國南方一個貴族學校，我大概是該校有史以來唯一的中國教授。校長既已面試通過，同事與同學對我教學能力又反應良好，我在該校度過了美好的一年時光。

博士改念歷史

邵：由於 1960 年代，文革成為舉世關切的事情，但大家都不太了解。既然想攻讀博士學位，我決定在已修美國外交史以外，加攻一門中國現代史。由於當時主授中國現代史的教授大多為白人，有些人和費正清一樣，具有偏見，所以我決定選有華裔教授的大學。正好芝加哥大學有兩位對中國歷史和政治很有名氣的老師，一是何炳棣，教明清史，另一個是鄒讜，教中國政治。再加上，芝大在美國是名校，該校師生獲得諾貝爾獎數目，在美國名列前茅，所以我決定去該校就學。

可是我在 Fletcher School 的成績單不是那麼優秀，申請芝大只獲得入學許可，沒有獎學金。那怎麼辦呢？美國的教會大學，不管是信

義會、或是長老會，全美都有這種小型 college，當年並非每位教授都有博士學位。紐伯利學院為路德會（Lutheran）辦的學校，該會設有 doctoral study fellowship（博士研究獎學金），我一申請就拿到了。

我原本唸的外交，隸屬政治系。去芝大，倒底是要唸政治、還是歷史？我一直在猶豫。正好台灣一友人寄來《蔣廷黻選集》，有六本。其中他有一篇文章說，一國外交政策的決定是應參考歷史的教訓。蔣氏是哥倫比亞大學歷史學博士，清華大學歷史系教授，他又曾任駐蘇大使、駐美大使及駐聯合國大使，可說是學識與經驗俱佳的人物。

1930 年代，中國朝野都在辯論一個問題，就是要「先安內、再攘外」？還是「先攘外、再安內」？蔣中正是要「先安內、再攘外」，激進的學生則要求第二次國共合作對付日本，也就是「先攘外」，蔣廷黻深深不以為然。1930 年代有個著名刊物《獨立評論》，蔣廷黻在那裡發表了很多文章。他指出明朝的江山是先被李自成掏空了在前，所以清兵才能入關，因此一定要先安內再攘外，也就是政府應先解決中共再對抗日本，拜讀這篇文章，我豁然開朗，決定去芝大改唸歷史。

芝大另外有位著名中國現代史教授 Philip Kuhn（其中文姓名為孔復禮或孔飛力），望重士林，他後來成了我的指導教授。他的名著之一為《叫魂》，暢銷海峽兩岸。

李：何炳棣跟鄒讜都是在歷史系？

邵：不，鄒讜在政治系，何炳棣在歷史系。

李：這是哪一年的事？

邵：1968 年。我在紐伯利學院教書教了一年，1968 年就到芝加哥唸書。我入歷史系之後，就碰到何炳棣，他還是中央研究院院士，到了芝大才發現他是個大左派，簡直是晴天霹靂。

要唸中國現代史，明清史為奠基課程，他是著名的明清史教授。所以我就選了他一門課，他給我一個 A。可是我後來發現不對，他

有天上課甩了甩手，課堂上大多是美國學生。他說，Shame on me, I went back to Taiwan this summer. I even shook hands with Chiang Kai-shek!（太丟臉了，這個暑假我回到台灣，我還跟蔣介石握了手。）他就當著學生面把老蔣罵了一頓。我覺得好不容易脫離費正清的魔掌，又掉到另一個虎口。我後來因為保釣的事情跟他弄得很不愉快。

我其他教授許多都是望重士林學者。美國現代史的授課老師為 John Hope Franklin，他是美國歷史學會會長，得過總統頒發的 Medal of Freedom（自由勳章），而且是系主任。我主修為美國外交史，教授入江昭，是日裔美人，也做過美國歷史學會會長，會長是由歷史學會票選而出，具崇高地位。在芝大，我不敢只攻中國現代史，原因之一是，當時美國 liberal（自由派）學者眼裡，台灣是右翼軍事獨裁政權（right-wing military dictatorship），並且還在戒嚴，他們大多都反蔣，假如我專攻中國現代史，前途堪慮，必須併修美國現代史。

參加保釣運動

邵：我在芝大第二年，博士資格考試列為優等，馬上就得到三年的 Ford Foundation（福特基金會獎學金）。在芝大四年，苦讀四年，其中有一年因為參加保釣運動，而荒廢了學業。但參加保釣那段時間，一方面我還必須用功，以保住獎學金，所以蠟燭兩頭燒，害我得了胃潰瘍，一生都沒能痊癒。

李：你 1968 年到 1972 年都是在芝加哥大學唸歷史系？最後拿 degree（學位）是 1975 年？

邵：是的，假如沒有參加保釣的話，我說不定早半年或一年就完成了。

李：你論文題目是什麼？

邵：《司徒雷登與燕京大學》。不過我博士論文只寫到他擔任燕京大學校長的時期，沒有寫到後來出任美國駐華大使那段歷史。我的論文之後經修改，加上他大使生涯，在 1992 年，由哈佛大學出版：《傳教士、教育家、大使：司徒雷登與中美關係》（An American Missionary in China: John Leighton Stuart and Chinese-American Relations），幾篇書評都很好。

保釣運動對我而言，真的是刻骨銘心，為什麼呢？芝加哥大學的中國學生不是很多，只有幾十個。保釣運動發生後，左右就鬥爭起來了。物理系的林孝信辦了個《釣魚台快訊》。一方面是談保釣，另一方面則是批評台灣政府。我在校園變成了個箭靶，為什麼呢？因為我曾在外交部服務，又拿「中山獎學金」。

我這人，對認為重大事情，就全力以赴。左派同學們唸《毛語錄》，我則是唸《毛澤東全集》。我是學歷史的，科班出生，早上十點鐘就進圖書館，凌晨一點離開，就窩在那裡一天、窩了四年。所以講中國現代史、國共問題等，我比他們左派清楚。芝大遠東圖書館藏書非常豐富，左派同學大多都是學理工的，先看個什麼《金陵春夢》，然後讀魯迅、巴金、老舍這些人的小說，看一看就左起來了。

為了瞭解這些小說，我還特別選了一門課叫做「中國現代左翼文學」，就把所有的左翼文學的書全部唸完。我的老師 David Roy，哈佛博士，博士論文研究郭沫若。

我在芝加哥大學公開反毛並批評四人幫，這讓我變成個目標，經常遭受左派的批鬥。

「安娜堡國是會議」

李：你有沒有參加 1971 年 9 月在密西根大學的保釣大會？

邵：我第一天早上參加會議，結果他們對我發言，或是阻撓，或是斥責。

李：第一天辯論得很厲害，第二天早上又為了搶麥克風，然後大多數右派同學就走了，只有少數人繼續參加，沈君山留到最後。

邵：這左派太張狂，我們右派的一講話就挨罵，主席之一項武忠教授更是盛氣凌人，所以我提早離開。這些左派學生大多在美國也是拿中華民國護照，許多學生連 PR（永久居留權）都沒有。我是拿中華民國護照的。在台灣是父母把我養大，政府也沒有虧待過這些學生，但當大會表決中華人民共和國為中國唯一合法政府時，絕大多數人同意，只有五票反對，這使我非常心寒。

這批左派留學生，在台灣長大，但到了美國，怎麼會拋棄祖國如此之迅速？1971 年 8 月在 Brown（布朗大學）先開「國是會議」、9 月就在密西根大學召開國是大會。

根據王正方先生的回憶，這些活動受到中共駐加拿大大使館的指揮。為什麼是 8、9 月？因為 9 月以後，聯合國就要開會了，這些會議是為中共進入聯合國造勢。在布朗大學的保釣會議，針對中共是唯一中國合法政府，只有一票反對，那是魏鏞教授投的。在密西根五票反對者，有陳長文（哈佛大學法學院學生）、趙林（現任中國文化大學中文系教授，是何炳棣的學生）、童兆陽（密蘇里大學研究生，後出任陸軍副總司令）、陳鵬仁（哥倫比亞大學研究生，現為中國文化大學日文系教授）。（註：我在開會第二天上午已退席抗議，故未能參加表決。）當時台灣一千五百萬百姓都希望留在聯合國，但在會場上只有五人投票支持台灣在聯合國席次。

退席後我開車從密西根回到芝加哥。到了以後第一個去找鄒讜教授，他是在芝大主授中國政治。他雖有美國國籍，但不偏左、也不向右。我就把密西根會議這一幕講給他聽。我說：「老師，五四運動不

是『憂時傷國』嗎？這些學生怎麼會背棄自己的國家跟政府到如此絕情的地步？」他說：「我告訴你，二十世紀中國知識分子最大的特色就是『投機』。1940 年代，一群知識分子，如『民主同盟』，就做共產黨的尾巴，專門反對國民黨。」聽了這番話我才恍然大悟。1971 年7 月，美國國家安全顧問季辛吉宣布，翌年尼克森總統要訪問大陸。8月、9 月保釣左派學生就開保釣大會，把中華民國一腳踢開，我當時想：有需要這麼絕情嗎？當年留學生分成左右，已經不是單純討論是非問題，也是個人的政治選擇問題。我問我自己將來要回哪一個中國？是回大陸或台灣？還是留在美國定居？做美國人我一直沒興趣，我決心要和中華民國共存亡。10 月，大陸進入聯合國了，左派馬上就展開「中國統一運動」。他們就在 Columbia 哥倫比亞大學辦了一個中國統一大會，由何炳棣去演講，我當然沒去。

有一天趙林（何炳棣學生）突然找我，說何老師叫他轉告一些話給你：「何老師說你頭腦不清，再二、三個月台灣就要亡國了，你竟然還要回台灣服務？」我說：「你告訴何老師，大陸是中國的、台灣也是中國的；他愛中國請他回大陸，我愛中國我會回台灣，大家都不要留在美國過生活，我邵玉銘此志不渝！」

對國民政府在台灣的評價

邵：保釣運動期間，左派和右派同學爭論問題很多。左派同學攻擊政府的一件事是二二八事件。他們還說國民政府在 1949 年已經滅亡，是個流亡政府，我當時的回答是二二八固然是慘劇，但政府到台灣以後還有做很多其他事。以台大為例，要不是傅斯年當台大校長，聘請了許多著名學人來台任教，當年台大文學院只有三個台灣人是教授，其他都是日本人。今天有台大、清華、中央、交大、東海、政大

等校，哪個學校沒有從大陸來台的知識分子？那些黨外人士沒有出自此些學校？我說為什麼 1960 年代非洲國家紛紛獨立然後就很難發展？因為原來的 colonists（殖民者）在獨立之後通通都跑了，所以醫院沒醫生，學校沒老師，所以許多非洲國家就無法發展起來。反觀台灣，日本人前腳一走，國民政府全部承擔起治國的大任。日本人在台灣末期，徵召台灣人從軍，但只能當軍伕，連軍官都做不到。在政府機關裡，全是日本人當家，還有日本人進一流學校，台灣人進二流學校，有何平等可言？我又說，1949 年的大陸人士移民台灣，在中國歷史上是個 miracle（奇蹟）。外省人來台灣都是什麼人啊？第一種人是軍人，有六十萬大軍保護台灣安全。第二種人是公務員，從中央到地方的公務員，所以立刻推動政務，如土地改革、公地放領、耕者有其田，這些公務員也包括一些經濟長才，像李國鼎、孫運璿等。第三種人就是知識分子，僅以西南聯大為例，就來台三百四十二人，台灣的教育從小學到大學沒有一天停止。第四種人就是企業家，如上海幫，還有山東幫等。當年大陸沿海的企業家，怕被共產黨鬥爭，錢跟技術就跑到台灣來了。相反地，1940、1950 年代，台灣本地約有五百六十萬同胞，大部分都是農人和地主；第二種就是工人；第三種是小商人；第四種人就是專門技術人員，像醫生這類的。所以，當年大陸來台和在台人民有互補作用，各安其位、共同努力，所以就有了經濟奇蹟，在 1970、1980 年代，台灣還是亞洲四小龍第一名。

再回 Newberry 學院教書

　　邵：保釣在 1971 年鬧了一年，我為了保釣，博士論文也沒能寫。1972 年，芝大三年全額獎學金也屆滿，我就回 Newberry 學院教書。教了一年就覺得非久居之地，覺得非完成論文不行。

李：該校有多少學生？

邵：只有一千人左右，只有大學部，沒有研究所。回到該校後我想找個較大的學校教書，結果有三校錄取，一是 University of North Florida，第二個是 California State University at Fullerton，第三個就是 Notre Dame（聖母大學），那時我雖還未獲 Ph.D 學位，竟為三所大學錄取，也真幸運。

李：那是哪一年啊？

邵：1973 年。

李：他們給你什麼樣的 title（職稱）啊？

邵：Instructor（講師），因為我只有 MA（碩士學位）嘛。顧用條件是兩年後拿到博士學位後升任助理教授。聖母大學在美國大學當年排名第十八名，聲望甚高。我 1975 年拿到芝加哥大學博士學位，升為助理教授，1981 年升為具終身職的副教授。

李：你是 1982 年底回來？才做了一年多就辭職回國服務？

邵：是的。

李：我大學畢業後曾經申請過 Notre Dame，它也給我一個 assistantship（助教獎學金），不過我沒去。

邵：Notre Dame 有二、三十位中國教授，都學理工，只有我一個學歷史。

回政大外交所教書

李：你的故事非常有趣。我可不可以請你繼續講 1982 年回國後工作的貢獻有哪些？

邵：我回來有很多原因，保釣是其中一個主要的刺激。對我來說這不是一個 career choice（職涯選擇）的問題，我到底要做一個什麼樣

的中國人，要搞清楚，沒有保釣我不會想得這麼清楚。第二個就是怎麼愛中華民國？保釣運動的時候，左派學生大罵台灣獨裁、不民主、司法不公正、貧富懸殊等等。我是屬於「革新保台」派的，該派主張最力的是沈君山教授，我跟他談過很久，怎麼革新？怎麼保台？

當年左派所有罵台灣的事情整理下來，大概有十項。1971 年 12 月在華盛頓 DC 召開「留美學生反共愛國會議」，會議中就提出了十大改革，包括取消萬年國會、政治民主化等等。

我在 1983 年 2 月起，在政大外交研究所擔任所長。另外，該校有一個「國際關係研究中心」。那個是蔣中正總統在 1953 年成立的，是台灣研究國際問題以及大陸問題的最大研究單位，共有二百多員工，研究人員數十人，中心設有「匪情資料中心」，藏有蘇聯、中共、香港、澳門的資料。我於 1985 年 8 月被派往該中心擔任主任。

該中心和世界著名研究中共問題的大學和智庫合作，將台灣對大陸研究的成果介紹給世界，是世界該類研究的最大單位。該中心主任許多都曾在中央部會服務，例如杭立武，曾任過教育部長，另一個主任蔡維屏做過外交部政務次長。

擔任行政院新聞局長

邵：我是 1987 年 4 月到行政院新聞局服務。三個月後，台灣就解除戒嚴，1988 年 1 月經國先生去世。所以，我工作的第一件大事，就是要介紹台灣民主化給世界。

1989 年天安門事件之後，台灣國際形象蒸蒸日上。以前大家都罵你，現在已成 darling of the free world（自由世界的寵兒）。第二件大事，是接收戒嚴前台灣警備總部的業務。解嚴前，廣電、出版、影視業務都是歸警總管，現在改由新聞局負責。處理這些事情很麻煩的，

我的政策總結來講，是完全開放。1987 年 11 月政府開放國人去大陸
探親，這些人回台，帶了一大堆大陸出版品、錄音帶這些，要怎麼處
理？以前就是沒收，沒什麼好處理的，現在則予放行。第三件大事，
是 1988 年 1 月開放報禁。開放報禁前，台灣報紙每天只有三大張、十
二頁。要怎麼開放？新聞局的決定是完全由報業自行決定，無論張數，
售價均不限制。我這個新聞局長，又兼行政院長發言人、總統的發言
人、還是中華民國政府的發言人，把我累了個半死，但我很是感恩，
政府給我這些機會讓我為國家服務。

　　李：我現在問你幾個問題。左派跟我不一樣，我是自由派。二二
八跟白色恐怖這些事情當然要批評。可是我覺得辦理教育、培養人才、
發展經濟這些方面都是對的。這方面國民黨做了不少好事。可是，我
很不喜歡老蔣，也蠻討厭共產黨，我知道他們在文革搞得一塌糊塗、
教育停了十年簡直是不像話。

　　不過，我認為蔣介石也是獨裁。像你是東北人，九一八事變他難
道不要負點責任嗎？張學良要負最大的責任。九一八的問題他（蔣介
石）也應該要負責任。抗戰的時候他指揮很無能，淞滬戰役的時候犧
牲了這麼多軍人。到了 1944 年還有湘桂黔的大撤退，日本人一直打到
貴州的獨山。抗戰之後，國共的軍隊剛開始幾乎是四比一的程度，短
短四年之間就敗成這樣子。說他是民族救星？開什麼玩笑？你剛剛講
的對，文革時共產黨是糟到一塌糊塗，可是老蔣能讓人家有好感嗎？
到了美國之後看到這麼多資料，能有好感嗎？假如別人這樣 challenge
（挑戰）你的話，你怎麼回答？

　　邵：我不是替他辯護，我 2013 年由聯經出版社出版了我的回憶錄
《此生不渝：我的台灣、美國、大陸歲月》，內文中有一章對他的大
陸失敗加以檢討，認為他要負絕大責任。他一生有他的貢獻，也有他
的失敗。

他的個性來自三方面，第一個是日本士官學校，具武士道精神，他到台灣還雇了一些了日本教官，就是「白團」。第二個是來自曾國藩、王陽明，就是儒家倫理。第三個是基督教，而且是 Southern Methodism（美國南方衛斯里公會），非常保守，不能抽菸、不能喝酒。因為他這三個背景，所以他的個性「其介如石」，要改變他很難。這是他的優點、也是他的缺點。

法國參加二次世界大戰後，九個月就投降了。為什麼傅作義會在 1949 年投降呢？老毛把北京城一圍，你要讓它變成灰燼？我們打了八年，傷亡三千五百萬人左右。汪精衛就是覺得中國打不贏日本，妥協還可活命。在抗戰的時候，蔣先生一方面是靠讀《聖經》支撐，所以絕不投降，就是以空間換取時間。二次大戰，德國犯了個最大錯誤，假如它不打蘇聯不就行了嗎？日本也是一樣。你知道東北多大嗎？東北的面積就是法國加上德國，假如日本當年不進攻華北，只建設東北，日本在二次大戰之後，仍可立於不敗之地，日本若不偷襲珍珠港，美國不會參加第二次大戰。老蔣就是不投降，可是抗戰開始六個月內，東半部國土就淪陷了，他就是靠信仰和毅力撐下來。蔣勤讀《聖經》，我看過他在吳經熊先生所譯的《聖經》上，有很多眉批。

胡適曾經說當總統的人要大學畢業，知識要廣博一點，可是蔣沒有。蔣既不懂蘇聯、也不懂美國。軍事方面也不怎麼樣，但是什麼都一把抓。美國為什麼不讓我們打內戰？美國當年既然防衛歐洲，他就不能在亞洲也和蘇聯交戰，所以美國就派了五星上將馬歇爾來華調停國共紛爭，結果失敗。馬歇爾回美國之前，曾告訴蔣說不能打內戰，因為共產黨打游擊戰，剿匪一定曠日費時，一定會把經濟拖垮，事後完全不出馬帥所料。另外，蔣處理對蘇關係也有問題。抗戰勝利後，史達林本來並非一定要支持中共，並和我們簽了《中蘇友好同盟條約》。1945 年 12 月到 1946 年 3 月，史達林三番兩次要跟蔣見面，

可是蔣加以拒絕。蘇聯為恐日本東山再起，必須控制東北，所以蘇聯要求在東北成立一百五十多個中蘇合營企業，為蔣所拒絕，史達林沒辦法，只好和中共合作，把關東軍七十萬人的武器都送給林彪。

1949 年 1 月蔣下野，12 月遷政府來台，美國當時並未決定一定支持他。還好 1950 年 6 月有了韓戰，美國才決定支持國民政府。牛津大學教授 Rana Mitter 在 2013 年寫了一本書叫 *Forgotten Ally*（被遺忘的盟友）。他指出，八年抗戰，中國拖住將近百萬日軍在中國，他們無法進軍東亞，否則太平洋戰爭的歷史可能要重寫，這是中國最大的貢獻，但中國的貢獻多被世人遺忘。

李：這個我同意。可是九一八不抵抗，中國戰勝之後，又同意外蒙獨立，跟蘇聯締結《中蘇友好同盟條約》。我不能同意這種出賣國家主權的事情。

共產主義對中國的影響

李：我還要再問一個問題。你從歷史上看來，中國人到底對社會主義、資本主義有什麼樣的看法？抗戰時期有很多人跑去延安，他們也是受到社會主義的吸引。抗戰以後那麼多學生在北京及其他各地鬧事，反內戰、反飢餓，他們也是受到社會主義的影響吧？到了保釣之後，甚至有一批人天真一點，他們也是受到社會主義的影響。你的看法是什麼？

邵：劉大任先生不是寫了《遠方有風雷》？為什麼我會在保釣時如此悲憤？這跟我的學術背景有關係。我認為中國知識分子要為二十世紀中國帶來的悲劇負上最大責任。中共的農民革命，是由知識分子發起革命，領導者都是知識分子，不是農民。

1970 年代我們去美國留學的人，都是台灣最優秀大學生拿獎學金

出國的。你說你看不清楚文化大革命？為什麼有人就看得很清楚？這是第一件事情。

1966 到 1978 年的文革，是中國最大的慘劇。另外，1950 年代三面紅旗期間餓死了三、四千多萬人，這些 human cost（人命的代價），有多大？

假如台灣實行一國兩制，你想台灣出版公司能夠隨便出書嗎？你敢在報紙罵人嗎？講學術，中共教育部曾說，所有外來的理論都不准在大學教授，那請問一下馬克思主義哪來的？不是外來的嗎？這些中國人民所付出的代價是無法估計的。

知識分子引進共產主義

邵：誰讓共產主義席捲整個中國？不就是知識分子嗎？第一，他們去日本把馬克思主義帶進中國，像陳獨秀、李大釗這些人。第二，1935 年 12 月 9 日（一二九運動），東北學生跟張學良暗通款曲，張學良本來就是個紈絝子弟，水準不高，才發生「西安事變」。假如按照老蔣原來的計畫，他已請德國先訓練出幾十萬現代化軍隊，再和日本決戰，但西安事變逼老蔣在 1937 年提早抗日，所以蔣在日記中寫下：「漢卿（指張學良）誤了我的大計」。抗戰八年，我方死傷共有三千多萬人，請問這種犧牲，誰能還他們公道？抗戰前，日本軍閥分成兩派，一派說先打俄國、一派說先打中國，最後打中國的那派贏了。如果沒有珍珠港事變，後來美國參戰，我們能撐到 1945 年嗎？第三，1945 年到 1949 年，反迫害、反飢餓、反內戰的學潮，加速國民政府的崩潰及中共革命的成功。

保釣運動中有許多學理工的，他們對三面紅旗及文革都不太瞭解，所以在密西根國是大會大唱〈義勇軍進行曲〉。總之，許多中國知識

分子是中共革命的始作俑者以及支持者。

李：始作俑者就是當年一些知識分子引進共產主義，又搞不清楚共產主義的好處跟壞處在哪的那些人。他們只看到共產主義的好處。但我們都知道共產主義的壞處在哪，言論不自由、發表不自由。我那時不贊成共產黨，最主要的有兩個理由：一個就是我那時碰到了馬思聰的女兒，文革搞什麼我曉得；第二個，按照共產主義的經濟理論，所有的生產資料都是由黨在控制。雖然老蔣很腐敗，至少做個小生意還可以活命。共產黨控制了所有的生產工具，共產黨執政，我假如不聽話、不依你，根本沒飯吃。我雖然討厭老蔣，但至少還可以自己混口飯吃。

邵：我們老家是黑龍江省，當年祖父是當地的第一大地主，第一大地主兒子娶了第二大地主的女兒，就是我的母親。1949 年以後我家就慘了，我們全家都被劃為黑五類。我 1992 年第一次回鄉探親，邵家跟我媽劉家一共二百多個親戚來見面，他們大多是勞工分子。沒有人唸過大學，有人連中學都沒唸，都很窮。許多人四、五十歲就退休，由二十多歲的兒女繼位。有人問我：「聽說你在台灣位子還不低？有什麼工作我們可以進去做？」我心裡想台灣怎麼可能會讓你進去？1977 年文革後，學生可以重新考大學，但文革歲月的浪費，和誰去算？

保釣時期對中國的看法

邵：總之，保釣的時候我深感中國知識分子引進共產主義是個致命的錯誤。到 1980 年代，中共經濟崛起。我覺得經濟發展不見得要一黨專政，別的國家沒有一黨專政，經濟不也可發展嗎？美國只有三億多人，還是世界第一經濟體。可見一黨專政模式不是普世價值。我不是說中國模式完全不可取，這種模式做事很快，但代價很高。

　　2017 年 11 月，我應邀去北京參加兩岸媒體高峰會，我發表了一些意見。我說：「你們覺得台獨問題很難解決？其實很簡單，你們只要承認中華民國，台獨發展的空間就很小了。」孫中山一生做了兩件大事情，一個是推翻滿清，一個是建立民國，就是中華民國。中共如果承認她，既符合史實，又可以防台獨。民進黨能夠有今天，大陸打壓中華民國是一大主因。

對蔣經國政府的看法

　　李：我們今天聊了好多，來做一個結論吧？

　　邵：1971 年的保釣，反映了許多中國知識分子理智不足、熱情有餘，沒有分析的頭腦。廈門大學的謝泳教授就講，為什麼這些高級的中國知識分子保釣之後到了大陸，都是吹捧中共？他們的聰明才智難道看不出中國大陸有些問題嗎？但是因為他們對祖國的熱愛，就避而不談中共的缺點。我們愛中國，至今還存在民族主義層次，那民權在哪呢？

　　對台灣來講，保釣的意義在什麼地方？我認為它改變台灣政府治台的方式。在 1950 和 1960 年代，國民黨也是一黨專政，大權在握，對政敵或潛在敵人絕不放過，不管是吳國楨也好、或是孫立人也好。1970 年代保釣運動期間，夾雜在一連串內憂外患之間。第一個就是 1971 年 10 月聯合國席次的喪失，第二個是 1972 年 2 月的《上海公報》，接著 9 月日本承認中共，台灣起了賣房子、移民的風潮。台灣知識分子以《大學雜誌》為地盤，做了很多改革的建言，這就是「革新保台」的來源。

　　蔣經國面對一個抉擇，他是要鎮壓、還是接納？我認為他的決定是接納。而且他將這些改革的建議，逐漸地推行。從 1972 年他當行政

院長，一直到 1988 年 1 月逝世，他有條不紊地把人民不滿之氣逐漸放掉。台灣政治民主化運動有一些非常了不起的地方。跟韓國比較，沒有政變流血，不像韓國光州事件一樣。像孫立人事件那種軟禁的政策，基本上是殺雞儆猴。另外，老蔣將重要軍事將領每兩年調動一次，使得兵將不相習，讓你兵變搞不起來。

中研院研究員蕭阿勤寫過一本《回歸現實》，他說 1970 年代真正的意義就是：蔣經國真正放棄了光復大陸政策，在台灣深耕本土、實施十大建設。還有啟用人才，不管是外省、還是本省。另外就是逐漸接受黨外的要求，他沒有殺任何一個人，還讓他們組黨。

他在國民黨中常會講：時代在變、環境在變、潮流在變，我們也要隨著變。1987 年 2 月 1 日行政院宣布要開放報禁，任何人都可以辦報，不必申請。5 月就釋放美麗島十四名參與者，只留下施明德。7 月宣布解嚴，11 月准許老兵探親。1988 年 1 月開放報禁，然後他就去世了。

公視拍了一個《尋找蔣經國》紀錄片，講他一生的事情，拍得很好。1987 年 7 月他任命李煥當中國國民黨祕書長。他懇切地告訴李煥：「台灣人對我們已經夠好了，否則他們早就革命了。」這透露他知道對於時代潮流，必須順勢而為，不能逆水行舟。

到了 1980 年代，經濟起飛、中產階級壯大、教育水準提高，他更決心使台灣政治民主化。我那本《保釣風雲錄》（聯經出版，2013 年），引用了很多國民黨中央黨部、中常會的紀錄，裡面說明政府為何不敢在保釣事件過分強硬。主要是當年 10 月，要保住聯合國席次，這要靠美日支援，不敢得罪美日，所以，當時很多左派學生覺得保釣就乾脆找中共算了。

我出任政大國際關係研究中心主任及行政院新聞局職務，對我來說全是個意外。我父親只是一個中級警官，絕非紅二代。李煥在我考

上「中山獎學金」時，他在國民黨負責辦理該獎學金事宜而與我相識。其實蔣經國晚年用人，用了許多回國留學生。記得有次行政院院會，我發現百分之九十以上的部會首長都是留美的博士，不分省籍，李登輝就是一位。

我和蔣經國總統素不相識，新聞局是管國內外宣傳的，還負責廣播電視電影跟出版業務，這些業務都有關思想或意識型態，這在中共來說是中宣部管的範圍。我既非皇親國戚，這種位子應由他極端信任的人出任才合理，但他卻任用了我。記得我 1987 年 4 月底上班，俞院長告訴我要開放報禁，我很婉轉地問他，這是玩真的還是假的？俞院長看了我一下，淡淡地說：「你在美國將近二十年，言論自由你應該比我還清楚。」我一聽很高興，這表示是玩真的，要是玩假的我還真不知道怎麼玩法。

我的上級單位有兩個單位可以管我，因為我是從政同志，所以國民黨中央黨部可以管我。還有一個是總統府。從當年 4 月上任到隔年 1 月開放報禁，這九個月中，中央黨部跟總統府沒有人對開放報禁有所指示，這使我知道改革是真的，所以我也就放膽去做。

我現在回想，蔣經國用人之所以開明，一是他對我們這些回國服務的人的信任，另一是他改革的決心。我認得許多這些官員，他們極少是「富二代」或「官二代」。

蔣經國的「革新保台」，在中國現代史上是有重要意義的。甲午戰爭之後，大家都要救國，有保皇黨的康梁變法。本來孫中山沒有要革命，結果慈禧聽信滿洲大臣的讒言，說康梁是救中國、不是救大清，她就不幹了，所以孫中山就要革命了。經國先生在 1970 年代內憂外患時，不採取嚴厲的打壓政策，而走改革路線，這是他了不起的地方。他的選擇是走體制內的改革路線，所以要開放組黨、開放報禁，這樣黨外人士就沒有理由去革命，否則黨外也可像毛澤東一樣，走向革命。

　　我看過一本書，裡面說有個留學生去松山機場出國，上機前吐了口水在地上，說「老子再也不回台灣了！」可見當年有些知識分子對政府的不滿。根據一項統計，保釣裡面反共這批人，回到台灣，只有百分之十四從政，其他都在各行各業服務。我們許多回國服務的人，當年都是深受保釣的刺激，所以回國以後，下定決心一定要把自己工作做好。但是，項武忠教授曾說我們是站在別人的肩膀上爬上來的？請問：我們回台工作三十多年，站過誰的肩膀？

　　李：我想小蔣對台灣是有貢獻的，大部分人都可以同意。

　　邵：不過白色恐怖，還是有的。最初是吳國楨跟蔣經國鬧起來的，不是跟老蔣。他跟孫立人關係也不好，孫立人瞧不起他。經國先生一輩子就只去過一個國家唸書，就是蘇聯。吳國楨是 Princeton（普林斯頓）大學的政治學博士，孫立人是在美國著名軍校 Virginia Military Institute（維吉尼亞軍校）畢業生。所以蔣和吳、孫這種的衝突，幾乎是注定的，用句現今流行的名詞，這叫 the clash of civilizations（文明衝突），後來當然是分道揚鑣。吳、孫當然有委屈的地方。

　　我不是要替兩蔣辯解，你知道國共內戰的時候投降及背叛的將領很多，包括二二八事件的陳儀，為什麼老蔣把他槍斃？因為他勸湯恩伯在上海起義投共，老蔣當然火大了。1950 年代，為什麼會有「匪諜就在你身邊」的標語？對兩蔣來講，那是一個生死存亡的年代，所以，才有這句「離此一步，即無死所」的名言。

　　我沒有參加保釣太深入，我只開過 Ann Arbor（安娜堡）的一個會，Brown（布朗大學「美東討論會」）那次我沒辦法去，因為太遠了，我是一個窮學生。我還有去參加第一次遊行，就是 1 月 30 日那次。

　　李：我是所有的保釣會議都去了。「美東討論會」、「安娜堡國是會議」、「中國統一會」、「反共愛國聯盟會」，然後回來還參加「民族主義座談會」，我全部都參加了。

　　邵：我認為老總統的領導風格有問題。其實「民主同盟」這些人很多都想做官，像羅隆基是 Wisconsin（威斯康辛）大學政治學博士。但老蔣不任用這些人。在老蔣的時代，「黨外無黨、黨內無派」，既然「民主同盟」跟中共搞在一起就沒得談了，所以就不理他們。其實蔣先生資源很多，給幾個官沒問題。毛澤東就很厲害，中共建國以後，民盟分子羅隆基等人都當了部長，很會攏絡知識分子。

　　「民主同盟」主席章伯鈞的女兒章詒和，寫了《往事並不如煙》（時報出版）一書，細述老毛如何鬥爭這批所謂自由派分子。我拜讀之後，覺得這些知識分子也應該自我檢討。反右派鬥爭時，羅隆基曾感慨地說，建國以後不敢爭了，為什麼不敢力爭了呢。章伯鈞回答說，「我們現在做人家的官，拿了人家的位子，我們還能講什麼呢？」

　　這些所謂自由派知識分子，在 1940 年代，向老蔣要求屬行民主並支持學生進行全國性反飢餓、反內戰的遊行，他們沒想到 1950 年代反右派鬥爭時，他們都被一一拉下馬來。

　　李：中國的現代史真是複雜，到現在還沒完呢。

　　邵：我最後再講一件事情，關於兩岸關係跟台灣前途。我九歲來到台灣，現在已經八十歲了。沒有台灣，我不可能受到從小學到大學的教育、不可能去美國留學。我從美國回來，政府還給我做一些事情。現在我們台灣遇到了新的挑戰，一個是太陽花（運動），另一個是反中的情緒一直高漲，另外台獨勢力亦在那邊運作，這就會加速兩岸談判或武力相向的時間表。

　　我現在就在想，活在台灣的知識分子該怎麼樣處理兩岸關係？我的想法就是中共必須先承認中華民國，台獨問題就不會太有進展。可是，中共又不承認，所以台獨分子就認為台獨是合理的選擇。現在台灣哪一個政黨不是由知識分子組成？結果我們還是無法為台灣理出一個頭緒出來，這又是知識分子失職失責的事情。

李：這個問題本來就是很複雜的。聯邦或是邦聯有沒有可能性？

邵：1995 年，我和大陸海協會會長汪道涵見面。每次去大陸，他們都會安排我和他見面。這次我和他說：「國民黨前面有民進黨，後面有共產黨，早晚國民黨會被你們搞垮！」我另外又很懇切地和他討論兩岸和解之道。汪先生是江澤民的 mentor（國師）。他大概感受到我的誠意，他回答說：「邵先生，我們跟香港的關係應該是聯邦，我們跟台灣可以是 confederation（邦聯）」。他一講完就驚覺讓步太多，急忙說這是他個人意見，不要講出去。他還跟我說，所謂一個中國原則的中國，既不是中華人民共和國、也不是中華民國，而是兩岸共同締造的新中國。這講得多有智慧啊？這是我過去三十年來所見大陸重要人士中，最有智慧的一位。為什麼邦聯是讓步？因為邦聯成員每個都是主權獨立的國家，像大英國協。

假如中國大陸能照汪老的想法，像《聯合報》副董事長黃年所說，中國是一個大屋頂，裡面有好幾個房間，大陸和台灣均在內，而不必一方獨霸，有什麼不好？我 1992 年首次訪問大陸，參加會議曾提出德國模式，是一個民族兩個政府，互相承認並都可以進入聯合國，結果德國在 1989 年就統一了，我的提議被大陸開會人士大力圍剿。兩岸今天走到僵局，我常嘆兩岸中國人智慧太低，比不上德國人。我們兩岸經過七十年，還沒有為兩岸找到藥方，這七十年不就是白過了嗎？你看立法院藍綠惡鬥的那些人，不都是知識分子？連對蔣介石的歷史定位都還是爭議不休。難道蔣先生那些正面的事不能掩過負面的事嗎？我常看《聯合報》黃年許多文章就很難過，他說台灣雖然獨不成，但「中華民國」被大陸和台獨雙方鬥得快垮了！這對中華民族有何益處？

李：我希望台灣能維持這個局面，替整個中華民族提供一個樣版，給大陸參考。第一個前提就是不要搞台獨，否則人家要打你。但也不要很快統一，要和平漸進。

邵：我在政府部門工作過，我對兩岸政府解決這個問題沒有信心，因為政治恩怨跟意識形態的糾結太深。坦白講，我們這一代是解決不了的，但是絕對不要斷了由第二代解決這個問題的機會。我們應請郭台銘、張忠謀這些民間人士出錢，成立一個兩岸文化交流協會，促進兩岸各種交流，讓兩岸從交流中互相認識，並逐漸接納對方，然後將統一問題交由下一代解決。

李：好，我們今天聊得很豐富，收穫很多。謝謝。

第十章

胡卜凱先生訪談

胡卜凱先生 (1944-)

胡卜凱，1966 年台大物理系畢業，1971 年獲美
國天普大學物理碩士。曾加入美國留學生討論政
治與國際議題的「大風社」社團。1970 年在大
風社集會時，倡議發起保釣運動。加入「費城保
釣行動委員會」，組織遊行與運動串連，但在費
城保釣會逐漸左傾之後退出該會活動。運動結束
之後，任職於美國與台灣科技與電信公司。退休
後在台灣再度投身保釣運動工作，為中華保釣協
會、釣魚台光復會創辦人之一。

受訪者：胡卜凱先生
訪問者：李雅明教授
訪談時間：2019 年 12 月 2 日
訪談地點：李雅明教授自宅
記錄編輯：李雅雯

　　　　　　＊　　　　　　＊　　　　　　＊

出身背景跟求學的經過

　　李雅明（以下簡稱「李」）：今天很高興請到我的老同學、老朋友胡卜凱先生到這裡來作訪談。談一下我們保釣的經過跟一些有關的事項。可不可以請你先介紹一下自己的籍貫、出生地、家庭背景、求學過程等等？

　　胡卜凱（以下簡稱「胡」）：我是湖北黃陂人，小時候回過黃陂，最近也回去了好幾次。抗戰的時候，爸爸媽媽都跟著政府到了重慶。我在民國 33 年（1944 年）抗戰勝利前一年出生，所以後來我父親給我取名字的時候，就取「卜凱」，是預卜勝利的意思。我已經不記得以前媽媽告訴我是出生在重慶或成都。

　　抗戰以後，我住過很多地方，因為很小，詳情不很清楚。但記得回過家鄉，到過南京、上海。我父親（胡秋原，1910-2004 年）在政府任職，雖然年輕時他曾經是共青團的團員（這個我們等一下再講），但他後來以反共聞名。1949 年武漢「解放」後，他觀望了一個多月，經歷了一些事，他就化裝從武漢跑走或出走了。我媽媽帶著我們四個小孩到了北京。

　　李：去北京啊？

胡：是的，為什麼要去北京呢？因為在家鄉沒有人敢簽「路條」。我父親在俄國的時候，認識周恩來、鄧穎超這些人。所以我母親後來不得已，就想出到北京去拿路條試試看。

我們在北京住了三個月到半年左右，但也拿不到路條。一直到周總理去俄國簽中蘇友好條約（中蘇友好同盟互助條約）的前一天，他才把路條簽下來交給我母親。他說：「我現在到俄國去了，你走了跟我無關（才讓妳等這麼久）。」有這樣子的一個過程。

然後我母親就帶著我們四個小孩，坐平漢鐵路到武漢，再坐粵漢鐵路到廣州，然後從羅湖吧？偷渡到香港。

李：1949 年？還是 1950 年？

胡：到香港，那是 1950 年。

李：1950 年喔。

胡：對。那個時候大陸淪陷了近一年，我父親沒有直接去台灣，大概留在香港安排吧。我們就從羅湖偷渡到新界，地理我不太清楚。總而言之，就是到香港跟我父親會合。我們在香港大概住了半年左右。1951 年過農曆年前，就到了台灣。我們到台灣後，先住在新店碧潭旁邊一間旅館，應該是黨中央的一個招待所，或是外圍之類的地方。在那邊住了一陣子，然後定居在青潭，住了快兩年。我從青潭走路去上新店國小，上到三年級。

李：哪一年上國小？

胡：我 1944 年出生，大概五歲起就在上海進小學，我在上海、北京、香港都讀過一年級。1951 年搬到青潭，還是從一年級下學期唸起。我算是六歲上小學一年級就對了。到了三年級的時候，因為青潭那地方的房子比較小，加上後來我祖父也出來了。

李：喔，祖父也出來了。

胡：我祖父和我叔父都出來了，所以我們就搬到景美一個比較大

的房子。那個時候我們家，除了爸爸、媽媽、四個小孩以外，我祖父、叔父、還有堂哥一共九個人住在一起。

我在景美國小畢業。景美國小那年考進建中的就兩位，一個是我，另一位叫彭楚淳。他後來考進台大電機系，我考進台大地質系。

我父親自己很忙，平常不怎麼管我們小孩。除了到立法院開會以外，他讀書忙，寫書忙，寫文章忙。說老實話，他不像某些立法委員有額外收入。那時候我們一家有九個人，開銷不小，由於沒有什麼額外收入，所以他靠寫文章來貼補家用。

我記得小時候台灣會有午後雷陣雨，暑假期間，父親有時寫文章累了，要休息一下，他就會帶我去散散步，然後跟我閒話家常。此外，他每三個月就會把我們五個小孩集合起來做家庭訓話。除了做人的道理外，也把他自記己和家庭過去的事情講一遍。每三個月一次，我們一年就要聽四次同樣的東西。他跟我們的互動，大概這個是最值得一談的。

五姊弟

李：我查了紀錄，你們家裡有五個兄弟姊妹。

胡：五個小孩，是。

李：胡采禾、胡蜀石、胡蜀山。

胡：大姊、二姊、三姊。

李：然後是你？

胡：對。

李：你的妹妹叫胡卜旋是吧？

胡：是，她是後來在台灣出生的，比我小十一歲。

李：你幾個姐姐，他們唸什麼？

胡：我大姊是東海化學系畢業，到美國唸書。那個時候，因為越戰，研究經費不是那麼容易取得，所以她在實驗室做了幾年事後，就做家庭主婦了。

李：她比你大幾歲啊？

胡：她比我大七歲。

李：你的二姊比你大幾歲？

胡：二姊比我大四歲，二姊是台大數學系畢業。

李：都是理工科啊。

胡：都是理科，我們家都是理工科。她是學數學的，她數學學得不錯吧。我大姊是住在（美國）東部，找事情比較難，她做了幾年事就沒再做了；我二姊是學數學的，她住在加州，在 San José State University（聖荷西大學）數學系教了幾年書後，因為加州矽谷是工業區的關係，她就轉行到軟體工程。後來到洛克希德（Lockheed）的太空計畫做事，替人造衛星寫 program（程式），她做事做到退休年齡。

李：三姊呢？

胡：她也是台大的，農學院的一個系，不是植病系，哪個系我忘了。反正是農學院一個學系。她到了美國以後，轉到生化這一方面，所以她後來是我們家幾個小孩裡面最有成就的。她做到紅十字會一個研究單位的主管。她的專長就是替人家做「親子鑑定」。

李：所以你們家都唸理工的對不對？

胡：對。我妹妹是最小的女孩兒，父親就沒什麼特別去要求，她後來從醫技系畢業。在她的本行領域裡也做了幾年事情。

李：所以你是你們家裡五個小孩裡唯一的男生。

胡：對，獨生子。

李：所以在家裡，大概特別受到重視。

胡：特別受到重視是沒有錯，但是並沒有受到特別待遇。

讀書啟蒙

胡：我運氣好，三年初中一直受國文老師的鍾愛，所以他們在分數上給了我一些優遇，雖然我其他科平平，也能僥倖擠進直升邊緣。直升（高中）對我其實有相當大的影響。為什麼說對我有很大的影響呢？因為那年暑假不用準備高中聯考。因此，我初中畢業那一年，父親把我帶到立法院的圖書館。他借了三本書給我，一本是愛默生的《散文選》，一本是卡萊爾的《過去與現在》，還有一本的作者是梭羅，也是美國人，跟愛默生差不多同一個時代的。

李：那一本書？

胡：Walden（《瓦爾登湖畔》，或譯《湖濱散記》）。父親指定要我看完這三本書。其他的，他說你自己隨便去找。我找了幾本，包括孟德斯鳩的《法意》，這些書中有兩本對我的影響很大。一本叫《西洋哲學史話》。

李：威爾杜蘭寫的。

胡：對，這本書引起了我對哲學的興趣。另外一本叫《沉思錄》，是一位羅馬皇帝寫的，他叫做 Marcus Aurelius（全名：Marcus Aurelius Antoninus Augustus），他是很有名的羅馬皇帝。

李：對，很有名的一位羅馬哲學家皇帝。

胡：這位羅馬皇帝是斯多葛派哲學家。我看這部書的時候年紀還輕，容易被影響，受到斯多葛派的薰陶，就養成我後來這種「八風不動」的性格。

這兩本書，一本是對我個人 temperament（氣質）、性格有影響，另外一本對我後來選擇的讀書領域有影響。我因為看了《西洋哲學史話》這本書，讀到一點康德等哲學家的皮毛。再早一點，我對軍事學比較有興趣，就像張系國講的，我們那一代的人，有些人（像張系國、

我），或者包括你大概也是一樣，都叫做「少有大志」，從小以天下國家為己任。所以我初中時，看的第一本中國子書是《孫子》。

李：那很不容易啊，直接就看《孫子》啦。

胡：我直接就看《孫子》，我看的第二本子書是《老子》。《四書》是到高中才看。由於我對軍事學很有興趣，有一次在一本軍事雜誌上，看到徐復觀先生的一篇文章，他說，要讀懂克勞塞維茲的《戰爭論》，你要先懂康德哲學。我到現在不知道他講的話對不對。但是我當時看了他這句話，就有「要懂《戰爭論》，就要去懂康德。」的觀念，這是我讀威爾杜蘭《西洋哲學史話》的動機。

李：你剛剛提到第一次去立法院拿了幾本書是在初中的時候？

胡：初中畢業那一年。

李：初中畢業那一年，後來你講到徐復觀是高中的時候？

胡：那是初二、初三的時候。

李：啟發很早。

胡：也說不上啟發，我家裡書和雜誌很多，那時沒有電動，小時候只能看書、看報、看雜誌當消遣。我讀《西洋哲學史話》的動機其實是想了解如何「強兵」。但是看了以後，因為威爾杜蘭他的文筆實在是很好，他講的……

李：很引人入勝。

胡：很引人入勝。所以我後來就對哲學發生了很大的興趣，那以後再談了。我求學的過程就是這樣。

初中畢業那一年我還看了兩本書，一本是《戰國策》，一本是《世說新語》。看了這兩本書以後，對我的國文很有點幫助。國文，尤其「作文」比其他學生稍稍程度高一些，對我很有些好處。有什麼好處呢？剛剛說過，初中我靠國文分數好直升，有機會看了一些可能不會看或沒時間看的書。我還要特別吹一下。大學聯考時，我的英文本來

應該考得很好，但是不知道為什麼，一下子腦筋打結，有幾個片語沒有寫對，所以英文分數不高，我的數學一直不是很好，所以數學也考得很低。但我靠 81 分的國文和 45 分的三民主義，很僥倖地考進了台大。每次談起往事我都要講，那年台大最低分是 311 分，我考 313 分。我的國文要是少了 3 分，我就進不了台大。

李：喔，那真的有點驚險。

胡：對。以 3 分之差進台大是有點驚險。進台大跟不進台大，當然對一個人以後的生涯或者命運，會造成很大的差異。所以一定要講一下。

參加《建中青年》

胡：劉容生跟我是高中同學，他是高中 10 班。那個時候《建中青年》的主編是曾昭旭、茅聲燾兩位。高二時，他們把《建中青年》主編的棒子交給劉容生，劉容生請我當編輯之一。編輯是劉容生負責，我的工作主要在看看稿子，擔任選稿和修改，比較簡單。

李：曾昭旭現在是唸哲學的那位？

胡：對，愛情專家。

李：茅聲燾跟我同屆，比你們高一屆。

胡：是，兩位比我高一屆，曾昭旭也跟你同一屆。

高中的時候，就這樣很平穩的過去。高中的時候還有一件事情可以提一下。進高中後，有一位同班同學叫做陳讚煌，後來他也參加保釣。

李：我們這次在上海開保釣五十年研討會他也來了。

胡：對，他是我的好朋友。

李：你們六年都是建中的是吧？

胡：建國中學那時的制度是：初一有十班，每班約五十個學生；

升初二時，每一班前十名各放在一班，也就是有兩個「資優班」。初中前五十名直升到高中後放在一班叫「直升班」。（我們）高中四班就是直升班。班上同學是初中前五十名的學生。彭楚淳功課一直很好，到高中後再度跟我同班。

李：最好的學生，前五十名學生。這競爭力太大了。

胡：對，我們同班裡面最傑出的是顏晃徹。他每年都是第一名，高中第一名畢業（保送台大物理系）。

陳讚煌也是少有大志，所以我跟他特別談得來。我們在高中的時候，成立了一個跨校組織，所謂跨校就是有建中、北一女，和其他三個省中學生的團體。同班的就是我、陳讚煌、和黃光政；當時在班上，我們三個人常常在一起。我們這個團體好像叫勵進社，還是勵志社，我已經忘了（編按：勵進會）。建中還有其他幾位同學，包括 10 班的林孝信。

李：鼓勵的「勵」？

胡：是，勵進或者是勵志，志氣的「志」。我們這個社團裡面還有一位很有名的人，就是馬大姊。

李：馬以南？

胡：是，我跟她高中就認識了。

李：所以你們同屆的？

胡：是的。她跟我同屆。她參加這個社團是楊淑敏介紹的。楊淑敏是北一女的學生，她們兩位是好朋友。楊淑敏跟陳讚煌、黃光正是小學同學，後來楊淑敏嫁給黃光正。

有這樣的淵源，所以我有幸在高中的時候就認識馬以南。後來進了台大也常常來往。我有一陣子不是很得意的時候，她常常鼓勵我。

我的初中、高中算是很平淡，進了台大以後，也沒有什麼特別的表現。

大學時期——台大地質系、台大物理系

胡：我從小因為對哲學、社會科學比較有興趣，進了台大以後沒有把很多時間放在課業上，當然這個跟老師也有關係。

李：你後來怎麼決定要轉到物理系？你對古文這麼有興趣，當初心裡面有沒有一點掙扎要唸那個科系？

胡：這個說老實話，所謂掙扎的正確時候應該在高中。高中分班時我是要唸乙組（文、法學院）的，但是我父親堅持不准我唸文科。我們那個時候只有聽父母的話，沒有自己的主張。他講得很簡單，第一，就算你考進台大，台大的師資很差，你學不到什麼。我不知道台大文學院的師資差不差，但是台大理學院的師資很差。

李：說不定更差。

胡：說不定更差，你是台大物理系的學長，這個你知道的。父親又說，學理科，你將來就能靠自己的本事吃飯，不用靠八行書（介紹信，尤其指靠關係請託的介紹信）吃飯。當然，他講的時候，台灣還是半農業社會，沒有完全進入工、商業社會。在那個時候，他的想法是沒有錯。我後來也的確靠物理系畢業的資格，混了幾十年的飯吃。事實是，（當時）過了三、五年以後，台灣進入工、商業社會。你學哪一科並不重要，重要是你有沒有能力。他那個時候沒有看到這個發展，他只想到不要我靠關係吃飯。這是他一定要我唸……

李：理科。

胡：這是我唸理科的原因；我也沒有辦法。結果呢，我靠國文分數考進台大理學院。

李：你大一的時候是地質系嗎？

胡：是的。大二時轉進物理系。

李：那你大學畢業以後，也服了一年兵役嗎？

胡：對。

李：那時候你在哪裡服兵役？

胡：在桃園。

李：是什麼軍種你還記得嗎？

胡：我是空軍，空軍通訊少尉。

李：那你還比較好，不像我被派到澎湖去了。

參加《台大青年》、《大學論壇》、《大學新聞》

胡：在台大有三件事情一定要講，第一個是，我一進去就參加《台大青年》的編輯群，當時主編是曾……

李：曾祥鐸。

胡：曾祥鐸。我負責的主要工作還是選稿、改稿。記得有一個歷史系的學生，他翻譯了一篇湯恩比的文章送到《台大青年》來。我看了以後，不懂他在說什麼。我就把他湯恩比的原文找來看，我大概改了他譯文的百分之八十，仍然用他的名字發表。

李：還不如你自己寫。

胡：這就是我當編輯的貢獻。替人家改稿子，改的通順一點，如果是翻譯的話，替他再重新翻譯一遍，基本上幹這個事情。

第二個是大二時我參加了《大學論壇》。前一任社長叫任德厚，他也把棒子交給我們這一群人。我們這些搞校刊的朋友中，帶頭大哥是郭譽先。他是我景美的鄰居，所以認識他，他對我影響也蠻大的。

第三件事情當然就是你雅明兄找我參加《大學新聞》。

為什麼要講這些？這是一個伏筆。就是說，我因為參加了《台大青年》、《大學論壇》和《大學新聞》，除了結交一些朋友外，偶爾我也有機會發表自己的文章。看過我的文章，就看過胡卜凱這三個字。

　　我先跳到後面來，當初發起保衛釣魚台的人其實不只我一個，有很多很多人。譬如說，普林斯頓就有七位，其他校園也有人發起保衛釣魚台的行動。但是因為我在我們那個年齡層小有文名，從《建中青年》，從台大，看過我文章的人，多少記得我的名字。我在《建中青年》有一篇文章被北一女中一個學生看上了，很欣賞。她不是欣賞我個人，她欣賞我那篇文章，所以她把我的文章拿到北一女去流傳了一下。

　　李：哪篇文章？什麼樣的文章？

　　胡：那篇文章討論「中國文化」。是我看了父親的書以後，把他書中的重點抄了百分之五十，然後加上我自己的意見。對高中生來說，當然非常有深度啦。所以就被那位北一女的學生看上。這是我後來聽馬以南講的。就是因為我在我們那個年齡層小有文名，後來我就變成保釣運動發起人之一。因為你講李德怡，你講徐篤，沒多少人知道。你講胡卜凱，「啊！這個我同學，我聽過。」所以後來就變成我是……

　　李：有信任感嘛。大家以前都認得，比較有信任感。

　　胡：對，我就變成了發起人。每次當別人介紹說我是「保釣運動發起人」的時候，我一定要加一句，我不是「保釣運動發起人」，我只是「保釣運動發起人之一」。這就是我為什麼要先談《台大青年》、《大學論壇》和《大學新聞》對我的影響。我推動保釣之後，這個也有幫助，因為大家願意接受。

赴美留學

　　李：當然，這一定的。大學的時候，你已經參加台大三個最有影響力的刊物，也參與編輯、主筆等等。後來當過一年兵以後，你申請到美國去 Temple University（天普大學）。

　　胡：我有講到，我的功課不好。當時給我「入學許可證」的學校

是 University of Wyoming（懷俄明大學），但沒有獎學金。我大姊那時在 Temple University 醫學院的實驗室工作。她就說，你先到 Temple來，看看能不能申請到獎學金。如果申請到的話，就來這邊唸書。第一，Wyoming 是個鳥不生蛋的地方。第二，沒有獎學金，跑到那邊又沒有熟人，比較辛苦。所以我到美國的時候，是用 Wyoming 的 I-20（「入學許可證」）辦簽證。然後到 Temple。剛好碰到有位在台大當過我助教的學長陳滌清。

李：他現在在中大吧？

胡：對，他回台後在中大，現在已經退休。他比我早大概三、四年吧，他是我們的助教，所以我認識他。他在 Temple 跟系主任介紹，這是我們台大的學生。台大學生在 Temple 唸的不錯，像他就唸的很好。系主任說，好啊，我們就給他一個 Teaching Assistantship（助教獎學金）。就這樣子我到美國後有了個棲身之地。

李：馬上就有了？第一年就有了？

胡：馬上就有了，第一年就有了。所以就不用家裡面……

李：不用家裡出錢啦。

胡：我家不是很有錢，負擔不了的話，就要放棄留學了。

李：那時候出國費用都是很貴的。如果沒有 Teaching Assistantship 的話，實在很難負擔。

胡：這也是陰錯陽差，如果陳滌清不在 Temple，我搞不到獎學金，就得跑到 Wyoming 去了。那我就可能不會參加「大風社」，沒有以後這些事情。保釣還是有啦，但是不會有我（的角色）。

李：所以你是 1966 年台大畢業。1967 年到 Temple University。

胡：拿到獎學金，就這樣待下來了。

李：能不能請你講一下你在 Temple University 的經過，然後跟其他，比如說 Princeton 的人的來往，還有參加「大風社」等等。

「大風社」

胡：「大風社」是剛剛提到的郭譽先介紹我參加，我跟他在高中就認識，他當然也是那種少有大志的一群。他是師大附中的，朋友很多，所以我從高中的時候就經過他的介紹認識了一些人。後來我進《台大青年》、進《大學論壇》，都是郭譽先介紹的。都是他說，這個人不錯，還能夠寫文章，我就這樣子進的。

李：他跟你同屆？

胡：他跟我同屆。

李：他認識的人比你還多啊？

胡：我這個人比較沉默寡言，不太跟人來往。他認識的比我多的很多，三山五嶽的好漢他都認識。我高中的時候，還有一個成功中學的，姓什麼我已經不記得了。我們那時候三個人，三個不同學校，但是我們常常在一起談天下大事。他就是這樣的一個人。因為他的關係，我進了《台大青年》跟《大學論壇》。當然，進《大學新聞》，是被你看中而選我。

我到了美國一年或者兩年，有一天譽先寫信來或打電話給我，說有一群朋友要組織一個社團，你有沒有興趣參加？叫「大風社」、或叫大風社團。我一聽「大風社」，心就有一點動了。然後他就跟我大概講一下：提出這個構想的人叫做徐篤，學土木的。我本來一直以為徐篤是成大畢業的。他過世後我寫了一首詩追悼他，他的夫人告訴我，他是我們台大的學生，比我高兩年吧。

李：那個時候有徐篤，還有沈平，還有李德怡都在 Princeton ？

胡：徐篤不在 Princeton，他已經在做事。沈平跟李德怡在 Princeton 唸書，一個唸物理，一個唸航空工程。

李：唸物理的是沈平？

胡：沈平唸物理。李德怡唸航空工程。

李：沈平是香港來的？還是台灣來的？

胡：他是台灣去的，但他是所謂的「小留學生」。

李：他 undergraduate（大學本科）在美國唸？

胡：我不知道他 undergraduate 在美國唸？還是高中時就到美國？反正他很早就跟著爸媽到美國，大概不只 undergraduate，或許高中也在美國唸。所以他比較美國化，跟我們的背景不太一樣。

徐篤住在 New Jersey（紐澤西），他跟李德怡是好朋友，他們可能是同年的，我不太清楚。由於「大風社」在費城只有我一個人，所以我就參加「大風社」在 Princeton 的聚會。

李：你開車從費城到 Princeton 大概要開多久？

胡：大概一個鐘頭。

李：那比較近。

胡：很近。費城到紐約只要兩個鐘頭，Princeton 在中間，所以大概就一個鐘頭左右。

李：我記得我們有一次在 Princeton，跟「大風社」的人聚會是嗎？

胡：不是。是這樣子，應該是「大風社」加上 Princeton 香港同學會以及台灣同學會，在 Princeton 合辦了一個國事座談會，所以有很多人來，你可能也是那次來的。

李：在此之前，「大風社」本身……

胡：在 West Virginia（西維吉尼亞州）開過一次會。

李：對，那是在一跟二月。有一次是在 Princeton，那是我唯一去的一次。大概是 1969 年的年底，是不是那個？

胡：喔，那我不記得。

李：「大風社」的人在 Princeton 聚會……，我記得那時候有劉大任、郭松棻。

胡：不是國事論壇那次？那次開了兩、三天會。

李：那個我沒有去。

胡：這件事情我倒是忘了，我一點印象都沒有。

李：我們那次比較正式，整個全國性的「大風社」在 Princeton 碰面。你可能也去了。你大概去的次數多，所以不記得那次。

胡：喔。怪不得我認得劉大任，我後來到 Berkeley 找他，這樣就湊起來了。

保釣運動的源起

李：請你再講一講保釣開始的情況。

胡：我在另一篇文章有講到，當時事情出來以後，《中國時報》的記者上過釣魚台，立法委員李文齋先生在立法院發表質詢，《中華雜誌》有轉載。他就談到外交關係，談到石油資源這些問題。《中央日報》也有些相關的報導。

所以很早就有留學生，不是我，其他留學生就在《中央日報》海外版寫讀者投書，要求政府採取行動。這些人我記得有一位叫王唯工，是我物理系同班，另外還有一位叫吳利，是台大化學系畢業的女學生。我和她是在台大「融融社」認識的，她和王唯工當時在 Johns Hopkins（約翰‧霍普金斯大學），錢致榕也在。所以 Johns Hopkins 有一群人寫了封信。我當時有注意到，但是我沒有特別去關注這個議題。平常大家聊天當然也會談到，罵國民黨是怎麼樣無能，這個都是有的。《中華雜誌》其實早就有釣魚台的報導和資訊，我沒有怎麼特別注意。

真正讓我注意到「釣魚台」問題的是王曉波。他和王順寫了一篇文章，用了五四的口號：「中國的土地可以征服，不可以斷送！」後來據他說，他文章的標題本來是〈不可出賣釣魚台〉，沒有雜誌肯登。

他就拿到《中華雜誌》。王曉波跟我父親的關係比較錯綜複雜，此處暫且不提。我父親看了他這篇文章以後說，《中華雜誌》願意登這篇文章，但是你要把標題改成〈保衛釣魚台〉；這樣的話沒有人能說你在指責或暗示政府打算「出賣」釣魚台。這個標題當然也比較有正面意義，所以我一看，再加上五四的口號，就受到震撼。

我好好的把他的文章看了以後，把以前王唯工、吳利他們寫的讀者投書跟它串起來，認為我們留學生在這個事件上應該要採取一些實際行動。剛好又有「大風社」每個月的聚會，我就在 1970 年 11 月聚會時，把《中華雜誌》以及讀者投書這些資料，還有《中央日報》10月份的相關報導帶去。他們像我一樣，以前知道這些事情，但沒有特別去關注。我們那天討論後，大家都同意必須採取行動。

我另外一篇文章提到：我們本來只想到讀者投書、上書給政府、大家聯名寫信、或一人一信之類的方式。沈平說，你們不要搞這些事情。他講了一句我常常引用的話：「三個人在路上走，沒有人會注意；三個人拿著牌子走，記者就來啦。」也就是說：要嘛就不要搞，要搞就要遊行，就要示威。略做討論後，我們都說好，就照你的意思辦。既然要遊行示威，就要人多，就要想辦法拉人。「大風社」沒有問題，十幾個聯絡網，我們可以馬上通知。

這時我就想到《科學月刊》。當時林孝信正在籌辦《科學月刊》，幾個比較積極參與的包括劉源俊、張智北以及一些其他的人，都是台大同學。當然還有其他我不熟的人。我想如果《科學月刊》的五、六十個聯絡網願意參與，聲勢一定大振。但我沒有積極參與《科學月刊》，只有幫忙募款之類，所以還不敢確定。

那個時候我大姊、大姊夫都在費城做事，我大姊夫屬於一個相當於兄弟會的美國華人組織（成員絕大部分已經不具留學生身分），叫Rho Psi。他在裡面蠻活動的，他們辦了個京劇義演活動，替《科學月

刊》募了些錢。我跟孝信是物理系同班同學，擔任《科學月刊》費城聯絡員，替《科學月刊》辦了這樣的一個活動。有了這些關係，我就自告奮勇去當說客，請孝信在「科月聯絡網」上面宣傳「保釣」。那時候，因為保衛釣魚台我們就叫「保釣」，還沒有「運動」的稱號。「運動」大概是……

李：後來的事。

胡：後來才有的事。雖然孝信走科學報國的路線，他也是很有社會意識的人。我們現在講社會運動，當時也沒這個名詞，是很有心啦。我跟孝信聯絡後，他自己很贊同，但是他比較謹慎，不是那種只要我同意就可以做的人。我記得他大概打了十幾通電話，徵求各地聯絡員的意見。詳細數字我不清楚。

李：他文章講他打了電話給十幾個人。

胡：對，都是比較熱心參與《科學月刊》籌備的人。他第一個問的是另一位物理系同班同學劉源俊，劉源俊當時就一口贊成，給了他一些鼓勵。他再徵詢其他人的意見，大家也都表示贊成。

所以，對保釣運動最有貢獻的人是林孝信。沒有他當時籌備的《科學月刊》，就不會有那麼多人參加。沒有那麼多人參與，就不會有那麼大的一個示威和遊行。沒有那麼大的遊行，就不會引起全國關注。至少台灣很關注，美國當然也是啦。沒有四千個人在那邊走的話，若是只有十幾個、二十個人、一百個人，通常不會受到重視。

後來國務院也不得不重視，還特別發表聲明，政府也是以留學生的抗議來給國務院一些壓力，才造成他們的宣示，大家都忽略了，這個是保釣運動很重要的貢獻。當然我們現在講起來。王曉波就說我們一事無成；但其實不是。國務院發表的聲明是很重要的。就是說美國只是把釣魚台的管轄權交給日本，主權你們兩邊自己去談；這個是一個很重要的關鍵。如果當初沒有保釣運動，沒有國務院這個聲明，沒

有他們退一步，美國把主權交到日本手上了的話，就……

李：麻煩了。

胡：當然到最後就還是要靠我們習大大的軍力啊。五十年來，我們可以一直拿主權當作議題來宣示，就是當初第一代保釣運動的貢獻。我們那時候沒有想到五十年以後中國會變成全世界第二強，或者幾乎是第一強。主權的爭議就變成次要了，只要拳頭大就好，是不是？但是我們那時候不可能預見到。說第一代保釣運動沒有貢獻並不夠客觀。

費城保釣的情況

李：可不可以回想一下，當時你在費城，費城那邊的活動情況怎麼樣？

胡：因為我姊姊的關係，我認識賓州大學的人。我是天普大學的，費城有三個主要的學校，一個是賓州大學，常春藤名校之一，一個是天普大學，另外一個叫 Drexel Institute of Technology（卓克索理工學院），Drexel 是理工學院，中國學生也蠻多的。

李：那個時候在費城大概有多少個中國學生？

胡：我不記得。

李：每個學校大概有一、兩百人？

胡：Temple 沒有，大概只有幾十個，和 U. Penn（賓州大學）、Drexel 加起來，我想至少五、六百個是有的。恐怕不止，因為我們第一次……這個我等下再講，多少人我要查。

留學生吃飯或什麼聚會，我姊姊都會帶我去。學生之間也有些活動例如開舞會，彼此都有些往來。所以我認識 U. Penn 的學生，也認識王正方，在保釣運動之前就認識他。一有保釣當然就找他見面。我

們組織了一個「費城保釣行動委員會」之類的組織，因為 Temple 中國留學生不多，於是以 U. Penn 為主，王正方是領袖。還有一些其他人，如賈廷詩、梁淑堅、張先明等；程君復則每次從哈里斯堡（賓州省會）開車來開會；還有一位姓陳和姓張的留學生。這位張教授回台後擔任過逢甲大學的董事長；天普大學還有陳滌清跟我大姊等人；當時費城主要大概就是這些人。其他人我就記不起名字了。「保釣行動委員會」在賓州大學辦了一場釣魚台座談會或者是說明會，那次去的就有兩、三百人。

李：那很多。

胡：那很多了，禮堂都坐滿。

李：王正方是做過一陣事再回來唸書，所以他年紀比我們大幾歲。

胡：他今年八十一歲。我前些日子碰到他，他說八十一、還是八十二歲？我現在是七十五歲，他大概比我們大個五、六歲。王正方很會講話，在那次座談會中，他講的聲淚俱下，全場動容。

李：大概是什麼時候你還記得嗎？

胡：1970 年年底，我們是 11 月發起，大概就是 12 月的時候，在遊行之前。辦了這麼一個活動，費城的組織就形成了。我們那個時候也跟紐約合作，我到紐約去開了兩、三次會。

李：你那個時候常常去紐約開會，我們還一起開過會，大概十次都有了吧。

胡：對，十次都有。

李：太多次了，每次我都當華盛頓 DC 的代表開車去。我想我們大家都一起開過好幾次會。

胡：對，當然開會以後就是決定。主要還是紐約的香港同學為主力，我相信是。

李：我們在華府（DC）那附近的，還是以台灣來的為主。

胡：那當然，紐約那次大遊行，主要推動、策畫的是香港留學生。我那篇文章有講到，我們那時候要求不要用「內除國賊、外抗強權」那種標語，因為你講這一些，只怕還在白色恐怖陰影下的台灣留學生，會不願意出來。香港同學也同意。我們的原則是不刺激台灣政府，完全以愛國、保土來號召大家，讓參加的人越多越好。至少在紐約那一次，這個原則是做到了。這個要感謝紐約的香港留學生顧全大局。

李：像紐約那批人，李我焱、袁旂這一些人，你是事後才認得的？

胡：我是後來才認識。

李：你當初都不認識？

胡：對。我只是去開會，因為我不算是費城的頭頭，王正方是頭頭，我只代表 Princeton「大風社」的人去開會，當然我們也算是 original（最早、原始）。就是去表示支持，真正做事、協調的應該是王正方和 U. Penn 那批人。

劉大任

李：你剛剛提到你跟劉大任有過一些接觸？

胡：你剛提起他到過 Princeton「大風社」（開會），所以我認識他。一開始的時候，「大風社」所有（其他）分社的人都答應參加保釣，只有 Berkeley 表示不參加。我不知道你記不記得這件事情？

李：我不太記得。

胡：我的印象非常深刻。因為那時候我負責聯絡，我開車到 Rhode Island（羅德島州）去串聯，見到一位記得是姓鄭的留學生。他不是「大風社」的社員，有人介紹；談了之後他表示支持。我也到 DC 去開過會，Johns Hopkins 的人都來了，他們都表示支持。我後來也到過加州。

李：怎麼會，什麼機緣到加州去？因為那段時間很短。1 月 30 日示威的話，那不過就只有一、兩個月的時間。

胡：我有個姊姊住在加州，我一到美國就住在她家，然後再從她家，到東部我大姊家。

李：這是你二姊那邊？

胡：是，我到她家去過 Christmas，算是渡假，同時順便到加州串聯。

李：所以就是 1970 年年底的時候？

胡：年底，對，我到了加州。因為那時候 Berkeley 一直不肯參加，所以我去找劉大任，想了解他們為什麼不參加。聊了半天，我終於感覺到，他們不肯參加，是因為他們不願意承認中華民國政府。

我後來到 Stanford 開會，到 L.A.（洛杉磯）和陳磊，郭譽先這些「大風社」的社友們開會。那時喜歡用「串聯」這個紅衛兵的時髦語詞，基本上就是到各地聯絡和尋求支持。

李：遊行的時候你是去紐約的嗎？

胡：我參加了紐約遊行。本來費城和紐約的朋友說，我們要找個代表演講，請你代表費城；我說，我講話不行，王正方在費城開會的那天講得非常好，還是請他代表費城。他在紐約就發表同樣的演講，也感動了很多人，這是一個小插曲。

從紐約回來以後，左、右就開始分裂。我剛提到，我到過 Stanford；剛好碰上當地留學生開會，舊金山總領事周彤華有來，他在會中被罵得一蹋糊塗。罵得最兇的是董敘霖或董慶圓（也是我們物理系的，兩位是兄弟）。

李：董敘霖是數學系。

胡：是，慶圓跟我同班。總之，總領事被罵得臭頭，有些留學生已經開始坐立不安，所以我就打了個圓場。大意是，他代表政府來聽

聽學生的意見，也算有誠意；他沒有決定政策的權力，罵他於事無補。回到費城以後，有人就跟我說，你怎麼到加州去當起國民黨的打手？

我一直很想避免左、右分裂，但這實在是……。我剛剛為什麼要特別提這個，就是我一直很懷疑，我也相信是這樣：就是劉大任他們參加保釣，是因為受到中共的鼓勵，認為機會不可失，應該拿這個機會，來壯大自己或者怎麼樣。所以他們一參加以後，就有什麼《戰報》之類，各個地方都出來了。這就是為什麼我要把那一段寫出來，做為對照。他們原來不肯參加，但忽然一下子都參加；不但參加，而且大張旗鼓的搞。我得想辦法求證一下，他們後來參加（保釣）的幕後原因，也算是歷史的一個註腳。

李：而且選定 1 月 29 日那一天示威，不是全美約定的 1 月 30 日。

胡：對。當然這個歷史我相信中共最清楚，我們今天就不談了，以後可以慢慢再求證。一個愛國運動變成了一個政治鬥爭運動，鼓吹回歸等等。現在當然也無所謂，只是這跟我當初發起愛國運動和團結留學生運動的構想有點距離。

李：有點出入。

胡：我要講的就是這個。而且我也不太滿意；很多人是因為相信我，或者被我說服，參加了保釣。如果後來搞到護照拿不到，我對不起他們。這種事情我不願意做，也不會做的。到了華盛頓遊行之後，當天開會時參加釣運的人就因為「路線」而正式分裂了。

李：對，4 月 10 日那天。

退出費城保釣

胡：4 月 10 日那天開會的詳細情形我已經不記得，但是感覺上我知道分裂了。所以回到費城之後，我就發表了一個聲明，退出「費城

保釣行動委員會」。

李：是因為這個原因？

胡：就是因為這個原因。

李：大概就是在 4 月 10 日遊行之後不久？

胡：對，我那篇文章有講到，主要是我要讓其他參加保釣，沒有什麼政治傾向的留學生，有一個退路。如果他本來就左傾當然無所謂；如果他並不左傾，他還得做個順民。那他拿到我這份聲明，就可以去申請他的護照，不會有問題。他可以說，沒有錯，我們當初是為了愛國，現在他們要左轉，我就退出。這樣國民黨就沒有理由再為難他了。基本上是這樣的一個原因，我就寫了這樣的一個聲明書。

李：你在什麼地方公布你的這個聲明書？

胡：那個時候沒有什麼地方可以公布，就是寫了以後散發給大家，誰要誰拿嘛。

李：我看到這個消息，我忘了在什麼地方看到。

胡：左派可能有拿這個東西來討伐我、攻擊我，我不清楚。那個時候還沒有 Facebook，沒有 LINE，沒有這些。

李：也沒有 e-mail。所以你在費城的時候，是因為這個原因，而並不是因為……比如說跟王正方有什麼……？

胡：沒有，沒有。這完全是路線的問題。

李：跟人沒有關係？

胡：跟權力也沒有關係。

李：有沒有發生什麼爭執？

胡：沒有，沒有。我只有跟一個人發生過爭執，就是程君復。我跟他發生爭執其實是一個誤會，因為我這個人有點粗，我們在一起開會，大家去吃飯的時候，我們在路上走，然後有人講了什麼事情，我就脫口而出「他媽的！」，我其實不是針對他。他以為我在罵他，就

火起來跟我大吵。

　　李：不過程君復這個人講話太尖刻了。

　　胡：他尖不尖刻我不是很記得。在這之前，他其實對我蠻欣賞的，因為他父親是個學者，叫做程石泉，跟我父親是好朋友。我跟他也算是世交，我年紀比較輕一點。

　　我一直試圖保持中立。我們家跟國民黨沒什麼關係，我只是不願意造成左、右對立，讓其他那些中間派的人不願意出來。這是我最大的 concern（關心的事）。我盡量不攻擊國民黨，這是我的原則。左派則一直……，所以那個時候我們在路線上就已經有……

　　李：有分歧。

　　胡：所以搞得不太愉快。然後我隨便講的一句話就……。我跟其他人起爭執，就只有那一次。但也沒有什麼東西啦。

　　李：你退出是 1971 年 4 月以後的幾日？

　　胡：那個我就不記得了。

　　李：大概是過了 4 月 10 日遊行以後多久？

　　胡：我不記得，我們先跳過吧。看看以後有沒有機會找到那份聲明。

被退學以後──拉斯維加斯生活一年

　　胡：到了五、六月的時候我被學校退學；這跟我參加保釣運動無關，我要先聲明這句話。剛才前面就講了，我的功課不好，所以我在 Temple 兩次 qualifying exam（博士生資格考試）沒有考過，到了五、六月的時候，學校就給我一個通知：你要離開了，我們的 contract 不會再 renew（更新）。

　　李：你第二次 qualifying exam 是什麼時候考的？

胡：第二次是 1971 年 3、4 月的時候。應該是那時候。

李：那是保釣最激烈的時候。

胡：對。但跟參加保釣沒關係，純粹是我功課不好，沒有其他的。我父親就常常說（因為）他參加保釣，才考不過。其實不是，就只是我功課不好，底子不夠。應該這樣子講：我不是唸理科的料。

李：因為你興趣可能是在文的方面，我們都一樣的，也許讀物理還勉強可以湊合就是了。所以說你 3、4 月考第二次 qualifying exam 資格考試沒有考過，然後到 4 月遊行以後就收到通知了。

胡：所以，不用講，我就離開了費城。

李：大概是 1971 年的幾月？

胡：1971 年 6、7 月左右。

李：你好像沒讓家裡的人知道，因為有一陣子，你有一位姊姊還打電話來問，知不知道你到哪裡去了。

胡：那可能是大姊。

李：你有一篇訪問提到，你去了 Las Vegas（拉斯維加斯）。

胡：對。因為那時候我走投無路。我第一次到加州去渡假，回來時，那個時候飛機票改道不要錢的，不是說不要錢，就是說我從加州舊金山到……。

李：回費城。

胡：我中間如果 stop by（中途停留）Las Vegas 的話是不要錢的。

李：經過一個地方，不要加錢，對。

胡：所以我就去 Las Vegas 停留一天。我在那邊坐下來就贏了一百塊，所以我以為在 Las Vegas 很好混。我在費城沒有獎學金，混不下去了，又不肯開口向家人求救──這是美國人講的 hubris ──就是「沒什麼道理的驕傲」；於是就想到去 Las Vegas 混混。

我不願意跟家裡講，承認自己的失敗，更不好意思跟家裡要錢。

我也知道家裡面沒什麼錢。我就只有留在美國。但我那個時候沒有辦永久居留，沒有身分，也就沒辦法工作。所以就想到去 Las Vegas；我以為在 Las Vegas 能靠賭錢混出個名堂。其實並不好混。但是那個地方有個好處就是，天氣很好，晚上睡在外面都沒問題。吃飯更不是問題，賭場隨便讓你吃，所以我就在那裡混了一年。

李：你總要找個什麼地方住的吧？

胡：我說過，你不用住在室內。我有時候睡在人家屋簷下，有時候睡在地下的大排水道裡面，有時候睡在 truck（貨運卡車）裡面，每個地方都有 truck stop（卡車停留站），打開一個（沒有鎖的）車門跑進前座睡覺。

李：那 Temple University 有沒有給你一個 Master Degree（碩士學位）？

胡：當然有。我後來靠這個 Master Degree 的文憑混了幾十年飯吃。

李：真的啊？你那時候拿 Master Degree 就可以找事啦。

胡：但是我沒有身分。我們那時候也沒有想到，很多人早就去申請綠卡了，那時候我們用研究生的身分就可以申請到綠卡。

李：對。不過，我們那時候有越戰，申請了 PR（永久居留權），有可能會被徵兵，所以男生可能會有這個問題。

胡：這樣啊。我倒是沒有考慮這個問題，那時候我沒有申請，忙著其他的事情。

李：所以你就直接跑到 Las Vegas 去了？

胡：我以為很好混，結果不好混，但是也混了一年多。後來是我姊姊到那邊找到我，把我帶到加州。

李：她怎麼會找到你呢？真是不容易呀！

胡：她找了私家偵探。

李：哇！

在加州工作

胡：我就到了加州，然後我就靠物理系的 Master Degree 找到事；然後就開始混飯吃，就是這樣。後來在加州申請到綠卡。

李：在加州是洛杉磯，還是哪裡？

胡：南灣區，South Bay 或通稱的矽谷。

李：你到加州那時候應該是 197 幾年……

胡：1972 年。

李：我看了其他資料，你是 1993 年回到台灣？

胡：對。

李：所以 1972 到 1993 年，過了 21 年，一直都在加州嗎？

胡：一直都在加州打混。我在加州的時候，除了混飯吃以外，還看了很多書。我對哲學和社會科學有一點點皮毛知識，都是那個時候得到的。

李：你那時候翻譯了很多東西，也寫了很多文章，是不是？

胡：那個時候倒沒有寫或翻譯。我替父親辦的《中華雜誌》翻譯，主要是在我唸大學的時候。

李：1963 年開始創辦《中華雜誌》？

胡：1963 年到 1993 年。我唸大學的那一段時間（1962-1966 年），他有時候會找我翻譯一些文章。其中一篇是海森堡（Werner Heisenberg）談哲學的文章。我學到海森堡（Werner Heisenberg）的 uncertainty principle（測不準原理）；後來大三上量子力學時，才進一步了解到它的意義。我還替《中華雜誌》翻譯了其他的科學報導。此外，我父親看到一篇美國〈新文學批評（理論）〉的文章，他找不到人翻譯，硬要我來做。我那時候英文程度不好，除了查字典勉強翻譯外，我父親幫我潤色一下。這是我第一次接觸到「文學批評」。

李：因為我記得那時候在《中華雜誌》上看到你寫和翻譯了不少文章。

胡：沒有寫，翻譯的也不算多。都是我父親要我翻譯我才做的。

李：你在 Bay Area（灣區）21 年，大部分是什麼樣的工作？

胡：那時候我姊姊介紹我進入一個高科技公司，叫 Amdahl。那是設計大型 computer 的。Gene Amdahl 本人是 IBM 總工程師出身，他認為自己可以設計一個更快更好的 computer，開了這家公司，以自己的姓當公司名稱。很多中國人在裡面工作。後來他也蠻成功的。我當時經過我姊姊的朋友介紹，在品管部門（Quality Assurance）工作。我以後就一直待在品管部門，做了二、三十年。

李：在美國二十一年。

胡：是的。在美國工作二十一年多，回台灣工作八年多。

李：你 1993 年回來台灣，有沒有什麼 motivation（動機），什麼樣的原因讓你想回來台灣？對了，你後來什麼時候結婚的？

胡：我是四十一歲的時候結婚的。

李：是哪一年？

胡：1985 年。在加州結婚。

李：所以蕭蘋那時候也在美國？

胡：我們在 Bay Area 認識的。我同事的太太跟她是同事，他們看我四十歲了還是老光棍很可憐，就幫我介紹。

李：四十一歲結婚。你 1993 年回到台灣工作，是什麼樣的機緣或者……？

胡：兩個因素，第一個，比較重要的因素就是，我父親那時候常常生病，我姊姊他們常打電話來，過不了兩、三個月，就說，父親又送急診，又進醫院了。有兩句詩：「樹欲靜而風不止，子欲養而親不在。」電話接多了，我就想到回來，陪伴他老人家一下，免得以後後

悔，這是一個原因。

第二個原因就是，我在加州做事，本來很得意，我每次找事，大概不出兩個禮拜，就有 interview，一個月左右我就有新工作。有一陣子，我常常換工作。後來四十一歲時在一家公司跟我老闆處不好，或許是他 discriminate（歧視），我不知道。我度蜜月時，他找了一個人來當我的老闆，我心裡面當然不舒服，開始找事。

李：所以你不只是在 Amdahl 這個公司做？

胡：不是。

李：還有其他的公司？不過一直都在 Bay Area，換過別的公司是不是？

胡：我在 Amdahl 做了兩年，後來 Amdahl 開始有財務問題，因為他的 computer 一直做不出來。美國公司財務一吃緊，就會開始裁員（lay off）。我想我是新進人員，一定先被 lay off，如果一群人在外面找工作，我很難找到事。所以我就先出去。

李：在 lay off 之前？

胡：在 lay off 之前，我先走了。然後我就常常換工作。

李：所以你在那邊換過好幾個公司？

胡：換過好幾個工作。我姊夫跟我開玩笑說，你找事的經驗比你做事經驗還多。我年輕的時候要找工作……

李：很容易？

胡：因為第一你薪水低，第二你年輕，要找工作很容易。等到我四十一歲再找工作時，根本沒有公司要 interview（面試）我。不像我以前兩、三個禮拜就收到公司回信。

我的 application（申請書）送出去，大半年沒有公司要找我面試。開始時我覺得很奇怪，後來我終於想通了。第一，我的薪水已經到了一個階段。第二，品管（QA）工作不需要十幾年的經驗，兩、三年的

經驗就大致可以應付。所以花這麼高薪找我做事，對他們來講，成本效益不高。另外一個我考慮的因素是，現在是我自己要找事找不到，壓力不大，如果被 lay off 的話，找不到工作就慘了。

這主要還是跟我的工作性質有關，如果我是 design engineer（設計工程師），就沒問題。剛好我從事的 QA 是冷門，而且不是非要不可的部門。換句話說，如果我四十五歲被 lay off，我很可能就此失業了。

李：對，這個我們在美國做過事的人都了解。

1993 年回台灣

胡：在這兩個因素的考慮下，剛好我有個朋友，說起來也很悲慘。他跟我在一個部門工作，是做軟體品管的。他說，我現在有個機會可以回台灣，這家公司叫吉悌電信，吉祥的吉，悌是孝悌的悌。他們在找人，你有沒有興趣？因為上面說的那兩個因素，我就說可以考慮。

於是吉悌電信排我回來 interview，要我給一個 lecture（演講）。公司除了付飛機票外，還送我新台幣五千塊的車馬費，很不錯。回美國後，沒多久他們就給我一個 offer（職務），擔任研發部（不是生產線）的品管經理。

那個介紹我這個工作的同事，後來一直都沒有回來。這邊的老闆就叫我打電話給他說，你介紹的人都來了，你怎麼還不回來？我打電話給他，他說，我得了 cancer（癌症），因為醫療保險的考量，我沒辦法回來。我回來不到一年，他就走了，比我還年輕十歲。

李：唉呦。

胡：都是陰錯陽差。

李：所以你在 1993 年回來。我看別的資料，你是在 2001 年退休是吧？

胡：我在 2001 年退休，對。

李：就從這家公司？

胡：就是從這家公司。我之所以退休，是因為……

李：所以你回台灣以後就一直在這家公司做？

胡：對。台灣沒有做交換機的技術。所謂電信公司就是把國外交換機廠商的機器組裝後賣給電信局，改寫原有的軟體程式來符合台灣本地的需求，同時負責安裝和維修。

電信局（民營後改稱中華電信）的 set up 是這樣子的：電信局跟三家國外廠商簽約，把台灣分成三個地區，一家供應一個地區。等於是半專賣，條件是國外廠商要把技術移轉給我們，這跟中共的手法一樣。

最初簽約的三家廠商後來有的轉賣給我回國時的廠商。當時是西門子（吉悌電信）、Alcatel、和 AT&T。西門子是從 GTE 接手。所以叫「吉悌」電信，不叫「西門」電信。我回來後沒有兩年，台灣的交換機就到達飽和點了。

電話要兩個人對打，對不對？所以全國只要裝置人口 50% 的電話線就夠了。台灣如果有一千萬人，有五百萬條線就夠了。加上商業用線，頂多到六、七百萬條線。但到我回來兩年後，台灣已經有大約一千五百萬條電話線，已經遠超過飽和，不再需要交換機。雖然那個時候手機出來了，公司改做手機基地台安裝和維修的工作，但是得開始裁員。加上我這個部門來了個新老闆，也從美國回來。年輕氣盛不來敬老尊賢這一套，對我講話不太客氣，我就不幹了。

吉悌電信研發部軟體工程的毛協理後來先後被台達和華碩的手機部門聘任為副總，他找我去當 Consultant（顧問），協助他處理品管和專案管理方面的工作。我從吉悌電信退休以後，在這兩家公司（手機部門）做過短期的顧問。

在美國參加保釣的政治立場

李：現在我想換一個題目，就是從你退出「費城保釣行動委員會」這件事，可以看出其實你是希望不要有太多左、右立場的爭執？

胡：當時在美國那個社會、那個環境，context（脈絡）是這樣。

李：我想請你講一下，你的意識形態，在政治立場上，你採取什麼樣的態度？

胡：這個要稍微講到一點政治學或政治哲學。我最早接觸到個人主義，是受到海耶克的間接影響，我是看了徐訏（本名徐傳琮）一本書，寫小說那個徐訏。大概是高三、大一的時候。我後來才了解，那時候我知道，他的書是把海耶克（Friedrich August von Hayek）的《通往奴役之路》翻譯或者是改寫過來，介紹「個人主義」跟「自由主義」。我相當認同那本書的內容，所以我有段時間，用「自人」（自由主義和個人主義）做筆名，寫過兩三篇文章。

李：用這麼長的筆名啊？

胡：沒有，我用「自人」，只有兩個字。自，就是「自由主義」；人，就是「個人主義」。後來我對海耶克的講法完全不贊成，那是後來的事。

我一直接受這兩個主義，所以我一直到現在……。當然你說國家、社會跟個人比起來，哪個比較重要？我的辯證是：沒有個人，就沒有社會，就沒有國家，所以個人很重要；但是反過來說：沒有社會，個人難以存活；沒有國家，個人也難以存活；社會和國家當然也很重要。問題在於，兩者之間你要選擇哪一個？就我來說，回到最根本：沒有個人就沒有社會跟國家，那也談不到社會或國家來保護個人。因此，最後（ultimately），還是個人最重要，這是我的邏輯。正確不正確，是另外一回事，我們可以再討論。如果一定要我「二選一」，我是以「個人」為重的。

李：所以在保釣後期，發生這種左、右派、自由派的論爭裡面……

胡：我沒有參加。

李：你沒有參加？

胡：我沒有參加，我沒有接觸到。

李：那你在費城，你跟王正方？王正方那時候已經很左了，對不對？

胡：那個時候我還不知道他那麼左，大概到了紐約，或者是 4 月 10 日以後才比較知道。我那個時候退出「費城保釣行動委員會」，並不是針對他，而是說我已經看到整個趨勢，整個氛圍是這樣子了。有些人要拿保釣來打擊政府；我為了要保護那些對政治沒有什麼興趣，只是純粹愛國的人。因此我退出釣運，給他們弄一個台階下，基本上是這樣子。

李：所以你在保釣運動中，後來你就退出，然後在左、右、自由派的論爭裡面……

胡：因為我後來跑到加州當工程師去了，沒有再接觸，也沒有參與這個論戰。

李：對。那後來你到 Bay Area 做事的時候，有沒有繼續？

胡：都沒有參與。我雖然浮出江湖，但沒有什麼人知道。有一次在雜貨店碰到一個老同學。他說：「哎，你怎麼在這，我還以為你走了。」我在加州很長一段時間都是「宅男」。

參加公開活動

胡：後來我再出來參加了三個活動，第一個是接待船民。

李：船民就是越南的那些難民。

胡：我在加州的姊姊有一些朋友，他們都是在社會上有成就

（established）的人士，也就是在社會上有些地位。當時船民都很苦、很窮；進來美國的話，英文一句都不會。於是這些人組織了一個接待船民的團體，幫助他們就業，幫助他們小孩子上學。我除了教船民子女英文外，還代表船民去參加家長教師聯誼會（PTA），這是在加州的一個活動。

李：大概是哪些年？

胡：這個要查一下，我不太記得了。

李：可能是 198 幾年是不是？

胡：我要查一下（1980-82 年前後）。另外一個活動就是，我有個同學叫黎妙榮，他的父親是黎世芬，擔任過中央日報的副社長和社長。他算是國民黨的嫡系。黎妙榮是台大機械系畢業，是位虔誠的教徒。他對國民黨非常的……，不，應該說對中華民國，他可說是位「中華民國死忠派」。中華民國退出聯合國的時候，他發起寫信給卡特總統抗議，以及在南灣區組織遊行抗議。我都參加了。每年元旦，他在 San Jose（聖荷西）辦升旗典禮。因為他是我高中同班同學，我每年也會出席。

我在加州參加的第三個活動，是抗議六四天安門事件。我和物理系同班同學王家堂開車到舊金山參加六四相關的活動大概至少有三、四次。也捐了些錢資助、支援民運人士。

一直到 2002 年，李登輝發表釣魚台是日本的這個言論之後，我才再次參加保衛釣魚台運動。

李：遊行的時候我還碰到你。

重新參加保釣運動

胡：遊行是後來。2002 年林孝信發動了一個簽名活動，他把以前1970 年代保釣的老伙伴找來在《共同聲明》上簽名。那個聲明書是我

寫的。那一年我一聽到李登輝的演講，我就寫了篇文章譴責他，發表在我的部落格上。我退休以後，搞了個部落格。那時候陳讚煌打電話給我，他說，李登輝講的話我們都很氣。

李：太不像話了。

胡：我說，我已經寫了一篇文章。他說：「林孝信準備要發動簽名，聲明書可不可以請你寫？」我說：「當然可以」。我的原文比較尖銳，有「李登輝是賣國賊」這種字眼。聲明書當然不能這麼說，我就做了些修改。那年兩千多位（或四千多位）老保釣簽名，譴責李登輝的聲明書是這樣來的。

李：是。

胡：因為這一次抗議，我認識了黃錫麟和許多中生代的青年。1993 年我回台灣後，沒有參加保釣或任何活動，所以連金介壽他們1996 年去釣魚台登島我都不知道。2002 年以後我才重新投入釣運。那時老保釣做了兩件事，一個是有位中生代的張釗維協助我們成立了一個 e-mail 論壇，提供老保釣們在上面談政治和交換意見。

李：喔，有一個保釣網路平台。

胡：那是一個，第二個就是黃錫麟在長年奔走後，成立了「中華保釣協會」。

李：後來黃錫麟成立的「中華保釣協會」，還有劉源俊辦的「光復會」（「台灣釣魚台光復會」）就分開了，是不是？

胡：後來我們有一個買船的計畫。

李：好像財務不是很清楚。

胡：對，船長願意把船以一千萬賣給我們，我們也不知道多少錢。後來有人跟我們說，這條船的市價只有六百萬。打聽了一下，的確不到一千萬。出面募款的是我跟劉源俊，如果買了一條號稱一千萬的船，我們兩人沒有辦法交代。但是黃錫麟他們堅持。他在這從事保釣工作

這麼久，有他的群眾。他們既然要這麼做，我只好退出。

李：所以你跟劉源俊一起退出？

胡：我們倆一起退出。我們這個年齡不能幹這種事。

父親胡秋原

李：下面一個題目。令尊胡秋原先生德高望重，我們都很清楚。他很早就有文名，他的思想過程也有一些變動，能不能請你回顧一下，令尊的經歷跟他的思想、心路歷程？

胡：好。有兩件事情要特別強調，第一，他對於西方學術和思想很了解，不論是哲學或社會科學，甚至是自然科學。自然科學就是我們現在講的「科普」。深入的自然科學理論他當然不是那麼了解，但他很清楚基本理論。他對於西方史學和社會科學有很深的研究。第二，中國傳統思想上，他以孔子的傳人自居。我不是說他是傳統派，他既然有那麼廣的學問，不會是個傳統派。但他是以身為中國傳統知識分子為傲的一個人。他對於孔、孟之道很尊崇。這是一般人比較難理解的。

李：為什麼呢？這應該是一個很傳統的想法，很多人當時都是這樣的。

胡：我知道，但是應該怎麼講呢？他不是傳統派，但是他比很多傳統派更傳統一點。

李：另外一種傳統法。

胡：他非常推崇儒家傳統，這是必須要強調的。但是你看他的文章的話，他很少討論中國儒學（包括理學）或老、莊。對新儒家他也不怎麼涉及，應該是不以為然啦。

我現在對孔子之道，當然不是說所有的儒家「論述」，只是對某些孔子之道，我也很尊崇。但是，我不懂中國學問。說老實話，我對

西方哲學、社會科學的了解比較多一點。

我住在加州的時候，我父親偶爾會來美國。他每次來都要我陪他到史丹佛大學的書店，或者住家附近一些書店逛逛。他看的書蠻新的，蠻符合潮流的。他一直在吸收西方新的學說或理論。

李：也就是說一直都在看、都在了解，還在注意，還在了解。

胡：這算是很難得的一件事，所以他非常有學問。然後他當然也是從馬克思主義入手，我聽父親講過，他最早是從普列漢諾夫（Georgi Plekhanov，1856-1918）入手來了解馬克思理論。他編譯過一本《唯物史觀藝術論》（1929 -1930 年完稿，1932 年出版），以普列漢諾夫的美學理論為基礎……

李：什麼書？

胡：《唯物史觀藝術論》。他是編譯的，從書名可以看出是從馬克思主義的觀點出發。這是那個時候的潮流。他後來在中研院當副研究員，帶了些《新青年》和《讀書》這些民國早期的雜誌回來。所以我也有幸，得到一點五四的餘暉呢。

李：這大概是什麼時候？他帶《新青年》出來。

胡：那是我高中、大學的時候。

李：那時候這些書是不能流傳的。

胡：不能。但《新青年》應該還好啦。

李：《新青年》？你說那個陳獨秀、胡適那時候的？

胡：對，那時候的。所以我有幸拜讀他們的一些文章，如「打孔家店」這類主張。（編按：「打倒孔家店」的口號源於胡適為《吳虞文錄》所寫的序言。胡適在序中說：「我給各位中國少年介紹四川省只手打孔家店的老英雄─吳又陵先生」，他只說了「打孔家店」。但是在新文化運動中，「打倒孔家店」後來變成了激進派的口號。）

我父親 1933 年參加福建事變。福建事變沒有多久，不到兩個月，

五十幾天就失敗了。失敗以後他們就被放逐，他從福建逃到香港。逃到香港後被英國人抓起來。所謂抓起來就是不要你待在這。當時有一筆經費，我不知道是國民黨出的，還是十九路軍的人出的，他就靠這筆錢跑到歐洲去遊學。

李：我記得 1933 年年底，十九路軍不贊成蔣介石政府對日的政策，是不是？所以就成立中華共和國。

胡：成立了「中華共和國人民革命政府」。大概五十幾天到第二年的一月就失敗。他到了歐洲後主要在英國；我想他法文、德文不怎麼樣，但英文還可以。他就在大英博物館看了一陣子書。後來他到俄國，這是他一個重大的轉變。

李：我記得那時候他受王明（即陳紹禹）的邀請，到俄國去辦雜誌？

胡：對。他到俄國去替中共出版的《救國時報》和《全民月刊》寫文章。他到俄國以後看到兩件事情：一個就是所謂的「大審判」；第二個是史達林的「集體農場」。他提到大審判給他很深刻的印象，對他刺激很大。他認為，怎麼可以把知識分子拿來這樣子搞。當然，（審判對象）有一些是史達林的政敵，但有一些是純知識分子。他覺得蘇共踐踏人的尊嚴，不合人性，這是他不能接受的。

搞了集體農場後俄國社會相當悽慘。1933 年是在一戰以後，二戰以前。那個時候雖然經過經濟大蕭條（1930 年），但西方社會的狀況還算過得去。他比較當時英、美、蘇聯、和歐洲各國的政治、社會後，發現共產主義的經濟制度是走不通的，所以他對共產主義不再有幻想。

我剛剛講到，他認為人的尊嚴，尤其「知識分子」的尊嚴，是不能侵犯的。我窮一點沒有關係，但你不能侵犯我的人格和尊嚴。這一點影響他一生的政治立場和活動。就是因為這個信念，他才開始反共。他的反共跟毛澤東對知識分子的態度和作為很有關係。

其實在更早一點，他對馬克思主義已經開始反省和思索。他曾經

寫過一本書，叫做《新自由主義》。這書在我手上，我一直在看，但沒有看完。所以，我還不是很清楚《新自由主義》的中心思想是什麼。但我想大概跟早期馬克思，所謂「青年馬克思」的思想比較接近。馬克思後來講的是政治經濟學，他早期還是在講人、人性和人的尊嚴這方面。馬克思講「疏離」（alienation）這一部分，我父親很能接受。總之，在俄國實際觀察蘇共（史達林）的作為以及共產主義經濟制度實行的結果以後，他開始反共。

李：在此之前，他有一度是比較左的對吧？

胡：對。

李：我忘記在什麼地方看過，他好像也曾經被共產黨開除過，是不是曾經參加過共青團？

胡：他十五、六歲進武昌大學（預科班）時參加過共青團和國民黨；但我不認為他加入過共產黨。

李：為了跟你聊天，我最近特別買了令尊這本書《哲學與思想》，我這兩天把它看過。這裡面講了很多他的思想過程，有的地方也蠻清楚的。

胡：對。

李：所以他年輕的時候曾經參加過共青團；也認同馬克思主義的部分內容。但是到了蘇聯以後，發覺實際上的情形很有問題。所以我想他對於馬克思主義的早期想法比較接受，但對於列寧、史達林這種共產主義他是不贊成的。

胡：對。他後來到了美國，看到了美國的政治，他是非常反美、歐的。

李：反美反什麼東西呢？

胡：我想主要是反對所謂的「美國帝國主義」。現在我們都知道了，美國之所以能夠在世界上這樣子拉風，除了它本身的優越條件以

外，基本上它是實行帝國主義。就是說，伊朗有石油，我就把你（不聽我的話）的政府幹掉，弄個魁儡。智利有銅礦，我就到智利把你（不聽我的話）的政府幹掉，弄個魁儡。到處幹這種掌握或霸占資源的事情。實際上就是一種掠奪式資本主義。但他不講資本主義、帝國主義，他不講這個。他講人權、民主這些有「正當性」的理念。我父親認為他們（美國政客和學者）說一套做一套，表面上冠冕堂皇，實際上不是個東西。

當然，他對美國無形的蔑視和欺壓中國更看不慣。當年費正清替中共講話，他寫了很多文章批評費正清替中共政府「正當化」的言論。這些都是在珍寶島事變之前。他當時反共一部分原因是反毛澤東那一套，什麼三反、五反，對知識分子的壓迫（反右）。

他站在中國知識分子的立場，覺得你們（中共）這樣踐踏知識分子尊嚴，他沒有辦法接受。他覺得毛澤東搞大躍進，把中國搞得一蹋糊塗，也是他不能接受的。他最反對的則是毛澤東的「一面倒」（政策）。我父親是位堅強的「民族主義者」，他跟我不一樣。

李：他跟你不一樣，那你是不贊成嗎？

胡：我等一下再解釋。他是個不折不扣的「民族主義者」，所以後來中共因為珍寶島事件跟蘇聯翻臉，他就開始談「和平統一」了。他政治思想的演變是這樣子的。談到學問的話，我不是很清楚，因為說到底，他的書我看的不到一半。他介紹西方的哲學和社會科學，但是他沒有一個（西方）學說或學者不批評的。

中國司馬遷寫《史記》，說要「成一家之言」。我很遺憾地說，我父親的書唸得很多，他批評西方學說（我認為）都很中肯，當然這是以我的程度來講。但是作為一個學者，他沒有能「成一家之言」。當兒子講這樣的話，有點不恭敬。

李：沒有這回事，我們公正地來討論，沒有問題。

胡：當然這個要怪誰呢？要怪李敖。他跟李敖打官司，正是壯年的時候，他跟李敖搞了三十年，沒有全心全力好好做學問。

李：浪費了很多時間。

胡：我就常常講，李敖罪過最大的地方，不在他罵我父親。每個人都會罵人，罵也沒關係。問題是剛好碰到我父親能夠做學問的年齡，浪費了他三十年。

李：打官司打了十年呀！

胡：應該是近三十年，我回來時官司還在打。我二十幾歲大學畢業去（美國），我回來的時候四十九歲。

李：都還在打官司？

胡：還在打官司。我回來替他送書狀，還陪他上法院。所以他後面的這三十年，就沒有⋯⋯

李：concentrate（集中精神）。

胡：沒有 concentrate 在他的學問上，成一家之言，這是最遺憾的事情。以他學問的豐富，他其實是可以成一家之言的。但是我現在看他的書，我只看到他批評西方的這個、那個，也都中肯。但是⋯⋯

李：他沒有提出自己的主張。

胡：對，這是最遺憾的。

李：我看他的書也有這個想法。他提出很多評論，但是好像沒有提出自己的主張。

胡：這是很遺憾的事。我現在回過頭來講民族主義。那天有一個以保釣運動歷史做博士論文題目的學生來，他也問我這個問題。他說：你是不是民族主義者？我說：我不是。

李：是不是倪捷？

胡：有兩位來找過我，忘了是哪一位。

李：有兩位，一個叫 Justin Wu（伍卓駿），另外一個就是倪捷，

對不對？

胡：對。好像是 Justin。我跟他講，我以前寫過一篇文章，大意是：要講民族主義，就要堅持「民族自決」的原則，不然你是假的民族主義。如果說你是民族主義者，你又不同意「民族自決」，只認為應該以我的民族為主，其他民族不能自決，這個東西就有點……。邏輯上我沒辦法接受。你懂我的意思嗎？

李：我懂。

胡：這是個邏輯問題。我站在中華民族的立場，要我讓回族自決，讓維吾爾族自決，我沒有辦法做到；所以，我不能宣稱我是「民族主義者」。我只能說我是「『中華』民族主義者」，這是可以的。如果我自稱是「民族主義者」，我應該要同意「其他民族也可以自決」。我沒有辦法接受「同意回族自決」或「同意藏族自決」這類政策。所以，我說我不是「民族主義者」，是從這樣一個……

李：從這樣一個觀點來看。

胡：邏輯上我要 consistent（一貫），如果不能 consistent，我就沒辦法自圓其說。這是我的一個講法啦。我絕對可以說，我是「大中華民族主義者」，但是我不能說我是「民族主義者」，兩者稍微有點 different（不同）。

兩岸情勢

李：我知道你的意思。我們回到比較實際上的問題來講，海峽兩岸分割已經七十年了。

胡：對。

李：你對政治問題的看法怎麼樣？

胡：那位學生也這樣問我。我說，我們學物理的很務實，最早「中

華民國」跟「中華人民共和國」幾乎是對等地位的時候，我可以接受「一中一台」或「兩個中國」的主張。等到中國現在這麼強大了，「一中一台」或是「兩個中國」就⋯⋯。不管理論多好，實際上是不可行的。

中國現在對台灣，是看他要不要打，成本效益值不值得的一個問題。所以我說，兩岸遲早會統一。但是站在一個中國人立場，中國人不應該打中國人。如果說是為了統一，要流血千里，這個我覺得不需要，是吧？也許可以用別的方法，經濟孤立啊，或者是別的什麼措施。多施惠一點就可以了吧。當然，如果台灣要用武力爭取獨立，我也說沒有這個必要，也沒有這個道理，更不可能成功。總而言之，我是反戰的，我不願意看到老百姓為這種事流血。

釣魚台的事情也是一樣。我們在 2008 年去（釣魚台）繞了一圈回來。時事節目請我去談談，同桌有位軍事專家；他說，將來一定要為釣魚台打一仗。主持人問我，你的看法怎麼樣？我說，我不會為釣魚台犧牲一個人的生命，不需要，而且也沒什麼意義。中國強了以後，日本人也不會為了釣魚台去犧牲生命。只要你比他強，你就跟他講，你不給我，我就打你的廣島、長崎，我就打你的橫須賀港。他就會給你，雙方都沒有必要為了一個沒人住的島嶼流血。

這個我們暫時不談。主要我認為，中國當然要統一，對台灣也好，對大陸也好。我本來不太知道台灣在地緣政治上的重要性。最近看了些文章，我開始了解台灣在地緣政治或戰略地位上扮演的角色。對大陸來說，台灣在大中國國防上的戰略地位非常重要。如果說中國一定要統一台灣，我可以理解為什麼。除了「統一」這種政治理想外，台灣還有實際上的（軍事）作用。當然，能夠不打，就不要打。如果說台灣人一定要打，中國政府就沒有「和平解決」的選項。

保釣時期的立場

李：好。那我再問一個稍微煩悶一點的問題。你對於我們在美國那時候的左、中、右派，可能你沒有參加，但是你自己的看法是什麼？對於左派、右派、自由派等等，你自己個人的觀點是怎麼樣？

胡：我剛才有稍微提到一點。我一直認為自由、民主、法治很重要。我絕對承認中共的成就和對中華民族的貢獻，統治的「正當性」我也能接受。借用某些美國學者的說法，只要你能讓老百姓溫飽，讓老百姓滿意，讓老百姓生活舒適，那你就有統治的「正當性」。

這個說法我可以接受。他們也常常反過來說，一旦經濟成長率不能維持，不能讓中產階級滿意的話，你就失去了這個「正當性」。是不是呢？我們就暫時不談了。但至少到目前為止，我能接受中共統治的「正當性」。但是對於中共在人權、言論自由、對維吾爾族的壓迫這些作為，西方報導也許有誇張或不實的地方，或許吧，我不知道。但是如果他們報導的十分之一是真的話，那我認為中共有點過分。雖然我認為新疆不能獨立，但是也不要太過分了。什麼你男人去坐牢，政府派另外一個男人去你家裡住，這是過分了點。我反對中共在人權、法治、言論自由這方面一些比較過分的措施或舉動。我接不接受當然不重要，只是說我……

李：基於個人信念沒辦法接受。

胡：基於對個人和自由的信念我沒辦法接受中共的某些措施。在過去十幾、二十年，我聲援過劉曉波和許多其他異議人士。劉曉波的想法當然很偏激，我並不全然同意；但我支持他爭取法治和言論自由的權利。前十年我還常寫討論這方面議題的文章，這五、六年來我比較懶，沒怎麼在管，也就沒發表諸如此類的意見。

李：假如我們從根本上來說，你對於資本主義，對於共產主義這

方面的看法如何？你剛才提到，你現在已經不再贊成海耶克的看法了，那能不能再講得深入一點？

胡：我是這樣子覺得，我有一個口號，我想大家都聽過，政治上我支持「社會主義」，我的「社會主義」就是說大家要「平等」。

李：社會上應該要平等。

胡：這當然現在變成一個 hot topic（熱門的話題）。經濟上，我認為要走「資本主義路線」。用孟子的概念來說，我認為人沒有什麼「性善」、「性不善」的議題。我認為，人活著就兩個目的，這是對百分之九十的人來講，第一他要「活下去」，第二他要「活得舒適」。其他百分之十的人可能要名、要利，或是要什麼，那是他個人的事情。對絕大多數的人來講，「活下去」和「活得舒適」就是人的「性」。其次，「舒適」沒有上限，追求「舒適」需要資源。

在這兩個前提下，「異工同酬」是沒有辦法激勵人去努力工作的。但是如果說，你能夠賺多少就賺多少，憑你的智慧也好，憑你的勞力也好，憑你的手腕也好，你能夠賺大錢就盡量去賺，而且你能夠 keep them in your pocket（把賺來的錢放進自己的荷包），用你創造的價值去追求你的「舒適」。有了這種誘因，一個人就會不斷的努力；社會的經濟才會活絡，把餅越做越大。我認為資本主義在這一方面比較接近「人性」。

李：你不贊成海耶克的哪一點呢？

胡：第一，海耶克反工會，我不能接受。我剛到美國的時候，還有社會主義傾向，學到不跨越罷工線（picket line）。一直到前幾年我偶爾訪美時，看到有人在餐廳、超市前舉牌罷工，我就不會光顧這家餐廳或超市。

海耶克認為工會阻礙經濟發展，所以他反對工會。我不同意這個觀點。對我來講，我雖然不是個工人，但我了解工人是弱勢團體。因

此，我認為他在欺負人嘛。不只海耶克這個人，維也納－奧地利學派的那一套說法我都難以接受。

他們的說法就是現在所謂的 neo-liberalism（新自由主義），所謂 neo-liberalism 並不是在發揮以前 liberalism（自由主義）的理論或主張。neo-liberalism 是什麼意思呢？就是吃人夠夠，用台灣話來講就是這個意思。造成 2008 年 Financial Crisis（全球財務危機）的就是鼓吹和實施 neo-liberalism 政策的這些人。以當下的說法，就是歐洲、美國的 elite（菁英），拿到權力後，講得天花亂墜，實際上在為自己、財團、和掌權階層謀福利，奪取資源分配權。把整個 liberalism 的名聲都給搞臭掉了。

像 Reagan（雷根）、Thatcher（柴契爾夫人）等等都是資本家的「圍事」，也就是在政策上幫財團和資本家搞錢的人。Thatcher 我不是很清楚，但 Reagan 我很清楚，我們都很清楚，他有什麼狗屁哲學、狗屁經濟學（God damned philosophy, God damned economy）？他沒有嘛。後來說什麼 trickle-down economy（下滲式經濟學），就是在騙人，就是在搞獨占或寡占。有錢的人拿這一套「論述」控制經濟權力。Tony Blair（九十年代英國工黨領袖）也是一樣的，他是工黨領袖，下台後替資本家講話，抹脂擦粉。

保釣國事會議

李：我再回頭問你兩個問題，補充一下當年的內容。在保釣之後開了好幾次重要的會議，你有沒有去？像美東的「布朗會議」、「安娜堡會議」？

胡：我都沒去。

李：所以 1971 年 6 月份以後基本上就沒有參加了。那一年有好幾

個會議。

胡：對，我後來才知道。

李：好，那我再問你一個小小的問題，後來令尊跟鄭學稼、任卓宣、徐復觀都蠻熟的是吧？

胡：我父親跟他們都很熟，我也都有幸拜見過。

李：令尊好像跟徐復觀吵過一次架，原因是什麼你知道嗎？

胡：我那時候很小，他們吵架的時候我就在旁邊，但是吵什麼東西，我不是很記得了。如果我沒有搞錯的話，好像是在吵簡體字什麼的，我真的不記得。他們是為了學問上觀點的不同，吵起來的。那時候還在青潭，我唸小學二、三年級的時候，我已經不記得了。

李：我提供一些 background（背景）看看跟你那時的記憶合不合。

胡：好。

李：你剛才提到，令尊很尊崇孔子、儒家的這個系統，但是他不見得一定贊成像徐復觀、牟宗三、唐君毅，這些人的看法。是不是這樣的意思？

胡：不贊成，是。

李：就是說他們這群人主要講的是陸、王心學。可是我們儒家還有別的派別，比如說程、朱理學這個系統的。會不會跟這個有點關係？

胡：可能。但我父親對王陽明很尊敬，對他的學說或者做人都很有很高的評價。

李：那就不對了。因為我的想法就是，因為儒家想法主要分兩大派，一個程、朱理學，一個陸、王心學，那比如說像徐復觀、牟宗三、唐君毅都是陸、王這一派的，所以我不知道是……？

胡：應該不是。

李：不是這個原因？

胡：去搜尋資料就知道了。

李：你姊姊他們會不會知道比較多一點？

胡：他們那時候不在，只有我在。那時候我在唸小學，他們可能都上學去了。我不知道為什麼我在家。

李：可是你姊姊的年紀比較大一點，可能比較多知道一些背景（background）。

胡：他們可能知道，徐伯伯的兒子在過去一、兩年內還跟我聯絡過，他應該清楚，因為他年紀比我大。有機會我可以問問他。

李：我覺得這個還蠻有意思的。

胡：我某篇文章裡也提到這件事，因為它在我印象裡非常深刻。兩個人談得好好的，平常他們在這之前也常常來往，文章上也互相支援。但是那一次就吵得不可開交，是為了學問的真理還是什麼東西，我不知道。

李：為什麼會吵成這樣子，這個題目是需要了解一下。

胡：後來他們言歸於好。

李：那我再問一下，當初打筆戰的時候，令尊跟居浩然、跟李敖都辯得很兇。為什麼居浩然會參與？

胡：我不是很清楚。他寫了文章批評我父親。

李：批評主要的論點是什麼？

胡：他說我父親不懂科學。他拿一些很專門的東西來批評。我父親當然不懂什麼量子力學。

李：他自己也不是學科學的。

胡：我對居浩然不熟，所以我並沒有去了解他為什麼要批評我父親或批評了些什麼。我看他批評的論點並不重要，我的意思是說，我父親不懂量子力學，或者說不懂普朗克常數算個議題嗎？

李：這個是沒有關係的嘛。

胡：這個是 so what（那又怎樣）的議題。我父親對科普有一定的

了解。而且他蠻注重這一方面，譬如說他叫我翻譯海森堡的文章，翻譯天文學報導，表示至少他重視這方面的知識，而且他覺得這些東西值得介紹。我第一次學到 Pulsar 這個字，就是他要我翻譯一篇天文學報導。我才知道什麼是「脈動星」。

李：我對令尊有一件事情是非常佩服的。就是在二次大戰快要結束的時候，簽了《中蘇友好同盟條約》，出賣外蒙古主權。他那個時候已經在政府，好像在當參政員，可是出來講話。而且後來被國民黨……

胡：被蔣中正免除「本兼各職」（他那時是國民黨候補中央委員、「國防最高委員會」祕書和《中央日報》副總主筆）。

李：被處分啊！我覺得這個是可以在歷史上記一筆的。你可以稍微說一下？

胡：我那時候太小了，不記得他是……

李：你後來有沒有機會跟他聊一聊？

胡：他有提到，他那個時候完全站在一個民族主義者、或者是愛國主義者的立場，以他對於中國歷史和地緣政治的了解，我們用一個比較時髦的名詞，他認為外蒙古獨立以後，對於中國的國防……

李：造成非常大的影響。

胡：他當然反對的很厲害，批評政府，有沒有講「賣國」我不清楚。不過話說回來，蔣中正可能有不得不如此的苦衷。就是他要換取，雖然到頭來是假的，蘇聯不支持中共的「承諾」。

李：我以為這個根本不成理由，如果站在民族主義的立場，這根本不是理由。

胡：對我們來講，當然不是理由，但對他的政權來說是一個「理由」，對不對？而且外蒙古對他來講，不關痛癢嘛，對嗎？

李：說句老實話，我對老蔣這一點非常不滿意。

胡：那當然。老蔣是以他自己權力為第一優先。這個我們都知道。

李：我們最後再confirm（確認）一件事，李敖在一篇文章裡面曾經提到，令尊在國民黨被開除了三次，被共產黨開除了兩次，有沒有這個事呀？

胡：他因為訪問北京被李登輝開除，這是當時的頭版新聞。他因為反對《中蘇友好同盟條約》被免除「本兼各職」，好像沒有被開除。此外，所有（國民黨）參與「閩變」的人都被開除黨籍；如果他那時是國民黨黨員，應該就算一次。

李：李敖說他被共產黨開除兩次，有沒有這回事呀？

胡：我看過這個說法；不過共產黨應該是沒有。

李：所以被國民黨開除三次大概是對的，被共產黨開除……？

胡：我父親在蘇聯的時候，有沒有加入共產黨？我沒聽他說過。但他不提並不代表他沒有加入。因為在那個地方替共產黨刊物寫文章，也許黨中央會說，形式上請你加入一下，我們好辦事，這個可能是有的。我只能這樣講，一次是可能的。他參加過共青團，那不算共產黨。[4]

李：那個不能算，對。我最後一個問題就是，1988年他到大陸去訪問，見到鄧穎超，見到李先念，後來在台灣成立了「中國統一聯盟」，這個事情我們大家都清楚了。這個統盟一直延續到現在。前一陣子我聽紀欣主席講，統盟在政治上已經改變登記，成為「統一聯盟黨」；還請你到那邊（再度）參與，當統一聯盟黨的中央委員。我們已經聊了快兩個半鐘點了，我們先暫時告一個段落。

胡：是，好。

李：今天非常感謝卜凱兄跟我們一起談保釣。

4　根據古遠清教授〈胡秋原：打破政治堅冰第一人〉中的敘述：「（胡秋原）填寫了加入中共申請表，卻因他表上寫了『我相信自由主義，不相信馬克思主義』的話而未能正式成為中共黨員。」──《祖國》特刊，2020年，3月1日，47頁。

第十一章

王正方導演訪談

王正方導演（1938-）

王正方，1960年台大電機系畢業，1964年美國密蘇里大學電機碩士，1972年美國賓州大學電機工程博士。保釣運動期間，組織費城保釣行動委員會，為費城保釣運動主要領導人之一。參加1971年1月30日紐約保釣示威，4月10日華府示威遊行時，代表遊行群眾向日本駐美大使館遞交抗議信。1971年底，曾以保釣運動代表者身分祕密受邀至中國大陸進行訪問，遭到中華民國政府列入黑名單。曾在美國IBM、National Semiconductor等公司任工程師、1980年至1983年擔任喬治梅森大學（George Mason University）副教授。1983年辭去教職投入電影業，成為著名演員、編劇、導演及作家。

受訪者：王正方導演
訪問者：李雅明教授
訪談時間：2019 年 12 月 23 日
訪談地點：李雅明教授自宅
記錄編輯：李雅雯

＊　　　　　　＊　　　　　　＊

出生背景

　　李雅明（以下簡稱「李」）：今天是 2019 年 12 月 23 日，非常高興能請到王正方導演跟我們來聊保釣的故事。王導演身分很多，電機博士、電機教授，加上演員、導演、跟作家，我就簡單稱王導演吧！

　　王正方（以下簡稱「王」）：好，沒問題。

　　李：先請你回顧一下你的背景，你在哪出生、哪裡人？家庭情況跟求學過程。

　　王：好，我出生在 1938 年 7 月 9 日。抗戰開始的時候，我在長沙大戰那個階段出生的。我生下來以後，父母就帶著我逃到湖南去，在湖南湘潭住了九個月。我的父親才從戰區裡回來。

　　李：所以你父親那時候在軍隊裡面？

　　王：他投筆從戎，我父親本來是北師大國文系的研究生。他兩次投筆從戎，民國 14 年（1925 年）就畢業了。

　　李：他哪年生的？

　　王：1899 年。他熱情、愛國，極度關心中國命運。大學剛畢業，正值北伐軍興，他南下投筆從戎，跟著國民黨的部隊一直打到北京去。北伐成功後，他回到北平教書、編辭典。我父親是黎錦熙先生的學生，

黎教授是一位有名的語言學教授，毛澤東的朋友。這是我父親的背景。

根據我母親的回憶，在我九個月大的時候父親從戰區裡回來，從湖南湘潭接我們全家大小轉到江西去。抗戰那幾年，我們在江西東北部上饒專區度過。記憶最清楚是我父親是在江西鵝湖訓練新兵識字，鵝湖是辛棄疾居住過的地方，有鵝湖書院。

李：很有學術價值啊。所以你們一直在國統區啊？沒有在淪陷區？

王：都在東南戰區第三戰區，那時候戰區司令是顧祝同，抗戰勝利後我們回到北平，我在北平上小學。

李：什麼學校？

王：那學校很有名，以前叫北師大第二附屬小學，之後就改為實驗第二小學。錢學森、王光美都是校友。還有一位校友成思危，是成舍我的兒子，二附小出了很多人才。我是個好學校出來的壞學生。後來我父親從北平到台灣來推行國語。

李：你說你父親兩次從軍，一次是參加國民黨北伐的軍隊。

王：第二次是抗戰，做到上校教官退休，他不是軍人，他在軍中做文化宣傳工作。

李：軍隊裡的文職是吧？

王：是的，文職，他負責宣傳抗戰，帶領過一個話劇團。後來他就從北平帶我們全家來台灣，創辦《國語日報》。

李：你們是哪一年來的？

王：我們是 1948 年來的。

李：我看你書上說，令尊是先來一回，你們是 1948 年年底來的。

王：我父親是 1948 年春季到台灣，母親和我們兄弟九月份抵基隆。我在北平念到五年級到這裡來，轉到國語實小念五年級。父親他們創辦《國語日報》，非常辛苦，終於撐了下來一直到現在，《國語日報》過了七十一週年，現在教育部要把這個民間財團法人《國語日報》收

歸己有。

李：你們老家是河北武邑？

王：對，河北省武邑縣，是在石家莊過去，衡水專區那邊，就是北京往南走。

李：你是在北京南邊，我老家是在北京東邊。

赴美求學

王：中學讀建國中學，然後上了台大電機系。

李：你常常說你哥哥念書比你好很多，他比你大兩歲，他是念什麼系？

王：他來台灣就念建國中學，保送台大念化學系，得到美國柏克萊大學的獎學金，獲生物化學博士學位。後來在 Merck 藥廠研發出多項重要藥品，再轉任 UC San Francisco 加州大學舊金山分校教授。

李：你一直很謙虛說你念書沒他念得好，可是你念書念不好怎麼考上台大電機系呢？太謙虛了吧！

王：不謙虛，我實在念書不很踏實，喜歡玩，**興趣很廣泛**。我怎麼考上建中、怎麼考上台大，在我第二部回憶錄裡面我都交代過了，一是運氣，第二是以前考學校，一共考好幾門，國文、歷史、三民主義，其他英文、數學大概是六門課，三門是國文、歷史、三民主義，我在這三科總是考得比較好。

李：基本上你在這幾科的興趣比較高？

王：三民主義是吃爛飯，但好像興趣比較偏向文史。可是那個時候建中高中畢業，成績還可以的，都考甲組。我又不是白先勇，他考乙組，白先勇也是第二年才考乙組，他原來也是保送到成大的水利系還是什麼系，第二年才考到台大外文系。我考台大也很運氣，那一年

聯合招考的數學特別難。我也考得不好，我大概考了六十幾分，可是大家的平均成績也都下降。

李：我們那年考得特別難，那年是施拱星出的題目，所以你們那一年的數學也難？你進大學的時候是哪一年？

王：1956 年。

李：所以那一年的數學也難？

王：也難，所以大家普遍成績不好，如果那一年數學題目出得中規中矩的話，那我可能只考個中上成績，好不到哪裡去，這是我的運氣。我也很想到外地去念書，覺得那樣比較自由，結果沒辦法，就在台北念台灣大學，四年就這樣混過去。

李：所以 1956 年進了台大，1960 年畢業對不對，然後去當兵？

王：對，1962 年出國。

李：你那時候當兵當一年還是兩年？

王：應該是兩年，可是那一年很特別，有個高幹子弟想提早到美國去入學，當年特別通融大家可以早幾個月退伍，所以我們那一年，沒有服役到兩年，一年多一點就退了。退了我也不知道怎麼辦，那時候自己沒有做留學的打算，不像那些已經有準備的人一退了趕快就到美國去了。我沒有，我就在台北晃了很久。

李：那時候你哥哥已經去美國了？

王：他是 1960 年去美國念柏克萊大學。

李：所以你晚了兩年畢業，1962 年去美國，剛去的時候在哪？

王：剛去的時候當然就跑到舊金山找我哥。我得到 University of Missouri（密蘇里大學）的入學許可，他說：「不要去吧，那邊又遠又冷，你就在這附近隨便申請個學校。」我說我的 GPA 成績太低，UC Berkeley 不會收我的，Stanford 標準也高。他就說你要不要申請 San José State University（聖荷西大學）、又不遠，搭個車就可以到。

我們開車去了 San José State University，要求特別申請入學，見到電機系系主任。我這人有個優點，雖然紙面成績不怎麼樣，面試總會給人較好的印象。系主任跟我聊一聊，被我說動了，他說你不遠萬里而來，至於你的成績……不過這兩門重修一下就可以了，現在去註冊組報到。

可是那個註冊主任很討厭，說報名截止了，還呵呵冷笑說：「我們不能破例收你，因為 San José State 是世界知名的學校，每年有上千上萬個人想來本校讀書，我如果現在讓你入學，就是對他們不公平。」

我哥聽了大怒，脾氣上來就說：「你們 San José State 不是世界知名大學，知名大學是 Stanford（史丹佛大學）、Berkeley（柏克萊大學）等等。」所以我只有去 Missouri 念碩士。

其實很好，我在中西部的學校念書，環境生疏，心無旁鶩，只有好好 K 書，英文能力大有長進，三個學期後拿到碩士學位，就到紐約工作去了。

在美國的第一份工作

李：你那時候申請永久居留（PR）了嗎？

王：那時候在美國的外國留學生畢業後可以實習 18 個月，我必須要找到工作，因為我哥還沒有畢業，我爸爸中風了，不能夠工作，家中父母的生計需要接濟。

李：他什麼時候中風的啊？

王：1959 年。台灣沒有退休制度，大家都沒有錢，也沒有儲蓄。父親中風，不能講話，不能工作，不能工作就是沒飯吃，全家怎麼過？

我最感恩的是父親在師範大學教的幾個學生，總共四位，他們已經畢業在師大當講師，跟學校講：「教授沒有退休，只是請假休息，

我們幾個代他教課。」這幾個學生不收任何報酬，每個月按時把薪水交給師母。大約有四年多，我們全家是這麼過來的。

一直到我拿到學位，在 IBM 上班，才有辦法匯錢回家。真的特別感激這幾位師兄，回到台灣見到張孝裕教授，他九十多歲了，我見到他當場掉眼淚。我那時候年少無知，不知道怎麼回事，他說王老師是我的恩師，當然要這樣。那時候師生關係是這樣的，有傳統的中華文明。

李：所以你是 1962 年出國，大概過了一年半，拿到碩士學位，那時候 1964 年中，然後就去紐約的 IBM 做事了。

王：在紐約波基普西（Poughkeepsie）的 IBM 做工程師。我算是 IC 元老，那是 Integrated Circuit（積體電路）第一代開始的階段，做 IC Test Equipment Design（積體電路測試設備設計），滿有意思的。

李：我也是做半導體的。

王：那時候的 IC 很簡單，就幾個 transistors（電晶體）。可是台大沒教過這種先進的科技，在密蘇里大學念偏重理論性的東西，套套公式，算算這個，算算那個。那時 IC 剛開始懂的人少，我完全不懂，頭半年我就在 lab（實驗室）裡練基本功，有了後來在美國混飯吃的本事。最重要的師傅是我的 technician（技師），他太有趣了，名叫 Frank La Mancia（《唐吉訶德》被稱作 The Man from La Mancia），他是一個很滑稽的小矮個兒，知識豐富，技術熟練，我從他那裡學好多在書本上學不到的東西。

李：所以你在這裡做了多久呢？

王：我在那兒做了兩年多，結婚生子。

李：女朋友是從哪兒來的？你結過三次婚，這次是第一次，對嗎？你是哪一年結婚的？

王：1965 年結婚，兒子也是 1965 年出生的。我在 IBM 做了兩年，拿到永久居留權。公司對我挺好的，希望我長久留在 IBM，如果我留

在那兒，我現在就發財了，持有的股票就值不少錢。

到移民局辦永久居留手續。移民官問我在 IBM 每年拿多少薪水？其實我可以不告訴他的，中國人不忌諱，美國人很忌諱問你薪水。我據實的說了，他一聽氣得站起來亂摔鋼筆，一直念 He doesn't speak very much English⋯⋯（他連英文都不太會說）。

我的薪水大概比他多很多很多。有碩士學位的電機工程師，IBM 又是個大公司，當然薪水還可以，你這個小公務員每天在破紙堆裡辦公，拿的錢肯定比我少很多。他氣得渾身發抖，來回的踱步發牢騷。我怎麼把他氣成這個樣子？結果他還是給了我綠卡。我現在明白，Trump（川普）這些人為什麼這麼恨 immigrant（移民）。

李：所以你離開 IBM 是到哪去了？

王：離開 IBM 是想多賺錢，因為結婚有小孩後，開銷比較大。有人告訴我，拿死薪水的 Engineer（工程師）賺不到錢，現在會一些技術了，有個 Job shopper（為人介紹工作者）可以介紹好工作。我說什麼工作，他說這種工作的 benefit 和分股票、分紅都沒有，但是給你薪水是你現在的兩倍多。1967 年某個 Job shopper 公司安排我在 Dayton Ohio 的 NCR 工作，NCR（National Cash Register）現在已經沒有了，他們需要人做電路設計（circuit design），那時 IC 還沒有發展起來，我後來做了不少 Test Equipment（測試設備）的設計，測試積體電路，它本身不是一個積體電路產品，還是 transistor circuit（電晶體電路），我在 IBM 學會的，就去那邊幹同樣的活。每個禮拜拿的錢，是我在原來 IBM 薪水的兩倍還不止。一年多過去，存了一點錢，然後我申請到賓州大學（University of Pennsylvania）的博士班就學。

在美國念博士期間、參與保釣

李：所以你還是胸懷大志，錢都不要，回去念書去了？

王：不是胸懷大志，一個是興趣問題，一個是我不喜歡做工程師。工程師是個比較刻板的工作，謹慎仔細，按部就班，不能突發奇想，因為它的 quality control（品質管控）可靠性極重要，不能開玩笑的，這與我的性格相差很多。我比較喜歡突發奇想，以為科學研究，做 research 會比較有趣。後來發現做 research 的侷限也很大，藝術比較開闊，一跳就跳到太遠了！哈哈！

李：所以 1968 年的暑假你就去賓大（U. Penn）。

王：一直到 1972 年畢業，頭兩年認真念了點書，後來參加了保釣，課外活動忙得很。

李：所以你這次到 U. Penn 做哪一方面？還在電機系嗎？

王：進了賓大的電機學院（The Moore School of EE），我不知道學什麼，我的同班同學在這兒念，我就跟著進去了，雖然很貴，但是那個學院名氣大。

李：是私立大學嗎？

王：是私立大學，常春藤聯盟（Ivy League）的大學。同學說 U. Penn 很好，建議我去。我申請了好幾個學校，一個是愛荷華州立大學（Iowa State University），有獎學金。U. Penn 要我先自己出學費，考過資格考時就有獎學金。那時候已經有一點積蓄了，覺得 Iowa State 不如 U. Penn，投資去讀個長春藤大學的博士吧！

剛去的時候很辛苦，環境也不熟，學校雖然很有名，可是競爭激烈，還沒考過資格考，教授們根本不甩你。幾年後耕耘有成，後來我對 U. Penn 的感情比對台大深多了，非常喜歡這個學校。

李：你去了以後，念的是怎樣的課題（topic）呢？

王：我考完資格考（qualify）後，想找一個指導教授。大部分教授都是猶太人，猶太人有一個性格，你必須有點料，他才會對你另眼看待。我先找了一個老猶太教授，他大概認為我肚子裡沒什麼料，隨

意敷衍我，耗了很久，很痛苦。一個同學叫我找他的老闆，他的老闆剛成立新實驗室，很需要研究生。Dr. Farhat，一位原籍巴勒斯坦的年輕教授，他是頂尖的電子光學科學家，知識淵博，研究成果豐盛。

上 Dr. Farhat 講課很輕鬆，有學問的人他深入淺出，不唬你。我跟著他很幸運，七、八個月的時間，整個博士論文的架構就有了。1971 年我參加保釣運動，一整個學期沒有進實驗室。天天跑紐約開會，積極宣傳保釣，沒有時間做實驗了。系主任來找我，他說我太不像話，又尖酸刻薄的損我，如果再不來上班就把我的獎學金停掉。我找 Dr. Farhat 講這件事情，老闆一聽就笑了，他說你不要擔心，我們實驗室的經費都是我從美國軍方請來的，電機系從中抽成，你不會被停獎學金。他也說你這樣不行，還是坐下來好好地寫畢業論文。很幸運有 Dr. Farhat 一路支持我，萬分感謝我的老闆，畢業後他為我找到一份高薪工作。

就是那個節骨眼，李我焱號召大家去聯合國當翻譯，很多人博士念了一半就去了，他們也找了我，我沒去。

李：你參加保釣，主要是因為去普林斯頓，找李德怡他們，聽他們講保釣的事情，在此之前，你有沒有參加過什麼活動，例如說像「大風社」你有沒有參加？知道不知道這回事？

王：我知道這回事，林孝信 1969 年從芝加哥跑來找我，要我幫他辦《科學月刊》，林孝信啪搭啪搭講話沒完，開會的時候一直講，沒完沒了。我知道他理念很好，我聽得很開心，我也想為台灣的青年做點什麼。1969 年我徬徨無主，沒有論文題目，剛考完筆試。「大風社」的胡卜凱那時候在 Temple University（天普大學）。

李：對，你認得他們嗎？

王：認得，他後來很積極參加保釣，聽說他是「大風社」的成員。

李：對，我想你大概沒有參加，因為我是「大風社」的，我後來

查出來一個大概的名單，我沒有看到你的名字，所以你大概沒有參加。

王：我比你早幾年，所以你們沒有找我。

李：所以你跟普林斯頓的人接觸過一陣子，那時候開始進行保釣。

王：那時候各地都成立保釣委員會，紐約是核心，比較有影響力，他們的七人小組，算是比較有能力的，李我焱、酈治中、白紹康、袁葆生、袁旃、徐守騰、還有酈治中的女朋友曹沁姝，他們很能幹有經驗。李我焱年紀比較大，是總幹事。

李：對，李我焱的故事我知道，我們稍微回過頭來，你們在Philadelphia（費城）進行的保釣運動大概怎麼做？

王：從紐約開會回來我們就成立費城保釣委員會，核心分子的有陳樞，他在Temple大學當化學系教授，還有程君復。

李：程君復我也知道，他講話比較那個。

王：比較激動，愛國主義濃厚。

李：你說陳樞、程君復、胡卜凱，還有誰？

王：還有張仲明，他後來回台灣教書。

李：你們在Philadelphia（費城）的時候，主要是U. Penn，還有Temple的學生對不對？

王：主要就是這兩個大學的同學，我們去附近的學校串聯，有University of Delaware（德拉瓦大學），還有Penn State（賓州），不太遠，差不多開兩個鐘頭可以到。

李：Penn State那邊中國人多不多？

王：不少，有台灣同學、香港同學，我還拉來一批在美國生的華裔同學（ABC），還有在美國出生的日本人（ABJ）。因為在保釣發生以前，我參加過反越戰的活動，所以認識一些亞裔的反越戰人士。可能也是我父親給我的影響，民族主義、反抗欺壓弱勢，我們念過點書的人，應該要做一點什麼。那時的留美台灣學生、香港學生，很少

人參與反越戰運動，我參加過好幾次反越戰大遊行，我見過一百萬群眾是多少人。台灣的遊行聚會，有人吹牛說來了一百萬人，其實根本連幾萬人都沒有，一百萬人的場面從華盛頓的白宮到林肯紀念堂都是人。

李：所以你們參與保釣運動後也常常去紐約開會。

王：對，開始是籌畫 1 月 30 日的遊行。

李：大部分人都會去參加 1 月 30 日[1]的遊行，能不能請你回顧一下第一次遊行的前因後果，遊行的過程？

王：那一次大家都沒經驗，沒辦過這事。1 月 30 日是嚴冬，氣候很冷，希望招集更多人來，可是怎麼做這件事情？不知道。發動各個校園，向關心這件事情的同學談保衛釣魚台。那時沒有網路工具，每天打電話、發傳真，也不是每個人都有傳真機。我發過傳單，每天在街角站著，挨冷受凍一張一張的發傳單。發傳單是效果最低的一種，大概發五千張傳單，來一兩個人。1 月 30 日的活動是在哈馬紹廣場的群眾聚會，演說者輪流用中文、英文上台演講，呼籲保衛中國領土釣魚台。我也被派了任務去講反對日本軍國主義。

費城離紐約比較近，開車大概一個多小時就到了，費城保釣委員會號召了不少人去哈瑪紹廣場。我在 public speech（公開演講）方面可能還及格，以後講反對軍國主義的，多數輪到我來講，上台次數多了，就成了檯面上的人物。

李：你能不能回憶一下跟其他人，像是李我焱、袁旂、徐守騰、孫正中、程君復這些人的交往？

王：李我焱和我們後來一起到大陸去，我以前不認識他，但我們

間接的朋友很多，我的中學同學，陳民彝，跟他同時在吳健雄的實驗室工作。我對李我焱的印象很深刻，他比我們大好幾歲，很有分析能力，講話有條有理，思路清楚，精力充沛。他成為保釣團體的領袖並非偶然，確實有領袖風範，也比較年長、罩得住。我後來才知道他因為台大群社的事件被抓進牢裡，對搞學生運動有一定的經驗。

徐守騰很有組織能力，我們去他家開會，他那時候沒結婚，身體很好，在書房裡面，做了一個很高的架子，中間分成許多小格子，放著全美國所有保釣運動委員會的資料。

李：我感覺他是在紐約保釣運動裡認真做事的一個人。

王：He organized a lot of things.（他組織了很多具體任務），勤於聯繫，費事費力的事情他做了很多。是一個 reliable man.（非常可靠的人）

李：袁旂也不容易。

王：袁旂絕對不願意站到檯面上來，他願意默默的做很多實際工作。為人溫文儒雅，他不會大聲講話，也不會得罪人，他受了氣都往肚子裡吞。是我非常崇敬的一個人，很不簡單。我覺得很幸運，也很感激，如果不是這個運動，我不會在這麼短的時間遇到這麼多有趣、有能力、有理想、有抱負的人。

李：程君復跟你們是一起的，對嗎？

王：是的，他當時在天普大學教數學。

李：為什麼我有個印象他有點衝動，好像常跟人家槓是不是？

王：他有這個問題。

李：他那時候態度為什麼這麼激烈？

王：他表達一個想法跟意念時，會被他的情緒籠罩，所以本來不是這麼嚴重的事情就變得很情緒化。但是他是很有正義感的一個人，他看到事情不喜歡、討厭，他就爆出來。他這個人蠻好的，對於保釣

運動多少年來始終堅持，比我堅持得長久。

李：經過釣運的人我們都了解，即使是一月的遊行前後，這裡面都有一些潛在的因素（under current），對不對？那時候當然有人政治上比較左、有人比較右，有人比較自由派什麼的。那時候你們在紐約或費城，你們接觸或認識的人裡，有沒有不同的意見在爭執？

王：保釣主要是爭領土、爭主權的事件，當時它會吸引人的原因，是因為它沒有政治黨派因素在裡面，可是後來演變成，大家對於台灣政府對這件事情的推託或無能感到失望。

4月10日遊行，大家決定派幾個同學代表，到華盛頓DC的中國大使館[2]。周書楷對我們這些保釣同學說的那些話，我們沒有跟群眾講，要是跟群眾講，那就不得了了，大家就會進去把大使館砸掉。李我焱說不要講出來，因為周書楷態度非常傲慢。當時我們有一封請願書希望台灣政府注意，要履行保護中華民國領土的職責。學生問：「那封請願書大使有沒有看到？」周書楷說：「我聽說了，沒有看到。」我們說我們把請願書寄到台北去，周書楷說我不知道；問：「掛號信（雙掛號）有沒有寄到？」他說：「不知道，掛號信有時候會掉到太平洋裡去。」他的態度很不好。

我們那時候有顧忌，不要台灣同學去，所以請香港同學去。香港人也是你中華民國國民呀！這個事件過後，還有跟姚舜的談話，大家對國民政府的態度是非常失望，再加上我們很多人逐漸對社會主義開始有興趣，對於台灣所做的中國大陸的宣傳，提出很多的質疑。

許多保釣運動成員，當然對台灣政府的態度非常的反感，這些人在一起自然的就罵台灣政府。台灣政府太弱了；而且有些人有點不太清楚或者是盲目地對中國政府，或者中國大陸有一種期望或幻想。和

2　4月10日，在華府的示威，有代表進入中華民國大使館遞抗議書。

大陸根本就沒有接觸，誰跟大陸有接觸，根本就沒有。

那時候黃華[3]剛剛到加拿大報到，和運動沒有接觸，但運動中自然形成一個左派，然後就有右派。很多人拿著中山獎學金留學，一定要對他的上級報告。台灣政府當然重視海外的保釣運動，這麼多人反對，下令拿了國府獎學金的學生，做報告呈上來。報告的主要對象，就是左派保釣分子，即便在 Philadelphia（費城）這個比較小的釣魚台委員會裡面也有。

李：請你討論一下這方面的事。

王：不必詳細說了，我當時是左派。我那時候還沒去中國大陸，我的言論、我對台灣的批判，不是無中生有的。我父親是老國民黨，他對國民黨也很清楚。我不搞對立，但是身不由己，某次我外出宣傳保釣，費城保釣委員會的右派發了一個聲明，說王正方發的聲明或是講的話不代表他們，雙方決裂。這是後期了，我不記得是不是四十（遊行）之後。

李：四十遊行之後，還是四十之前？

王：四十遊行之後，我去大陸之前的事，時間我記不清楚了。

保釣委員會中的親左思想從何發展

李：你能不能回憶一下，你這種比較左傾的思想是什麼時候發展出來的？什麼樣的背景跟什麼樣的經過，這很重要！

王：你這問題問得非常有意思（interesting），為什麼呢？因為我父親當年，又要從我父親開始說了，我父親當年是國民黨左派，就是國民黨成立黃埔軍校的時候，國父孫中山有三大政策：一、聯俄；二、

3　大陸駐加拿大首任大使黃華。

容共、三、扶助工農。那麼主要人物是廖仲愷，汪精衛當時沒有明顯的左右立場。我父親在北伐以後到了北平，他負責北平國民黨工人黨部，那時國民黨，最缺的就是北方人。國民黨的政要裡，有北方人嗎？只有一個居正[4]，我爸爸是居正的機要祕書。

李：居正是哪人啊？

王：山東，山東、河北一家。父親是北平工人黨部的要員，那時谷正綱是北平市國民黨學生黨部的祕書。谷正綱曾經是國民黨左派，思想比較接近社會主義。後來老蔣奪權，國民黨左派受排擠，我父親基本上就跟這黨沒有什麼關係了。

他就去了南京市鐵道部做專員，鐵道部長是顧孟餘，他是國民黨左派裡很重要的一個人。我父親對蔣系的國民黨是有一定的意見的，很知道國民黨內部的事情。我父親不許我們閱讀家裡社會主義的書籍。後來我到了 University of Missouri（密蘇里大學）圖書館找了一個工作，打工賺點小錢。

李：你那時候有獎學金嗎？

王：有獎學金，是很少的錢，所以我還要工作，賺點生活費。然後我被調到圖書館地下室的參考書室（reference mall），我在那看到好多本書，以後對我有很大的影響。第一本是溥儀寫的《我的前半生》英文版，我看了覺得太有趣了，它可以拍成一部電影，我要做導演。

第二部是 Edgar Snow 的 *Red Star Over China*《西行漫記》，這裡面對毛澤東、對周恩來的訪問非常精彩，這是我第一次知道周恩來是這樣的一個人，such a charming person（非常有魅力的人），後來我真的見到周恩來，你說這是不是很戲劇化，It's so exciting.（這真是非常令人興奮）。我 1962 年讀到 *Red Star Over China*，我 1971 年就見到

周恩來。Unbelievable！（真是難以相信）

Edgar Snow 不是一個好的 reporter（記者），因為他帶著主觀意識報導一件事情，他的主觀非常強，完全傾向於中國共產黨。可是，他文筆好，寫得生動，寫得跟普通報導不一樣，像小說一樣，看得放不下。

再看到一本阿姆斯壯寫的《中國在怒吼》，那本寫得不如《西行漫記》有趣，也是在講大陸的事。

後來還看到一本德國人寫的 Seven Years In Tibet（《西藏七年》），這本書我也想把它拍成電影，結果被我的朋友拍掉了（台灣片名：《火線大逃亡》）。

那幾本書對我的影響是一定的，後來在美國看中共的報導比較多，比在台灣看到的多，所以 follow it step by step（一步接著一步跟著），1964 年中共首次試爆原子彈，我也為之興奮，對中國大陸的消息一直非常注意。

國民政府或是國民黨政府，把這些東西完全隔絕，他們做的這一套，影響了大多數的台灣民眾，直到今天。在台灣成長、在台灣讀書，完全不了解對岸是怎麼回事，他給你的 picture（局面、事態）是一片黑暗，You don't know anything about it.（你完全不知道情況），他給你的資訊都是錯誤的，不確實的。

當你真的有機會脫離這個環境，看到事情的另一面，你會有一個很極端化的反方向思想，覺得你說的那個完全不對，與事實的真相完全相反，所以就進入另外一個極端。你覺得完全不是這樣，你說他完全不好，他覺得完全是好的，這種隔絕對岸消息的現象，在今天的台灣依然存在。台商還有很多人頻頻去了大陸，一年有百萬人次，可是都是同樣的人去。剩下的兩千兩百萬人，They don't know a damn thing about it!（他們不知道任何事），他們還相信老蔣當年遺留下來

的宣傳，包括民進黨那些人，They don't know the truth and facts.（他們不知道真相和事實），不相信共產黨會打過來，70 多年沒打過來他就不會來了，我們怎麼樣都可以。

李：這真是個問題，為了台獨發生兩岸戰爭，真糟糕。

王：「反共抗俄」的遺毒有多麼深，我們很幸運在國外知道比較多的真相，一個錯誤的資訊會影響這麼大。

李：稍微追問一下，你們保釣會裡面有一個胡采禾，他的先生叫什麼？

王：羅茂能。

李：他在那邊幹什麼呢？

王：他在杜邦公司（DuPont）工作，他跟我們沒有瓜葛，胡卜凱跟我們很好。

李：我知道，我是說你們當年在保釣會裡面，還是有些人意見跟你們不大一樣對不對？

王：吵得很厲害。他們就認為我們就是想反國民政府、反台灣，整天幫中共在做事，誤會了。

李：胡卜凱也是跟他姊姊一樣看法嗎？

王：都差不多。

四十遊行

李：那我們再回到四十遊行的時候，是不是你也代表去演講了？

王：有。

李：那在什麼地方？

王：我講的還是老套，譴責日本軍國主義，我代表去日本大使館抗議，我記得他們派一個小祕書見我們，我念了抗議書，他的態度很

好。我問說為什麼日本這樣，他說 No comment（不予評論）。第二個問題，他說 No comment，他的英文破破的，第三個問題也回答 No comment。問了很多都說 No comment，我後來就氣了，問說怎麼都是 No comment，他說你們的政府不是也這樣。我出來向遊行大眾報告，說日本人這樣回答，群眾都氣炸了。

李：1 月 30 日華府示威的時候我們也有三個人去日本大使館遞抗議書，可能說不定見的是同一個人。

王：小祕書，他態度也算好，可是就是奉令不講話。

李：所以就是說我們都經歷過類似的事情。遊行完了之後那天晚上開會，你不是還當主席嗎？

王：因為大家意見不一樣，各人有各人不同意見，無法達成共識，還有人說我在台上態度不好、像流氓。幹嘛呢，我長得就這樣。最討厭我的人是王渝，夏沛然的太太。現場劉大任也去了，他上台去講了一些話，大概彎左的，王渝說兩個人最討厭，一個是劉大任、一個是我，可是後來她覺得我們兩個最好。

李：為什麼他會批判你們，夏沛然那時候不是也挺左的嗎？

王：沒有。

李：夏沛然以後不是去聯合國做事了？

王：那是後來，你知道夏沛然他爸是誰嗎，是夏濤聲，他是台灣民社黨的重要人物[5]。夏沛然一直對國民黨有意見。

李：我還以為夏沛然在芝加哥是左派的代表呢？

王：我不知道這種事，芝加哥沒有什麼左派，就只有右派跟自由主義者，像我們那樣左的，沒有。當時夏沛然可能傾向於社會主義。

---

5 夏濤聲為中國青年黨人士。

「美東討論會」

　　李：那我們就繼續往下聊，四十示威遊行之後晚上的會議你就當主席，大家的意見都不一樣，也沒有什麼特別的決定。後來特殊的活動好幾個，一個是「美東討論會」，你也去了？

　　王：對。

　　李：記得你在美東討論會的一個小組裡擔任主席？

　　王：對。

　　李：我知道那時候你的意見就相當左了。你那時候批評右派繪聲繪色俱厲的。

　　王：我知道我罵起人來很厲害，不太留情面。那時候還沒有人公開擁護中國共產黨，中共還在鬧文革，但是我對於國民黨這一套，實在是很受不了。自認是合法代表中國的中華民國，自己的領土釣魚台列嶼被別人拿去，又不敢說什麼，一個陽痿的東西，你又不能拿它怎麼辦，硬不起來，連話都不敢講。我當時批判這些事情的時候就知道，這群執政者，這麼懦弱無能，這麼沒有品，海外還有人在捧它，這算什麼東西？我記得在「密西根國是會議」的時候，有很多國民黨派去的特務學生，職業學生前來鬧場。

　　李：我以前跟他們聊天的時候知道，他們也派了三、四十個人去。是有組織的。

　　王：對，他們發言就強調說什麼中國人、中華民國。在一個討論會裡面，有幾個馬來西亞的同學，東南亞的同學，發言的時候他們不會講普通話，講廣東話其他人聽不懂，於是就用英文發言。結果這幾個人，國民黨的學生，就針對這一點說「我抗議，我們今天討論中華領土主權的問題，與會的人不能用中文來講話，算什麼中國人。」

　　一說這個話，幾個東南亞同學就啞了，真的不會說，我說中國人

的定義不能那樣講，什麼是中國人，只要愛中國領土的都是中國人，不會用中文發言也沒關係。他們聽了非常生氣，我繼續說：「我覺得什麼樣的人不是中國人？有一種中國人，地位很顯赫，享有很多特權，她（宋美齡）跑到美國來跟美國人說：你們快派轟炸機帶著原子彈，把中國東北的人炸死！那個人才不叫中國人。還有人更不是中國人，他知道有人建議老美去東北炸中國同胞，卻捧他們的後腿、捧他們的屁股，這種人更不叫中國人。」

全場轟動拍手叫好。他們幾個人就走了，我覺得我這樣子講並不偏頗，我最痛恨沒有是非不誠實的人，你護這樣的主子，你連狗都不如。

李：你那時候的想法，你結合（combine）民族主義跟社會主義，兩種思想在你的腦子裡對不對？一種是比較左派的，一種是比較愛國的感情？對不對？你覺得這兩個，哪個多一點？

王：都差不多，但是當然爭取釣魚台領土主權，跟附近海域是我們國家的石油，這當然是我們中國人的，你不能把石油送給日本，也不能與日本人分享。這是一種愛國主義、民族主義，二者並不衝突，怎麼樣愛國，怎麼樣讓國家興盛、富強，不是由哪一個政黨說了算。我當時是覺得國民黨政府不配，你在保衛領土上做了什麼事，我到今天還是這麼說。今天台灣政府還是很懦弱，現在我能理解為什麼他們不敢硬起來，離開美國跟日本，台灣就不存在了，就被「光榮偉大正確」的共產黨吃掉了。

保釣委員會一行人首度參訪中國大陸，見周恩來

李：當時你「美東討論會」去了，「安娜堡會議」也去，我這兩個也都去了，所以我見過你好幾次。然後後來就馬上去大陸。能不能

回顧一下？

王：九月份，《安娜堡國是會議》之後沒多久，我們就去了大陸。

李：聯合國大會通過中國大陸入會是 10 月 25 日。

王：對，我們是在聯合國剛開會的時候去了大陸，在大陸的時候聽到台灣退出聯合國的消息。

李：那能不能請你回憶一下你去大陸的經過，然後跟他們的領導，特別是周恩來，見面的事情。

王：簡單來說，九月的時候從紐約飛到香港，五個人：我、李我焱、陳治利、陳恒次、王春生，從香港經過羅湖走過去了，就是現在的深圳。廣州停留很多天，每天都有節目，參觀這個參觀那個。

只有一天沒有活動，在大陸時間很珍貴，我們就到處轉，在公園裡見到很多小孩，問說怎麼不上課，小孩說老師說今天放假。我也不知道那天要幹什麼。李我焱闖進一間會議室，他告訴我：「我去會議室找接待同志，會議室中滿屋子都是菸，他們一看我進去，房間裡的人都停止講話，那位接待同志說：「有什麼事嗎？沒事的話就請回，我們在開會。」把我趕出來了，大概他們在宣布林彪事件。

李：林彪事件是 9 月 13 日，他們宣布的時間大概更晚一點。

王：大概是九月下旬吧！後來從廣州坐飛機飛到北京，在機場從一輛專機下來一位黑人，很威猛，戴著黑色軟帽子（black beret），一看我就認識，他是黑豹黨領袖 Huey Newton。

李：這樣子啊。

王：他接受中共邀請剛好飛到廣州。我們就在機場聊了一會兒，黑豹黨後來也解散了。我見過很多政治人物。

李：然後就到北京了嗎？

王：到北京參觀。

李：參觀什麼地方？

王：很多，北京都跑遍了，那時候剛剛建地鐵，地鐵也參觀了，還有學校，附近的五七幹校。參觀針灸麻醉，隔著玻璃窗，看見一個女病患接受心臟開刀，一邊開刀她還在吃橘子。

後來去了上海，又去了大寨，見到陳永貴等等。回來以後我跟王春生就出了一本書《台灣留美學生在中國大陸的見聞》。那本書講的比較詳細。網路時代，有人已經把那本書整個放在網路上。我們見到周恩來，接待同志一直說有領導人要接見，也不知道是誰，神神祕祕的。

李：所以你們是 9 月 10 日左右去的？

王：更晚一點，是 9 月第三個禮拜去的。

李：所以你們去了兩個月？這時間非常長。

王：兩個月，看了好多好多東西。北京是很乾淨的一個城市。

李：所以你們見周恩來是 10 月的事情吧？

王：11 月第三個禮拜四[6]，我記得很清楚。吃完晚餐就說要見什麼人，九點鐘開車載我們到人民大會堂新疆廳，周恩來穿著一襲畢挺的灰色人民裝，他穿人民裝感覺特別帥，一個一個握手，第一句話就問「你們換了衣服啊？」因為我們都換了人民裝，不願意穿自己衣服引人注意。

李：能不能講講你們談話的內容？

王：我在一本書裡有一篇〈那一夜我們在新疆廳〉，記下這件事。陪著周一起見我們的人，在台灣比較知名的有林麗韞，從日本回大陸的台灣人，當過毛澤東的翻譯。周最想要知道台灣人怎麼想，我們也不知道那麼多，國民黨參與的事我們是不知道的。我就問一個問題，我們在海外、在香港聽到林彪事件，中國發生了什麼事情？只有像我

6　1971 年 11 月第三個禮拜四為 18 日。

這種人才敢這樣問。

　　周看我一眼，然後問我你今年多大？據實回答，他說年輕人年輕人，就開始講，社會主義的內部鬥爭通常是非常激烈的，我們中國共產黨第一次鬥爭就是：陳獨秀的路線鬥爭。共產黨有九次鬥爭，他從第一次內部鬥爭開始講；第二次王明、博古事件，批評李立三的國際主義；張國燾事件（第四次）；講到第八次鬥爭的時候，大家已經忘了原來是什麼問題了，他講完第九次，再說林彪是第十次的鬥爭，但是沒有詳細的來講。

　　夜深了，羅青長（後來是中共組織部部長）就站在周的身邊說：「首長，我們預備好了一些夜宵，是餛飩。」周總理說：「我想吃稀飯。」羅說：「廚房裡餛飩已經煮好了。」他就說：「好吧，餛飩就餛飩。」就邊吃邊聊。老李（編按：李我焱）看到一本《參考資料》，就問：「《參考資料》和《參考消息》有什麼不同？」周恩來就拿手邊一本厚的《參考資料》給他看；當天外國通訊資料集合起來變成厚厚一本，就是《參考資料》，必須是某個階層以上的高級幹部才可以看。《參考消息》是《參考資料》的節錄。一般的民眾和低級幹部就看《參考消息》。

　　老李問：「您這一本能不能借我回去慢慢看？」周恩來說：「都是自己同志，有什麼問題。」老李就拿回來，上面還印著「周恩來同志」一行字，這就神氣了。我真的很佩服老李。

　　李：所以你們是幾點鐘去的？

　　王：我們是十點鐘到，聊到第二天早上四點，六個小時。周總理吃了兩次藥，胃癌很嚴重。招待水果，吃哈密瓜。當然我們不覺得累，一直很興奮。講到一半，章文晉（北美司司長，後出任駐美大使），他那時候年紀不大，五十出頭，撐不住了，打瞌睡。周總理就問他：「你老太爺今年多大了？」他回答：「八十幾。」周總理說：「我看他身體很好，每天騎著腳踏車到處走，精神比你好哎。」

如今回想起來，周恩來總理留給我的印象是：非常 sharp，知識豐富、反應銳敏、熟悉國際事務、語言的運用精簡謹慎，對下屬的關懷等等，都令人折服。He is a real leader.（他真是一個領袖），就好像電影裡的明星一樣，站在一群人裡面，不知道為什麼大家都會看他，他有這種 quality（氣質）、一種 presence（儀態）、charisma（領袖魅力）。當然不光是長相，過往的經歷和他在中國大陸的地位，把他塑造成一個超然的正面形象，他是一位英雄，一個神話。也許毛澤東出來又不一樣了，但是我沒見過毛先生，不知道。

李：所以你們 9 月去，11 月走的嗎？

王：我們要走的時候，國務院的接待同志宴請我們五人。有位姓郭（郭達凱）的同志，他講山西方言，我學他講話，大家很開心。吃到一半的時候，就說你們馬上就要回去了，可是你們的台灣護照已經被吊銷了，就在你們從香港進大陸的第二天台灣《中央日報》就登出來了。他拿出那天的《中央日報》給我們看，頭條寫著：李 XX 還是李 X 焱，（其他四個人的名字都一字不漏地寫出來了）等五人投匪，充當共匪的文化特務，護照吊銷。痛罵了一通。郭先生說你們不能從香港回美國了，因為香港情況很複雜，可能不能配合這件事情。

我們給你安排另外一個路線，從北京飛到 Dhaka（達卡，當時的東巴基斯坦，現在的孟加拉），再到西巴基斯坦的喀拉蚩，在那邊等飛歐洲的飛機，從歐洲飛美國。之後我們在喀拉蚩那裡住了兩個禮拜。

李：怎麼又住了兩個禮拜呢？

王：因為沒飛機啊？飛巴黎的飛機都沒有。

李：所以回到美國都 12 月多了。

王：喀拉蚩很有意思，我們住在喀拉蚩很無聊，就跑到海邊，印度洋的水真漂亮。我們在海邊玩，海龜有幾百隻，挖海龜蛋，當地人說不要吃。我們弄了些回去，廚房的人就在罵說蛋炒不熟的，沒辦法

像蛋餅一樣，渾渾的，沒有人敢吃。總領事是個山東人，他說：「你們不懂，這裡的海龜蛋不能吃，這個蛋就是混蛋。所以說：混蛋就是王八蛋。」

我們快要走的前幾天，剛好碰到第一次的乒乓球外交，男女乒乓球隊比完之後，從北京飛到喀拉蚩，等飛機飛到瑞典的 Stockholm（斯德哥爾摩），參加瑞典的比賽，男女國家隊都在那裡跟我們住在一起，混得很熟，很開心。後來我拍《北京故事》的時候，在北京找到老朋友國手梁戈亮，請他客串演出。

對文化大革命觀察

李：我回頭再問一兩個問題。那時候 1971 年還是文革挺厲害的時候，你們有沒有觀察到矛盾的地方？

王：那時候他們不會帶我們去看在文革受迫害的知識分子。父親在大陸有很多親戚朋友，我記得我開了名單一、二十個，請他們聯繫見面，沒有一個聯繫有回話的。只見到魏建功伯伯，早年魏伯伯在台灣推行國語，邀我父親去台灣辦《國語日報》，他是北京大學中文系畢業，我爸讀北師大國文系，我列了魏伯伯的名字，要求見他。有一天，魏伯伯出現在我的房間門口。

李：他敢不敢說話？

王：為什麼他可以來找我？因為他當時是江青的國文老師，教江青讀《論語》和《楚辭》。他很關心《國語日報》，離開台灣的時候《國語日報》正準備出創刊號。他原來也是「國語推行委員會」主委，我同魏伯伯談了一下午。

李：別人都沒見到，你要求見他們，都說不方便是吧？

王：對，連我的親戚也沒見到。1979 年我才找到大陸的親戚，這

個故事太長了，我回憶錄裡有，都寫不完。

李：我看過一篇你的文章叫〈去大媽家吃餃子〉，我們先不聊這個。所以那些親戚也沒見到，你有要求見嗎？

王：有啊，都說失聯了。我見過幾個文化界的人，也見過幾個物理系的學生，他們都是紅衛兵，又紅又專的。我問你們有沒有看過《紅樓夢》？他們說有啊很好玩。文革時期迫害知識分子的事情，1971年訪問大陸時，沒有親眼目睹過。後來聽到在文革受過苦的人，講他們的親身經歷，不可思議。八十年代我在香港發表很多批評共產黨的文章，後來他們對我很不開心。

對中國共產黨幻滅

李：我就想問你這個問題，我在別的地方看過你在七十年代寫過很多批評的文章。你是用筆名寫的吧？

王：用的是筆名，他們也知道我是誰。

李：他們知道你是誰嗎？

王：他們知道。

李：你是什麼時候寫這些文章的，八十年代初還是七十年代末？

王：七十年代末。

李：什麼樣的原因造成你思想上的衝擊，讓你寫這些文章？這是非常重要的。

王：我的大陸之旅，那時還在文革，但我見到了共產黨、共產主義、社會主義有理念的一些作為，建立起一個乾淨、似乎合理，雖然很窮的社會，它有一個新國家的模式。那時候的北京清潔有秩序，大家熱情，有理想，正在建立體現他們的社會主義烏托邦。

李：可是這跟我們看到的大陸不一樣啊，我們在八十年代初去大

陸，看到大家都隨地吐痰。

王：那是文革以後了，他們當時要我們看到好的一面。無辜知識分子在文革受到殘酷的迫害，我聽到真人真事的敘述，或讀到很多報導，對我的衝擊非常劇烈。雖然沒有親眼目睹實際的迫害，但讀到京戲一代宗師，鬚生馬連良受盡鬥爭折磨，最後在飯堂暈倒，無人理會，用排子車拖到醫院，已經救不回來了。我自幼特別崇拜的藝術大師豐子愷，被紅衛兵霸占他的房屋，寒冬沒有地方睡覺，就蹲在屋簷下凍死了。

李：畫《三毛流浪記》的人嗎？

王：不是，那是張樂平，他是我爸的朋友，他也是下落不明。所以我心中原本很清新、很正面的社會主義新形象，就一一的逐漸消失了，至少我不再那麼不假思索的全盤接受那些宣傳資料。我知道解放初期的中國知識分子，大多數都很擁護共產主義，擁護社會主義，文革的時候為什麼要那樣對待他們？

從工程師改為戲劇導演

李：這是你什麼時候發現的？

王：七十年代末期。1976 年四人幫事件，文革翻案，在香港看到很多材料，很多事實，也有人到了美國，談起他們的往事。七十年代末期，我了解到更多中國大陸的許多事情。對當年曾經一心嚮往社會主義祖國的所謂左派來說，這是很痛苦的認知，他們很多到現在還難以釋懷。我有一個寄託，電影和戲劇，1979 年我再度到大陸去，我只有一個目的（purpose）單純：拍紀錄片。

李：所以你 1971 年到大陸去以後，第二次就是 1979 年，中間就沒有去過了？

王：對，我也不想去。

李：是四人幫的事情出來以後，對你的衝擊太大了？

王：1976 年周恩來、毛澤東相繼去世。周恩來於 1976 年 1 月 8 日去世的時候，我們在舊金山舉辦追思會，我那時在「美中人民友好協會」跑腿。四人幫被鬥倒了之後，事實都抖出來了，一個極權制度可以發展到這麼個地步：毛澤東不服那口怨氣，就一個一個鬥死他討厭的人，傾全國之力報他的私怨。基本上就是這麼一回事，你怎麼可以這樣，真是中國人民的悲哀。

李：對，基本上就是這樣。你還記得你開始刊登文章在香港雜誌，是哪一個雜誌嗎？

王：主要在《七十年代》，也有其他的雜誌。

李：《七十年代》早期不是左派的雜誌嗎？後來才變了，更名《九十年代》才變了嗎？

王：《七十年代》的轉變在 1970 年代就開始了。

李：後期已經開始了嗎？你還記不記得你發表什麼樣的文章？你有沒有收集一些？

王：要查一下。

李：你 1976 年以後就開始發表這種批判性文章嗎？

王：1976 年下半年我就開始寫了，我寫東西很快，跟李怡（《七十年代》總編輯）比較熟，就寫出來登了。在美國我遇到很多文革以後來到國外的大陸訪問團，戲劇界的、文化界的、作家，見到好多人，包括名作家王安憶，跟他的媽媽茹志鵑，他們訪問華盛頓 DC，我同他們談過多次。

李：你跟你原來這些左派的朋友怎麼溝通法？

王：1976 年我在灣區一個小大學教書。

李：從什麼時候開始的？

王：1972 年我論文趕完了、頭昏腦脹，我跟老師說我沒工作，正在鬧離婚，想走遠一點。那時候他在改我的論文，我比蔡英文認真，英文一個字一個字地打。他告訴我要在美國幹這一行，英文寫作太重要了。他吃過這個苦，他是巴勒斯坦人，剛開始英文寫作不很順手，就跟同事合寫，他同事當然把自己的名字也放上去，研究成果是他做的，結果同事升官比他快。一定要突破英文寫作這一關。

他打電話到加州，安排我禮拜四就飛去面試。加州聖荷西的 IBM 給了我一份待遇不錯的工作。在 IBM 的 Advanced Technology Division 參與 Jubilee project（禧年計畫），研發第一台雷射印表機，速度快得要命，我就負責 optical（光學）部分，做了一年多。我跟柏克萊的保釣運動大將傅運籌聯繫上，他們有個日出劇團，我太興奮了，因為在台大也參加過話劇社，與大家在日出劇團一起排練演出很多戲，我們搞了十五齣戲。

李：對，你們那時候演出過很多戲。

王：很精彩，興趣得以發揮，太開心了。

李：這是你的真正興趣之所在嘛。

王：對，之後跳槽到 National Semiconductor（國家半導體）。

李：在同一個地區從 IBM 跳槽到 National Semiconductor ？

王：對。

李：你做的東西跟我有點近，我也做 semiconductor。

王：我幹了幾年不願意做了，就換跑道去教書。

李：你去 George Mason（喬治梅森大學）是哪一年？

王：去 George Mason 是 1980 年了。

李：先在 Bay area（灣區）某一個學校？

王：在 San Mateo（聖馬刁）。

李：哪個學校啊？

王：College of San Mateo 大學，更輕鬆了，不用做研究，就教書，剩下的大把時間搞劇場。

李：教什麼？

王：教電機，小規模電機系。

李：那是哪一年？

王：1975 年到 1980 年，拍過紀錄片，搞很多熱熱鬧鬧的事。1980 年還在 Wayne Wang 的電影演出。

李：在哪裡？

王：有個導演叫王穎（Wayne Wang），他請我在裡面軋一角，片名《尋人》又名《老陳失蹤了》（Chan is Missing）。演了那個戲，我有了點知名度，上了香港的新聞。

李：是老陳失蹤那個，在美國還是在香港拍的？

王：在舊金山灣區拍的。1979 到 1980 年我去大陸拍紀錄片，訪問到梅蘭芳的夫人。後來拍了劇情片《北京故事》。

李：後來在香港上演？

王：差不多同時也在美國上演，《北京故事》是第一部美國導演在中國大陸拍的劇情片，曾在美國各大都市的院線上演。在美國與香港的票房都不錯。

李：你在電影是演主角？

王：《北京故事》、香港拍的《半邊人》，我都在片中飾演重要角色。

李：你後來改去另一個地方教書是多久？

王：1980 年到 1983 年。

李：也是電機系？

王：那時候該大學還沒有電機系，當年在物理系教，籌備成立工學院；當時只有兩位工程教授。

李：他給你什麼 title（頭銜）？

王：Associate professor（副教授），他們叫我努力寫 paper（論文）升教授，我就不幹了。

李：那學校有沒有研究經費？

王：有啊，有些經費。我還做了最早的 robot vision（機器人的視覺）研究。

李：所以你後來做的跟光學有關。

王：我的專業是 electro-optics（光電），做過 laser communication（雷射通訊）方面的研究。

從影生涯

李：現在聊聊到你的電影生涯。你拍的電影我都列在這裡，講講你的甘苦吧！

王：我在 1976 年開始嘗試拍紀錄片，都跟中國、中國文化有關係，在舊金山，因為我的第二任太太……。

李：你的第一任太太是什麼時候結束的？

王：1965 到 1972 年。

李：那第二任太太是什麼時候結婚的？

王：1972 年，我中間沒閒著。她在史丹佛念 Ph.D，搞藝術史，從台灣來的，但是上美國學校，中學畢業之後就去美國了。很優秀的，英文好，在美國念書時還得 President 獎學金，去白宮見總統。我的英文很多是跟她學的。

李：你第一次婚姻生一個男孩，第二次有沒有？

王：沒有，沒生小孩。

李：然後你的第二次是 1972 年到多少年？

王：到 1985 年。

李：我記得你這第一任太太好像脾氣有點倔是吧？

王：你應該見過？

李：我沒見過吧？

王：參加那些討論會她都去了。

李：對，應該見過，只是沒有印象就是了，因為我只記得你，沒有記得你旁邊那個人。那第二個 1972 到 1985 年，那第三任也沒有小孩？

王：對，我就一個小孩。

開始拍攝第一部電影

李：好，那咱們再回到電影。電影片名大部分我都知道，你的書我看過。你在《老陳失蹤了》裡軋一角；在《半邊人》的時候，你是主角跟編劇；《北京故事》你就一手包了，從編劇、導演、到主角全部有了，我在這裡就不重複了。我這裡還有個《英雄本色》，你是主角嗎？

王：我是客串。

李：還有一個《鐳射人》，你全包了？

王：編劇跟導演是我，演了一個小角色，不是主角。

李：1989 年有一個《第一次約會》。

王：我擔任編劇、導演，演一個爸爸。還有一個台灣拍的電視片，叫《第八節課》，汪笨湖寫的小說，講一個老外省人當教員，演一個教員跟學生的故事。

李：是紀錄片還是電影？

王：是故事片，是電視上的電影。

李：稍微講兩句拍電影的甘苦吧。

王：純粹是興趣吧，我從小就覺得我喜歡戲劇，我最年輕的時候搞戲劇、舞台劇、電影，就是想演戲，演員是觀眾最熟悉最能認知也最出風頭的那些人。可是後來真正接觸到電影製作時，實際情況完全是另外一回事了；演員只是其中的一部分。第一次拍紀錄片，我第二個太太 Shirley 喜歡拍紀錄片。那時我從沒拍過電影，根本不懂，她說可以做到。

1976 年剛好中國來了第一次出土文物展，很重要的一個展覽。收集了兩百多件出土文物，從石器時代的陶瓷，到商朝、周朝的青銅器，到漢朝的金縷玉衣、銅馬，一直到明朝的玉器，她說拍這個怎麼樣？我說好啊，講中國的歷史，我熟啊！她很會寫申請補助的 proposal，寫了一個計劃送到 National Endowment for the Humanities（美國國家人文學術基金會），請到幾萬塊美金，就拍起紀錄片來。

李：那個計畫叫什麼名字？是誰贊助的？

王：NEH（National Endowment for the Humanities，美國國家人文學術基金會），每年有好幾億美元的經費。我後來還當過 NEH 的評審，也擔任過 National Endowment for the Arts 的評審，以前美國沒有教育部，這兩個基金會出錢贊助民間小規模的藝術創作。

我們飛去 DC 跟舊金山看展覽，然後決定在舊金山（SF）的 de Young Museum（笛洋美術館）拍攝。我們去找一位攝影師，Robert Primes，後來他在好萊塢蠻有名的。他住在舊金山灣區，自己開了一間亂七八糟的店。我們講完了這個計畫以後，他說 You two don't know any shit about film.（你們完全不懂電影），他講拍電影有很多很多的問題，給我上了第一課。他看到我淒苦、盼望的眼色，就說：「但是你這麼無知，卻這麼勇敢。I think you must have something behind.（你一定有點貨）」他答應同我們幹這個活。他開出的條件合理，器材都由他準備。博物館白天要展覽，我們下午六點進館，拍到天亮。

R.Primes 很有經驗，初次當導演一定要找個有經驗的攝影替你把關，才罩得住。還需要一位有經驗的剪接師，把亂七八糟的鏡頭按原來的想法剪出來。這位剪接師做了粗剪，比較長，但是整個故事結構出來了。

他說下一步要細剪，我問說什麼叫細剪？他說寫一個 narration（旁白），把每個鏡頭聯繫起來，說出一個細緻有層次有轉折有高潮的視覺故事。我完全不懂，我問他要怎樣做呢？他也說不清楚，就說你寫一個旁白看看，我就寫了一個，他試著去剪接，告訴我你寫的這個不行。我又再寫個新的，他又說不行。這位剪接師不善表達，雙方鬧得很僵。

僵在那裡毫無進展。此時出現了位貴人陳依範（1908-1995），他剛剛從中國大陸出來，他對中國大陸出土的文物很熟，他爸爸是中國人[7]，媽媽是中美洲千里達人，小時候受英文教育，很早就去法國，後來就在中國大陸多年，文革以後他來到舊金山，那時候有七十歲了吧！我們相識以後，聊得很開心，他對大陸太清楚了，罵這個罵那個，我們有許多同樣的牢騷。後來談到電影，我說我有這部電影，很頭痛，他說我來看看你的初剪吧！他說過去在蘇聯認識愛森斯坦，聽到後我肅然起敬。愛森斯坦（Sergei M. Eisenstein，1898-1948），是大家公認的電影鼻祖，列寧時代的人物。我說那你快來看看我的電影。

他看完那套初剪之後說拍得很棒，但是需要一份詳細的旁白，把它連起來。於是他自告奮勇，幫我寫一份旁白稿！他就在剪接室裡跟剪接師討論，花了兩個禮拜的時間寫，剪接師也按照他寫的剪了。這是我學到電影製作中最重要的功課：你必須懂得如何把視覺影像和旁白有機的組合在一起，彼此有密切的互動，透過寫作技巧，引出畫面，

7　民國時期的華僑外交家，陳友仁。

以視覺影像啟發觀眾，一步步進入高潮；就如同一場美妙的做愛過程，電影剪接的威力十分驚人。

我的淺見：拍電影必須從實際經驗中去探索，天份很重要，這門技巧和學問，可能不是在課堂上學得到的。

大功告成，片名 *Old Treasures from New China*，之後不知道該怎麼辦，就拿到 PBS（美國公共電視），希望他們能做全國性的播放。PBS 看過很多有關中國大陸和中國文化的影片，他們的反應很好，說：This is the best. 我們又把這部片子送到 1978 年的 Chicago International Festival（芝加哥影展），得到紀錄片比賽的 Hugo Bronze 獎，第三名。

初次拍電影的經歷終生難忘。我沒有上過電影學院，就是這樣胡亂闖出來的。

李：很不簡單。

王：那時候我想：不得了了，這麼容易，我一出馬就得了獎。那裡知道電影之路，愈走愈艱辛。

李：你是 1980 年到 1983 年在 George Mason 教書，1983 年就正式成為導演，中年轉業了。

王：1983 年的聖誕節是我最後一份薪水，以後都沒有領過一份正式的 paycheck（薪水），我活到現在不容易啊。這些年來錢在手中出出進進，當個過路財神，自己沒留下幾個。

對兩岸政治的看法

李：我現在問一個對回憶保釣比較重要的問題。經過這麼多年，體會也這麼多了，你對兩岸問題，兩岸關係怎麼看法？你對於大陸政府跟台灣政府未來的發展有什麼看法？

王：大哉問。我的看法，隨著時代的變遷，時間的過去，跟國際

情勢的變化，隨時有修正，這些事情，早已變成一個國際問題。我是說大陸跟台灣兩方面對立、對決競爭，事情發展到現在，台灣一直處在弱勢。最重要的，要避免悲劇的發生。我是希望海峽兩岸要有切合實際的了解，而不是說一些政治口號，他們私下有什麼諒解，有什麼聯繫我們不知道，但是我以為台灣民間或官方都對大陸缺乏了解：不了解大陸發生什麼事，不了解大陸在做什麼事，怎麼想，大陸的經濟是怎麼一回事。舉個例子，台灣的陸委會的官員是最不了解大陸的一群人，很多陸委會的官員連大陸都沒去過，據說你去過大陸就不能當陸委會主委。

李：真的？

王：一直是這樣啊。這些人怎麼能制定出合理的政策？同樣的，我覺得大陸有同樣的問題。他們自以為對台灣很了解，其實那種了解偏於膚淺，只喜歡聽他們想聽的話，自以為是的話。以前兩岸開放，關係比較和緩的時候，兩岸互動穩定的多，現在冷凍了，未來會發生什麼事很令人擔心。

對民主制度、集權制度，共產制度的看法

李：最後再問一個問題，你現在經歷這麼多，回顧這麼多年的事情了，也看過台灣、美國、大陸這麼多社會的情況了，我想問一個有人認為很重要，也有人不大願意談的問題：就是說，到底你覺得資本主義、社會主義，各種政治思想，意識形態，究竟你覺得哪一個是比較能夠為我們所接受的？

王：我有一個想法，當然我從小在西方世界、在台灣生活，對於民主制度、自由人權有一定的接觸、認知、體驗。可是到了今天，歐美所倡導的民主、人權平等，等等大理論，對我來講，不再具有那種

冠冕堂皇的意義，或是說有什麼「普世價值」了。我覺得西方民主制度正面臨一個非常嚴重的考驗，它能夠為人民帶來幸福嗎？人權只屬於少數種族和有錢有勢的人所有，貧富差距驚人，更急遽惡化，民主選舉的選擇，多數是「兩害相權取其輕」。

極權制度固然不能容忍，專橫霸道對人的不尊重，北京處理「低端人口」讓很多窮人沒辦法抬頭。但是中國大陸的極權制度帶來了經濟效益。貧富不均似乎是必然的，哪個國家沒有貧富不均？共產主義在各個地方實施多次；蘇聯、中國大陸、越南實行了社會主義或共產主義，最後一一破產，都不成功。中國經濟起飛、經濟崛起，是因為他走資本主義路線，毛澤東以前罵鄧小平說他是死不悔改的「走資派」，可是這個「走資派」賺到錢了。

我對整個人類歷史抱持悲觀態度，從有歷史記載以來，都是少數人想辦法統治多數人，要永遠統治下去，不論是極權、民主，都是統治階層想出來的工具。什麼人民當家作主、人權平等的鬼話，一律是騙局。我們感謝川普，因為他的真小人本性，顯露出所謂美國的民主、人權等等的醜陋真相。美國的歷史、美國的文明，他們多年來吹噓的那一套，由川普來詮釋，真相大白。他上來就把那遮羞布撕下，難道說歷史就是在包尿布，人類的制度就是塊尿布，尿布包著的都是屎跟尿。

李：所以這個東西很不容易，人類要繼續努力才能找到一條比較好的道路。

王：都有問題，你看秉承基督教精神的西方，他們對「不聽話」阿拉伯人和回教民族的欺壓、屠殺，完全失去人性，跟希特勒有什麼不一樣，誰比較人道？誰比較講人權？

李：好，多謝了，我們現在暫停，其他問題以後再談。

歷史與現場298

保釣風雲半世紀：
保釣運動領軍人士的轉折人生與歷史展望

共同出版	余紀忠文教基金會
作　者	李雅明、謝小芩、國立清華大學圖書館
主　編	國立清華大學李雅明教授、謝小芩教授
執行編輯	國立清華大學圖書館李雅雯
圖片提供	國立清華大學圖書館
副主編	謝翠鈺
封面設計	陳文德
美術編輯	SHRTING WU、趙小芳
董事長	趙政岷
出版者	時報文化出版企業股份有限公司
	108019 台北市和平西路三段二四〇號七樓
	發行專線｜(〇二)二三〇六六八四二
	讀者服務專線｜〇八〇〇二三一七〇五｜(〇二)二三〇四七一〇三
	讀者服務傳真｜(〇二)二三〇四六八五八
	郵撥｜一九三四四七二四時報文化出版公司
	信箱｜一〇八九九　台北華江橋郵局第九九信箱
時報悅讀網	http://www.readingtimes.com.tw
法律顧問	理律法律事務所｜陳長文律師、李念祖律師
印刷	勁達印刷有限公司
初版一刷	二〇二一年三月二十六日
定價	新台幣六〇〇元

（缺頁或破損的書，請寄回更換）

時報文化出版公司成立於一九七五年，
並於一九九九年股票上櫃公開發行，於二〇〇八年脫離中時集團非屬旺中，
以「尊重智慧與創意的文化事業」為信念。

保釣風雲半世紀：保釣運動領軍人士的轉折人生與歷史展望
／李雅明, 謝小芩,國立清華大學圖書館編著. -- 一版. -- 臺北
市：時報文化, 2021.03
　面；　公分. -- (歷史與現場；298)
ISBN 978-957-13-8751-2(平裝)

1.臺灣傳記　2.人物志　3.口述歷史　4.保釣運動
783.32　　　　　　　　　　　　　　　110003079

ISBN 978-957-13-8751-2
Printed in Taiwan